WERNER KLOSE

Generation im Gleichschritt: Die Hitlerjugend

EIN DOKUMENTARBERICHT

STALLING

Im Anhang aktualisierte und um ein Nachwort erweiterte Neuausgabe 1982

Bildnachweis

Max und Ilse Ehlert, Hamburg (10)
Süddeutscher Verlag, München (7)
Ullstein, Berlin (7)

EINBANDGESTALTUNG: KLAUS BEILSTEIN, OLDENBURG
GESAMTHERSTELLUNG: CLAUSEN & BOSSE, LECK
ISBN 3-7979-1365-6
PRINTED IN GERMANY

Inhalt

Von Plauen nach Potsdam: HJ in der «Kampfzeit» 7
«Blutzeugen» – Die ersten Hitlerjungen – Mit Messern und Schalmeien – Reichsjugendtag in Potsdam

Das Ende der freien Bünde 27
Jugend und Weimarer Republik – Kampf allen Bünden! – Hitler, Nutznießer einer verblendeten Jugendbewegung?

Christliche Jugend gleichgeschaltet 43
«Hundertprozentige Erfassung» – Unterwerfung der evangelischen Bünde – Katholische Jugend im Abwehrkampf

Die Staatsjugend des Dritten Reiches 61
Führermangel – «Jahr der Schulung» 1934 – «Jahr des deutschen Jungvolks» 1936

Führerkorps und Führerschaft 77
Im Glauben an Hitler – HJ-Führer als Beruf – Die Reichsjugendführung – Fähnleinführer im Dienst

Flieger, Funker und blaue Jungen: Die Sonderformationen 91
Vom Kind zum alten Kämpfer ... – Pimpfe werden Flieger – Junge Kraftfahrer und Funker – Die blauen Jungen – Der Reichsberufswettkampf – Der Landdienst

Sport und Wehrsport 107
«Gelobt sei, was hart macht!» – Feldschere und Gesundheitsmädel – Sport als Dienst – Nürnberger Tagebuch eines Hitlerjungen – Geländesport und Schießausbildung

Marsch, Fahrt und Lager 123
Vom Aufbruch der Wandervögel – Mythos des Marsches – Fahrt als «Einsatz» – Das Lager – Pimpfenkrieg um Glatz

Der deutschen Jugend «Feierjahr» 143

Schulung überall – Presse und Propaganda – Parteikünstler im HJ-Kulturlager – Theater, Funk und Film – Neues «Liedgut» – HJ-Dichter – Das Feierjahr

«Mädel im Dienst» 171

Frühe «Wanderschwestern» – Das Frauenideal des Dritten Reiches – Jungmädel im Wettkampf – «Glaube und Schönheit»

Die nationalsozialistische Schule 189

Sieg über die «Paukerschaft» – Das neue Bildungsideal – Die Schulorganisation: Kerle oder Köpfe? – Das Bild des Lehrers – Neue Lehrerbildung – Die Schulen der Elite – Politisierung des Unterrichts – Verfall der Bildung

Jugend im Widerstand 215

Streifendienst und Überwachung – Einzelgänger – Clubs, Cliquen und Banden – «Bündische Umtriebe» – Sozialistische und christliche Opposition – Widerstand des Geistes

Jugend im totalen Krieg 237

«Stellt über alles euer Volk!» – Einsatz, Einsatz! – «Junges Europa» unter dem Hakenkreuz – Die Frage: «Warum?» – Luftwaffenhelfer – Die Kriegsfreiwilligen – Mädel am Geschütz – Die Allerletzten - Die Amnestierten

Nachwort zur Neuausgabe 1982 270
Anhang: *Aufbau und Gliederung der HJ* 272

Zeitübersicht 280
Informationen zu Einzelkapiteln 286
Literaturverzeichnis und Medienmaterial 287
Register 293
Verzeichnis der Abkürzungen 296

Von Plauen nach Potsdam: HJ in der «Kampfzeit»

«Blutzeugen»

Dem Taxifahrer Ludwig Norkus aus Berlin-Beußelkietz ging es nicht gut. Zehntausende von Berlinern waren arbeitslos. Die allgemeine Wirtschaftskrise bedrückte 1930 auch jene, die noch nicht unmittelbar betroffen waren. Zum Glück betrieb Frau Norkus noch ein kleines Milchgeschäft mit Lebensmittelverkauf. Wenn man zusammenlegte, reichte es eben für die Familie. Aber Frau Norkus erkrankte schwer und starb in einer Nervenheilanstalt. Ludwig Norkus verkaufte den Laden mit großem Verlust und war froh, daß er als Heizer bei der Chemisch-Technischen Reichsanstalt unterkam. Er war Mitglied der NSDAP, der «Nationalsozialistischen Deutschen Arbeiterpartei», und SA-Mann.
Viele Männer kleinbürgerlicher Herkunft fanden sich nach dem Ersten Weltkrieg im Leben nicht mehr zurecht. Die Arbeiter waren in der Gewerkschaft, in der Sozialdemokratischen Partei oder bei den Kommunisten fest organisiert. Die Organisation war eine Macht, die dem einzelnen Mitglied auch in Krisen noch Mut und etwas Sicherheit gab. Die Bürger hatten durch Revolution, Inflation und Weltwirtschaftskrise zwar viele Einbußen erlitten, und manche waren nach unten abgerutscht. Aber noch immer gab es große und kleine Vermögen, gab es dauerhafte Restgruppen der alten Gesellschaft, die ihre schwächeren Glieder mittrugen und am Leben erhielten.
Am schwersten aber hatten es Leute wie Ludwig Norkus. Sie waren keine Arbeiter, und sie hatten noch nicht zur alten Führerschicht des Besitz- und Bildungsbürgertums gehört. Sie mußten Proletarier werden, ohne den klassenkämpferischen Stolz der wirklichen Arbeiter zu haben. Sehr viele Handwerker, Händler, Angestellte und Beamte mit kleinen Einkommen in abhängiger Stellung fanden in der neuen demokratischen Gesellschaft der Weimarer Republik keinen Platz, auf dem sie, wirtschaft-

lich gesichert und von den Nachbarn geachtet, aufbauen konnten. Aus dieser Schicht des entwurzelten, proletarisierten Kleinbürgertums kamen die meisten Parteigenossen und Wähler Hitlers. Es waren Leute wie der Taxifahrer Ludwig Norkus, die an Hitler und damit an ihre bessere Zukunft glaubten und für diesen Glauben alles wagten. Auch das eigene Leben.

Im «roten» Wedding, dem großen Arbeiterviertel Berlins, waren die meisten Männer Sozialdemokraten oder radikale Kommunisten. Sie taten alles, um die paar «Nazis», die in ihr Viertel eingedrungen waren, rücksichtslos hinauszuwerfen. Vater Norkus war deshalb sehr in Sorge, als auch sein Sohn Herbert in der Hitlerjugend für die Partei aktiv wurde.

Herbert gehörte zur Kameradschaft von Gerd Mondt. Die Jungen unterstützten die SA-Männer und ahmten deren Kampfstil nach. Wenn sie zum Zettelkleben unterwegs waren, tarnten sie vor Kommunisten und Polizisten ihre Waffen. Dann trug einer ganz harmlos neben den anderen eine Milchkanne her, in der Schlagringe und Stahlruten versteckt waren.

Die Jungen hatten, auch darin ganz wie SA-Leute, das Lokal von Klotzsche als Stammkneipe. Dort hätten Polizisten bei einer Razzia beinahe Gerd Mondts Pistole erwischt. Aber sie kamen nicht darauf, das Buch aufzublättern, in das er einen Hohlraum für die Waffe geschnitten hatte.

Einer der aktivsten HJ-Führer im Wedding war Arthur Axmann. Er war selbst ein Arbeiterjunge, der wußte, wie schwer es die Mutter hatte, ihn und die vier jüngeren Geschwister nach Vaters frühem Tode am Leben zu erhalten. Weil er glaubte, Hitler werde die Not der Arbeiter wenden, gründete er nationalsozialistische Jugendbetriebszellen und blieb im Wedding, obwohl politische Gegner drei Jungen seiner Gefolgschaft ermordeten.

Drei von sechs in Berlin erschlagenen Hitlerjungen kamen aus dem Wedding. Einer von ihnen wurde erhoben zur Heldengestalt. Bald war er Vorbild einer ganzen Generation, der immer wieder aufgegeben wurde: Seid bereit, seid allzeit bereit, zu leben, zu kämpfen und zu sterben wie Herbert Norkus. Später, als aus den kleinen prügelnden und verprügelten Zettelklebertrupps der HJ die Staatsjugend des Deutschen Reiches geworden war, lernte in Schulungsabenden jeder Pimpf und jedes Jungmädel die Geschichte der HJ in der «Kampfzeit» und die Geschichte vom Opfertode des Herbert Norkus. Im Schulungsheft «Die Jungmädelschaft» (1938) wurde berichtet:

«Am Sonntagmorgen, ab 6 Uhr, verteilten sechs Mann der Kameradschaft Beußelkietz unter Führung des Kameradschaftsführers Mondt Flugzettel, die zu einer Versammlung am 28. Januar 1932 einluden:

Wir greifen an!

Öffentlicher Sprechabend der Hitler-Jugend
Es sprechen:
Pg. Edzardi: Hakenkreuz oder Sowjetstern?
Jg. Axmann: Was wir wollen

Diskussion

Donnerstag, den 28. Januar, abends 8 Uhr
Hansa-Säle, Alt-Moabit 48. Einlaß 7 Uhr
Eintritt 20 Pf, Erwerbslose 10 Pf

Hitler-Jugend
Verantw. Gerd Mondt, Beußelkietz-Hansa

Im Laufe einer Stunde wurden alle Häuser der Turmstraße mit unseren Propagandazetteln versehen. Nunmehr verteilte man in der Berlichingenstraße. Dort wurde der Führer auf einen Motorradfahrer aufmerksam, der bereits mehrmals in auffälliger Weise die Straße auf und ab gefahren war. Als er unsere Jungen als Nationalsozialisten erkannt hatte, fuhr er in schnellem Tempo davon.
Die Hitlerjungen zogen sich daraufhin nach der Kaiserin-Augusta-Allee zurück. Erst nach einer halben Stunde begannen sie wieder in der Gotzkowskystraße zu verteilen. Während vier Mann in den Häusern verteilten, standen zwei Mann auf der Straße Wache. Plötzlich erschien ein Trupp von 35 Kommunisten, die sich sofort auf die Wache stürzten, so daß sie kaum noch ihre Kameraden warnen konnte. Die Gruppe wurde vollkommen zersprengt.
Seit dieser Zeit wurde der Jugendgenosse Herbert Norkus vermißt. Er wurde später in dem Hause Zwinglistraße 4 verblutet aufgefunden. Polizei brachte ihn in das Moabiter Krankenhaus, wo der Arzt nur den inzwischen eingetretenen Tod feststellen konnte.»
Nach Aussage eines Kameraden erhielt Herbert Norkus an der Ecke Zwinglistraße zwei Messerstiche. Als er versuchte, sich in eine Meierei zu retten, schloß der Wächter das Tor vor ihm zu. Er lief weiter, wurde erneut niedergestochen. Noch einmal wollte er sich an einem Laternenpfahl aufrichten. Die blutige Spur seiner kraftlosen Finger blieb als Mal an der Hauswand.
Die Mörder schleppten ihn in einen Hausflur und flohen. Dort verblutete er: «Er hatte fünf Dolchstiche in den Rücken und zwei in die Brust erhalten. Fast alle gingen in die Lunge, jeder einzelne war tödlich. Außer-

dem war sein Gesicht fast zur Unkenntlichkeit zerschlagen oder zertreten worden. Die Oberlippe fehlte.»

Das geschah am 24. Januar 1932. Ein Jahr später jubelten die Berliner Hitlerjungen im großen Fackelzug dem neuen Reichskanzler zu. Sie hatten gesiegt, ihr «Führer» war an der Macht! Davor aber lagen die zwölf schwersten Monate der Weimarer Republik, deren Todesjahr mit der Ermordung dieses Hitlerjungen in Berlin unheilvoll begann.

Wie Herbert Norkus starben bis 1934 in Deutschland und Österreich 26 Hitlerjungen. Was einer von ihnen, Werner Gerhardt aus Zeitz, am 30. Juni 1932 mit letzter Kraft seiner Mutter zuflüsterte, das sollte bald für Millionen junger Deutscher gelten: «Mama, nicht weinen, ich weiß, daß ich für Hitler sterben muß.»

Für Hitler leben, für Hitler sterben. Es wurde Schicksal einer ganzen Generation, der das Heldenlied der «Kampfzeit» bei Fackelschein, Schweigemarsch und dumpfem Trommelwirbel immer wieder gesungen wurde, bis sie selbst zum Opfergang antrat. Gläubig, einfältig und arglos wie Herbert Norkus, der nicht ahnen konnte, welchen Mißbrauch man mit seinem kurzen Leben und seinem schrecklichen Tode treiben werde. Er wurde erhoben zum «Blutzeugen» der deutschen Jugend, er führte nun die «ewige Gefolgschaft» der toten Hitlerjungen an.

Die ersten Hitlerjungen

«Die HJ ist groß geworden als Gliederung der Partei – sie hatte stets den gleichen Weg und das gleiche Schicksal.»

Diese Behauptung Arthur Axmanns, des Reichsjugendführers der NSDAP von 1940 bis 1945, ist grundsätzlich richtig, gilt aber nur bedingt für die allerersten Anfänge der nationalsozialistischen Jugendorganisation.

Wie die meisten politischen Parteien hatte auch die NSDAP zunächst keinen eigenen Jugendverband aufgebaut. Jugend wird den Parteien erst interessant, wenn sie wahlberechtigt und damit eine aktive politische Kraft geworden ist.

Wenn dennoch in Verbindung zu Parteien politische Jugendgruppen entstehen, verdanken sie ihre Anfänge oft jugendlichen Gründern. Diese streben vorzeitig nach einem Einfluß, der nur Erwachsenen vorbehalten ist. Oder für die Partei selbst wird eine eigene Jugendorganisation wichtig, wenn über sie der Nachwuchs von Wählern und aktiven Mitgliedern gewonnen werden soll. Aber daran kann eine Partei erst denken, wenn sie die schwierigen Gründungsjahre durchgestanden hat.

In dieser Lage fühlte sich die NSDAP, 1925 von Hitler nach seiner

Festungshaft neu gegründet, im Juli 1926. Bis zu diesem Reichsparteitag in Weimar hatte sich die nationalsozialistische Jugendorganisation nur lose innerhalb der Partei oder gar außerhalb ihrer Kontrolle entwickelt.
Deshalb ist man sich auch nicht ganz einig, welche Gruppen und an welchen Orten als Keimzellen der HJ anerkannt werden müssen. Schon 1922 gab es im Dschungel «vaterländischer Verbände» in München einen «Nationalsozialistischen Jugendbund». Vermutlich ist dieser Bund gleichzusetzen mit dem «Jungsturm», den der Student Kurt Gruber aus Plauen in München vorfand, als er hier beim Deutschen Turnfest Adolf Hitler kennenlernte.
Im gleichen Jahre soll Hitler durch einen Aufruf in der Parteizeitung «Völkischer Beobachter» eine Jugendgruppe der NSDAP angeregt haben. Daraus ist offensichtlich nicht viel geworden, denn im «VB» vom 9. November 1923 wurde der Parteigenosse Lenk noch einmal mit dem Aufbau einer Jugendorganisation beauftragt. Aber die Polizei beschlagnahmte eben diese Nummer des «Völkischen Beobachters» am Tage des Putschversuchs in München. Hitler saß für ein Jahr auf der Festung Landsberg am Lech, und die dem Putsch folgende Verbotszeit ließ auch die Anfänge der Parteijugend in München rasch verkümmern.
1923 hatte sich auch in Wien eine «Nationalsozialistische Arbeiterjugend» aufgetan. Im Januar 1924 gründete der vierzehnjährige Gymnasiast Hartmann Lauterbacher mit Schülern aus Kufstein in Tirol eine «Deutsche Jugend», die als andere Keimzelle der österreichischen HJ gilt. Lauterbacher, als Stellvertreter des Reichsjugendführers und Gauleiter der NSDAP später einer der höchsten Jugendfunktionäre des Dritten Reiches, hatte schon 1924 mit seinen Jungen eine Gedenkfeier für Albert Leo Schlageter veranstaltet. Der Leutnant Schlageter war bei Sabotageakten gegen französische Besatzungstruppen im Rheinland entdeckt und nach seiner Verurteilung durch ein Militärgericht erschossen worden. Mit seinem Namen verbanden sich mehrfach Gründungen nationaler Jugendgruppen.
Baldur von Schirach, erster Reichsjugendführer der NSDAP, hob die Bedeutung Kufsteins für die Geschichte der HJ hervor. Als er die Stadt 1939 besuchte, erklärte er, hier habe er Abzeichen und Organisation der HJ entworfen.
Aber solange Österreich ein selbständiger Staat war, lief dort die Entwicklung der NSDAP und ihrer Gliederungen nicht immer gleich mit den Ereignissen im Deutschen Reich. Deshalb ist der rührige Kurt Gruber aus Plauen im Vogtland für die Anfänge der HJ viel wichtiger geworden. Als er Hitler in München gesehen und dort den «Jungsturm» der Partei entdeckt hatte, schuf er in seiner Heimatstadt eine ähnliche Organisation.

Er führte sie auch nach dem Verbot der NSDAP (1924) als «Wandersportverein Vogtland» mit vierzig bis fünfzig Mitgliedern weiter.
Im Frühjahr 1925 trat der «Deutsche Jugendbund» aus Markneukirchen zu Grubers Jungen über. Gruber nannte jetzt seinen Verein etwas großspurig «Großdeutsche Jugendbewegung». Verwandte Gruppen, auch unter anderen Namen («Frontjugend im Tannenbergbund»), entstanden in Zwickau, Chemnitz, Leipzig und im Erzgebirge. Die Mitglieder trugen Windjacken, Skimützen und schwarzweißrote Armbinden mit Hakenkreuzen auf weißem Felde, ebenso Sturmfahnen. Diese Uniform entsprach genau den früheren SA-Uniformen, und ebenso traten auch andere «Kampfverbände» im unübersichtlichen Gelände zwischen den illegalen «Freikorps» und der Reichswehr auf.
Als die NSDAP nach Hitlers Entlassung aus der Festung Landsberg neu gegründet wurde, führte ihr Gruber seine «Großdeutsche Jugendbewegung» zu. Dr. Hans Severus Ziegler, stellvertretender Gauleiter von Thüringen, nannte am 2. Mai 1925 in Gera die jungen Leute der Partei erstmals «Hitlerjugend».
Der unermüdliche Kurt Gruber hatte schon im Oktober 1925 eine erste Führertagung nach Plauen einberufen. Aber zur tatsächlichen Gründung der Parteijugend kam es erst am 4. Juli 1926 beim Reichsparteitag in Weimar. Der Volksschullehrer Julius Streicher aus Nürnberg, Gauleiter der Partei in Franken und einer der wüstesten Judenhasser der NSDAP, schlug vor, der Parteijugend den Namen Hitlers zu geben. So wurde sie als «Hitler-Jugend, Deutsche Arbeiterjugend» gegründet.
Ihr Reichsleiter Kurt Gruber konnte aber erst 1928 in einem Keller der Karolastr. 58 in Plauen eine eigene «Geschäftsstelle» einrichten. Da Hitler andere Sorgen hatte und Gruber weit weg von München wirkte, lief diese frühe Hitlerjugend nur locker am langen Zügel der Parteileitung, und ihre Organisation kam nur mäßig voran.
Auch Gruber ging eigene Wege. Ostern 1928 kamen 600 Jungen in Bad Steben zusammen. Ende Dezember trafen sich die Führer der HJ in Plauen. Sie waren entschlossen, nicht immer nur «SA-Jugend» zu bleiben; sie wollten «*die* deutsche Kampfjugendbewegung» werden. Gruber tat alles, um diesen Anspruch zu verwirklichen. Im März/April 1929 zog er durch Deutschland und sprach in 32 Versammlungen. Im gleichen Jahre vereinte er seine Jungen zum Nürnberger Parteitag erstmals in einem «Großzeltlager». Stolz führte er zweitausend im strammen Vorbeimarsch an Hitler vorüber. Noch immer war Plauen das Zentrum, waren Grubers sächsische Arbeiterjungen die Kerntruppe der HJ.
Die Stadt Plauen war nach der Reichsgründung von 1871 rasch zu einem

großen Zentrum der deutschen Industrie, vor allem der Textilerzeugung, angewachsen. Die hier im jähen Aufschwung der Gründerjahre zusammengeballten Arbeitermassen waren den wirtschaftlichen Rückschlägen durch Krieg, Inflation und Weltwirtschaftskrise besonders hart ausgesetzt. Die Arbeiterschaft antwortete radikal und revolutionär. Die Reichsregierung in Berlin hatte Mühe, das «rote» Sachsen unter Kontrolle zu halten. Kurt Grubers Gedanke war es nun, der international-marxistischen Arbeiterjugend seinen «Bund deutscher Arbeiterjugend» entgegenzustellen. Gruber und seine Jungen wollten national sein, doch ebenso entschieden forderten sie die soziale Revolution.

Als K. O. Paetel 1930 im Verlag «Die Kommenden» ein «Handbuch der deutschen Jugendbewegung» herausbrachte, lieferte ihm dafür auch die Hitlerjugend eine Darstellung ihrer Ziele. Diese früheste Programmschrift der HJ ist sehr aufschlußreich. Scharf trennten sich die HJ-Führer schon in den ersten Sätzen von der allgemeinen deutschen Jugendbewegung, die sich aus den Anfängen des «Wandervogels» vor 1914 nach dem Ersten Weltkriege über ganz Deutschland zur weitverzweigten «bündischen Jugend» fortentwickelt hatte. Geistig und sozial waren die Bünde eine Sache der Gymnasiasten, Studenten und Jungakademiker, war also die Jugendbewegung bürgerlich geblieben wie in ihren Anfängen am Steglitzer Gymnasium.

Von dieser bürgerlichen Jugend setzten sich die Hitlerjungen ab: «Ehrlich, hart, oft ungeschliffen und rauh.» Sie wußten, daß ihr proletarischer Stil bei den Bünden unbeliebt war, und sie betonten deshalb provokatorisch ihre Eigenart, wenn sie aufriefen zum Kampf in der «Jungfront der Deutschen Revolution».

Die Hitlerjungen waren stolz darauf, Jungarbeiter als Führer zu haben und daß Jungarbeiter in ihren Reihen ganz vorn kämpften. «Außenstehende freuten sich ganz im Anfang über die Geschmacklosigkeit unserer Presse, über den Radauton und die Aufmachung», beklagte sich die HJ-Führung in dem erwähnten Bericht. Aber der rauhe Ton habe sich, so begründete man, aus dem harten Kampf gegen die marxistische Arbeiterjugend ergeben. Mit ihr hatte man zwar die sozialrevolutionäre Front gegen das kapitalistische Bürgertum gemeinsam, bekannte sich aber zum Nationalismus: «Menschen leben nicht in einer sogenannten Menschheit, sondern stets erst innerhalb der Gemeinschaften von Völkern.» Und deshalb sollten sich die in der HJ organisierten 14 bis 16 Jahre alten Jungen zu «deutschen Werten» bekennen: «Das Volk, der Heimatboden, Kultur, Blutbewußtsein, Artbeständigkeit.»

Soziale Revolution und völkische Erneuerung, die beiden Hauptziele,

können nur im harten Kampf errungen werden. Die HJ sah sich deshalb als «Synthese von Wehrbewegung und Jugendbewegung». Während die Bünde sich nach Meinung der HJ einseitig dem unpolitischen Wandern hingaben, forderten die jungen Nationalsozialisten, daß bloßes Fahrtenerlebnis endlich zum Kampferlebnis werde. «Heute heißt es, diese Heimat erkämpfen, damit sie unsere Kinder dereinst wieder erwandern dürfen.»
Das Bürgertum aber, so meinte die HJ-Führung, hatte den deutschen Arbeiter um Freiheit und Brot gebracht und hatte ihn zum «Lohnsklaven der westlichen Imperialisten» werden lassen. Auch die bündische Jugend hatte noch nicht verstanden, daß sie nun politisch zu wirken habe: «Wir fordern, daß sie endgültig verzichtet, sich hinter der Ausrede, Auslese zu sein, vor den Entscheidungen des Tages zu drücken, sondern endlich ihr Führertum – im täglichen Kampf – beweist.»
Im unbeholfenen Deutsch dieser aufschlußreichen Selbstdarstellung der HJ aus dem Jahre 1930 bezeugt sich eine sozialistische Haltung, die sich scharf von der bürgerlichen Jugendbewegung abhebt. Zwar beriefen sich auch viele Bünde auf völkische Gedanken, auf Fronterlebnis und Volksgemeinschaft, und sie träumten vom Reich, vom «Führertum» und seiner Gefolgschaft. Aber der Hitlerjugend als betont politischer Organisation waren diese Ziele zu verschwommen. Die HJ wollte, daß die großen Worte auch in politischen Taten verantwortet wurden. Sie hatte von ihrem Hauptgegner, der sozialistischen Arbeiterjugend, sehr konkrete sozialpolitische Ziele übernommen, die sie nun mit den völkischen und wehrhaften Gedanken der nationalen Verbände zu einem neuen Programm fügte. Die HJ wollte als wehrhafte sozialistische Jugend die nationale Revolution erkämpfen. Hammer und Schwert, gekreuzt auf rotem Grund, waren das Fahnenwappen der Organisation. Noch die Adler der späteren Bannfahnen trugen beide Zeichen in den Fängen.
Die HJ trat in dieser frühen Schrift sehr selbstbewußt auf. Aber sie wurde lange den Vorwurf nicht los, nur «SA-Jugend» und keine eigene Jugendorganisation zu sein. Bei ihrer Gründung im Juli 1926 blieb die HJ auch tatsächlich dem Obersten SA-Führer, Hauptmann Franz Felix Pfeffer von Salomon, unterstellt. Sie war ebenso wie die SA in Gaue gegliedert. Erst im Mai 1929 wurde sie ins Vereinsregister eingetragen, war damit aber nur «in juristischem und vereinsgesetzlichem Sinne eine selbständige Körperschaft» (Dietze). Immer wieder wurde es notwendig, die Aufgaben beider Kampforganisationen gegeneinander abzugrenzen.
Am 27. April 1931 galt die HJ als geschlossene Organisation, unterstellt der Obersten SA-Führung. Hitlerjungen konnten zur Teilnahme an Märschen und Kundgebungen durch die SA befohlen werden. Die SA über-

wachte das öffentliche Auftreten der Jungen. Bei der Beförderung und Absetzung von HJ-Führern sprach der zuständige SA-Führer mit. Die Gruppen- und Gauführer der HJ waren gleichzeitig Jugendreferenten in entsprechenden SA-Stäben.

Auch als am 30. Oktober 1931 ein «Reichsjugendführer der NSDAP» ernannt wurde, hatte er den Rang eines SA-Gruppenführers und unterstand «dem Chef des Stabes unmittelbar», blieb also im Befehlsbereich des Obersten SA-Führers. Daß auch die Behörden der Weimarer Republik in den Hitlerjungen nur SA-Rekruten sahen, zeigte das gleichzeitige Verbot am 13. April 1932.

Vier Wochen später indes, am 13. Mai 1932, erhielt Baldur von Schirach den Rang eines Amtsleiters in der Reichsleitung der NSDAP und übernahm die Führung aller drei Jugendorganisationen der Partei. Denn bislang hatte die «Hitlerjugend» nur einen Teil der Parteijugend erfaßt, deren Mitglieder überwiegend aus Arbeiter- und Kleinbürgerfamilien stammten.

Unter Adrian von Renteln war im November 1929, ausgehend von einer Hamburger Gruppe, ein «Nationalsozialistischer Schülerbund» entstanden. Er gab die Monatszeitschrift «Der Aufmarsch» heraus. Ziel des Bundes war, «volksvergiftende Einflüsse, die im Wege über die Schulen auf die Jugend eindringen», zu bekämpfen, zugleich aber die mangelhafte National- und Sozialerziehung durch die Schule zu ergänzen. Der NS-Schülerbund sollte «deutsche Arbeitergesinnung» in die verspießerte Bürgerjugend bringen. Alle Mitglieder, die «über ihren Lebenskreis als Schüler hinaus zu Trägern eines nationalsozialistischen Lebensstils werden», sollten zuletzt zur Hitlerjugend stoßen. Damit erkannte Adrian von Renteln, der dieses Programm verkündete, die HJ als umfassendere Organisation an; dennoch dauerten örtliche Machtkämpfe und Spannungen noch lange.

Andererseits war der NS-Schülerbund auch als Tarnorganisation gedacht. Die Hitlerjungen marschierten in Uniform, sie und ihre Führer, ihre Fahnen und Treffpunkte waren allgemein bekannt. Im Schülerbund aber konnten «stille, unsichtbare Kämpfer» untertauchen, denen der Eintritt in eine «öffentlich auftretende Kampfgruppe» versagt blieb im Widerstand gegen Eltern, Lehrer und Lehrmeister.

Neben der HJ als Arbeiterjugend der NSDAP und dem NS-Schülerbund gab es schon seit 1926 nationalsozialistische Studentengruppen. Der 21jährige Literaturstudent Baldur von Schirach übernahm 1928 die Führung dieses «Nationalsozialistischen Deutschen Studentenbundes» (NSDStB).

Es gab also drei NS-Jugendverbände unter drei Reichsführern. Als erster schied Gruber, der die HJ gegründet hatte, aus. Er war, wie v. Schirach schrieb, «von Haus aus nicht der Kräftigste» und hatte sich im Dienst der HJ «buchstäblich kaputt gearbeitet», bis ihn sein «nervöser Zustand» zum Rücktritt zwang. Adrian von Renteln führte nun HJ und Schülerbund ab 1930 gemeinsam, bis Schirach am 13. Mai 1932 an Rentelns Stelle trat und nun alle drei Verbände führte, die kleinbürgerlich-proletarische HJ, den Schülerbund und den Studentenbund. Als Organisationsschema ergab sich 1932:

Adolf Hitler
(Parteivorsitzender)

Ernst Röhm
(Chef des Stabes der SA)

Baldur von Schirach
(Reichsjugendführer)

Reichsführer	Reichsführer	Reichsführer
des NSDStB	der Hitlerjugend	des NS-Schülerbundes
Zehn Kreisleiter	Zwölf Gebietsführer	Zehn Gauverbandsführer
Hochschul-	Gauführer	Gauführer
gruppenführer	Bezirksführer	Bezirksführer
Zellenobleute der	Ortsgruppenführer	Ortsgruppenführer
Arbeitsgemeinschaften	Scharführer	Zellenobleute

Längst war die Reichsleitung von Plauen nach München gegangen. Die HJ, unter Dienstaufsicht der SA, paßte sich der allgemeinen Parteiorganisation besser an und wurde straffer geführt. Der junge Baldur von Schirach, der den «Führer» leidenschaftlich bewunderte und in Gedichten hymnisch verherrlichte, erwarb sich in diesen Jahren Hitlers ganz besondere Gunst. Schirachs Vater war großherzoglicher Kammerherr, Offizier und Generalintendant des Staatstheaters in Weimar gewesen.

Vermutlich entsprach die «adlig-großbürgerliche Boheme», aus der Schirach stammte, einer heimlichen Vorliebe Hitlers. Ähnliche Kreise, nicht zuletzt die Damen dieser Gesellschaft, hatten ihn in München während der ersten Kampfjahre der Partei ausgehalten. Da Hitler sich für einen Künstler hielt, fühlte er sich diesem Milieu verbunden. Er hatte Kunstmaler werden wollen, behauptete nach seiner Ablehnung an der Wiener Kunstakademie, zum Architekten begabt gewesen zu sein, und gab auf amtliche Anfragen die Berufsbezeichnung «Schriftsteller» an, seit er in der Festungshaft sein Buch «Mein Kampf» geschrieben hatte.

Die Huldigungen des «jungen Dichters» Schirach schmeichelten Hitlers literatenhafter Eitelkeit, wie überhaupt in das seltsame Gebräu der frühen NS-Ideologie auch ein Schuß Schwabing hineingehört; der «völkische Dichter» Dietrich Eckart war einer der ersten Propagandisten Hitlers in München.

Wie stark war die HJ in der «Kampfzeit»? Alle Mitgliederzahlen sind nicht nachprüfbar und geben nur ein unbestimmtes Bild. Die Organisation blieb noch lange zersplittert. Außer Hitlerjugend, Schülerbund und Studentenbund gab es seit 1928 Schwesternschaften der HJ, aus denen 1930 der «Bund Deutscher Mädel (BdM) in der Hitler-Jugend» hervorging. Etwa zur gleichen Zeit entwickelten jüngere Gruppen das «Deutsche Jungvolk» als eigenen Bund. Diese Jungen trugen schwarze Käppis, Halstücher und Hosen und am Braunhemd eine Ärmelscheibe mit der germanischen Siegrune als Kampfabzeichen. Über das «Deutsche Jungvolk» drangen bündische Kräfte in die HJ ein; sie führten dort zu neuen Verwirrungen.

Aber nicht nur die vielen Teilorganisationen erschweren den Einblick in die Mitgliederbewegung der HJ. Viele Jungen und Mädchen waren arbeitslos und daher von der Beitragszahlung befreit. Oft wurden aber nur zahlende Mitglieder statistisch erfaßt. Alle Zahlenangaben stammen von örtlichen HJ-Führern, werden also eher höher als zu niedrig angesetzt sein. Deshalb überrascht es, daß die HJ lange Zeit nicht den ungestümen Aufstieg der NSDAP mitmachte, sondern bis in das Jahr 1932 eine unbedeutende Teilgliederung blieb. 1931 wählten etwa 6 Millionen Deutsche die NSDAP, die im Sog der Weltwirtschaftskrise zur Massenpartei anschwoll. Die HJ aber hatte nur 20000 zahlende Mitglieder; man muß indessen mit der doppelten Zahl von «Mitläufern» rechnen. Als im Januar 1932 die NSDAP in Berlin bereits die stärkste Partei war, hatte die Berliner HJ noch keine tausend Mitglieder.

Woher diese Jungen und Mädchen kamen, läßt sich ebenfalls nicht mehr nachprüfen. Es steht fest, daß die Masse von Hitlers Anhängern zunächst aus dem durch Kriegs- und Nachkriegsnöte proletarisierten Kleinbürgertum stammte. Erst die Wirtschaftskrise um 1930 führte der NSDAP auch zahlreiche Arbeiter und Bauern zu. Der HJ, die sich als sozialistische Kampfjugend fühlte, galt die organisierte Arbeiterjugend als Hauptgegner. 1930 sollen von 2800 neuen HJ-Mitgliedern 1000 Jungarbeiter, 500 Schüler, 900 Sonstige und etwa 400 Angehörige der Jugendbewegung, also überwiegend bürgerlicher Herkunft, gewesen sein. Für 1932 gibt G. Kaufmann als Sozialgliederung an: 69% Jungarbeiter, 10% kaufmännische Berufe, 12% Schüler, der Rest kam aus anderen Berufen; viele Mitglieder waren arbeitslos.

Auch diese vagen Angaben bestätigen, daß die HJ als Arbeiterjugend auftrat und sich betont proletarisch und revolutionär gab. Das wird auch aus Erinnerungsbüchern deutlich, in denen Hitlerjungen nach 1933 die Taten der «Kampfzeit» verherrlichten.

Mit Messern und Schalmeien

Kiel, altes Zentrum der kaiserlichen Reichsmarine, Hafenstadt an der Ostsee mit großen Werften, die Stadt, in der meuternde Matrosen im November 1918 den Anstoß zur deutschen Revolution gaben, blieb einer der Brennpunkte des politischen Kampfes. Der Niedergang der deutschen Kriegs- und Handelsmarine infolge des Friedens von Versailles 1919 entzog der Stadt weitgehend die Existenzgrundlagen. Die verbitterten Arbeiter kämpften für radikale Programme. Die Bürger gerieten in den revolutionären Sog, oder sie blieben zaghaft neutral. Andere kämpften für ihre alten Vorrechte. So trafen alle gesellschaftlichen und politischen Spannungen der Republik in der alten Marinestadt kraß aufeinander. Eine Chronik der Kieler HJ, zusammengestellt von Georg Hempel, gibt ein anschauliches Beispiel für die Zerrissenheit der deutschen Jugend in den unglücklichen Jahren der sterbenden Weimarer Demokratie.

In einer Studentenbude am Blocksberg gründeten einige Jungen Pfingsten 1928 die Kieler HJ. Um jedes Mitglied mußte lange und einzeln geworben werden. Dennoch gehörten nach einem Jahr erst 30 Jungen dazu. Es gab aber neben der HJ noch einen anderen nationalsozialistischen Jugendbund, und zeitweilig unterstellten sich die Hitlerjungen dem «Bund der Geusen», «weil man in Kiel damals noch nicht wußte, welches nun die eigentliche Jugendorganisation der NSDAP sein sollte». Ein aufschlußreicher Hinweis auf die verworrenen Befehlsverhältnisse in der Partei und ihren Gliederungen!

1930 gab es in Kiel 2 HJ-Gruppen, 3 Jungmädelgruppen, einen Schüler- und einen Schülerinnenbund und den Studentenbund, die sich alle als Jugend der NSDAP fühlten. Der Philologiestudent Georg Hempel organisierte daraus im Dezember 1930 den «Nationalsozialistischen Jugendring». Der Gauleiter gab einen monatlichen Zuschuß von 50 RM. Das war nicht üppig; denn die erwerbslosen oder armen Jungen zahlten nur geringe Beiträge. Die Organisation machte nur langsam Fortschritte, weil ihr tüchtige Führer fehlten. Der eine hatte schon genug zu tun für die Ortsgruppe der Partei, der andere war gleichzeitig SS-Truppführer und mußte erst eingearbeitet werden. Schüler und Studenten wechselten ihre Ausbildungsstätten und konnten nicht über Jahre hinaus die Organisation stützen.

Die erwachsenen Parteigenossen hatten eigene Sorgen und standen in schweren, oft blutigen Auseinandersetzungen mit politischen Gegnern. Wenn sie sich der Parteijugend erinnerten, verstärkten sie mit den Jungen die SA und SS. Die Jungen stellten Redner für Diskussionsabende und nahmen an Wahl- oder Werbeversammlungen teil. Dort gaben sie mit SA-Männern oder gar allein «Saalschutz», wenn die Kampfverbände polizeilich verboten waren. Hitlerjungen stellten im Wahlkampf nächtliche Mal- und Klebekolonnen, die Plakate, Zettel und Parolen anbrachten. Störtrupps demonstrierten gegen den Anti-Kriegsfilm *Im Westen nichts Neues*. Werbemärsche durch die «roten» Viertel am Kieler Ostufer, in Friedrichsort oder um den Exerzierplatz provozierten die Arbeiterjugend. «Es gab in diesen roten Vierteln Jungvolkgruppen, deren Führer sogar mit Revolvern und oft genug mit Knüppeln erwachsene Reichsbanner- und Rotfrontleute davonjagten.» Die organisierte Arbeiterjugend galt als Rivale und Hauptgegner. Die bürgerliche Opposition war aufgesplittert und hielt sich ängstlich oder peinlich berührt zurück; die braunen und roten Straßenkämpfer und Saalschlachtschläger waren den bürgerlichen Bünden unheimlich und anrüchig.
Besonders gefürchtet war «eine ganze Schlachtergefolgschaft von Schlachterlehrlingen», die 1932, als die HJ Uniformverbot hatte, in ihren Schlachteranzügen marschierten: «Die Gegner hatten gerade vor dieser Gruppe einen Heidenbammel, denn man munkelte, mancher trüge sein Messer unter der Jacke versteckt.» Wo Schalmeien geblasen wurden, marschierten Kommunisten. Sie ärgerten sich maßlos, als eines Tages der Kieler HJ eine Schalmeienkapelle voranzog. Daß die KPD auch hier als Hauptgegner galt, beweist ein HJ-Flugblatt vom August 1932:

> «Jugendgenossen! *Wir* stürzen das alte System. Wir buhlen nicht um Eure Stimmen zur Reichstagswahl, sondern Euch selber wollen wir haben! Mit dem Tage der nationalsozialistischen Regierungsübernahme beginnt erst die deutsche Revolution. Dann müssen die jungen sozialistischen Kräfte aus allen Lagern geeint sein, der Reaktion die Stirn zu bieten... Auf unseren Fahnen steht nicht ‹Moskau›, steht nicht ‹Internationale› und nicht ‹Pazifismus,› da steht: ‹Deutschland, nichts als Deutschland!›
> Kommt mit fliegenden Fahnen zu uns in die Deutsche Arbeiterjugend (HJ), kämpft bei uns gegen das alte System, gegen die alte Ordnung, gegen die alte Generation! Hier ist der Freiheit letztes Aufgebot, kämpft mit für Sozialismus, für Freiheit und Brot!
> Hinein in die deutsche Arbeiterjugend Kiel!»

Den proletarischen Kampfstil bezeugten die Hitlerjungen auch äußerlich, wenn sie in verwegenen Windjacken, Schirmmützen mit Kinnriemen, roten Armbinden und mit roten Fahnen antraten. Ein anderes Flugblatt warb:

> «Auf, Sozialisten, schließt die Reihen!
> Der Euch zum Ziel führt gegen Brünings
> Hungerdiktatur ist der Arbeiter Adolf Hitler.»

Aber Hitler war nie Arbeiter gewesen, Hitler hatte sich 1931 bereits mit Kapitalismus und Reaktion verbunden. Er warf bedenkenlos sein sozialistisches Programm als Ballast fort, sobald es seinen Weg zur Macht verzögerte. Er verzichtete nach 1933 auf eine soziale Revolution. Seine sozialrevolutionären Anhänger wurden entmachtet oder gar umgebracht wie in der Mordaktion vom 30. Juni 1934. Als dieser Schlag die SA völlig ausschaltete, durfte allein in der HJ das soziale Pathos noch laut verkündet werden. Denn der Jugend stand revolutionärer Idealismus gut an. Wem er nicht gefiel, dem konnte er eben mit der Jugend seiner Verkünder entschuldigt werden.

Auch in der obersten HJ-Führung hielten sich typische Vertreter der sozialistischen Jugend. Der Arbeitersohn Arthur Axmann hatte mit Heinz Otto im September 1932 in Berlin die ersten «NS-Jugendbetriebszellen» gegründet, die Jungarbeiter direkt in den Betrieben ansprachen. Klassenkämpferischer Proletarierstolz sprach aus einem Bekenntnis der Kieler Jungen vom Herbst 1932:

> «So marschierten die HJ-Schalmeien durch Kiel und in den Dörfern und riefen: Wir Nationalsozialisten sind eine Arbeiterpartei, wir haben den Glauben ans Proletariat!»

Die kämpferische Vitalität der HJ und ihr weiter gespanntes Wirkungsfeld drängten den Einfluß des NS-Schülerbundes auch in Kiel stark zurück. Es kam zum Zerwürfnis zwischen beiden Gruppen, als die NS-Schüler nicht länger heimlich in ihren Zirkeln konspirieren wollten, sondern wie die kämpferischen Rabauken der SA und HJ offen auf die Straße drängten. Die HJ empfand diesen Schülerehrgeiz als Übergriff und konnte die Parteileitung für sich gewinnen.

In Altona bei Hamburg gab es einen Gauführer der HJ. Doch er konnte oder wollte sich um die Kieler Angelegenheiten wenig kümmern. Die örtlichen Organisationen blieben in diesen Jahren in starkem Maße sich selbst überlassen, obwohl sie gelegentlich Anweisungen erhielten, Beiträge abrechneten und Tätigkeitsberichte einreichten.

Der Faustkampf auf Straßen und Plätzen und in den Versammlungssälen war allen sichtbar und füllte Polizeiakten und die Lokalspalten der Presse. Verborgen aber schwelten innere Kämpfe, die diese Jungen und Mädchen oft in schweren Konflikten zermürbten. Wer HJ-Mitglied war, mußte mit offenen und sogar tätlichen Angriffen rechnen, wie umgekehrt die NSDAP mit ihren jugendlichen Gegnern ebenso unbarmherzig umging. Es kam nicht nur auf der Straße, sondern auch am Arbeitsplatz zum Kampf. Viele Eltern widersetzten sich heftig der politischen Aktivität ihrer Kinder. Sie waren besorgt um Leben und Gesundheit von Söhnen und Töchtern. Schließlich war auch deren Berufsausbildung gefährdet. Viele überwarfen sich mit ihren Eltern und vertrotzten sich in noch heftigeren Fanatismus, als ihnen die Partei als letzter Rückhalt blieb.

Der politische Kampf verschärfte auch die Belastungen der Schulzeit, die ohnehin selbst unter normalen Voraussetzungen vielen Jugendlichen Krisen und Konflikte bringen kann. Aus der «Kampfzeit» der Mädchen, die den Männern halfen, berichtet eine BDM-Führerin; Haltung und Stil der Darstellung sind bezeichnend:

«Das kleine Führerbild und das winzige selbstgenähte Hakenkreuzfähnchen, das damals in unserem Heim hing, haben mich seither überallhin begleitet. Sie waren unser Heiligtum, das geliebte Zeichen, das uns mit der großen Bewegung äußerlich verband. Das Bild hatte zwei Seiten. Auf der anderen war irgendeine hübsche Landschaft. Wir mußten überall vorsichtig sein. Und eines Tages stand auch wirklich eine Lehrerin vor mir. Wir wußten, daß sie unsere erbitterte Gegnerin war, Staatsparteirednerin und Abgeordnete. Sie ‹wollte mich mal besuchen›. Und beiläufig heißt es dann auf einmal: ‹Ihre Leistungen in Mathematik sind schlechter geworden.› Ich nickte: Das stimmte, ein langes Versäumnis war noch nicht wieder eingeholt.

‹Sie haben Nazis in Ihrer Klasse!› ist ihr nächster Satz. Ich sehe sie abwartend an, innerlich zitternd. Was wollte sie?

‹Nennen Sie mir die Namen, ich melde Sie dann nicht mit – ich werde für gute Zensuren sorgen!›»

Das «Erlebnis» dieser BDM-Führerin ist nicht nachprüfbar. Nur eine menschlich und beruflich höchst fragwürdige Lehrerin wäre in Ausnahmefällen zu solcher Erpressung fähig gewesen. Daß sie einer aktiven Demokratin unterstellt wird, enthüllt die propagandistische Bosheit des Berichts. Er sollte nach 1933 kleinen deutschen Mädchen an einem Einzelfall, wenn es ihn so überhaupt gab, zeigen: Seht, das waren die verkommenen Lehrer der «Systemzeit», und so durften sie die nationale Jugend schikanieren!

Einem anderen Satz aus diesem Bericht aber darf man glauben: «In den

Klassen ist ein widerlicher Geist. Überall hocken Spitzel und Aufpasser.» Der politische Kampf, gehässig und brutal geführt, entzweite Schüler und Lehrlinge in Schulen und Betrieben; er vertiefte die natürliche Spannung zwischen Lehrer und Schüler, zwischen Meister und Lehrling.

Reichsjugendtag in Potsdam

Vier Monate vor ihrem Sieg, der greifbar nahe gerückt war, stand die NSDAP nach außen und innerlich in schweren Machtkämpfen. Da rief Baldur von Schirach zum «Reichsjugendtag der NSDAP» nach Potsdam. Das Treffen war Höhepunkt für die «Kampfzeit»-HJ und zeigte einen harten Stilbruch in der Geschichte der deutschen Jugendbewegung an.
«Ich habe diese Stadt Potsdam auserwählt», erklärte Schirach, «weil sie wie keine zweite Stätte die heiligsten Begriffe unserer Nation offenbart: Friedrich der Große und die preußische Armee, das heißt: Führertum, Sozialismus und Pflichterfüllung.» Das klang sehr markig, und der tote König konnte sich ohnehin nicht dagegen wehren, daß man ihn auch noch zum Sozialisten machte.
Im Juli 1932 hatte die NSDAP 230 von 608 Reichstagssitzen erobert. Die deutsche Demokratie lag gelähmt im Würgegriff der braunen und roten Massenparteien. Die demokratischen Parteien hatten sich zerstritten. Das Elend im Gefolge der Weltwirtschaftskrise erbitterte die Menschen und verschärfte den politischen Kampf. Das Reich trieb dem offenen Bürgerkrieg entgegen. Drei Reichskanzler regierten rasch nacheinander ohne parlamentarische Mehrheit, nur getragen vom Vertrauen des greisen Reichspräsidenten. Generalfeldmarschall von Hindenburg aber war erzogen als königlich preußischer Offizier. Er stützte seine und der Reichskanzler Macht auf das Notstandsrecht und verstand die Demokratie gar nicht, deren Verfassung er als Präsident schützen sollte.
Für die NSDAP waren es die Fiebermonate im Endkampf, mit dem Hitler seit der Münchener Revolte die Macht «legal» erreichen wollte. Offen aber höhnten er und seine Parteiredner, man werde die demokratischen Freiheiten nur benutzen, um die Demokratie endlich zu vernichten.
Die Kommunisten hielten es ebenso. Zwischen den radikalen Heerlagern, die sich in aller Offenheit bewaffneten, schwankten die Behörden mit halben Polizeimaßnahmen hin und her. Sie erhitzten das politische Klima, ohne ein reinigendes Gewitter auszulösen. Dafür war es wohl ohnehin zu spät. Der NSDAP standen noch einige Rückschläge und Krisen bevor. Doch als der «Reichsjugendführer» zum großen Treffen nach Potsdam

rief, folgten ihm Jungen und Mädchen aus allen Teilen Deutschlands in Erwartung des nahen Sieges.
In diesen hektischen Monaten waren die Parteikassen leer. v. Schirach berichtet: «Karl Nabersberg fuhr mit 200,— RM in der Tasche nach Potsdam und mietete ein Aufmarschbüro.» Nabersberg rechnete mit 20000 Teilnehmern. Eine Verleihfirma für Großzelte baute 38 Riesenzelte für jeweils 1000 Strohlager auf. Sie sollten durch den Verkauf von Teilnehmerplaketten finanziert werden. Und dann strömten mehr als 100000 Jungen und Mädchen nach Potsdam! Nicht alle kamen als überzeugte Nationalsozialisten. Viele lockte das Abenteuer der Fahrt, der gigantische «Lagerrummel» und die marktschreierische Propaganda der HJ.
Den Hitlerjungen aber, die gläubig dem «Führer» und einer besseren deutschen Zukunft vertrauten, wurde der Appell zum großen Erlebnis. Aus Kiel waren 500 Jungen mit ihrer berühmten, den «Roten» so verhaßten Schalmeienkapelle dabei. Die Jungen mieteten vierzehn Lastwagen und zwei Autobusse; das Fahrgeld mußte später mühsam abgestottert werden. Sie fuhren von Kiel nach Potsdam, eine ganze Nacht hindurch. Wenn die Wagen durch Dörfer und kleine Städte ratterten, ließen die Jungen die Fahnen wehen. Hornsignale, Sprechchöre und Lieder riefen die Menschen an die Straßen.
In Potsdam stauten sich die Sonderzüge und die langen Kolonnen der Lastwagen und Autobusse. Nabersberg hatte nun fünfzig Großzelte beisammen und 5000 Zentner Stroh gekauft. 40000 Mittagessen waren vorbereitet. Aber wie sollten sie für über 100000 reichen? Fabriken mußten als Massenlager herhalten.
«Nirgends war Platz», erzählt ein Teilnehmer, «überall mußten wir zusammenrücken, und wo drei nur kümmerlich hätten schlafen können, haben vier und fünf gelegen. Es war eine übermenschliche Anstrengung, und mancher ist vor Müdigkeit umgefallen.» Bei diesem Massengedränge auf engstem Raum blieben Organisationsfehler nicht aus. Viele Jungen mußten von ihren Quartieren noch bis acht Kilometer marschieren, wenn sie an den Kundgebungen teilnehmen wollten.
Der Lagerabend begann am 1. Oktober mit Feuerwerk und Großem Zapfenstreich. Spät kamen Jungen und Mädchen in überfüllten Zelten und Hallen zur Ruhe. Doch um 5 Uhr früh mußte geweckt werden wegen der weiten Anmarschwege. Lange Holztröge standen am Lagerrand. Dort wuschen sie sich eilig. In Ravensbrück gab es Kaffee. 60000 trafen sich zur «Weihestunde» auf der Schützenwiese. Baldur von Schirach legte einen Kranz auf den Stufen der Garnisonskirche nieder. Inzwischen hatten sich 50000 Mädchen im Stadion versammelt. Die Jungen aber

traten an zum großen Vorbeimarsch, der um elf Uhr begann und über sieben Stunden dauerte. Stolz berichteten die Kieler, ihr Vorbeimarsch mit den Schalmeien und «aufgekrempelten Ärmeln und runtergekrempelten Strümpfen» sei dem «Führer» aufgefallen. Hitler ließ einen Mann aus seinem Gefolge den Jungen nachschicken, um sich nach ihrer Herkunft zu erkundigen.

Das mag heute lächerlich wirken. Die HJ-Führung beklagte sich schon damals, daß auch die Presse nur Regiefehler, Übergriffe und Schlampereien meldete, ohne das aufwühlende Erlebnis der Kundgebungen, der Reden Hitlers und Schirachs und des Riesenvorbeimarsches zu würdigen.

Aber selbst ein kritischer Beobachter der Bündischen Jugend war beeindruckt. Er berichtet in «Wille und Werk», dem Pressedienst der deutschen Jugendbewegung: «Es ist mehr als Parteijugend, was man in Potsdam aufmarschieren sah; ein großer Teil der Gruppen der Hitlerjugend, insbesondere des Jungvolks, hätte ohne weiteres auch zu einem Bunde der Jugendbewegung gehören können, der streng nach dem Prinzip der Auslese aufgebaut ist.»

Es ist bezeichnend, wie unsicher dieser Kritiker die NSDAP und ihre Jugend beurteilte. Er bemäkelt Organisationsfehler, ihn ärgert das von den Jungen nicht selbst gebaute Zeltlager, und er beanstandet einzelne zuchtlose Pennälergruppen und den starren Fanatismus in den Gesichtern älterer Hitlerjungen. Zugleich aber gibt der um Sachlichkeit bemühte Kritiker zu, «daß es der NSDAP gelungen ist, in großem Maße bestes Blut der jungen Generation zu erfassen und mit einem heiligen Feuer des Glaubens und der Begeisterung zu erfüllen.» Auch bejaht er Schirachs Parole: «Jugend gegen Reaktion in jeder Form!» Wenn die Hitlerjugend diesem hier in Potsdam verkündeten Programm treu bleibe, meint der Beobachter, «dann wird das Deutschland von morgen sozialistisch sein.»

Auch die Bündische Jugend hatte, vor allem unter dem Einfluß der «Jungenschaften», vor 1930 straff geführte Großlager aufgebaut. Aber das HJ-Treffen in Potsdam unterschied sich radikal von allen jugendbewegten Lagern oder gar dem Fahrtenstil der Wandervögel vor dem Weltkrieg. Auch die größten Jungenlager der Bünde waren noch Gemeinschaft, die im «Dienst» erlebt wurde. In Potsdam aber hatten Arbeiter riesige Zelte rasch als billige Notquartiere für Demonstranten aufgestellt. Das Lager als Massenkundgebung war neu, und hier nahm die HJ den Stil vorweg, den sie später als Staatsjugend extrem ausbildete. Als Schirach amtlicher «Jugendführer des Deutschen Reiches» geworden war, sprach er offen aus, was jeder Junge bei solchen Demonstrationen empfinden sollte:

«Er steht nicht mehr allein. Er wird ein Teil einer Millionengemeinschaft.

Überall, wo die Fahnen der Hitlerjugend wehen, hat er seine Kameraden, seine Brüder und Schwestern, die in einem Glauben gebunden, in einer Weltanschauung geeint, in einer Organisation zusammengefügt sind. Es ist ein herrliches und wunderbares Erlebnis, dessen deutsche Jugend teilhaftig wird.»

Die psychologische Wirkung solcher Massentreffen war in der «Kampfzeit» sehr hoch einzuschätzen. Jene 500 Jungen aus Kiel lebten zu Hause verstreut in einer großen, ihnen überwiegend feindlichen Hafen- und Industriestadt. Viele mußten sich vor ihren Eltern, in Schulen und Betrieben als Anhänger Hitlers verstecken. Polizeimaßnahmen, Überfälle mit schweren oder gar tödlichen Verletzungen waren jederzeit zu erwarten. In Potsdam aber erfuhren sie, daß sie nicht allein standen, daß es überall in Deutschland Zehntausende gab, die ihren Kampf mitkämpften. Hitler verstand es, ihnen die «Bewegung» als nicht aufzuhaltende Macht vorzuführen.

Die Jungen und Mädchen kehrten zwar müde, hungrig und abgerissen in ihre Dörfer und Städte zurück. Doch allen blieb das stolze Gefühl, dabeigewesen zu sein. Bei der Rückfahrt, so berichten die Kieler, geriet ein Lastwagenanhänger ins Schleudern und schlug mit 30 Jungen um. Es gab nur leichte Verletzungen. Aber der sechzehnjährige Hitlerjunge Heini Feldmann holte sich auf dem offenen Wagen eine Lungenentzündung, an der er starb. An seinem Grabe kam es zu Schlägereien mit politischen Gegnern und Polizeibeamten.

Am 23. Juni 1934 wurde das «Goldene Hitlerjugend-Abzeichen» gestiftet als neues «Ehrenzeichen der Partei». Der in Gold gefaßte HJ-Rhombus wurde verliehen «für Bewährung und langjährigen Einsatz in der HJ oder für sonstige Verdienste um die HJ». Alle Jungen und Mädchen, die bis zum Reichsjugendtag in Potsdam am 2. Oktober 1932 in die Hitlerjugend eingetreten und ihr seither treu geblieben waren, galten nun als die jüngsten «Alten Kämpfer» der Partei.

Ende 1932 hatte die HJ 107956 Mitglieder. Man verteilte rund 100000 Goldene Ehrenzeichen, und 1939 gab es immer noch 504 aktive HJ-Führer, die das Abzeichen trugen. Damit aber auch die anderen, die zwar nach dem 2. Oktober 1932, aber noch immer vor dem 30. Januar 1933 zur HJ gekommen waren, als ältere Mitglieder ausgewiesen waren, stiftete man ein Traditions-Armabzeichen, am Braunhemd als goldene oder silberne Litze unter dem Armdreieck zu tragen.

Das Ende der freien Bünde

Jugend und Weimarer Republik

Berlin, am frühen Vormittag des 5. April 1933. Ein Lastwagen, beladen mit jungen Leuten in braunen Uniformen, rumpelt schwerfällig durch die Alsenstraße. Hausfrauen, unterwegs zum Einkaufen, beachten ihn nicht. Nur ein paar spielende Kinder laufen zusammen und starren dem Wagen nach. Jetzt hält er mit quietschenden Bremsen. Kommandos, Zurufe! Etwa fünfzig Hitlerjungen springen auf die Straße. Einige laufen zu einer Haustür, rufen und winken: Ja, hier sind wir richtig.

Obergebietsführer Karl Nabersberg läßt Eingang und Flur besetzen und dringt mit einem ausgesuchten Rollkommando in das Haus ein. Hinter ihm schwenkt ein Junge einen alten Karabiner. In den Geschäftsräumen des «Reichsausschusses der deutschen Jugendverbände», dem auf Befehl Baldur von Schirachs dieser Überfall gilt, finden sie Frau Helene Gehse, die uns als Zeugin berichtete, zwei Stenotypistinnen, die Buchhalterin und einen Büroboten. Frau Gehse macht sich als Stellvertreterin des Geschäftsführers bekannt. Nabersberg verlangt barsch den Vorstand zu sprechen. Frau Gehse bedauert: Die ehrenamtlichen Vorstandsmitglieder haben keine festen Bürostunden und kommen nur unregelmäßig in die Dienststelle. Dann solle Hermann Maaß, der Geschäftsführer, schleunigst geholt werden, befiehlt Nabersberg ärgerlich.

Hermann Maaß war um diese Zeit noch in Wilmersdorf bei Generalmajor a. D. Ludwig Vogt, dem Vorsitzenden des Reichsausschusses. Maaß stammte aus der sozialistischen Arbeiterjugend und war, ebenso wie Frau Gehse und andere Mitarbeiter, Mitglied der Sozialdemokratischen Partei. Auch Erich Ollenhauer, bis zu seinem Tode 1963 Vorsitzender der SPD in der Bundesrepublik Deutschland, hatte als sozialistischer Jugendführer im Reichsausschuß mitgearbeitet.

Als Hermann Maaß eintrifft, empfangen ihn Vorwürfe und Drohungen.

Er will antworten, doch Nabersberg schreit ihn an: «Halten Sie hier keine großen Reden! Packen Sie Ihre Sachen und machen Sie, daß Sie nach Hause kommen!»

«Ich werde nie vergessen», berichtet Frau Gehse, «mit welch todtraurigem Blick Hermann Maaß damals Nabersberg in die Augen sah... Ich selbst bekam den Befehl, mich nicht aus meinem Zimmer zu rühren. Als Bewachung wurde mir ein kleiner Hitlerjunge gegenübergesetzt, dem seine Situation auch nicht sehr behaglich zu sein schien. Jedenfalls fragte er einmal sehr schüchtern, ob er wohl sein Butterbrotpapier in meinen Papierkorb werfen dürfe.»

Nabersberg und sein Kommando durchwühlen inzwischen alle Räume. Zahlreiche amtliche Veröffentlichungen des Reichsausschusses und alle Jahrgänge seiner Zeitschrift «Das junge Deutschland» werden beschlagnahmt. Um ungestört zu sein, schickt man die fünf Angestellten zunächst für drei Tage nach Hause.

«Als ich wieder im Büro erschien», berichtet Frau Gehse, «rief mich Nabersberg in sein Zimmer, legte seine Pistole vor sich auf den Schreibtisch und fragte mich, ob ich bereit sei, unter seiner Leitung weiterzuarbeiten. Ich hatte mich inzwischen natürlich mit Hermann Maaß getroffen und erklärte mich auf seinen Rat dazu bereit. Er legte Wert darauf, laufend Informationen über die weitere Entwicklung, insbesondere die Tätigkeit der späteren Reichsjugendführung zu erhalten.»

Aufschlußreich ist, wie Baldur von Schirach diese Aktion in seinem Buch «Die Hitlerjugend» darstellte. In den Tagen, da Hitler Reichskanzler wurde, war sein «Reichsjugendführer» als Parteiredner tätig. Weil ihn eine Erkältung niederhielt, konnte er erst verspätet aktiv werden. Endlich, acht Wochen nach der «Machtübernahme», war es auch für ihn soweit: «Es galt jetzt, den Sieg der Bewegung auf die ganze Jugend anzuwenden. Unsere Minister waren mit ihren neuen Aufgaben überhäuft und arbeiteten Tag und Nacht. Wir konnten nicht warten, bis sie die Zeit hätten, von sich aus die Jugendfrage zu lösen. Also mußten wir selber handeln.»

Der fieberhaften Ungeduld der HJ-Führer arbeiteten die eigenen Leute viel zu langsam. Auch die HJ wollte ihre Revolution haben, vor allem aber wollte sie die Grenzen einer bloßen Parteijugend niederreißen. Die HJ wollte politische Aktion und amtliche Autorität verbinden, sie wollte «Staatsjugend» sein.

Deshalb galt Nabersbergs Aktion auch dem «Reichsausschuß der deutschen Jugendverbände». Einmal ließ sich das harmlose Büro ohne Risiko erobern. Zum anderen repräsentierte der Reichsausschuß die meisten Verbände und Bünde der deutschen Jugendbewegung; er war die Verbindungsstelle zu den jugendpflegerischen Instanzen der Weimarer Republik. In seiner Satzung hieß es: «Er ist die Vertretung der Gesamtheit der deutschen Jugend und ihrer Belange, nicht einzelner Verbände oder Richtungen. Diesen gegenüber nimmt er keine Stellung ein und kennt keine Werturteile.»

Solche Grundsätze demokratischer Jugendführung, die von den einzelnen Gruppen gegenseitige Duldung fordern und sie miteinander ins Gespräch bringen wollen, waren der HJ völlig fremd. Der Reichsausschuß vertrat fünf bis sechs Millionen Jugendliche. Die Hitlerjugend gehörte nicht dazu, weil sie nicht bereit war, im Rahmen der Verfassung mitzuarbeiten. In einem späteren Rechenschaftsbericht der Reichsjugendführung wurde der Reichsausschuß hart verurteilt: «Man hatte trotz der Millionenmassen der deutschen Jugend, die in diesen Verbänden stand, keine Basis, von der aus man operieren konnte, und keinen Einfluß, der sich im politischen Leben wirkungsvoll geltend machen ließ. Die Jugend besaß ja auch keine innere Beziehung zum Staat, und das lag nicht allein an ihr.»

Für die HJ ist Jugendbewegung immer nur politische Aktion. Sie hatte eine einseitige Politisierung der deutschen Jugend gefordert und später mit fragwürdigen Mitteln durchgesetzt. Aber ihre Kritik traf auch tatsächliche Schwächen im Verhältnis der deutschen Jugend zur Weimarer Republik.

Jener einmalige, überaus merkwürdige Vorgang, den man «Deutsche Jugendbewegung» genannt hat, hatte noch vor der Jahrhundertwende begonnen. Die Wanderlust eines Schülerstenographenvereins am Gymnasium Steglitz bei Berlin steckte viele andere Gruppen an und verzweigte sich schon vor dem Ersten Weltkrieg im Wandervogel und in der Freideutschen Jugend mit zahlreichen Sondergruppen über ganz Deutschland. Nach dem Kriege breitete sich die Bewegung zu einem verwirrend vielmaschigen, höchst farbigen Gewebe von Bünden, Gruppen und Vereinen aus, die bei aller Vielfalt der Richtungen und Programme doch alle mitbestimmt wurden von dem Bewußtsein: Jugend ist mehr als eine dürftige Vorstufe zur Erwachsenenwelt, Jugend hat ein eigenes Lebensrecht.

Die deutsche Demokratie von Weimar, eine unmittelbare und unerwartete Folge des verlorenen Krieges, überraschte nicht nur das deutsche Volk, sondern auch die demokratischen Politiker, die plötzlich zur staatlichen Verantwortung aufgerufen wurden. Sie waren auf vieles nicht vorbereitet, auch nicht auf diese neue Dynamik der Jugend. Aber die Kultur- und Sozialbehörden des Reiches und der deutschen Länder haben nach 1919 die Arbeit der Bünde nie ernstlich behindert. Sie ließen auch die wunderlichsten Gruppen «in uneingeschränkter Selbstherrlichkeit» sich

entfalten, wie Werner Helwig in seiner Chronik «Die Blaue Blume des Wandervogels» anerkennt.
Auch geben die wissenschaftlichen Schriften des Reichsausschusses darüber Auskunft, wie sich der Staat um Jugendfürsorge und Jugendschutz bemühte. Der Krieg und die Krisenzeit danach mit den blutigen Auswüchsen des politischen Kampfes, mit Massenelend und triebhafter Lebensgier gaben der Jugend ein schlechtes Beispiel. Radikale Erschütterungen der Gesellschaft bedrohen junge Menschen besonders. Verwahrlosung und Kriminalität, leibliche Not und geistige Leere gefährdeten in dieser Jugend die Zukunft der Nation.
Deshalb war noch im Dezember 1932 das «Notwerk der deutschen Jugend» entstanden. Es bemühte sich vor allem um die vielen arbeitslosen Jugendlichen, bei denen Bildung und Berufsausbildung gefördert werden sollten. Gemeinschaftsküchen waren geplant, damit die Jugendlichen sich satt essen konnten. Man wollte ihnen helfen, Berufskleidung zu beschaffen und zu erhalten. Es war an Einrichtungen zu geistiger Regsamkeit und sportlicher Ertüchtigung gedacht.
Bekannter noch und bis in unsere Gegenwart wirksam ist die Bedeutung der deutschen Jugendbewegung für das staatliche Schulwesen der Weimarer Republik. Die Kultusminister der deutschen Länder verschlossen sich nicht dem Ruf nach Reformen. Aus zahlreichen Landerziehungsheimen und Versuchsschulen brachten eigenwillige, schöpferische Lehrer neue Gedanken, die auch die Amtszimmer der Ministerien erreichten. Ein hochentwickeltes, reformfreudiges Privatschulwesen regte auch die staatlichen Schulen an.
Aber persönliche Eitelkeit und lokaler Behördenegoismus, politische und ideologische Motive veranlaßten oder verfälschten manche Reformversuche. So ergab sich ein gelegentlich verwirrendes, die Kräfte von Lehrern und Schülern zersplitterndes Bildungssystem. Niemand kann indes leugnen, daß dieser vielgeplagte Staat von Weimar, der vierzehn Jahre lang auf Tod und Leben um seinen Bestand kämpfen mußte, der Jugenderziehung in Deutschland ganz neue Anregungen gab.
Eine neue Erziehung war aber auch eine politische Aufgabe. Es galt, den Ungeist der alten Paukschule zu überwinden. Moderne Erkenntnisse der Jugendpsychologie wirkten dabei ebenso mit wie das Bedürfnis schöpferischer Lehrer, ihren Schülern kein Wissen einzutrichtern, sondern ihnen durch neue Lehr- und Lernmethoden die Freude am eigenen handwerklichen und geistigen Tun zu erwecken und zu bewahren.
Solche Ziele konnte nicht gleich die erste Lehrergeneration nach dem Kriege erreichen. Auch war die allgemeine Krise der Zeit einer ruhigen

Schulentwicklung nicht günstig, bis die Diktatur alle fruchtbaren Ansätze ohnehin abbrach. Um so mehr ist anzuerkennen, daß sich die Schulen der Republik dem Reformgeist der Jugendbewegung öffneten. Zahlreiche Jugendführer fanden aus Wandervogel und bündischer Jugend zum Lehrerberuf. In Pädagogen wie Adolf Reichwein verband sich die Überlieferung der Jugendbewegung mit neuen pädagogischen Gedanken bei klarer Bejahung des demokratischen Staates bis hin zum eigenen Opfertod durch die Henker der Diktatur.

Tolerant und unparteiisch hatten die Behörden der Weimarer Republik die deutsche Jugendbewegung in zahllosen Bünden, Gruppen und Vereinigungen sich frei entfalten lassen. Reichstag und Regierungen hatten für Jugendschutz und Jugendrecht viel getan, wenn auch nationalsozialistische Juristen später bemängelten, daß diese Fürsorge nur schwächlichen oder gestrauchelten Jugendlichen geholfen habe.

Frischer Reformgeist begann die muffigen Klassenzimmer der alten Obrigkeitsschulen auszulüften. Aber die Mehrheit der deutschen Jugend lehnte eben diese Demokratie, in der sie doch so frei wirken durfte, entschieden ab. Die Gründe dieser Abwehr entsprachen oft den allgemeinen Vorbehalten der Erwachsenen gegen die Republik von 1919.

Die Jugend kannte den Glanz des Kaiserreiches nicht mehr. Sie wuchs in einem Staat heran, der sich im Schatten einer schweren Niederlage dahinquälte. «Die deutsche Ohnmacht war das Grunderlebnis der nach 1918 aufwachsenden Generation. Haß und Verachtung richteten sich gegen die ältere Generation und alles, was sie vertrat.» (O. F. Schüddekopf) Die Demokratie wurde gleichgesetzt mit dem Niedergang Deutschlands nach dem Kriege. Da vor allem die angelsächsischen Mächte im Namen dieser Demokratie gekämpft hatten, galt sie als «undeutsche» Staatsform. Als von den Erschütterungen der Weltwirtschaftskrise um 1930 gerade die Jugend stark betroffen wurde, ohne schon verstehen zu können, welche allgemeinen Gründe ihre Zukunft bedrohten, richtete sich scharfe jugendliche Kritik wieder gegen das «System».

Die demagogischen Umtriebe der Radikalen untergruben alle Bemühungen der Regierung um Festigung von Staat und Gesellschaft. Die Jugend – die ohnehin zu extremer Kritik neigt – stimmte dieser zersetzenden Propaganda gefühlsmäßig zu, so daß sich 1932 auch Angehörige der bündischen Jugend in einer «Front gegen jede Reaktion» mit der HJ einverstanden wußten.

Schlimmer aber war, daß die Republik selbst keine den Staat tragende Idee entwickelte und der Jugend verständlich machte. Im Gegenteil: Der Egoismus der Parteien, das Gegeneinander der Länder auf Kosten des

Reiches, die Unübersichtlichkeit des politischen Lebens im Gewirr zahlreicher, nie eindeutig erkennbarer Interessen, der peinliche und rüde Stil, in dem im Reichstag, in der Presse und handgreiflich auf den Straßen bis zum blutigen Mord die politischen Kämpfe ausgetragen wurden, stießen die Jugend ab. Viele meinten: Die Demokratie zerstört die schwer errungene Einheit des Volkes; die Parteien reißen die alten Gräben zwischen den Klassen wieder auf, die doch in der Frontkameradschaft des Krieges und in den Bünden der Jugendbewegung überwunden wurden.

Die Weimarer Republik ließ den Idealismus der deutschen Jugend unbefriedigt. Ihre Sehnsucht nach Taten, nach hingebendem Dienst für wirkliche Werte, ihr Bedürfnis, großen Vorbildern nachzueifern, blieben unerfüllt. Die demokratische Verfassung war dieser politisch ungebildeten Jugend ein fremdes, nur mit dem Kopf ausgetüfteltes Gewebe zwielichtiger Interessen und Machenschaften, gleichgültig, sogar feindlich dem Herzen der Jugend. Schon im März 1929, also noch vor dem jähen Aufschwung der NSDAP, schrieb ein junger Autor, die Diktatur sei dem Führerstil der Jugend angemessen, weil sie die Verantwortung von der anonymen Gesellschaft auf einen Menschen von Fleisch und Blut übertrage! Die Demokratie, die aus Gründen der Vernunft viele Kräfte ausgleichen und in Kompromissen einigen muß, ist jungen Menschen zunächst fremd. Jugendliche wollen lieber einen Menschen verehren, einem Führer den Treueid leisten als den Paragraphen einer Verfassung.

So hatte es nur vereinzelt und wenig wirksame Versuche innerhalb der deutschen Jugend und der Jugendbewegung gegeben, die demokratischen Kräfte der Republik zu verstehen und zu unterstützen. 1930 waren bündische Führer an zwei Parteigründungen beteiligt. 1932 wollten andere den Reichskanzler von Schleicher aktiv gegen den Machtanspruch der Radikalen unterstützen. Ernst Buske, bedeutsamer Führer der «Deutschen Freischar», war bemüht, seine Jungen zur politischen und sozialen Mitverantwortung zu erziehen. Aber auch ohne seinen frühen Tod wären solche Anstrengungen wohl auf die Dauer erfolglos geblieben. Man darf von Jugendlichen nicht erwarten, daß sie einen Staat verstehen und erhalten, den die meisten Erwachsenen nicht verstehen und erhalten konnten und wollten.

Deshalb deckt sich die Kritik des nationalsozialistischen Juristen Dietze mit Einwänden, die auch aus Kreisen der Bünde oder anderer Jugendverbände gegen Weimar erhoben wurden: «Der liberalen Demokratie, in der jeder recht hatte, fehlte die innere Kraft, die Jugend für sich zu begeistern. Wo allein die ‹Weltanschauung› herrscht, keine Welt-

anschauung zu besitzen, da wendet sich die Jugend ab. Ein neutraler Staatsapparat hat noch nie die Zuneigung der Jugend besessen...».
Dietze ließ keinen Zweifel, wohin die nationalsozialistischen Bestrebungen zielten: «Weil es einen eigentlichen Staat nicht gab, gab es auch eine Jugend, die dem Staat gehört hätte, eine ‹Staatsjugend› nicht.»

Kampf allen Bünden!

Der Machtanspruch dieser kommenden Staatsjugend war eindeutig angemeldet, als im Auftrage Baldur von Schirachs am 5. April 1933 das Rollkommando des Obergebietsführers Nabersberg den Reichsausschuß der Deutschen Jugendverbände überfiel. Die erbeuteten Akten, vor allem auch die Personalunterlagen, dienten nach Schirachs eigenem Geständnis in den nächsten Monaten der wirksamen Verfolgung aller HJ-Gegner in der Jugendbewegung.
Mit diesem Überfall hatte der Generalangriff der HJ gegen alle Verbände, die sich der befohlenen «Gleichschaltung» widersetzten, begonnen. Erste Opfer waren die eindeutig politischen Jugendverbände. Die KPD war schon nach dem Reichstagsbrand im Februar 1933 auf Grund der «Verordnung des Reichspräsidenten zum Schutze von Volk und Staat» verboten worden. Mit ihr verschwand die kommunistische Jugendorganisation.
Gegen das «Gesetz zur Behebung der Not von Volk und Staat», das Hitler ermächtigte, die demokratischen Grundrechte zu beseitigen und die Verfassung zur Diktatur umzubiegen, sprachen am 24. März 1933 im Reichstag nur noch die Sozialdemokraten. Deshalb richtete sich die volle Wut der neuen Machthaber gegen die SPD. Mit der Partei war auch die «Sozialistische Arbeiterjugend» (SAJ) tödlich bedroht.
Die Kieler Hitlerjungen konnten deren Ende nicht abwarten. Ein Rollkommando überfiel das Heim der Jungsozialisten am Walkerdamm. Die Hitlerjungen traten die Rückwände der Aktenschränke ein, um an die begehrten und für weitere Schikanen wichtigen Personalunterlagen zu kommen. Aber Kieler Polizeibeamte, die sich noch immer im Dienste des Rechtsstaates fühlten, schützten die jungen Sozialisten vor den Pöbeleien und Tätlichkeiten der HJ. Als der leitende Polizeioffizier den Hitlerjungen weitere Übergriffe untersagte, als er das Heim endlich zum Schutz gegen die Plünderer besetzen ließ, stiegen Hitlerjungen vom Dachboden in das Gebäude ein. Sie stahlen weitere Akten und 160 «Reichsbannerwindjacken», die sie an ihre Kameraden in Gaarden verteilten. – Aber diesen Willkürüberfällen einzelner HJ-Führer folgten bald die amtlichen Verbote der sozialistischen Jugend nach.

Längeres Leben oder gar ihren Fortbestand erhofften sich alle Jugendverbände, die «völkische» Ziele vertraten oder sich für deutsche «Wehrertüchtigung» einsetzten. Doch im allgemeinen Rausch der «nationalen Wiedergeburt» liefen viele dieser Bünde mit fliegenden Fahnen freiwillig zur HJ über, oder sie mußten sich auflösen, weil ihre Mitglieder in Massen übertraten.

Die Verbände, die blieben, waren geistig keine rechten Gegner der NSDAP. Es ging diesen Bünden oft nur darum, die alten Gemeinschaften zu bewahren. Der deutschnationale «Scharnhorstbund» kam deshalb mit der Reichsjugendführung überein, seine Uniform und seinen Bundesführer behalten zu dürfen. Die Jungen trugen HJ-Armbinde und unterstellten den Bund der Reichsjugendführung. Aber ebenso wie die Deutschnationale Volkspartei von Hitler nicht als echter Koalitionspartner in die Regierung aufgenommen wurde, sondern in der Absicht, sie eines Tages zu unterwerfen, so konnten sich auch die nationalen Jugendverbände nicht halten. Der «Stahlhelm», die größte Organisation der Frontsoldaten, trat zur SA über. Von der völkischen Jugend wurde selbstverständlich erwartet, daß sie sich der HJ anschloß.

«Wie die NSDAP nunmehr die einzige Partei ist», erklärte v. Schirach, «muß die HJ die einzige Jugendorganisation sein.» Und ein Jahr nach dem Überfall auf den Reichsausschuß rief er unter dem Beifall von 150000 Jungen und Mädchen im Hamburger Stadtpark: «Wir erkennen kein Sonderrecht in einem jungen Deutschland an, in dem es nur ein Recht gibt, das Recht des Staates.»

Fünf Tage nach der Aktion gegen den Reichsausschuß wurde auf ähnlichem Wege auch der «Reichsverband für deutsche Jugendherbergen» überrumpelt und einem HJ-Führer mit kaufmännischer Vorbildung unterstellt; denn hier fielen der HJ erhebliche Vermögenswerte in die Hand. Hier ließen sich auch «alte Kämpfer», die als Führer ungeeignet waren, in Verwaltungsstellen und als Herbergsväter unterbringen, bis viele von ihnen auch dort versagten und ausgeschlossen werden mußten.

Die Hitlerjugend knüpfte also an jahrzehntelange Aufbauarbeit an, rechtfertigte aber ihren Gewaltakt damit, daß die Finanzen des Jugendherbergsverbandes total zerrüttet gewesen seien. Auch dem Reichsausschuß war in späteren Pressemeldungen unsaubere Geschäftsführung vorgeworfen worden, um Nabersbergs Rollkommando zu rechtfertigen. Als die Kieler Hitlerjungen das sozialistische Jugendheim überfielen, behaupteten sie, dort sei alles verdreckt und verkommen gewesen. Die Diffamierung des wehrlosen Gegners gehörte immer zum nationalsozialistischen Herrschaftsstil. Bald konnte Schirach verkünden: «Über allen Jugendherbergen weht die Fahne der HJ.»

Aus Herbergen, die einst allen Gruppen und Bünden und auch jugendlichen nicht organisierten Einzelwanderern offengestanden hatten, wurden Lager und Führerschulen der HJ. Schirach eröffnete neue Herbergen, etwa «Hein Godenwind» als Schiffsherberge im Hamburger Hafen oder die «Paul-von-Hindenburg-Herberge» in Hannover, mit festlichem Gepränge, um für die neue HJ-Architektur zu zeugen. Die Herbergen sollten nach Schirachs Wünschen zu «Kulturstätten der deutschen Jugend» werden.
Der Staat sicherte die Finanzierung, und wie bei vielen ähnlichen Projekten nötigte man den Steuerzahler zu zusätzlichen Spenden. 1935 zählten die deutschen Jugendherbergen 6,5 Millionen Übernachtungen, und diese Zahl stieg bis zum Kriege weiter an.
Aber obwohl die HJ-Führer lockten und drohten: Noch immer widersetzten sich unabhängige Bünde und Verbände ihrem Herrschaftsanspruch. Nachdem Schirach im April 1933 den Reichsausschuß und den Jugendherbergsverband unterworfen hatte und zahlreiche nationale Verbände zur HJ übergelaufen waren, richtete sich sein Kampf gegen die Gefahr, «die vor allem das Sonderdasein des Großdeutschen Bundes unter Admiral von Trotha für die Einigung der deutschen Jugend bedeuten mußte.»
Das war eine Vereinigung nationaler Bünde, die in manchen Zielen mit der HJ übereinstimmten, aber ihre bewährten Gemeinschaften nicht in den uniformen Einheitsbrei der Staatsjugend rühren lassen wollten. Manche Bünde gaben sich jetzt nationaler, als sie ursprünglich waren, um sozusagen die Ansprüche der HJ ideologisch zu unterlaufen. Die Bünde hofften, um die Auflösung herumzukommen, wenn sie sich entschieden zum Dritten Reich und seinem Führer bekannten.
Der HJ war nun dieser erst am 30. März 1933 gegründete Großdeutsche Bund besonders lästig, weil er ebenfalls nationale Ziele vorgab und also nicht einfach als feindliche Organisation verboten werden konnte. Auch die Person des Admirals von Trotha war ein ernstes Hindernis. Der redliche Marineoffizier war als guter Patriot bekannt und dem Generalfeldmarschall von Hindenburg freundschaftlich verbunden. Die Bünde hofften also, sie könnten sich hinter dem Rücken der alten Offiziere halten. Die Herren aber repräsentierten nur noch oder stellten sich bald in den Dienst der NSDAP wie General Vogt, der vom Reichsausschuß der Deutschen Jugendverbände zur HJ übertrat und mit dem Goldenen Ehrenzeichen belohnt wurde.
Auch der Vorstand des Großdeutschen Bundes mußte die Auflösung fürchten. Deshalb schlugen manche vor, den Bund im Mai 1933 geschlos-

sen in die HJ überzuführen, um die alten Gruppen unter ihren alten Führern zusammenhalten zu können. Schirach durchschaute diese Absicht und lehnte sofort ab. Auch Hitler, der sich wie andere Parteiführer mit größeren Sorgen herumschlug und die Entwicklung der HJ ganz seinen jungen Leuten in der RJF überließ, stimmte Schirach zu.
«Nun überstürzten sich die Ereignisse. Bei ihrem Pfingstlager im Juni sangen die vergewaltigten Bünde in einer Aufwallung von Trotz ‹Lewer dot as Slav› und ‹Ein feste Burg ist unser Gott›. Zugleich wurde der Presse mitgeteilt, die deutsche Jugend habe Adolf Hitler, dem Führer des neuen Deutschland, den Treueid geschworen. Aber es half nichts. Am Pfingstmontag umstellten Polizei- und Sturmtrupps das Lager, und seine fünfzehntausend Teilnehmer wurden nach Hause geschickt.» (Laqueur)
Von diesem letzten «freien» Großlager der bündischen Jugend berichtet Werner Schubert als Augenzeuge: «Ich gehörte der sächsischen Freischar Gau Sachsen II an und führte einige Gruppen nach Munsterlager. Wir kamen aus Leipzig mit mehreren Lastzügen, die wir von privaten Spediteuren gemietet hatten. Damals war dieser Personenverkehr noch möglich. Wir hörten, daß einige Lastzüge, die aus einigen anderen Teilen Deutschlands kamen, unterwegs aufgehalten wurden. Unsere Gruppen selbst waren völlig intakt. Die Parteijugend konnte uns nur durch Polizei, Landjäger und hilfspolizeiähnliche Organisationen unter Druck setzen, da die Jugendgruppen der bündischen Jugend eine starke Geschlossenheit aus sich heraus entwickelten. Die Auflösung war nur durch einen Machtspruch möglich.
Bei dem Treffen in Munsterlager kursierten Gerüchte über Aktionen der Reichsjugendführung. Als ein Flugzeug über einer großen Versammlung kreiste, fiel plötzlich die Rede, daß es sich um ein Flugzeug mit Beobachtern der Reichsjugendführung handele. Daraufhin rollten sich alle auf den Rücken und zeigten ihr Hinterteil zum Himmel. Ich erinnere mich daran, daß vor der Auflösung des Lagers ein Galgen mit einer Strohpuppe aufgehängt wurde: Baldur von Schirach. Später wurde sie von den Jungen im Übermut verbrannt. Solche Sachen werden alle Jungs in ähnlichen Situationen von sich aus machen. Ich erwähne dies nur, um die Stimmung der Jungen zu charakterisieren.»
Obwohl das Lager aufgelöst wurde, gingen die Leipziger Jungen noch auf Fahrt durch die Lüneburger Heide. «Nach der Rückkehr kam dann das Verbot. Von den Jungen, die als Zwölf- und Vierzehnjährige schon fest in den Gruppen standen, bildeten wir außerhalb des Jungvolks Ornithologenklubs, Fotografenklubs und ähnliches. Die älteren Jugendgruppenführer führten teilweise ein Doppelleben in ihren Gruppen und

unter dem Deckmantel der Jungvolkorganisation. Zwischen Jungvolk und HJ bestand ein starker Unterschied durch das eingedrungene bündische Element.»

Admiral von Trotha protestierte gegen die Auflösung des Großdeutschen Bundes und suchte Hindenburg einzuschalten. Die Partei nahm ihm das sehr übel; es kam zu Verdächtigungen und einer Haussuchung. Erst 1936 konnte Schirach den Admiral versöhnen, der sich zum «Ehrenführer der Marine-Hitler-Jugend» befördern ließ.

Im Frühjahr 1933 ließ der Massenzulauf zur HJ die Organisation buchstäblich aus allen Nähten platzen. Man wollte die deutsche Jugend gleichschalten und total erfassen. Diese Absicht bestätigte ein amtlicher Erlaß vom 17. Juni 1933:

> «Es wird eine Dienststelle des Reiches errichtet, die die amtliche Bezeichnung ‹Jugendführer des Deutschen Reiches› trägt. Zum Jugendführer des Deutschen Reiches wird der Reichsjugendführer der NSDAP, Baldur von Schirach, ernannt.
>
> Der Jugendführer des Deutschen Reiches steht an der Spitze aller Verbände der männlichen und weiblichen Jugend, auch der Jugendorganisationen von Erwachsenenverbänden. Gründungen von Jugendorganisationen bedürfen seiner Genehmigung. Die von ihm eingesetzten Dienststellen übernehmen die Obliegenheiten der staatlichen und gemeindlichen Ausschüsse, die ihre Aufgaben unter unmittelbarer Mitwirkung der Jugendorganisationen vollziehen.»

Am 8. Juli wurde der ohnehin von der HJ kontrollierte Reichsausschuß der deutschen Jugendverbände aufgelöst. Der Reichsjugendführer der NSDAP, bisher nur Parteifunktionär, gewann staatliche Autorität, ohne daß die Stellung der HJ-Führer auch beamtenrechtlich festgelegt wurde. Hier kam es zu einer für die Herrschaftsform des Dritten Reiches typischen Mischung zwischen Staatsamt und Parteifunktion. Schirach war Parteiführer, die HJ eine Gliederung der NSDAP. Aber als Jugendführer des Deutschen Reiches war er dem Reichsinnenminister unterstellt, besaß er das staatliche Kontrollrecht in Jugendfragen.

Da es gleichzeitig die von Verwaltungs- und Justizbehörden gelenkte Jugendpflege und Jugendfürsorge gab, da ein neu geschaffenes Reichsministerium für Wissenschaft, Erziehung und Volksbildung ebenfalls in Jugendfragen mitsprechen wollte, entstand eine für den NS-Staat typische Aufsplitterung der Kräfte. Sie führte zu Machtkämpfen der Funktionäre untereinander. Um so unantastbarer wurde die Stellung Hitlers als oberstem Schiedsrichter.

Die HJ entwickelte sich aus der Parteijugend gleichsam durch die Hintertür zur Staatsjugend. Die Faschisten hatten in Italien eine Staatsjugend organisiert, zu der Offiziere als Führer abkommandiert wurden. Schirach aber rühmte an der HJ: «Sie ist keine Gründung des Staates für die Jugend, sondern eine Gründung der Jugend für den Staat.»

Die Jugend, so hieß es, habe sich aus freiem Willen zum Dritten Reich bekannt. Die HJ aber war undenkbar ohne die NSDAP. Die Partei lenkte die Jugendorganisation, wenn sie ihren jungen Leuten auch recht viel Freiheit ließ und die örtlichen Funktionäre den HJ-Führern kaum dreinredeten. Aber indem die Partei die Macht im Staate übernahm, erhob sie ihre Jugendorganisation zur Staatsjugend. Die Reichsjugendführung wollte die Gesamtführung der deutschen Jugend. Schirachs Ernennung zum Jugendführer des Deutschen Reiches bestätigte nur nachträglich eine bereits eingeleitete Entwicklung. Das wiederholte sich, als 1936 und 1939 die HJ-Gesetze die Jugend allgemein und auch rechtlich dem Einparteienstaat unterwarfen. «Aus der Jugendbewegung, die um die Jahrhundertwende spontan entstanden war, war im neuen Staat ein Herrschaftsinstrument geworden.» (Lange)

Hitler, Nutznießer einer verblendeten Jugendbewegung?

Beste Kräfte der deutschen Jugend haben sich gegen den Machtanspruch der HJ bis zur Hingabe des eigenen Lebens gewehrt. «Was gegen unsere Einheit ist, muß auf den Scheiterhaufen», forderte Schirach.

Andererseits gab es zahlreiche Erwartungen und Sehnsüchte in den Bünden der Jugendbewegung, die zur Staatsjugend hinzielten, ohne die Form zu wollen, die dann von der HJ erzwungen wurde. Der Soziologe Helmut Schelsky weist darauf hin, daß schon die Jugend in den zwanziger Jahren auf der Suche nach «Verhaltenssicherheit» und deshalb schließlich bereit war, in einer Massenorganisation mit straffer Führung und ideologischen Grundsätzen die «seelische Heimat» zu finden.

«Hitler ist, kann man sagen, durch eine typische, aber zugleich verblendete Jugendbewegung zur Macht gekommen», urteilte der große Historiker Friedrich Meinecke in seiner Untersuchung der deutschen Katastrophe von 1945. Werner Helwig, einst Führer im Nerother Wandervogel und Autor des farbigen Erinnerungsbuches von der «Blauen Blume des Wandervogels», wendet sich entschieden gegen alle «Schnüffler», die heute in jugendbewegten Schriften nach «nazibedingenden Indizien stöbern.» Helwig und seine Freunde berufen sich auf Angehörige der Jugendbewegung, die für ihre aufrechte Haltung im NS-Staat durch Flucht, Gefangenschaft oder Tod büßen mußten. Aber die Offiziersverschwörung vom 20. Juli 1944 entbindet uns nicht von der Aufgabe, das Verhalten deutscher Offiziere vor und nach 1933 zu prüfen. Ebenso spricht der tapfere Widerstand mancher Persönlichkeiten der Jugendbewegung nicht andere Kräfte von ihrer Mitverantwortung frei.

Hitler ist kein Schicksalsschlag, der Deutschland zufällig traf. Sein Aufstieg war vorbereitet in einem historischen Kraftfeld, aus dem Gutes wie Böses kommen konnte. Auch die deutsche Jugendbewegung kann nicht losgelöst werden aus dem Zeitgeist.

Mit dem Umbruch zur modernen Industriegesellschaft um 1900 war die vertraute ländlich-kleinstädtische Welt zerbrochen. Die Großstadt und ihr völlig anderer Lebensstil waren unverständlich, gefährlich, «zersetzend». Die bürgerliche Jugend protestierte. Sie verlangte Rückkehr zur Natur, zum Landleben, zum «Volkstum» und seinen «gesunden» Kräften, seinem Leben aus «eigener Art»: Volkslied, Volkstanz, Volkstracht, Volksdichtung und Volkskunst – der in der deutschen Romantik schon mit Inbrunst gefeierte Begriff des Volkes erhielt erneut eine verschwommene, mythische Bedeutung.

Der Erste Weltkrieg verstärkte diese völkischen Gefühlsaufschwünge unheilvoll. Walter Flex kannte den Wandervogel nur über seinen Bruder und später durch seinen besten Freund und Kriegskameraden. Aber er gilt als der große Dichter der Jugendbewegung, der er in der Person des Theologiestudenten und Reserveleutnants Ernst Wurche im «Wanderer zwischen beiden Welten» ein Denkmal setzte. Sein Werk aber ist dem heutigen Leser ein unverständliches und teilweise bedenkliches Dokument deutscher Selbstüberhebung, die schon einmal behauptet hatte, am deutschen Wesen solle die Welt genesen. Flex feiert den Krieg als Quell sittlicher Energien, den Soldatentod setzt er mit dem Kreuzestode Christi gleich.

Solche Übersteigerungen lassen sich aus den im Kriege entfesselten Leidenschaften erklären. Aber die Niederlage von 1918 erhitzte diesen fanatischen Nationalismus weiter. Auch entwickelte die neue «bündische Jugend», die nach 1918 allmählich den alten Wandervogel ablöste, abenteuerlich verschwommene Träume vom «Reich» und vom «Führer» und einer «Gefolgschaft» als «Elite», auserwählt, ein neues Zeitalter aus bündischem Geist zu begründen.

Die Berufung auf das «Fronterlebnis» im Kriege beschränkte sich nicht auf halbmilitärische links- und rechtsradikale Jugendverbände. Schon im Schatten des Dritten Reiches hatten die zeitweilig sehr einflußreichen «Jungenschaften» eine fatale Vorliebe für soldatische Formationen, Dienstgrade, Fanfarenzüge, Lieder, Uniformen und Großlager. Manche

Bünde, mochten sie politisch der Rechten oder der Linken angehören, marschierten, um zu marschieren. Sie durften sich nicht wundern, daß Leute das Kommando übernahmen, die genau wußten, was sie wollten.
Die legendäre Figur des Schwaben Eberhard Köbel, der sich «tusk» und seine «autonome Jungenschaft» nicht minder geheimnisvoll und kleingeschrieben «d. j. 1. 11.» nannte, ist typisch für die Zwiespältigkeit vieler Bündischer am Ende der Weimarer Republik. «tusk» uniformierte und exerzierte seine Jungen und träumte vom «blauen deutschen Jungenheer», dem Überbund aller Bünde, der Volk und Staat erneuern sollte. Aber wie? Durch Parademarsch, Fahnenwache mit Speer und Messer, Jungentanz um flammende Feuer, Kosakenlied und Balaleika! Denn es war nicht der Kommiß, der diese Jungen anzog, sondern soldatisches Abenteurer- und Rebellentum: Kosaken und Piraten, Partisanen und Freischärler aller Richtungen waren ihre Helden.
Aber hier wurden gute Kräfte sinnlos ins Leere verschossen. «tusk» empfand es selber. Eines Tages schrieb er seinen Jungen: «Liebe Kameraden! Am Mittwoch, dem 20. April, trete ich der Kommunistischen Partei Deutschlands bei. Den Grund könnt ihr in meiner Erklärung lesen. Die Not und die Schwierigkeit der Heimat ist so groß, daß ich nicht verantworten kann, aus Bequemlichkeit dem politischen Kampf fernzubleiben.»
Wenige Wochen später erhoffte sich «tusk» einen wichtigen Posten in der Reichsjugendführung der NSDAP! Als sich aber die Gestapo den «Bolschewiken» griff, verhalfen ihm Freunde zur Flucht. Mit gebrochenen Füßen entkam er über die Grenze. Der in London völlig vereinsamte Emigrant kehrte nach 1945 in den Staat Walter Ulbrichts zurück, weil er sich nun von der SED die Verwirklichung seines Traums von der Staatsjugend versprach. Den Funktionären aber war der fanatische Außenseiter unheimlich. Als er 1955 starb, war er mit belanglosen Wirtschaftsuntersuchungen beschäftigt.
Solche Führer gab es. Sie legen krankhafte Züge der Bewegung bloß, sie waren extreme Ausnahmen. Aber man kann sie nicht abtun mit dem Bemerken, das sei doch alles nur krauser Jungenkram gewesen, weltweit entfernt von allem, was die HJ später daraus machte. Es ist vielmehr notwendig, die Dinge beim Namen zu nennen. Wer gern den guten, fruchtbaren Wirkungen der deutschen Jugendbewegung zustimmen will, darf auch ihre gefährlichen Schwächen nicht übersehen. Aus diesem Grunde urteilt der Historiker Felix Raabe über die bündische Jugend im Vorfeld des NS-Staates:
«Die zwiespältigen völkischen, nationalen, sozialistischen und romantischen Sehnsüchte vieler Gruppen der bündischen Jugend, ihre unent-

schiedene, schwankende Haltung der Politik gegenüber und vor allem ihre oft übersteigerte Abneigung gegen die republikanische Ordnung machten sie blind für die tatsächlichen Erfordernisse ihrer Zeit... Anstatt die bestehende Staatsform wenigstens aus Vernunftgründen gegen die offenen und versteckten Angriffe ihrer Feinde, deren Gefährlichkeit man in den meisten Bünden durchaus erkannte, zu verteidigen und durch intensive Mitarbeit im eigenen Sinne weiterzuentwickeln, verharrte ein großer Teil dieser Jugend in einer negativen, ablehnenden oder zumindest neutralistischen Haltung, erstrebte eine Position zwischen der Republik und den andrängenden totalitären Gewalten und sah tatenlos, ja bisweilen mit einer gewissen Freude dieser Agonie zu. Durch dieses Verhalten wurden die Bünde indirekt mitverantwortlich am Zusammenbruch der Weimarer Republik. Mit den Verboten und der Verfolgung durch die nationalsozialistische Diktatur mußte die bündische Jugend für ihre unentschiedene Haltung in der Weimarer Zeit büßen.»

In dem Maße nun, in dem die deutsche Jugendbewegung eine Teilerscheinung des deutschen Lebens zu Beginn des 20. Jahrhunderts war, «trägt sie im gleichen Sinne einen Teil der Verantwortung, wie ihn mit ganz wenigen Ausnahmen alle deutschen Parteien und Bewegungen tragen», urteilt Laqueur in seiner erst 1962 veröffentlichten Geschichte der Jugendbewegung.

Aber wer das Verhalten der bündischen Jugend nach dem 30. Januar 1933 beurteilen will, muß auch wieder an die rätselhafte Zeitstimmung jenes Frühjahrs zurückdenken. Eine starke Welle gläubiger Zuversicht durchdrang plötzlich viele Deutsche und begünstigte psychologisch die Entstehung der Diktatur. Die deutsche Jugend, die sich in den Bünden schon seit Jahren bedeutsame historische Ereignisse ersehnt hatte, war durch diese Zeitstimmung noch leichter zu lenken als die Erwachsenen.

In Scharen verließen sie die Bünde und traten zur HJ über. Ein ehemals bündischer Führer pries die Jugendbewegung als Ouvertüre zur «Rauschenden Symphonie der deutschen Erhebung.» Was Wandervogel und Bünde wollten, nun endlich vollende es Adolf Hitler: «Er tritt unter sie, das große Feuer der nationalen Revolution wird entzündet, und am 30. Januar 1933 tritt die ganze junge Generation geschlossen zu jenem Fackelzug an...»

Die meisten Erwachsenen ließen sich täuschen. Junge Menschen aber konnten überhaupt nicht ahnen, daß hinter den Scheiterhaufen der Bücherverbrennung durch fanatische Studenten, hinter all den Fackelzügen und Freudenfeuern der nationalen Erhebung, eine andere Welt heraufzog. An ihren düsteren Horizonten leuchteten die Brände

von Warschau und Rotterdam, Hamburg und Dresden, Smolensk und Stalingrad oder gar die der Krematorien von Auschwitz auf.
Damals schien der Nationalsozialismus jungen Menschen alles zu bieten, was sie sich ersehnten: «Sich einzusetzen, Verantwortung für Altersgenossen zu übernehmen, arbeiten zu können für ein immer stärkeres Vaterland im Gleichklang mit ebenso begeisterten Gefährten. Da lagen öffentliche Anerkennung und Aufstieg zu Positionen, die früher undenkbar waren. Auf der anderen Seite gab es Schwierigkeiten, Gefahren, Aussichtslosigkeit der Zukunft, Zweifel an sich selber.»
Uns erschüttern heute die Zeugnisse der Not in jungen Herzen, in Menschen, die gläubig fühlen, heiß erleben wollten, aber nicht klar und vor allem nicht politisch zu denken gelernt hatten. Hitler war erfolgreich: Er gab «Arbeit und Brot». Er zerriß die «Fesseln von Versailles». Er schuf dem deutschen Namen wieder «Weltgeltung».
«Wir fanden das gut», berichtet Inge Scholl in dem Buch über ihre Geschwister und «Die Weiße Rose», «und was immer wir dazu beitragen konnten, wollten wir tun. Aber noch etwas anderes kam dazu, was uns mit geheimnisvoller Macht anzog und mitriß, das waren die kompakten marschierenden Kolonnen der Jugend mit ihren wehenden Fahnen, den vorwärts gerichteten Augen und dem Trommelschlag und Gesang. War das nicht etwas Überwältigendes, diese Gemeinschaft?»
Vergeblich warnte Vater Scholl die Kinder vor dem «Rattenfänger». Hans, Sophie und Inge liefen mit ihren Freunden den Fahnen der Hitlerjugend nach, obwohl sie doch aus der katholischen Jugendgruppe kamen. Zehn Jahre später, am 18. Februar 1943, wurden Hans und Sophie in der Münchner Universität verhaftet. Die Geschwister hatten aufgerufen zum Kampf gegen Hitlers Gewaltherrschaft. Aber 1933 hatten auch sie dem Jubel der Fanfaren geglaubt: «Deutschland erwache!»
Zehn Jahre bestand die HJ, als die Reichsjugendführung 1943 einen Leistungsbericht veröffentlichte. Im Rückblick auf 1933 heißt es: «Gegen Ende des Jahres standen der Hitlerjugend, abgesehen von einer Gruppe unbedeutender Verbände, wie dem Jung-Odenwald-Klub oder dem Deutschen Jugendbund für Einheitskurzschrift, sowie den Pfadfindervereinigungen, die mit ihrer Auflösung noch bis zum nächsten Jahre warteten, lediglich noch die beiden großen konfessionellen Gruppen der evangelischen und katholischen Jugend gegenüber.»
Der Angriff gegen die kirchlichen Jugendverbände aber war seit dem Frühsommer 1933 in vollem Gange.

Christliche Jugend gleichgeschaltet

«Hundertprozentige Erfassung»

Als sich Otto Strasser von der NSDAP getrennt hatte, nannte Hitler den abtrünnigen Genossen einen «politischen Wandervogel». Das Wort, das hell und lockend am Beginn der deutschen Jugendbewegung aufklang, wurde Schimpfname für verworrene und unzuverlässige Menschen.
Die Abrechnung der HJ mit dieser freien deutschen Jugendbewegung vollzog sich hart und unbarmherzig in wenigen Monaten. Die alten Wandervögel ließ man noch leidlich gelten, weil sie im Ersten Weltkrieg tapfer gekämpft hatten. Sie behielten die Jugendburg Ludwigstein unter HJ-Kontrolle als «Ehrenmal der gefallenen Wandervögel», bis auch sie später aus ihren letzten Nestern vertrieben wurden.
Um so schärfer aber lehnte die HJ die deutsche Jugendbewegung nach 1918 ab. «Die deutsche Jugendbewegung nach dem Kriege erzog feige und egoistische Menschen, die Hirngespinsten nachjagten», behauptete Schirach. Dietze bemängelte: «Es war eine Jugend ohne Staat.» Verächtlich schrieb Schirach: «Jeder Interessentenhaufen machte in Jugend... Voll Abscheu blickt eine geeinte Jugend auf die Sektierer, die ihren kleinen Ehrgeiz höherzustellen wagten als das große Deutschland.»
«In dieses Chaos stieß der klare politische Wille der Hitlerjugend vor», stellte Dietze zufrieden fest. Die Ernennung zum Jugendführer des Deutschen Reiches gab Baldur von Schirach amtliche Vollmacht über alle Jugendorganisationen. Er konnte die volle Staatsautorität werbend für die HJ einsetzen. Dieser Werbung diente auch der hektische Stil des Dienstes im Jahr der Machtergreifung, wie der HJ-Bericht von 1943 offen zugab: «Die Riesenaufmärsche und Massendemonstrationen dieses Jahres waren nicht aus dem Rausch der Begeisterung geboren, nicht im Taumel des Sieges entstanden, sondern klar und nüchtern ausgerichtet auf das Ziel der hundertprozentigen Erfassung der gesamten deutschen Jugend.»

Es kam darauf an, Massen zu bewegen, um Massen zu gewinnen. Wenn viele mitmachen, werden die meisten dazukommen, und zuletzt werden alle dabeisein. Zugleich konnte sich in den Aufmärschen und Kundgebungen vieler zehntausend Jungen und Mädchen der neue Machtanspruch der HJ-Führer rauschhaft bestätigen. Schirach war 1933 erst 26 Jahre alt. Drei Jahre später hatte er sich eine Machtstellung aufgebaut, die der eines Ministers gleichkam. Sein Stellvertreter Nabersberg war 25 Jahre alt, Hartmann Lauterbacher, der ihm bald nachrückte, erst 24, Arthur Axmann, der 1940 Schirachs Nachfolger wurde, war 1933 erst ein Zwanzigjähriger.

Daß diese jungen Leute und ihre noch jüngeren und weniger reifen Unterführer sich vom Massenrausch hinreißen ließen und die großen Paraden der Wehrmacht und der anderen Parteiverbände ehrgeizig nachahmten, ist verständlich. Eine Welle von Kundgebungen überflutete Deutschland und brachte Hunderttausende von jungen Menschen in Gleichschritt. Überall im Reich defilierten Heerscharen von Jungen und Mädchen an ihren Führern vorbei, die in Feldherrnpose auf Tribünen und Kraftwagen aufgebaut standen. Hierfür ein typischer Originalbericht über die Berliner Jugendkundgebung am 1. Mai 1933:

«Von allen Häusern wehen die Fahnen der nationalen Erhebung. Breite, große Transparente sind über die Hauptstraßen gespannt. Girlanden umkränzen die Bahnhöfe. Berlin hat sein schönstes Kleid angelegt!

In den frühen Morgenstunden sammelt sich auf allen Straßen und Plätzen der Stadt die Jugend und marschiert dann geschlossen aus allen Himmelsrichtungen hin zum Lustgarten, wo um 9 Uhr die gewaltigste Jugendkundgebung stattfinden soll, die Berlin je gesehen hat.

Kurz vor 9 Uhr bietet der Lustgarten ein überwältigendes Bild! Hunderttausende deutscher Jungen und Mädel, Studenten und Jungarbeiter stehen erwartungsvoll Reihe an Reihe. Sie erwarten den Führer!

Mächtiger Gesang aus jugendlichen Kehlen tönt zum morgendlichen Himmel hinauf. Auf der Rampe des Schlosses haben die Ehrengäste bereits Platz genommen...»

Stolz werden sie aufgezählt: Minister, Generale und Admirale, zahlreiche ausländische Diplomaten.

«Neun Flugzeuge – eine nationalsozialistische Fliegerstaffel – kreisen über der Menschenmenge. – 9 Uhr morgens! – 1200 Sänger des Berliner Sängerbundes singen die herrliche Hymne: ‹Deutschland, du mein Vaterland!› – Kaum ist der letzte Ton verklungen, betritt Dr. Goebbels die Estrade. Jubel empfängt ihn.»

Dr. Joseph Goebbels, Gauleiter von Berlin und «Reichsminister für Volks-

aufklärung und Propaganda», trifft genau den richtigen Ton: «Wir, die deutsche Jugend, wollen dem Pessimismus ein Ende machen, gläubig, voll trotzigem Optimismus, wollen wir das schwere Schicksal in die Schranken fordern, wir, die Jungen von den Schulbänken, aus den Hörsälen, aus den Kontoren und aus den Fabriksälen, wir jungen Arbeiter und Studenten, wir wollen die Träger dieses gläubigen Optimismus sein!»
Die Partei hatte erst eben die Macht übernommen. Ihre Führer hatten allen alles versprochen. Sie mußten sich nun in der Verantwortung bewähren und erfuhren bald, daß niemand zaubern kann. Deshalb galt es, Zeit zu gewinnen: Die wankelmütigen Massen durften nicht abspringen. Die Menschen mußten in Stimmung bleiben. Sie mußten gläubig und optimistisch abwarten können. Sie mußten geduldig und opferwillig darauf vertrauen lernen, daß die Zukunft der Jugend gehören werde, Nationalsozialismus aber war Jugend. Auffallend war auch das soziale Pathos dieser Reden, die Betonung der *einen* Volksgemeinschaft junger Arbeiter und Studenten.
Die Kundgebung ging weiter: «Alle Fahnen und Wimpel heben sich. Reichswehr und Polizei heben die Hände an den Helm. Feierlicher Auftakt eines großen Tages! – Ein Rufen, ein Drängen, – ‹Der Führer kommt!› – Und schon bahnt sich der Wagen, in dem der greise Feldmarschall von Hindenburg und neben ihm der junge Volkskanzler Hitler sitzen, den Weg durch die Hunderttausende.»
Der alte Marschall, ein Denkmal preußischer Anständigkeit und evangelischer Kirchenfrömmigkeit, hat sich Hitler verbunden. Da sollte die Jugend mißtrauisch sein, da sollte sie nicht gläubig und vertrauend zustimmen dürfen?
Heute fragt man immer wieder völlig falsch: Wie war es möglich, daß sich damals so viele Deutsche für Hitlers Ziele begeistern ließen? Aus der Sicht und Stimmung des Jahres 1933 sollte man sich eher darüber wundern, daß es nicht nur zahlreiche Erwachsene, sondern auch junge Deutsche gab, die *nicht* bereit waren, dem Rausch der Massenpropaganda zu erliegen.
Die Autoren der HJ betonen in ihren Berichten immer wieder: Die HJ ist noch bis zum Frühjahr 1939 eine Organisation von Freiwilligen gewesen. Wie es um diese Freiwilligkeit tatsächlich bestellt war, zeigen die Werbemethoden. Sehen wir ganz ab vom erwähnten Sog der Massenbewegung, vom Bild kraftvoller Marschkolonnen, die auch die Geschwister Scholl faszinierten, sehen wir also ab von allen Gefühlslockungen, die vom Auftreten der HJ auf jugendliche Gemüter ausgingen. Wer dem nicht erlag, konnte auch anders «erfaßt» werden.

In den deutschen Schulen waren demokratische Lehrer entlassen, pensioniert oder auf unbedeutende Stellen abgeschoben worden. Die neuen Ministerialbeamten, Oberschulräte und Schulleiter kamen aus den Reihen der alten Kämpfer, und Lehrer, die bisher nicht der NSDAP angehört hatten, bemühten sich eifrig um Aufnahme. Viele stellten sich kritiklos in den Dienst der neuen Machthaber, bemüht, nicht aufzufallen oder nur angenehm bemerkt zu werden. Deshalb waren die meisten auch willige Werber der HJ in den Schulen.

HJ-Führer und Lehrer trafen und besuchten sich gegenseitig. Sie führten mit den Eltern gemeinsame Werbeversammlungen in den Schulen durch. Im Unterricht wiesen sie ständig mit Nachdruck hin auf die neue große Volksgemeinschaft, der sich niemand entziehen dürfe. Auch eine so unverfänglich scheinende Einrichtung wie das Winterhilfswerk, das armen oder alten Leuten mit Geld, Lebensmitteln, Heizung und Kleidern helfen sollte, stand geschickt im Dienst der HJ-Werbung.

Am 7. Oktober 1933 bat nämlich der Reichsminister für Volksaufklärung und Propaganda die Schulleiter um Unterstützung des «Winterhilfswerks der deutschen Jugend». Dafür war ein Nagelschild entworfen worden in Form des Abzeichens der Hitlerjugend. Die Lehrer sollten die Holzschilder in den Schulen aufhängen lassen. Jedes Kind, das einen Nagel einschlug, gab dabei eine Spende für arme Leute. «Die Hitlerjugend hat den ideellen Vorteil, daß ihr Abzeichen in einer würdigen Form im ganzen deutschen Land verbreitet wird.»

Die Schulen wetteiferten bald miteinander in der HJ-Werbung. Ehrgeizige Behördenchefs veröffentlichten Erfolgsstatistiken und schickten sie den Kollegen zu. Die anderen wollten nicht nachstehen, also sollten alle Schüler in die HJ! Erfolgreichen Schulen verlieh die HJ ihre Fahne, sobald 90% aller Schüler HJ-Mitglieder waren. Das enge Verhältnis zwischen Schule und HJ wird in einem späteren Kapitel genauer darzustellen sein. Schon jetzt aber leuchtet ein, daß die starke Abhängigkeit des Schülers vom Lehrer sich als Druck auswirkt, wenn der Lehrer sich als aktiver Werber für die Parteijugend betätigt. Und das taten die meisten.

Aber auch bei Lehrlingen, jungen Angestellten und Jungarbeitern ließen sich wirksame Hebel ansetzen. Noch drohte Massenarbeitslosigkeit, noch gab es Lehrlinge im Überfluß. Bei gleicher Eignung sollten HJ-Mitglieder bevorzugt werden. Der Landeshandwerksmeister von Hessen schrieb seinen Kollegen: «Die Jungen und Mädel, die die weltanschauliche Schulung der HJ in sich aufnehmen, haben einzig und allein die Anwartschaft darauf, in die Lehre des Handwerks aufgenommen zu werden. Von Euch erwarte ich, daß Ihr nur solche Lehrlinge und Lehrmädchen aufnehmt, die den Organisationen der Jugend des Führers angehören.»

Die Kreishandwerkerschaft folgerte richtig: «Gemäß Anordnung der Handwerkskammer dürfen in Zukunft nur noch Lehrlinge eingestellt werden, die Mitglied der HJ und des BDM sind, andernfalls das Lehrverhältnis nicht anerkannt wird und Bestrafung erfolgt.»

A. Klönne belegt diesen Druck auf die Jugend an zahlreichen ähnlichen Beispielen. Der junge Arbeiter, der morgens seine Fabrik betrat, blickte auf Plakate: «Deutscher Jungarbeiter, tritt ein in die DAF! Derjenige, der bis 3. September nicht in der DAF ist, wird rücksichtslos aus der Berufsschule geworfen. Wer der DAF beitritt, muß Mitglied der HJ oder ihrer Unterorganisationen sein.»

Hier liefen mehrere Druckwellen zusammen. Die Deutsche Arbeitsfront (DAF) war nach Auflösung der Gewerkschaften die parteiamtliche und einzige Arbeitnehmerorganisation. Wer ihr nicht beitrat, mußte auf Vergünstigungen verzichten und war als Einzelgänger Schikanen ausgesetzt. Da er auch den Arbeitsplatz riskierte, war es unklug, sich der DAF zu entziehen. Jungarbeiter in der DAF aber mußten gleichzeitig HJ-Mitglieder sein. Und wer nicht mitmachte, flog aus der Berufsschule, konnte seine Ausbildung nicht beenden und sich beruflich nicht qualifizieren.

Gelegentlich schreckten HJ-Führer vor Erpressung nicht zurück, um diese Zahlen zu erreichen. Der Führer des Bannes 80 in Wiesbaden ließ am 3. Mai 1934 einen Vordruck verteilen: «Bist Du für den Führer und somit für die Hitlerjugend, so unterschreibe die anliegende Aufnahmeerklärung. Bist Du aber nicht gewillt, der HJ beizutreten, dann schreibe uns dies auf der anliegenden Erklärung...»

Diese Erklärung aber hätte dem Jungen zugemutet, den ganzen Staatsapparat der Diktatur gegen sich in die Schranken zu rufen. Der Druck auf Zögernde aber wurde zusätzlich verschärft, indem der Vater unterschreiben und seinen Arbeitgeber nennen sollte. Mit Recht mußte der Vater befürchten, daß seine berufliche Existenz gefährdet war, wenn er die Kinder der HJ verweigerte.

Solche Druckmittel also gab es schon 1933 bis 1936, noch vor Erlaß des HJ-Gesetzes, das die nahezu vollständige «Erfassung» der Jugend nur nachträglich bestätigte. Dennoch behaupteten Dietze und andere HJ-Autoren immer wieder, die HJ lehne den Mitgliederzwang ab, da die deutsche Jugend «nicht von der Pflicht, sondern von der Ehre des Dienstes» gerufen werde im «freiwilligen Bekenntnis zum Führer».

Dieses freiwillige Bekenntnis ist tatsächlich massenhaft abgelegt worden, doch ging es der HJ um totale Führung aller Jugendlichen, auch wenn sie

Jahr	Gesamtzahl der 10- bis 18jährigen	Zahl der HJ-Mitglieder
1932		107 956
1933	7 529 000	2 300 000
1934	7 682 000	3 577 000
1935	8 172 000	3 900 000
1936	8 656 000	4 400 000
1937	9 060 000	5 800 000
1938	9 109 000	7 000 000
1939	8 870 000	8 100 000

nicht oder noch nicht mitmarschieren wollten. Gewaltig schwoll die Zahl der Mitglieder an. Eine eigene statistische Abteilung der RJF lieferte Unterlagen für den Zahlenwahn, dem die Jugendfunktionäre huldigten.
Es ist nicht möglich, die Angaben der obigen Tabelle nachzuprüfen, zumal andere Zahlen beträchtlich abweichen. So nennt ein anderer HJ-Bericht für Ende 1938 bereits 8 700 000 Mitglieder. Spürbarer Einschnitt war das Jahr 1936 mit der ersten Erfassung eines ganzen Jahrgangs von Zehnjährigen.

Unterwerfung der evangelischen Bünde

Als Baldur von Schirach im Juni 1933 «Jugendführer des Deutschen Reiches» geworden war, glaubten viele HJ-Führer, allen Jugendverbänden außerhalb der HJ habe das letzte Stündlein geschlagen.
Dazu berichtet die Kampfzeit-Chronik der Kieler HJ ein besonderes Heldenstück. Ein junger Vikar hatte in der kleinen Landstadt Preetz in Holstein eine evangelische Jugendgruppe gegründet. Dieser aktive «Pastorlehrling» verärgerte die HJ sehr. «Fast jeden Tag hallte der Schlachtenlärm durch die Straßen der Stadt Preetz. Unsere Pimpfe suchten in diesen Kämpfen blaue Halstücher, Lederknoten, grüne Hemden und Schulterriemen zu ergattern.» Der Kampfstil zeigt, daß es bei diesen Kämpfen kaum um weltanschauliche Auseinandersetzungen geht. Jungenhafter Übermut fordert «die anderen», die nicht zum eigenen Haufen gehören, ständig heraus. Aber hinter den Übergriffen der HJ stand bereits die Staatspartei und damit der Staat selbst.
Als im Juni 1933 die bündische Jugend verboten wurde, rollten eines Tages 50 ausgesuchte Kieler Hitlerjungen auf Lastwagen nach Preetz. Dort verstärkten sie die einheimische HJ und überfielen den «nichtsahnenden Christenführer», der «im Christenheim bei der Kirche die Wimpel,

die Kasse und alle Bücher» abliefern mußte. Am nächsten Tage gliederte man die Preetzer evangelische Jugend zwangsweise in die HJ ein.
«Erst geraume Zeit danach stellte man fest, daß die Christlichen nicht unter die Bündischen fielen; die christliche Jungschar wurde reorganisiert, aber der Pastorlehrling hat es nicht mehr sehr weit gebracht. Durch die Verfügung des Reichsjugendführers vom Februar 1934 wurde dann endgültig seine Arbeit zunichte gemacht.» Der Kieler HJ-Chronist bezieht sich im letzten Satz auf den heißumstrittenen Eingliederungsvertrag, in dem die evangelische Kirchenleitung ihre Jugendverbände der Reichsjugendführung übergab. Der Kieler Berichterstatter gibt offen zu, daß für die HJ kein Vertrag mit gleichberechtigten Partnern vorlag, sondern eine «Verfügung» von oben, die den anderen zur Unterwerfung zwang.
Nicht nur die Kieler HJ-Führer gingen 1933 im Übereifer weiter, als die RJF im Augenblick durfte. In Württemberg verbot der Gebietsführer am 5. Juli 1933 Uniformen, Aufmärsche und Werbeveranstaltungen aller Verbände außerhalb der HJ. Die bestehenden Jugendgruppen sollten innerhalb von fünf Tagen dem örtlichen HJ-Führer eine genaue Mitgliederliste abliefern. Geplante Heimabende «unterliegen der Aufsicht der HJ» und waren vorher anzumelden. Die Verfügung schließt mit dem Satz: «Jugendgruppen, die diesen Anordnungen zuwiderhandeln, werden aufgelöst.»
Zu ähnlichen und schlimmeren Übergriffen kam es in ganz Deutschland. Da die bündische Jugend verboten war, gerieten jetzt HJ und christliche Jugendverbände in eine Art Bürgerkrieg. Schirach selbst mußte nun seine jungen Leute zurückpfeifen und befahl am 5. Juli 1933: «Ich untersage hiermit jede Belästigung von Angehörigen anderer Jugendbünde durch Mitglieder der HJ. Wenn durch das Verhalten von Angehörigen anderer deutscher Jugendverbände Anlaß zu Klagen gegeben wird, ist auf dem Dienstwege an mich zu berichten. Soweit die Klagen ein Einschreiten notwendig machen, werde ich bei den zuständigen staatlichen Stellen das Notwendige veranlassen. Einzelaktionen werden bestraft.»
Die Verwilderung des Kampfes war also der RJF selbst unheimlich geworden. Auch hatte die Partei, die nun in der Regierungsverantwortung stand, aus politischen Gründen auf den starken Einfluß der Kirchen im Inland und die kritische Beobachtung der deutschen Vorgänge durch das Ausland Rücksicht zu nehmen.
Im gleichen Monat Juli verhandelte nämlich die Reichsregierung im Vatikan über ein «Reichskonkordat». Als der Vertrag am 20. Juli 1933 unterzeichnet wurde, sagte Mussolini zu Vizekanzler von Papen, dem deutschen Verhandlungsführer in Rom, das Konkordat sei «in der gegen-

wärtigen isolierten Lage Deutschlands ein ungeheurer moralischer Gewinn». Der nationalsozialistischen Propaganda ging es dabei um «feierliche Anerkennung der nationalsozialistischen Revolution durch die höchste Autorität des Katholizismus». Das hatte der Vatikan gewiß nicht beabsichtigt, doch festigte das Abkommen Hitlers Stellung im In- und Ausland beträchtlich.

Dieser Gewinn durfte nicht durch die übereifrigen jungen Leute der HJ gefährdet werden, zumal die RJF bereits mit der evangelischen Kirchenleitung verhandelte, um die evangelische Jugend zu gewinnen. Denn am Ziel, die deutsche Jugend total hinter die HJ-Fahnen zu stellen, ließ kein HJ-Führer einen Zweifel. Schirach unterstellte den Kirchen: «Unter Versprechungen auf das Jenseits suchte man eine Jugend von der selbstlosen Hingabe an den Staat abzuhalten.» Hessischen Hitlerjungen rief er zu: «Die Jugend aber ist weder katholisch noch protestantisch, sondern einfach deutsch.»

Solche Sätze fanden allgemein Zustimmung. Die Glaubensspaltung des deutschen Volkes und der Konfessionsstreit zwischen den christlichen Kirchen war vielen ärgerlich, die sonst nicht Anhänger des Nationalsozialismus waren. Die Aufforderung, die Glaubensgegensätze in der großen Volksgemeinschaft zu überwinden, begrüßten viele Deutsche ebenso wie die Aufhebung des Klassenkampfes in einer großen Front aller «Arbeiter der Stirn und der Faust», die bei den Maifeiern 1933 verkündet wurde.

Auch konnten zu diesem Zeitpunkt nur sehr einsichtige und entschiedene Christen die NSDAP bereits als geistigen Gegner erkennen. Die Partei führte den Kampf noch nicht «weltanschaulich», wie sich am Verhalten der HJ nachweisen läßt. Ein Oberbannführer verwahrte sich in Württemberg gegen den Vorwurf, die HJ werde in «älteren christlichen Kreisen als gottlos verschrien»: «Wir bekennen uns zu Christus, aber auf unseren Fahnen steht Deutschland.»

Das Bekenntnis zu Christus, wenn auch in der dehnbaren Formulierung vom «positiven Christentum», stand sogar im Parteiprogramm der NSDAP. Daß die Kampfmaßnahmen der HJ nicht Christenverfolgung waren, sondern der Selbständigkeit der kirchlichen Jugendbewegung galten, konnte Dieter Freiherr von Lersner in einer sorgfältigen Studie am Beispiel der evangelischen Jugend in Württemberg nachweisen.

Es kam noch 1933 zu friedfertigen, im Hinblick auf spätere Kämpfe sogar erstaunlichen Begegnungen zwischen Partei und Kirche. Im Mai 1933 begann das erste Treffen der württembergischen HJ in Ulm mit einem Feldgottesdienst, der den Kreisleiter der NSDAP am Nachmittag nicht daran hinderte, gegen Bünde zu wettern, «die unter dem Deckmantel der Konfessionen die Jugend an sich ziehen wollen.» Andere Feldgottesdienste fanden am 5. Juli im Tübinger Schloß und am 11. Juli auf dem Schloßplatz in Stuttgart statt.

Die evangelischen Kirchenleitungen waren unsicher. Der einzelne Pfarrer fühlte sich oft auf sich selbst gestellt, schwankend zwischen freudiger Bejahung der «nationalen Revolution», zögernder Duldung oder schon entschiedener Gegnerschaft. Den Führern der evangelischen Jugend half keine klare Stellungnahme der Kirche.

Wie vielen Führern der bündischen Jugend ging es auch den meisten evangelischen Jugendführern zunächst kaum um eine geistige Auseinandersetzung mit der HJ; die meisten wollten nur ihre alten Gemeinschaften bewahren, notfalls auch unter den Fahnen und der Oberaufsicht der HJ.

Der Oberkirchenrat von Württemberg schlug im Juni 1933 gemeinsame «Deutsche Abende» und monatliche Bibelstunden der evangelischen Jugend mit der HJ vor, da doch nationaler Gedanke und Christentum beide eng verbinde! Ende Juli ernannte die Kirche einen hauptamtlichen, von ihr besoldeten Verbindungsmann zur HJ im Stabe des Oberbannes 119. Er sollte dort Verständnis für die evangelische Jugenderziehung wecken und sich um die religiöse Betreuung der Hitlerjungen bemühen. Der Mann trat bald ganz zur HJ über...

In Blaubeuren marschierte der Christliche Verein junger Männer (CVJM) mit einer Hakenkreuzfahne und wurde deshalb von Hitlerjungen tätlich angegriffen. Im Bezirk Schorndorf/Welzheim, dessen Lage v. Lersner genauer untersuchte, hatte sich schon im Mai 1933 eine Arbeitsgemeinschaft der Jugendführer unter dem Führer der HJ gebildet. Der Jungscharführer des CVJM war gleichzeitig SA-Mann. Er plante mit der HJ und seinen Jungen für den 18. Juni einen gemeinsamen «Tag der deutschen Jugend». Der Gebietsführer der HJ in Stuttgart verbot diese Veranstaltung, und bald kam es auch in Schorndorf zu scharfen Auseinandersetzungen.

Wie sich hier und überall HJ und evangelische Jugend begegneten, hing ganz von den örtlichen Verhältnissen und den verantwortlichen Führern ab. Vom begeisterten Übertritt ganzer Gruppen bis zum äußersten Widerstand gab es eine breite Streuung des Verhaltens.

Einheitsgedanke und «Führerprinzip» bemächtigten sich auch mancher Kreise in der evangelischen Kirche. Die NSDAP unterstützte die ihr hörigen «Deutschen Christen» und verpflichtete sich den Wehrkreispfarrer Müller als «Reichsbischof». Man schuf eine Einheitsorganisation «Evangelisches Jugendwerk Deutschlands» unter einem von Müller bestätigten

«Reichsführer», der nahezu 700000 evangelische Jungen und Mädchen führte. Bald kam es im «Führerrat» des Jugendwerks zu heftigen Auseinandersetzungen.

Viele Jugendführer und Jugendpfarrer standen zu Hitlers Staat. Es war immer Schicksal und Not der evangelischen Christen in Deutschland, daß sie nie innere Stärke mit fester Kirchenorganisation verbinden konnten. Die aufgespaltenen Landeskirchen suchten Halt bei der staatlichen Obrigkeit. Im Bündnis von «Thron und Altar» beherrschten bis 1918 Kirche und Fürstenstaat gemeinsam das Volk der christlichen Untertanen. Der Pakt mit dem Staat, äußerlich für die Kirche vorteilhaft und bequem, belastete das Christentum mit den Schwächen des fürstlichen Regierungssystems. Da liberales Bürgertum und sozialistische Arbeiterbewegung gegen diesen Fürstenstaat standen, gerieten sie zwangsläufig in Feindschaft zur Kirche, die mit dem Christentum gleichgesetzt wurde.

Als die Revolution von 1918 die fürstliche Obrigkeit vertrieb, trugen liberale Demokraten, Sozialdemokraten und katholisches Zentrum die neue Republik. Da die radikal atheistischen Kommunisten immer stärker wurden, fürchteten evangelische Geistliche und einflußreiche Laien den wachsenden Einfluß kirchenfeindlicher Kräfte. Vielen galt der Nationalsozialismus bald als stärkster Schild gegen den Vormarsch der Gottlosigkeit. Kräftigen Nationalismus und Antisemitismus hatte es schon in der Kirche des Kaiserreichs gegeben, wie der Einfluß des Berliner Hofpredigers Adolf Stöcker bewies. So fanden viele ohne Bedenken zur NSDAP.

Die Partei aber feierte Reichsbischof Müller als «Prototyp des deutschen Christen», und Müller pries dafür dankbar das neue Regime: «Niemals hätte sich das vierhundertjährige Sehnen nach Einigkeit in der evangelischen Kirche ohne den Nationalsozialismus verwirklichen lassen.» Als Müller die evangelische Jugend der HJ ausgeliefert hatte, schuf er das Amt eines «Reichsjugendpfarrers». Dieser Pastor schrieb: «Mit dem Sieg des Nationalsozialismus hat der nationalsozialistische Staat pflicht- und programmgemäß den Schutz der Kirche übernommen... Die Kirche läßt ihre Jugend freudig mitmarschieren unter den Fahnen des Dritten Reiches.»

Am 30. Juni 1934 ließ Hitler in einer Mordaktion, die alle Welt empörte, zahlreiche innere Gegner beseitigen. Deutschland war kein Rechtsstaat mehr. Auf dieses Ereignis bezog sich Pfarrer Juhl, ehemals Bundeswart der evangelischen Jugend, im Oktober 1934 in der Zeitschrift «Der junge Tag»:

«Andere mögen in ‹positiver Kritik› ihre Aufgabe erkennen – wir erkennen sie in positivem Glauben, Hoffen und Beten – in positiver Mitarbeit... nach dem 30. Juni noch zehnmal mehr... In welcher Revolution ist so nach den Kräften des Christentums gerufen worden wie in der deutschen?... Welche Revolution hätte überhaupt einen Führer geboren und herausgestellt, der so Vorbild des ganzen Volkes war wie Hitler?! In Enthaltsamkeit und Einfachheit der ganzen Lebensweise, in Tapferkeit und Treue, in Charakterfestigkeit und makellosem Leben.»

Goebbels hatte gut gearbeitet, als er seine Propagandisten planmäßig Hitler als das makellose Vorbild an der Spitze des Reiches aufbauen ließ. In seinem weltfremden, engstirnigen Moralismus ließ sich mancher Pastor leicht einfangen. Für diese Haltung nennt Manfred Priepke in einer Untersuchung über die evangelische Jugend 1933–1936 noch ein anderes betrübliches Zeugnis. Ostern 1933 verkündeten im Auftrage ihrer Kirchenleitung die Pastoren Bayerns von allen Kanzeln:

«Ein Staat, der wieder anfängt, nach Gottes Gebot zu regieren, wird in diesem Tun nicht nur des Beifalls, sondern auch der freudigen und tätigen Mitarbeit der Kirche sicher sein. Mit Dank und Freude nimmt die Kirche wahr, wie der neue Staat der Gotteslästerung wehrt, der Unsittlichkeit zu Leibe geht, Zucht und Ordnung mit starker Hand aufrichtet, wie er zur Gottesfurcht ruft, wie er heilig gehalten und die Jugend christlich erzogen wissen will, wie er der Väter Tat wieder zu Ehren bringt und heiße Liebe zu Volk und Vaterland nicht mehr verfemt, sondern in tausend Herzen entzündet...»

Mutige Theologen wie Landesbischof Wurm und Pfarrer Niemöller erkannten schon 1933, daß es um eine letzte und äußerste geistige Auseinandersetzung ging. Der «Pfarrernotbund» und die von ihm ausgehende «Bekennende Kirche» stärkten auch die Haltung der wenigen Jugendführer, die den tiefen Ernst des Kampfes erkannt hatten und vor ihrem Gewissen nicht nachgeben wollten. Männer wie Udo Smith und die Brüder Busch widersetzten sich dem Reichsbischof und suchten Verbindung zum «Pfarrernotbund». Niemöller war selbst Leiter des «Schülerbibelkreises» in seiner Gemeinde gewesen, dessen Bundesführung ab 1930 bei Udo Smith gelegen hatte.

Aber diese Minderheit opponierender Jugendführer konnte nicht verhindern, daß in Berlin am 19. Dezember 1933 Reichsjugendführer Baldur von Schirach und Reichsbischof Ludwig Müller das «Abkommen über die Eingliederung der evangelischen Jugend in die Hitlerjugend» unterzeichneten. Darin hieß es u. a.:

> «Die Jugendlichen des Evangelischen Jugendwerkes unter 18 Jahren werden in die HJ und ihre Untergliederungen eingegliedert. Wer nicht Mitglied der HJ wird, kann fürderhin innerhalb dieser Altersstufen nicht Mitglied des Evangelischen Jugendwerkes sein...

Die gesamten Mitglieder des Evangelischen Jugendwerkes tragen... den Dienstanzug der HJ.

An zwei Nachmittagen in der Woche und an zwei Sonntagen im Monat bleibt dem Evangelischen Jugendwerk die volle Freiheit seiner Betätigung in erzieherischer und kirchlicher Hinsicht. An diesen Tagen werden, wenn nötig, die Mitglieder jeweils von der anderen Organisation beurlaubt.

Für die Mitglieder des Evangelischen Jugendwerks wird der Dienst in der HJ ebenfalls auf zwei Wochentage und zwei Sonntage im Monat beschränkt...»

Da blieb wenig Spielraum, gemessen am regen Gruppenleben der evangelischen Verbände, die den Stil der bündischen Jugend mit Fahrt, Lager, Nestabend, Volkslied, Volkstanz und Geländespiel übernommen hatten. Das alles war nun verboten. Sofern aber die evangelische Jugend der Kirche treu blieb, schloß sie sich nun enger dem Pfarrer und der Gemeinde an. Der Pfarrer konnte die Seelsorge verstärken, wenn er auch auf das bündische Leben verzichten mußte, das der Jugend bisher die Gemeinschaft besonders anziehend gemacht hatte.

Zahlreiche evangelische Jugendführer lösten ihre Gruppen demonstrativ auf, um der HJ das Schauspiel großer Eingliederungsfeiern nicht zu gönnen. Der «graue Brief», den der Reichswart der Bibelkreise seinen Brüdern und Kameraden zum Abschied schickte, schloß mit den Worten: «Wir aber versuchen fröhlich zu glauben, was über dem letzten Bundeslager der fünftausend stand: ‹Gott wird sich so verhalten, daß du dich wundern wirst.›»

Die rasche, freiwillige Auflösung vieler Gruppen widerlegt den Eindruck, daß sich die evangelische Jugend ganz und freudig unterworfen habe. Am 4. März 1934 fand im Berliner Dom die amtlich befohlene Übernahmefeier statt. Etwa 70% der ehemaligen Mitglieder des Evangelischen Jugendwerkes traten zur HJ über.

Der Kirchenkampf aber verschärfte sich weiter, obwohl die HJ ihren Führungsanspruch durchgesetzt hatte. HJ-Führer verhöhnten Kirche und Christentum, ließen sich nicht kirchlich trauen, ließen ihre Kinder nicht taufen oder traten demonstrativ aus der Kirche aus. Immer wieder kam es zu tätlichen Übergriffen. Hitlerjungen störten auch die geringe Arbeit, die den christlichen Jugendkreisen noch erlaubt war. Gleichzeitig angesetzter HJ-Dienst stürzte die Mitglieder in Pflicht- und Gewissenskonflikte.

Katholische Jugend im Abwehrkampf

Im Vergleich zur evangelischen Jugend war der katholischen durch Artikel 31 des Reichskonkordats vom 20. Juli 1933 eine längere Frist gegeben. Die dogmatische Festigkeit, die straffe, weit über Völker und Staaten ausgreifende Organisation der katholischen Kirche mit ihrer ausgeprägten Führungsspitze in Rom konnten dem Zugriff des totalitären Staates besser widerstehen als die zersplitterten, mit dem Staat allzu eng verknüpften evangelischen Landeskirchen.

Dennoch machte der Herrschaftsanspruch der HJ keinen Augenblick vor den katholischen Jugendverbänden halt. Im Artikel 31 des Reichskonkordats heißt es: «Diejenigen katholischen Organisationen und Verbände, die ausschließlich religiösen, rein kulturellen und karitativen Zwecken dienen und als solche der kirchlichen Behörde unterstellt sind, werden in ihren Einrichtungen und in ihrer Tätigkeit geschützt.»

Diese Formulierung veranlaßte jahrelange, erbitterte Verhandlungen zwischen der Diktatur und den deutschen Bischöfen. Denn im gleichen Artikel des Konkordats hieß es sehr allgemein: «Die Feststellung der Organisationen und Verbände, die unter die Bestimmungen dieses Artikels fallen, bleibt vereinbarlicher Abmachung zwischen der Reichsregierung und dem deutschen Episkopat vorbehalten.» Die Nationalsozialisten forderten aber: Was geschützt wird und was verboten ist, bestimmen wir. Die Bischöfe wehrten sich, und beide Parteien warfen sich beständig den Bruch des Reichskonkordats vor, die einen sicher mit Recht, die anderen nach bewährter Methode.

Kardinal Bertram, Fürstbischof von Breslau, stellte in einer Denkschrift «Kirche und Staat in der Erziehung der Jugend» die Frage: «Welche Tätigkeiten der katholischen Jugendorganisationen können ohne Schädigung von religiösen Interessen und Pflichten an die NS-Organisationen abgetreten werden?»

Mit den evangelischen Verbänden hatte die HJ vereinbart, daß Körperbildung und Gesundheitserziehung der Staatsjugend oblagen; die Kirche hatte sich auf rein seelsorgerische Tätigkeit zu beschränken. Der Breslauer Kardinal aber forderte auch Spielen, Wandern, Zeltlager, Schwimmen und Geländespiel als moderne Erziehungsmittel; denn «diese Dinge sind notwendig als Mittel zur Verlebendigung des Christentums im jungen Christen, nicht bloß Rosenkranz und Exerzitien.»

Die gehässige Propaganda des NS-Staates dämonisierte allmählich die Kirche zum Urfeind des Deutschtums. Wie das «Judentum», so stellte man die Kirche dar als eine verbrecherische internationale Verschwörerorganisation, geführt von «jesuitischen Dunkelmännern» im Hintergrund und vergleichbar den ebenso teuflischen «Freimaurern».

Wie wenig das Konkordat auf die Dauer die katholische Jugend schützen konnte, zeigt eine Auswahlliste von Übergriffen und Aktionen, die Domvikar Heinrich Roth in der Dokumentation «Katholische Jugend in der NS-Zeit» zusammengestellt hat:

24. 2. 1933	Erscheinungsverbot der Wochenzeitung «Junge Front» bis 17. 3. durch den Oberpräsidenten der Rheinprovinz.
4. 4. 1933	Zeitschrift «Jugendpräses» bis zum 31. 8. verboten.
1. 7. 1933	Schließung des Jugendhauses in Düsseldorf und Beschlagnahme des Vermögens durch die Geheime Staatspolizei. Grund: Verdacht staatsfeindlicher Verbindung mit Zentrum und Volksverein, Kapitalverschiebung ins Ausland.
19. 8. 1933	Verbot der Wochenzeitung «Junge Front» auf 8 Wochen.
9. 12. 1933	Generalpräses Wolker (Katholischer Jungmännerverband Deutschlands) aus dem Beirat des Jugendherbergsverbandes, Gau Rheinland, ausgeschlossen.
23. 2. 1934	Ausschluß der katholischen Jugendorganisationen von der Fahrpreisermäßigung bei der Reichsbahn.
April 1934	Verbot des öffentlichen Auftretens konfess. Jugendverbände in den Regierungsbezirken Kassel, Wiesbaden, verschärft in München.
26. 5. 1934	Verbot des Verkaufs von Presseerzeugnissen in Nähe der Kirchen im Regierungsbezirk Aachen und Düsseldorf. – Im Regierungsbezirk Trier jede Betätigung außerhalb der kirchlichen und religiösen Sphäre verboten.
1. 6. 1934	Geschlossenes öffentliches Auftreten katholischer Jugendverbände für Regierungsbezirk Köln untersagt.
24. 6. 1934	Feierliche Verwahrung des Bischofs von Trier gegen die Agitation der HJ.
29. 6. 1934	Ein HJ-Führer ermordete in Hockenheim (Baden) im Familienstreit seinen Bruder und tötete sich selbst. Version der Parteipresse: «Hitlerjugendführer durch schwarze Mordhetze in den Tod getrieben».
1. 7. 1934	Adalbert Probst, Reichsführer der «Deutschen Jugendkraft» (DJK) in Braunlage (Harz) verhaftet, in einem Auto weggeschafft und «auf der Flucht erschossen».
Juli 1934	Verbot kath. Jugend im Regierungsbezirk Hildesheim und in Oberbayern.
4. 8. 1934	«Junge Front» auf 4 Wochen verboten.

6\. 3. 1935 «Junge Front» bis auf weiteres verboten.

24\. 3.–7. 4. 1935 Frühjahrsoffensive der HJ im Gebiet Ruhr-Niederrhein zur Mitgliederwerbung.

26.–29. 4. 1935 Rücksichtsloser, entehrender Polizeiterror gegen heimkehrende Rompilger des Jungmännerverbandes und Neudeutschlands an der deutsch-schweizerischen Grenze.

23\. 7. 1935 Polizeiverordnung gegen die konfessionellen Jugendverbände in Preußen, bald ausgedehnt auf das Reich. Verbot, Auflösung und Beschlagnahme des Vermögens der Deutschen Jugendkraft in Baden.

19\. 11. 1935 Jugendhaus in Düsseldorf nach Haussuchung vorübergehend geschlossen.

1\. 12. 1935 Nr. 48 des «Michael» beschlagnahmt.

Diese Liste erfaßt nur eine kleine, wenn auch typische Auswahl der Schikanen. Der Beobachtungsraum ist auf Südwestdeutschland und die Erfahrungen einer einzigen Jugendorganisation beschränkt. Die Verfolgung dauerte bis in den Krieg hinein. Der Zweite Weltkrieg führte dann zur Auflösung der katholischen Jugendverbände, wenn auch die weltanschauliche Auseinandersetzung mit der Kirche abgebremst wurde.

Daß aber die HJ von Anfang an auch in den innersten Bereich der Kirche eindringen wollte, zeigte ein Zwischenfall in der bayrischen Benediktinerabtei Schweikelberg. Der Abt verwehrte «den Eingang der Hitlerjugend in das seiner Abtei angegliederte Missionsseminar». Darüber beschwerte sich der Kultusminister in München beim Reichsinnenminister in Berlin. Der Abt rechtfertigte sein Verhalten in einem Schreiben vom 29. 4. 1934. Er sprach sich zwar für die vaterländischen Ziele der HJ aus, bestand aber darauf, daß keine weltlichen Jugendverbände zu den Seminaren Zutritt bekämen.

Auch führende Kräfte der katholischen Jugend sahen im Nationalsozialismus 1933 keinesfalls einen geistigen Gegner. Sie waren durchaus zur Zusammenarbeit bereit: «Wir sind entschlossen, mitzuschaffen an dem großen Ziel eines großen einigen Deutschlands in sozialer Wohlfahrt und christlicher Kultur, damit die gegenwärtige Bewegung in unserem Volke zu einer wirklichen Erneuerung und Einigung der Nation wächst... Unsere besondere Aufgabe aber bleibt nach wie vor: Einzutreten für eine Erziehung deutscher Jugend und Gestaltung deutschen Staates aus dem Geist und den Grundsätzen eines lebendigen und unverkürzten Christentums.» (Heinrich Roth, S. 55)

Zum 17. Juni 1933 äußerte sich die katholische Zeitschrift «Jungführer»: «Baldur von Schirach ist vom Reichskanzler zum ‹Jugendführer des

Deutschen Reiches› ernannt worden. Amtsaufgaben und Vollmachten sind noch nicht näher bezeichnet. Wir grüßen den Reichsjugendführer und erklären unsere Bereitschaft, mit ihm im Aufbau deutscher Jugend im neuen Reich mit bester Kraft zusammenzuarbeiten.»

Der HJ aber ging es nicht um Partnerschaft, um Zusammenarbeit; sie wollte Unterwerfung. Ein katholischer Bericht über die Werbeoffensive im HJ-Gebiet Ruhr-Niederrhein (März/April 1935) erwähnt noch einmal alle Druckmittel, die zur «Totalerfassung» eingesetzt wurden:

«Hervorragende Führer der Bewegung (Baldur von Schirach, Minister Rust, Oberpräsident Terboven und andere) traten als Redner auf. Presse und Rundfunk standen ständig zu Diensten. In der Schule setzte die Lehrerschaft weisungsgemäß ihre ganze Autorität für die HJ und gegen die katholischen Bünde ein. In den Betrieben der Wirtschaft wurde unter Androhung wirtschaftlicher Schädigung (Arbeitsstellenverlust) seitens der Funktionäre der Bewegung und der Belegschaften ein beispielloser Druck ausgeübt mit dem Ziel, den Übertritt in die HJ zu erreichen. Viele Arbeitsämter berücksichtigten in dieser Zeit der Schulentlassung nur Mitglieder der HJ bei Lehrstellen- und Arbeitsvermittlung. Die HJ selbst veranstaltete in den Schulen und Betrieben eigene Werbeveranstaltungen, zu denen alle Schüler bzw. Jungarbeiter zu erscheinen hatten. Werbekolonnen mit Transparenten zu Fuß und auf Lastwagen durchzogen die Straßen. Die Mitglieder katholischer Bünde und ihre Eltern wurden einzeln aufgesucht und bearbeitet. Flugzettel, Maueranstriche und Transparente sagten den katholischen Jugendbünden offen den Kampf an. Beamte wurden da und dort unter Hinweis auf ihren dem Führer geleisteten Diensteid unter moralischen Druck gesetzt, um den Übertritt ihrer Kinder in die Staatsjugend zu vollziehen.»

Die Werbeaktion führte zu Ausschreitungen und Tätlichkeiten. Katholische Heime wurden aufgebrochen. Eingedrungene Hitlerjungen beschädigten die Einrichtung, überfielen katholische Jugendliche und mißhandelten sie. Vor der Hauptfront des Polizeipräsidiums in Essen aber leuchtete während der ganzen Aktion ein großes Plakat, geschmückt mit den Hoheitszeichen der Polizei und der HJ. Die Aufschrift beteuerte: «Die Polizei steht zur Hitlerjugend!»

Wieder erlagen viele Jugendliche, vor allem auch ihre bedrängten Eltern, diesem rücksichtslosen Werbeangriff. Für die katholischen Jugendverbände aber ergab sich ein verblüffendes Ergebnis: in 53 Pfarreien Essens traten 182 Jugendliche aus der kirchlichen Jugendorganisation aus, die aber gleichzeitig 1044 neue Mitglieder gewann. Von diesen kamen nur 58 aus der HJ, also suchten offensichtlich die bisher nicht organisierten

Jugendlichen, die der HJ noch immer nicht nachgeben wollten, die innere Bindung an die katholische Jugendgemeinschaft, um nicht allein zu stehen. Während also die Statistiker der Reichsjugendführung den unaufhaltsamen Siegeszug der HJ in berauschenden Zahlenparaden nachwiesen, verschleierte man die tatsächlichen Verhältnisse. Zufällig erhaltene Rundschreiben lassen ahnen, was wirklich geschah. So stellte am 17. Januar 1935 der Führer des Bannes 252 Recklinghausen voller Empörung fest, daß im Dezember 900 Jungen aus der HJ ausgetreten seien, allein in Recklinghausen: «Wie so etwas überhaupt möglich ist, ist mir unerklärlich... Es kann nur an der Dämlichkeit der einzelnen Unterführer liegen, daß diese nicht in der Lage sind, einen Heimabend bzw. den gesamten HJ-Dienst so zu gestalten, daß jeder Junge mit Interesse mitarbeitet. Solange ein HJ-Führer dazu nicht in der Lage ist, dann soll er lieber heute als morgen seinen Austritt erklären. Überhaupt herrscht in den einzelnen Einheiten eine Disziplinlosigkeit, die überhaupt nicht zu beschreiben ist.»
Das mag als Stilprobe und auch zur Charakteristik dieses Bannführers genügen. Was hier in Recklinghausen geschah, war kein Einzelfall, sondern eines unter vielen Zeugnissen für die schweren Wachstumskrisen der HJ, die plötzlich zur Massenorganisation angeschwollen war.

Die Staatsjugend des Dritten Reiches

Führermangel

Bis 1933 gab es in Dörfern und Kleinstädten allenfalls Kameradschaften oder Scharen der HJ, also vereinzelte Gruppen von fünfzehn bis vierzig Jungen oder Mädchen. Nur größere Städte hatten schon bedeutendere Einheiten aufgebaut. Nach der «Machtübernahme» entstanden plötzlich Riesenorganisationen von Stämmen und Mädelringen, Bannen und Untergauen, Gebieten und Obergebieten für viele hunderttausend Jugendliche. Aus den Reden und Veröffentlichungen hoher HJ-Führer spricht in diesen Aufbaujahren ein eifernder Machthunger, der nicht zur Ruhe kommen will, bevor die ganze deutsche Jugend «erfaßt» und unterworfen ist.
Woher aber und aus welchen Gründen kamen die neuen Mitgliedermassen? Und wer sollte sie führen? Viele Jungen und Mädchen ließen sich emportragen von der gläubigen Zuversicht, die im Frühjahr 1933 und später die Mehrheit des deutschen Volkes ergriff. Die Hitlerjugend sprach in ihren besten Führern und mit ihren besten Absichten den leicht entflammbaren Idealismus der Jugend an, stärkte ihr Kraftgefühl, stillte ihren Erlebnishunger und gab ihrem Opfersinn allgemeine Ziele, die nicht nur von der Jugend für groß und gut gehalten wurden.
Gerade diese wertvollsten Mitglieder erlebten bald im Alltag des HJ-Dienstes schwere Enttäuschungen. Es war natürlich, daß aus diesem Kreis ehrlich begeisterter Jungen und Mädchen auch die Führer kamen. Aber da sie übereifrig und unerfahren waren, machten sie schwere Fehler, die besonders schmerzten, weil alles so treuherzig und gut gemeint war. Andere Jugendliche traten in HJ und BDM ein, weil dort «etwas los war». Abenteuerlust und jugendlicher Spaß an Streich und Krawall konnten sich austoben, solange die Organisation noch nicht straff am Zügel der Führung lief. Ich denke zurück an «Geländespiele» im Jahre 1933, als die Fähnlein bewaffneten Banden glichen, die sich mit Tränengas- und

Schreckschußpistolen wilde Feuergefechte lieferten, aus denen wir zum Entsetzen der Mütter schwer angeschlagen heimkehrten.

Bei dem Massenbedarf an Führern war es gar nicht zu vermeiden, daß minderwertige Leute eindrangen. Recht gefährlich waren homosexuelle Verführer, die in Jugendbünden verheerend wirken können. Der NS-Staat verfolgte Homosexuelle mit unerbittlicher Strenge als Schwerverbrecher und hielt sie als besondere Häftlingsgruppe in den Konzentrationslagern fest. Auch die HJ bemühte sich darum, zweifelhafte Personen sofort zu entfernen. Wo sie entdeckt wurden, suchte man die Verführer als «Bündische» hinzustellen; denn die Behauptung, die Bünde seien homoerotisch verseucht gewesen, hatte immer zu den stärksten Argumenten gegen die Jugendbewegung gehört. Daran waren einige ihrer Publizisten nicht ganz unschuldig; Blühers Schriften z. B. wurden von HJ-Führern grobschlächtig ausgeweidet und gegen die alten Bünde zitiert.

Im Frühjahr 1933 strömten erwachsene Deutsche in Massen zur NSDAP und ihren Gliederungen. Sie wollten durch die neuen Machthaber keine Nachteile haben, im Gegenteil, sich durch Eifer manche Vorteile verschaffen. Auch jugendliche Opportunisten kamen von sich aus oder auf Drängen von Eltern, Lehrern und Lehrmeistern zur HJ. Viele suchten sich rasch wieder zu drücken, oder sie traten aus, sobald ihnen die Mitgliedschaft keinen Vorteil mehr brachte. Daß diese Mitläufer nichts taten, den HJ-Dienst straffer und lebendiger zu machen, läßt sich denken. Wenn sie sich aber aus Eigennutz in Führerstellungen drängten, waren sie schlimmer als die Gleichgültigen.

Viele neue Mitglieder der HJ aber kamen schon aus anderen Jugendverbänden. Die Besten hatten sich dort seit langem als Führer bewährt. Diese Jungen und Mädchen litten schmerzlich darunter, daß ihre Bünde plötzlich aufhören sollten. Da diese jungen Menschen von den Zielen der NSDAP nur allgemeine Vorstellungen hatten, denen sie innerlich zustimmten, traten nun viele in die HJ ein, um dort ihre alten Gemeinschaften zu erhalten.

Dabei handelte es sich noch nicht um eine bewußte «Unterwanderung», also um eine Widerstandsaktion bündischer Führer gegen die HJ. Es war vielmehr ganz natürlich, daß alte Freunde, als sie einsahen, daß ihr Bund nicht mehr zu halten war, nun in der HJ zusammenbleiben wollten, die damals noch kein Gesicht hatte, so daß man ihr den bündischen Stil durchaus aufprägen konnte.

Vereinzelt aber gab es besonders kraftvolle und verwegene Führer, die zielbewußt aus den Bünden zur HJ übertraten, um diese aus bündischem Geist zu lenken. Diese erfahrenen bündischen Führer verstanden es, den

HJ-Dienst sofort interessanter, vielseitiger und vernünftiger zu gestalten. Sie waren deshalb bei ihren Jungen, aber auch bei deren Eltern angesehen und beliebt.

Die Reichsjugendführung bekämpfte alle «bündischen Umtriebe» scharf. Sie mißtraute zwar allen, die aus den Bünden zur HJ kamen, brauchte aber dringend tüchtige Führer. Man konnte also nicht verhindern, daß sich im Deutschen Jungvolk innerhalb der HJ ein bündisches Eigenleben entwikkelte, ganz stark bis 1936, aber in Restformen bis in den Krieg hinein.

Zum Jungvolk zog es, ganz wie zu den alten Bünden, die höheren Schüler. Sie besetzten die meisten Führerstellen. Da sie nach Bildung und Herkunft geistig und musisch meist regsam waren, entwickelten die Begabtesten im Jungvolk und bei den Jungmädeln ein phantasievolles Gruppenleben, das sich wenig von dem der Jugendbewegung unterschied. Wer dafür nicht taugte, wurde in die HJ abgeschoben, die als im Niveau niedrigere Pflicht- und Massenorganisation galt.

Zahlreiche, in den freien Bünden bewährte Formen jugendlichen Gruppenlebens erhielten sich im Jungvolk: die Pimpfe trugen «tusks» Jungenschaftsbluse; seine «Kohte», das mit Feuerstelle eingerichtete offene Lappenzelt, wurde dagegen fanatisch verfolgt. Die Pimpfe pflegten noch lange den lockeren Fahrtenstil der Bünde, betrieben Sport und Geländedienst noch phantasievoll und spielerisch. Sie hatten den reichen Schatz an Liedern, Instrumenten, Vorlesebüchern und Laienspielen übernommen, so daß die Heimabende nicht als «Dienst» empfunden wurden, sondern viele Jungen und Mädchen ehrlich begeisterten.

Ich erinnere mich meines ersten Fähnleinführers im Breslauer Stadtteil Odertor, wo Arbeiterschaft und Mittelstand in großen Wohnblöcken zusammengedrängt lebten. Obwohl ich erst elf Jahre alt war und einen weiten, mir bei Dunkelheit unangenehmen Weg durch düstere Viertel hatte, war ich in diesen «Haufen» eingetreten, weil mich ein Freund geworben hatte, der begeistert von «Konny» schwärmte. Und Konny, der das Fähnlein führte, war wirklich ein «Pfundskerl». Nur ein Jahr blieb er noch bei uns. Dann bestand er als Bester seines Jahrgangs die Reifeprüfung. Der hochbegabte Junge, Sohn eines Universitätslehrers, wollte Jura studieren und Diplomat werden. Aber als er 1936 eingezogen wurde, ließ ihn das Militär nicht mehr los. Er fiel als Major in Rußland. Ein Führer, der weder Sportskerl noch Kommißkopf war, sondern aus geistiger Überlegenheit und Verantwortung führte. Bezeichnend auch, daß er aus dem vornehmen Villenviertel, in dem er bei seinen Eltern lebte, zu den Arbeiterjungen gegangen war.

Mein Jungzugführer war 1933 mit Konny aus der bündischen Jugend ins

Deutsche Jungvolk übergetreten. «Smok» und noch andere bündische Kameraden waren der Kern unserer Gemeinschaft. Auch dieser Jugendführer war ein überragend begabter Gymnasiast, Sohn eines Notars, wenig sportlich und ganz unsoldatisch, aber auf Fahrt und beim Heimabend ein vortrefflicher Führer. Er überlebte den Krieg und ist Professor für Vor- und Frühgeschichte geworden.

Nicht nur im Odertor, auch in Scheitnig und anderen Stadtteilen der schlesischen Hauptstadt hatten sich 1933 in den Jungvolkfähnlein zahlreiche «Bündische» gesammelt. So lernten wir damals jüngsten Jungvolkjungen noch einen Abglanz der freien Jugendbewegung kennen. Allem Kommiß und jedem Machtstreben gingen unsere Führer aus dem Weg. Als die HJ überall bürokratische Führungsstäbe und ein System von Rängen und Dienstgraden entwickelte, weigerten sich unsere Führer standhaft, Schnüre, Kordeln, Sterne und Abzeichen anzulegen. Wir kannten unsere Führer, und ihnen genügte die Autorität, die sie sich selbst und nicht ihren Rangabzeichen verdankten. Als wir Jüngsten dann in die unteren Führerränge des Jungvolks nachwuchsen, hielten wir es noch ähnlich. Erst die völlige und folgenschwere Umgliederung der HJ im Frühjahr 1936 zerschlug diese bündischen Überlieferungen.

Von Politik war, sofern sie bündische Führer hatten, in den frühen HJ-Einheiten nach 1933 kaum die Rede. Politisch im Sinne der HJ war zunächst nur auf die «alten Kämpfer» Verlaß. Wer von diesen ausreichend gebildet und organisatorisch begabt war, konnte in ganz jungen Jahren rasch zu außergewöhnlichen Ämtern aufsteigen. Hierfür als Beispiele in Kurzform einige Lebensläufe hoher HJ-Führer des Jahres 1933 nach parteiamtlichen Unterlagen.

Baldur von Schirach: Geboren am 9. Mai 1907, Sohn des Großherzoglich Sächsischen Kammerherrn, Generalintendanten und Rittmeisters a. D. Karl Baily-Norris von Schirach. Der Großvater stand als Offizier im Dienste der USA; Großmutter und Mutter waren amerikanischer Abstammung. 1927 Abitur in Weimar; Student der Germanistik und Kunstgeschichte in München, ohne je ordnungsgemäß zu studieren. 1928 in der Reichsleitung der NSDAP, Reichsstudentenführer. 1932 Reichsführer der HJ, 1933 als Reichsleiter der NSDAP in der obersten Parteispitze. 1933 Jugendführer des Deutschen Reiches. 1936 in diesem Amt Chef einer «Obersten Reichsbehörde und dem Führer direkt unterstellt». 1937 Ehrenbürger von Weimar. 1940 kurzer Wehrdienst, Leutnant. Danach bis 1945 Reichsstatthalter und Gauleiter von Wien. In Nürnberg unter den «Hauptkriegsverbrechern» zu zwanzig Jahren Haft in Spandau verurteilt.

Hartmann Lauterbacher: Geboren am 24. Mai 1909 in Reutte, Tirol. Sohn eines Tierarztes. Gründet als Gymnasiast in Kufstein die «Deutsche Jugend», einen Vorläufer der HJ in Österreich. Drogistenlehre. 1927 Mitglied der NSDAP, als Fachschüler in Braunschweig, dort Gauführer der HJ. 1932 Gebietsführer von Westfalen-Niederrhein. 1934 Stabsleiter in der RJF und Stellvertreter des Reichsjugendführers. 1940 nach kurzem Wehrdienst Gauleiter von Südhannover-Braunschweig. 1941 Preußischer Staatsrat.

Arthur Axmann: Geboren 18. Februar 1913 in Hagen (Westfalen). Sohn eines Arbeiters, harte Kindheit nach dem frühen Tode des Vaters. Schüler in Berlin. 1928 Hitlerjunge im Wedding. Repräsentant des sozialrevolutionären HJ-Führers. Gründet in Berlin Berufsschülerbund und erste Jugendbetriebszellen der NSDAP in Fabriken. Ab 1932 in der Reichsjugendführung. Obergebietsführer, Chef des Sozialen Amtes (Reichsberufswettkampf, Berufserziehung, Jugendschutz). 1940 Wehrdienst, dann als Nachfolger Schirachs Reichsjugendführer der NSDAP und Jugendführer des Deutschen Reiches. 1941 erneut Wehrdienst, in Rußland schwer verwundet (Verlust einer Hand). 1945 Zeuge von Hitlers Selbstmord im Bunker der Reichskanzlei in Berlin.

Karl Nabersberg: Geboren am 11. Juli 1908 in Krefeld, Vater war Kaufmann. 1925 Mitglied der NSDAP, schon als Unterprimaner SA-Mann. Gründet NS-Studentenbund in Köln. 1928 Mitglied des Allgemeinen Studentenausschusses (Asta) in Berlin, Hochschulführer des dortigen NS-Studentenbundes. Juristisches Staatsexamen. 1931 Reichsorganisationsleiter der HJ. Organisiert 1932 den Reichsjugendtag in Potsdam, liquidiert 1933 den Reichsausschuß der deutschen Jugendverbände in Berlin. 1933 Stabsleiter und Stellvertreter Schirachs. 1934 Obergebietsführer, Chef des Auslandsamtes der RJF.

Werner Altendorf: Geboren am 24. November 1906 in Neuruppin, Sohn eines Kommunalbeamten. 1925–1930 Jurastudium in Jena, Berlin und Breslau. 1930 abgebrochen, Wahlkampfredner der NSDAP, Gauführer der HJ in Mittelschlesien, 1931 Gebietsführer von Schlesien, 1933 Reichstagsabgeordneter der NSDAP. Neben Schirach bekanntester «HJ-Dichter» der «Kampfzeit» (Spiele, Lieder).

Erich Jahn: Geboren am 23. Juli 1907, Vater war Druckereibesitzer. Volksschulbesuch, Druckerlehre. 1922 deutschnationale «Bismarck-Jugend», 1929 in der HJ, 1931 HJ-Führer mit Axmann im Berliner Wedding (genannt «Krümel»). 1933 Bannführer von Groß-Berlin, ab Juli Gebietsführer und in der RJF Leiter des «Hauptausschusses für Jugendpflege und Leibesübungen».

Günther Blum: In Krefeld geboren als Sohn eines Amtsanwalts. 1914 bis 1918 Kadettenanstalt. 1919 Mitglied der deutschvölkischen Fichte-Gruppe, später Ortsführer im «Jungnationalen Bund», als Antisemit ausgeschlossen. 1929 Mitglied der NSDAP, als SA-Führer mit Gefängnis bestraft. Studium (Jura, Philologie) in Halle und Bern. 1931 Gebietsführer der HJ in Halle-Merseburg, seit 1933 Gebietsführer in Thüringen.

Horst Krutschinna: Geboren am 31. Mai 1909 in Masuren, Ostpreußen, Vater Lehrer. 1928 Abitur, danach Deutsch, Geschichte und Philosophie studiert. Hochschulgruppenführer im NS-Studentenbund Königsberg, erzwingt als solcher den Rücktritt des Rektors. 1933 Studentenführer in Ostdeutschland und Danzig, ab Juli 1933 persönlicher Adjutant Schirachs in der RJF.

Alfred Loose: Geboren 15. August 1908 in Köpenick bei Berlin, Vater 1916 als Stabsarzt gefallen. Gymnasium bis Untersekunda. Kaufmännische Lehre, Angestellter. 1932 Gauführer der HJ in Groß-Berlin. 1932 Neuorganisation der Verwaltung in der Reichsjugendführung, 1933 Obergebietsführer.

Georg Usadel: Geboren 14. März 1900 in Gumbinnen, Vater Vorwerksvorsteher. 1918 Abitur, Soldat, Freikorpskämpfer. Studiert in Königsberg Deutsch, Geschichte, Religion. 1923 Dr. phil., 1925 Hauptschriftleiter einer NS-Wochenzeitung, 1927 Studienassessor, 1929 Studienrat in Insterburg. 1930 Reichstagsabgeordneter, ab 1931 Gebietsführer der HJ «Ostland» (Ostpreußen und Danzig), ab 1933 in der RJF, Obergebietsführer, Chef der HJ-Führerschulen, Jugendreferent im Reichsministerium des Innern.

Es hieß, nur «verkrachte Existenzen» seien HJ-Führer geworden. Auch solche gab es, denn in Krisenzeiten geraten Gestrandete leicht in Tätigkeiten ohne festes Berufsbild hinein, aber man darf nicht verallgemeinern. An Schirach und Axmann, den beiden Reichsjugendführern, fällt auf, daß sie von der Schulbank weg zur NSDAP kamen und «Berufshitlerjungen» wurden und blieben. Andere sind es geworden, nachdem sie ihre Ausbildung abgebrochen hatten, etwa der Jurastudent Werner Altendorf. Selbst diesen sollte daraus nicht allgemein ein Vorwurf gemacht werden. Um 1930 war die Lage vieler, besonders der akademischen Berufe für junge Männer und Frauen hoffnungslos. Manche verließen die Universität, weil sie bessere politische Voraussetzungen schaffen wollten, bevor sie weiter an Ausbildung und Beruf dachten.

Andere stellten ihre Fachkenntnisse in den Dienst der HJ und waren dieser beim Aufbau der Riesenorganisation unentbehrlich: der Jurist Nabersberg als Stabsleiter, der Kaufmann Loose als Verwaltungschef, der Studienrat

Dr. Usadel als Schulungsleiter und Organisator der Führerausbildung. An Usadel fällt auf, daß er einige Jahre älter war als seine Kameraden. Das gilt für manchen Amts-Chef in der RJF, wo Fachleute unentbehrlich waren. Wie Dr. Usadel stellten sich nach 1933 viele junge nationalsozialistische Lehrer und Lehrerinnen der HJ als Führer zur Verfügung.

«Jahr der Schulung» 1934

Aber nur die obersten Führungsspitzen konnte man mit bewährten «alten Kämpfern» der HJ oder jüngeren Leuten aus anderen Parteigliederungen, die zur HJ übertraten, besetzen. Die Masse der Hitlerjungen, die in der Kampfzeit brav Zettel verteilt, Plakate geklebt und in Saal- und Straßenschlachten gerauft hatten, war für den Aufbau der Führungskader ungeeignet.
Schirach erkannte Ende 1933 sehr wohl, daß die HJ stand oder fiel mit einer Führerschaft, die nicht nur in der Berliner Reichsjugendführung und in den Stäben der Gebiete gut arbeitete, sondern bis hinab zur kleinsten Kameradschaft und Mädelschaft dem Willen der Führung gehorchte. Die erste von vielen Jahresparolen, die künftig den Schwerpunkt des HJ-Dienstes bezeichneten, hieß deshalb für 1934: «Jahr der Schulung».
Was erwartete Schirach vom HJ-Führer? «Der Jugendführer braucht, abgesehen von guten historischen, politischen und rassebiologischen Kenntnissen, ein beachtliches Körpertraining.» Ferner forderte Schirach «sehr gründliche ärztliche Unterweisung über die Leistungsfähigkeit der einzelnen Altersstufen.» In seinem Buch «Die Hitlerjugend – Idee und Gestalt», das 1934 erschien, behandelte er auffallend breit die Gesundheitsfürsorge der HJ.
An den waghalsigen Kraftproben und schädlichen Überforderungen der Jugend durch dumme oder leichtsinnige Führer war auch von Parteigenossen, deren Kinder ebenfalls im Dienst gefährdet waren, heftige Kritik geübt worden. Die Lehrer beklagten die Zuchtlosigkeit, Anmaßung und Faulheit vieler Hitlerjungen und die Störung des Unterrichts durch willkürlich und maßlos angesetzten Dienst. Ärzte erkannten, daß Jugendliche im kritischen Wachstumsalter besonders anfällig sind, zumal sie sich in ihrer Begeisterung oft gern überfordern lassen.
Das «Jahr der Schulung» sollte die Führerschaft heranbilden und verbindliche Erziehungsnormen entwickeln. Die Obergebietsführer Dr. Stellrecht und Dr. Usadel hatten sich als Amtschefs für Schulung und Führerausbildung dieser Aufgabe anzunehmen.
Die Anfänge der nun in ganz Deutschland entstehenden HJ-Führerschulen

reichten noch in die «Kampfzeit» zurück, als man in Flechtorf bei Braunschweig mit Schulungskursen begonnen hatte. Dr. Usadel richtete jetzt die «Reichsjugendführerschule Potsdam» unter Oberbannführer Minke ein.

Schirach berichtet, bis August 1934 seien in 287 Dreiwochenlehrgängen 12727 HJ-Führer und 24660 Jungvolkführer ausgebildet worden. 15000 Führer hatten an Sportlehrgängen teilgenommen. Ende 1933 besaß die HJ bereits 22 Gebietsführerschulen, rechnete aber mit einem Bedarf von 30 bis 40 Schulen in den beiden nächsten Jahren. Die Mädchenorganisation hatte am 1. Juli 1934 bereits drei Gauverbandsschulen, 16 Obergau- und sieben Gauschulen für Führerinnen eingerichtet; auch hier mußten vor allem Sportwartinnen rasch ausgebildet werden.

Aus diesen Improvisationen entwickelte sich im Laufe der Jahre ein durchgeplantes System von Führerschulen, deren Leiter und Lehrer nach festen Richtlinien ausbildeten und allmählich das neue Berufsbild des NS-Jugendführers mit eigenen Laufbahnbestimmungen schufen.

Aber während die HJ hastig ihre Führungskader aufbaute, gingen die Erfassungsaktionen weiter. In Massen strömten immer neue Jungen und Mädchen der HJ und dem BDM, dem Jungvolk und den Jungmädeln zu. Die evangelische Jugend mußte bei Jahresbeginn 1934 übertreten. Im Sommer 1934 löste man auch die «Reichsschaft deutscher Pfadfinder» als letzten Bund der Jugendbewegung auf. Die Pfadfinder hatten sich wegen ihrer guten Auslandsbeziehungen, die auch die HJ brauchen konnte, länger halten können. Obergebietsführer Nabersberg als Chef des Auslandsamtes ging nun viel auf Reisen, um für die HJ zu werben.

Einziger ideologischer Gegner und der HJ bis in den Krieg hinein ein Ärgernis blieb nur die katholische Jugend. Denn mit der nach Berufen oder Freizeitneigungen organisierten Jugend konnte man leichter fertig werden. 1934 trat der «Bund der Artamanen» zur HJ über. Die Artamanen waren Lebensreformer am Rande der deutschen Jugendbewegung mit dem Ziel, als Siedler in Dorfgemeinschaften zu leben und «deutsches Wesen» neu aus «Blut und Boden» zu schaffen. Heinrich Himmler, der Reichsführer SS und Chef der deutschen Polizei, und Rudolf Höß, der Kommandant des Vernichtungslagers Auschwitz, stammten aus diesem Bund. Über die Artamanen entwickelte die HJ ihren «Landdienst», der später eng mit der SS und ihren «Wehrbauer»-Plänen in Osteuropa zusammenarbeitete.

Die bäuerliche Jugend war zunächst im «Reichsnährstand» organisiert. Doch bedurfte es nur einer Vereinbarung mit Reichsleiter R. W. Darré, um klarzustellen, daß der Bauernorganisation nur noch die berufliche

Fortbildung bleiben sollte. Ähnlich einigte sich die Reichsjugendführung mit dem Reichsorganisationsleiter Dr. Ley, dem Führer der «Deutschen Arbeitsfront» (DAF), wegen der in den Betrieben erfaßten Arbeiterjugend.

Noch am 27. Oktober 1933 untersagte der Reichsminister des Innern, dem anfangs HJ und Sportverbände unterstanden, daß die Lehrer in den Schulen die HJ beim Abwerben der Sportjugend unterstützten. Nach manchen Händeln konnten sich aber Reichsjugendführer und Reichssportführer von Tschammer und Osten einigen. Sie vereinbarten am 30. November 1934, daß alle Jugendlichen in Sportvereinen auch HJ-Mitglieder sein müßten.

Wie sehr anfangs der HJ-Dienst mit dem Training der Vereine konkurrierte, zeigt ein Lübecker Beispiel. Der «Lübecker Turnverein Gut Heil» bat den Senat am 14. Oktober 1933 um Befreiung von 100 Jungen und 160 Mädchen von den «Wehrsportübungen» am Mittwochnachmittag, also vom HJ-Dienst. Die Vereinsleitung befürchtete nämlich, daß «fast alle» Jugendlichen aus dem Verein austreten würden, so daß man zwei hauptberufliche und «auf Verdienst» angewiesene Sportlehrer entlassen müßte. Der Senat lehnte das mit «Gut Heil, Heil Hitler!» unterzeichnete Gesuch ab.

Nachdem man die Sportjugend eingegliedert hatte, marschierten bei Jahresbeginn 1935 sechs Millionen Mitglieder in der HJ. Die RJF vereinbarte mit der Reichsleitung der NSDAP und mit den Führern der Parteigliederungen, in welcher Form die HJ den Nachwuchs für diese Formationen ausbilden sollte. So entstanden die Sondereinheiten der HJ mit ihren Fachlehrgängen für Kraftfahrer, Flieger, Reiter, Sanitäter, Funker und Seeleute.

Die Organisation wurde 1935 also weiter ausgebaut. In diesem «Jahr der Ertüchtigung» sollten vor allem Sport und Geländesport gefördert werden. Schon 1934 hatte man als Anreiz jugendlichen Wettkampfeifers die wichtigsten «Leistungsabzeichen» der HJ gestiftet, deren Bedingungen bald einheitlich den Dienstplan aller HJ-Einheiten im Reich bestimmten.

«Jahr des deutschen Jungvolks» 1936

Das Jahr 1936 verwandelte die Hitlerjugend völlig. Schirach proklamierte es in seinem Neujahrsaufruf feierlich zum «Jahr des deutschen Jungvolks». Bald begann ein fieberhafter Werbefeldzug, der alle anderen Aktionen dieser Art weit übertraf. Es galt, zum ersten Male einen ganzen Jahrgang deutscher Jugend vollständig zu erfassen. Alle 1926 geborenen Jungen und

Mädchen sollten am 19. April, dem Vorabend von Hitlers Geburtstag, geschlossen in die HJ eintreten. Der Jahrgang sollte «geworben» werden, er sollte noch immer «freiwillig» kommen; man half nur dort nach, wo sich diese Freiwilligkeit nicht spontan einstellen wollte.

Wichtig war, daß statistisch kein Zehnjähriger dem Zugriff entging, aber auch alle älteren Jugendlichen sollten noch einmal kräftig umworben werden. Deshalb wurde die HJ in allen ihren Teilgliederungen (Deutsches Jungvolk, Hitlerjugend, Jungmädelbund und Bund Deutscher Mädel) ganz neu organisiert. Bisher war es Jungen und Mädchen überlassen, sich die Einheit frei zu wählen, in der sie Dienst tun wollten. Tüchtige Führer zogen viele Jungen an und gewannen sich gute Unterführer. Andere Fähnlein, Gefolgschaften und Mädelgruppen blieben verluderte «Haufen», in denen Führer und Mitglieder ständig wechselten, bis manche Einheiten sich auflösen mußten.

Jetzt paßte man die Organisation den NSDAP-Ortsgruppen an. Etwa 150 zehn bis vierzehn Jahre alte Jungen bildeten in einem Wohnbezirk, der möglichst einer Ortsgruppe der Partei entsprechen sollte, ein Fähnlein des Jungvolks; die Mädchen entsprechend eine Jungmädelgruppe. Zwar blieb die Verbindung zur Partei immer recht locker, doch notfalls konnte man die Macht des einflußreichen, gefürchteten Ortsgruppenleiters gut brauchen. Der Bezirk war leichter zu überwachen, auch hatten es Pimpfe und Jungmädel nun viel näher zum Dienstort. Sie sparten Zeit und Kraft, und das wünschten Eltern, Lehrer und Ärzte schon lange.

Auch die Schulen beteiligten sich an der großen Erfassungsaktion des Frühjahrs 1936. Die Lehrer stellten Klassenlisten für die örtlichen HJ-Führer zusammen. Am 3. April 1936 hatte der Reichserziehungsminister angeordnet, daß die Schulen durch Elternabende für die HJ werben sollten. Die Schulleiter luden die Eltern ein, und dann sprachen Lehrer und HJ-Führer, um sie für den Eintritt der Kinder in die Parteijugend zu gewinnen.

Die Führer und Führerinnen der Jungmädelgruppen und Fähnlein ließen in HJ-Heimen, oft auch in den Diensträumen der NSDAP-Ortsgruppe, Werbebüros einrichten, die Mädchen und Jungen mit selbstgefertigten Plakaten, Transparenten und Bildern ausschmückten. Davor standen uniformierte Posten. Fähnlein und Gruppen marschierten singend mit Spruchbändern, Fahnen und Sprechchören durch die Straßen. Schausport, Tummelspiele und offenes Liedersingen sollten Eltern und Kinder anlocken.

Die meisten wären ohnehin freiwillig oder unter dem Druck der Verhältnisse gekommen, aber es war psychologisch wirksam, den Werbern und den Geworbenen einzureden, daß sich die deutsche Jugend frohen

Herzens und aus freiem Willen dem geliebten Führer verpflichte. Deshalb entwickelte sich, obwohl es die gesetzliche Dienstpflicht gab, auch nach 1936 alljährlich im März immer neuer Werbeeifer. Der nächste Jahrgang sollte gewonnen werden, dem doch längst jede Entscheidung genommen war.

Das Aufnahmeverfahren, das die Reichsjugendführung am 3. Mai 1936 befahl, galt für alle weiteren Jahrgänge. Die Zehnjährigen, die 1935 geboren wurden, verpflichteten sich noch am 19. April 1945 dem Führer Adolf Hitler, der sich elf Tage später im Bunker der Berliner Reichskanzlei erschoß.

Vier Wochen lang, vom 20. März bis 20. April, lief die «Erfassung» auf vollen Touren. Hilfsschüler und Körperbehinderte durften sich unter besonderen Bedingungen melden. Drei Jahre später (1. Mai 1939) erließ die RJF für die Aufnahme, der eine ärztliche «Musterung» nach militärischem Vorbild vorausging, eine «Gesundheitsordnung der Hitlerjugend». Danach stuften die HJ-Ärzte die Mindertauglichen ein, z. B. blinde und taube Kinder in die «Reichsbanne Blinde und Gehörgeschädigte».

Die Zehnjährigen erhielten vor der Aufnahme das ärztliche Tauglichkeitszeugnis. Als Ort der für das ganze Reich gültigen Aufnahmefeier wählte Schirach den Remter der Marienburg. Der deutsche Ritterorden und seine politische und kolonisatorische Leistung galten als Vorbild. Kerzen und Fackeln erleuchteten die gotische Halle. Lieder und Fanfaren erklangen. Der Reichsjugendführer begrüßte den neuen Jahrgang. Dabei erklärte Schirach 1938: «Viele tausend Volksgenossen aus allen Kreisen unseres Volkes senden dem Führer zum Geburtstag ihre Gaben. Die Jugend aber schenkt sich selbst.» Und 1940, bei der ersten Verpflichtung im Kriege, sagte Stabsführer Lauterbacher: «Ab heute seid ihr die jüngsten Kämpfer des Führers und legt euer Dasein in seine Hände. Eure Mütter aber bringen ihm in euch das schönste Geburtstagsgeschenk.»

In dieser über alle deutschen Sender zu allen Pimpfen und Jungmädeln übertragenen Feier sprachen die Zehnjährigen der Stimme aus dem Lautsprecher den Eid nach:

> «Ich verspreche, in der Hitlerjugend
> allezeit meine Pflicht zu tun
> in Liebe und Treue zum Führer
> und zu unsrer Fahne,
> so wahr mir Gott helfe!»

Der Anruf Gottes wurde später gestrichen; «Liebe und Treue zum Führer» genügten.

Die Zehnjährigen leisteten nun einen Probedienst von zwei bis sechs Monaten. In dieser Zeit war die «Pimpfenprobe» zu bestehen, die erste von vielen ähnlichen Leistungsprüfungen der HJ. Sie verband sportliche und geländesportliche Aufgaben mit Fragen zur «weltanschaulichen Schulung». Der Pimpf, der diese Probe bestand, durfte nun auch Fahrtenmesser, HJ-Abzeichen und Schulterstreifen zur Uniform tragen; das mit «Blut und Ehre» geheimnisvoll beschriftete Fahrtenmesser war bei den Jungen besonders begehrt.
Die Gliederung nach Ortsbezirken und Alterstufen straffte die HJ-Organisation im Frühjahr 1936 ganz erheblich. Sie normierte und uniformierte zugleich den Dienst nach «reichseinheitlichen Richtlinien».
Bisher hatten in einem Jungzug alle vier Jungvolkjahrgänge den gleichen Dienst. Es nahm der Zehnjährige also mit dem Vierzehnjährigen am gleichen Ausmarsch teil. Der Dienst überforderte die Kleinsten und langweilte dann leicht die Älteren. Ähnlich taten in der HJ bisher die Vierzehnjährigen mit den Achtzehnjährigen den gleichen Dienst. Nun aber konnte der Dienstplan den Altersstufen angepaßt werden. In Landgemeinden mußte es allerdings bei gemischten Jahrgängen bleiben, wenn die Zahl der Jugendlichen zu gering war.
Als Ostern 1936 diese straffe, übersichtliche, nach Wohnbezirk und Altersaufbau leicht kontrollierbare Organisation aufgebaut worden war, gelang es, die deutsche Jugend zu 90% in die HJ einzugliedern. Man hatte eine Mitgliedersperre angedroht, um den Unentschlossenen warnend zu sagen: Nutzt die letzte Chance! Erst als die Staatsjugend bereits Tatsache geworden war, folgte die amtliche Bestätigung durch das «Gesetz über die Hitlerjugend» vom 1. Dezember 1936. Sein Wortlaut:

> Von der Jugend hängt die Zukunft des deutschen Volkes ab. Die gesamte deutsche Jugend muß deshalb auf ihre künftigen Pflichten vorbereitet werden.
> Die Reichsregierung hat daher das folgende Gesetz beschlossen, das hiermit verkündet wird.
>
> § 1
>
> Die gesamte deutsche Jugend innerhalb des Reichsgebietes ist in der Hitler-Jugend zusammengefaßt.
>
> § 2
>
> Die gesamte deutsche Jugend ist außer in Elternhaus und Schule in der Hitler-Jugend körperlich, geistig und sittlich im Geiste des Nationalsozialismus zum Dienst am Volk und zur Volksgemeinschaft zu erziehen.

§ 3

Die Aufgabe der Erziehung der gesamten deutschen Jugend in der Hitler-Jugend wird dem Reichsjugendführer der NSDAP übertragen. Er ist damit «Jugendführer des Deutschen Reiches». Er hat die Stellung einer Obersten Reichsbehörde mit dem Sitz in Berlin und ist dem Führer und Reichskanzler unmittelbar unterstellt.

§ 4

Die zur Durchführung und Ergänzung dieses Gesetzes erforderlichen Rechtsverordnungen und allgemeinen Verwaltungsvorschriften erläßt der Führer und Reichskanzler.

Das Gesetz erhob die HJ neben Elternhaus und Schule zum dritten, nun auch staatlich anerkannten «Erziehungsträger». Schirach baute sich in der Reichsjugendführung als Chef einer «Obersten Reichsbehörde» eine Führungsbürokratie auf, die an Macht und Umfang einem Reichsministerium nicht nachstand.

Zwar hieß es, die deutsche Jugend komme noch immer freiwillig, und die Dienstpflicht ist tatsächlich erst 1939 erlassen worden; aber praktisch konnten sich ihr schon jetzt nur wenige entziehen. Der Zugriff der Diktatur wurde auch in Jugendfragen ab 1936 spürbar härter, das System der Kontrollen straffer, der Dienst selbst einheitlicher und militärischer.

Die HJ nach 1936 war nur noch Instrument der Staatsmacht, um die Jugend zu beherrschen und zu drillen. Nationalsozialistische Juristen lehnten für diese Organisation den Begriff «Staatsjugend» ab: «Denn sie befindet sich weder in einer entstehungsgeschichtlichen noch in einer finanziellen Abhängigkeit vom Staat; auch bedient sie sich zur Erfüllung ihrer Aufgaben der staatlichen Organisationen in keiner Weise!» (Dietze). Vielmehr sei die HJ – etwa im Gegensatz zur faschistischen Balilla in Italien, die von Milizoffizieren im staatlichen Auftrag geführt werde – als Parteijugend mehr, weil auch die Partei mehr sei als der Staat: «Denn wie die Partei zwar den Staat umgestaltet, darüberhinaus aber etwas Größeres, nämlich das Reich, geschaffen hat, ebenso drängt die Hitler-Jugend über den rein staatlichen Bereich hinaus als Volksjugend zum Reich aller Deutschen.»

In dem rechtlich verschwommenen, aber politisch wirksamen Begriff der «Reichsjugend» gewann die HJ größere Beweglichkeit und Macht als die rein staatlichen Erziehungsfaktoren.

Auch die Finanzverwaltung ließ der HJ mehr Spielraum als der Staat. Der «Jugendführer des Deutschen Reiches» unterstand nämlich der «Finanzhoheit» der Partei. Der «Reichsschatzmeister der NSDAP» kontrollierte den «Reichskassenverwalter der HJ», dem über die Gebiete, Obergaue, Banne und Untergaue rund 50000 «Geldverwaltungen» direkt unterstanden. Der Geldverwalter einer HJ-Gefolgschaft von rund 150 Jungen war also nicht dem Gefolgschaftsführer, sondern dem Banngeldverwalter und dieser zuletzt dem Reichskassenverwalter verantwortlich.

Da aber die Parteikasse staatliche Erziehungsaufgaben finanzierte, war umgekehrt der Staat verpflichtet, die Parteijugend großzügig zu unterstützen. Auf Umwegen haben also die deutschen Steuerzahler die Parteijugend aus Staatsgeldern mitfinanzieren müssen. Der Reichsinnenminister befahl allen Gemeinden mit mehr als 3000 Einwohnern, in ihren Haushaltsplan feste Etatmittel einzusetzen für Bau und Erhaltung von Heimen, Jugendherbergen und Sportanlagen («Gesetz zur Förderung der HJ-Heimbeschaffung» vom 30. Januar 1939). Der beträchtliche Grundbesitz der HJ war steuerfrei. Staatliche Einrichtungen waren den HJ-Führern zum Dienst gegen niedrige Benutzungsgebühren für Licht, Heizung und Reinigung zu überlassen: Schulräume, Turnhallen, Sportplätze, Schwimmbäder und Versammlungssäle. Fahrpreisermäßigung bei Fahrten, Erlaß der Kurtaxe für Zeltlager und Verzicht auf die Rundfunkgebühren für HJ-Heime und Dienststellen waren nur einige unter vielen finanziellen Vergünstigungen.

Die Gliederungen der NSDAP hatten kein eigenes Vermögen; die HJ war ganz von der Parteikasse abhängig. Die Partei, vertreten durch ihre politischen Leiter, kontrollierte aber nicht nur die Kassen der HJ, sondern auch ihre Führung. Dabei regierte der örtliche «Hoheitsträger» nur selten direkt in die Angelegenheiten der HJ hinein. So unterstand z. B. der HJ-Bannführer nicht dem Kreisleiter. Aber der Kreisleiter war berechtigt, die HJ zu Diensten im Interesse der Gesamtpartei heranzuziehen. Der Bannführer trat seinen Dienst nicht an, wenn die Berufung nicht vorher vom Kreisleiter bestätigt worden war. Bei Streitigkeiten zwischen dem Kreisleiter und dem Bannführer entschied der Gauleiter als oberster «Hoheitsträger»; er hatte sich vorher mit dem Gebietsführer, dem zuständigen Vorgesetzten des Bannführers, verständigt.

Die Hitlerjugend war also rechtlich, organisatorisch und finanziell nie in der Lage, aus eigenem Willen und in eigener Verantwortung Jugendarbeit zu leisten. So war die Zeit der freien deutschen Jugendbewegung vorüber, deren Sprecher sich im Schwur auf dem Hohen Meißner 1913 zur Selbstverantwortung der Jugend bekannt hatten.

Erst am 25. März 1939 kamen zwei «Durchführungsverordnungen zum Gesetz über die Hitlerjugend» heraus. Sie grenzten in «Allgemeinen Bestimmungen» (Erste Durchführungsverordnung) die Zuständigkeit der

HJ von der des Reichsministers für Wissenschaft, Erziehung und Volksbildung deutlicher ab. Wichtiger noch war der § 2 dieser Verordnung, der den neuen Begriff «Stamm-Hitlerjugend» einführte. Wer seit dem 20. April 1938 der HJ angehörte, war Mitglied dieser Stamm-HJ, und nur diese galt als Gliederung der NSDAP. Noch einmal sollten also alle belohnt werden, die bis dahin freiwillig gekommen waren. Wer aber jetzt geholt werden mußte, um seiner Dienstpflicht zu genügen, mußte sich ein Jahr im Dienst bewähren, bevor er in die «Stamm-HJ» aufgenommen werden konnte. So blieb also die Zugehörigkeit zur Stamm-HJ «freiwillig» im Gegensatz zur allgemeinen Jugenddienstpflicht, zu der dann bei Kriegsbeginn der Jahrgang 1923 einberufen wurde. Jeder Deutsche hatte also in «Friedenszeiten» gesetzlich volle 10½ Jahre zu dienen: acht Jahre in der HJ, sechs Monate im Reichsarbeitsdienst und zwei Jahre in der Wehrmacht. Danach sollte er, wie Hitler immer wieder betonte, bis an sein Lebensende in der Partei und ihren Gliederungen im Gleichschritt gehalten werden.

Die «Jugenddienstverordnung» vom 25. März 1939 (Zweite Durchführungsverordnung zum HJ-Gesetz vom 1. Dezember 1936) regelte Einzelheiten dieser Jugenddienstpflicht. Sie legte die Dienstzeit fest und verfügte, wer unwürdig oder untauglich war, wer zurückgestellt oder befreit werden konnte. Man schärfte den Eltern ein: «Der Dienst in der Hitlerjugend ist Ehrendienst am Deutschen Volke» (§ 1, 1). Die Eltern waren verpflichtet, ihr Kind bis zum 15. März des Kalenderjahres, in dem es zehn Jahre alt wurde, zur HJ anzumelden. Wer das nicht tat, konnte «mit Geldstrafe bis zu 150 Reichsmark oder mit Haft» bestraft werden (§ 12). Bestraft wurde auch jeder, der «böswillig einen Jugendlichen vom Dienst in der Hitlerjugend abhält oder abzuhalten versucht» (§ 12). Wer achtzehn Jahre alt war, verließ die HJ, konnte aber als Führer über dieses Alter hinaus bleiben und dann auf eigenen Antrag entlassen werden. Auch Mädchen, die heirateten, konnten vor dem 18. Geburtstag aus dem BDM ausscheiden. Ein Ausschluß war auch als Disziplinarstrafe möglich.

Das HJ-Gesetz vom Dezember 1936 und die beiden Durchführungsverordnungen vom März 1939 schufen die Rechtsgrundlagen, nach denen bei Kriegsbeginn die deutsche Jugend sofort und wirksam in Dienst genommen werden konnte. So sind diese Maßnahmen ein erneuter Beweis für die planvolle Zurüstung der Nation auf den Ernstfall, in dem die Jugend des totalitären Staates schließlich erbarmungslos in das Elend des «totalen Krieges» gestoßen wurde.

Führerkorps und Führerschaft

Im Glauben an Hitler

Die Nationalsozialisten rühmten ihr Drittes Reich als eine neue Staatsform, die auf dem «Führerprinzip» aufbaue. Beim Reichsparteitag 1935 erklärte Hitler: «Unser ganzes Volk müssen wir erziehen, daß immer, wenn irgendwo einer bestimmt ist zu befehlen, die anderen ihre Bestimmung erkennen, ihm blindlings zu gehorchen.» Jeder Führer ist nur dem Vorgesetzten, der ihn berief, verantwortlich. Die Untergebenen haben zu gehorchen. «Wir haben auch Kritik», spottete Hitler 1937 vor Journalisten, «nur kritisieren bei uns die Vorgesetzten die Untergebenen und nicht die Untergebenen die Vorgesetzten.»

Schirach übertrug diesen Gedanken konsequent auf den HJ-Führer: «Ein einziger Wille führt die HJ. Die Befehlsgewalt des HJ-Führers, der kleinsten wie der größten Einheit, ist absolut; das heißt er hat das uneingeschränkte Recht zu befehlen, weil er die Verantwortung trägt.» Entsprechend erläuterte der Pädagoge Alfred Baeumler den neuen Typ des Erziehers: «An die Stelle des Lehrers trat der Formationsführer, an die Stelle der losen Vereinigung der Klasse trat die fest zusammengeschlossene Gefolgschaft.»

Die HJ-Führer dienten in einem streng nach militärischem Vorbild gegliederten Laufbahnsystem. Die Spitze war wie jede andere Einrichtung des Staates und der Partei Adolf Hitler als dem obersten Führer unmittelbar verpflichtet. Die maßlose Vergötzung Hitlers, der Mißbrauch religiöser Vorstellungen im Kult um seine Person, der fanatische Aberglaube der Massen an die Unfehlbarkeit gerade dieses Mannes gehörten zu den rätselhaften und unheimlichen Erscheinungen des NS-Staates. Wo immer ein Parteiredner auftrat, huldigte er dem Führer.

Als zu nächtlicher «Weihestunde» auf der Zeppelinwiese in Nürnberg unter dem «Lichtdom» von mehr als hundert Flakscheinwerfern die politischen Leiter der NSDAP angetreten waren, rief Dr. Ley: «Wir glauben an einen Herrgott, der uns lenkt und behütet und der uns Sie, mein Führer, gesandt hat.» Bei anderer Gelegenheit wurde Ley noch deutlicher: «Wir glauben auf dieser Erde allein an Adolf Hitler.» Kurz vor Kriegsbeginn erklärte Hitlers Stellvertreter Rudolf Heß: «Indem wir zum Führer stehen, erfüllen wir den Willen dessen, der den Führer gesandt.» Hitler wurde als «Meldegänger Gottes», als Erwählter der «Vorsehung» gefeiert, auf die er sich selbst so gern berief.

Denn Hitler wehrte sich nicht gegen die Vergötzung seiner Person; sie war vielmehr das Fundament seines Herrschaftssystems, und er glaubte selbst inbrünstig an das Wunder seines Führeramtes und wußte diesen Glauben auf die Massen zu übertragen. So rief er am 13. September 1936 in Nürnberg den Männern seiner «Kampfverbände» zu: «Das ist das Wunder unserer Zeit, daß ihr mich gefunden habt» – (Unterbrechung durch langen, stürmischen Beifall) – «daß ihr mich gefunden habt unter so vielen Millionen! Und daß ich euch gefunden habe, das ist Deutschlands Glück.»

Wenige trieben die blinde Vergötzung Hitlers so weit wie sein Reichsjugendführer Baldur von Schirach. Er war diesem Manne, wie er vor den Nürnberger Richtern zugab, bis 1943 völlig hörig. Schirach gestand dem Gerichtshof: «Ich habe diese Generation im Glauben an Hitler und in der Treue zu ihm erzogen. Die Jugendbewegung, die ich aufbaute, trug seinen Namen.» Deshalb hatte die HJ schon in der «Kampfzeit» zur Person Hitlers ein besonderes Treueverhältnis. Schon 1930 hieß es in einer Schrift: «Geistige Führer, die neue Ideen herstellen, brauchen wir nicht, denn der überragende Führer dieses Jugendwollens ist Adolf Hitler.»

Verzückt und stammelnd sprach Schirach immer wieder die Inbrunst jugendlicher Führerverehrung aus: «Ihr Name ist das Glück der Jugend, Ihr Name, mein Führer, ist unsere Unsterblichkeit.» Vor der Volksabstimmung über den Anschluß Österreichs an Deutschland erklärte er am 28. März 1938 in Duisburg: «Diese Volksabstimmung ist für uns keine Wahl, sie ist für uns ein deutsches Dankgebet, und dieses Dankgebet heißt: Ja, mein Führer!» Im Hochlandlager der bayerischen HJ sagte er am 28. Juli 1936: «Wer Adolf Hitler, dem Führer, dient, dient Deutschland, und wer Deutschland dient, dient Gott!» Nicht anders deutete er Hamburger HJ-Führern ihre Aufgabe: «Wenn wir die Jugend zu Deutschland führen, führen wir sie zu Gott.»

In seinem kritiklosen Größenwahn sagte Hitler offen beim großen Nürnberger Frauenappell von 1936: «Wenn ich durch Deutschland fahre, dann sehe ich in all den Millionen Kindern nichts anderes als das, was diese

ganze Arbeit überhaupt erst sinnvoll werden läßt. Ich sehe in ihnen die Kinder, die den Müttern genauso gehören wie im selben Augenblick auch mir.»
Nach Schirachs Worten sangen in ganz Deutschland die Jungen und Mädchen: «Wir marschieren für Hitler durch Nacht und durch Not.» Bevor der Hitlerjunge Werner Gerhardt aus Zeitz den schweren Verletzungen, die ihm politische Gegner zugefügt hatten, erlag, flüsterte er seiner Mutter noch zu: «Mama, nicht weinen, ich weiß, daß ich für Hitler sterben muß.» Adolf Hitler im Leben und zum Tode verpflichtet zu sein, das war der deutschen Jugend als Schicksal auferlegt. Sie hatte 1939 anzutreten, um den Weg zu gehen, den ihr die «Blutzeugen» der Kampfzeit vorausgegangen waren, und dann mußten Millionen «für Hitler sterben».
Was Hitler für ganz Deutschland zu sein vorgab, sollte jeder HJ-Führer in seiner Einheit sein. Schon 1933 umschrieb Schirach diesen Auftrag: «Der kleine Hitlerjugendführer ist zugleich politischer und wehrmäßiger Träger seiner Idee, er ist seinen Kameraden Verkünder der nationalsozialistischen Lehre; aber er ist außerdem noch in gleicher Person ihr Anführer im Kampf, er ist in seinem Kreis der geistig und körperlich Fähigste.»
Die HJ war 1932 noch mit 12000 Führern ausgekommen; sie brauchte 1934 schon 367000. Im Jahr des HJ-Gesetzes 1936 gab es 496000 HJ-Führer und 1938 sogar 720000. Bei diesen Zahlen aber ist zu unterscheiden zwischen dem eigentlichen «Führerkorps» und der großen Masse von Unterführern, die nur zur «Führerschaft» gehörten.

HJ-Führer als Beruf

Auf dem Wege zur Staatsjugend entwickelte die HJ für ihre Spitzenfunktionäre das neue Berufsbild des Jugendführers. Zu diesem «Führerkorps» gehörten alle Führer vom Bannführer (HJ), Jungbannführer (DJ) und alle Führerinnen von der Untergauführerin (BDM) an aufwärts. Zu diesen kamen zahlreiche hauptamtliche Führer in den Stäben der Banne und Gebiete, der Unter- und Obergaue und der Reichsjugendführung. G. Kaufmann, selbst hoher HJ-Führer, stellte fest, daß 1939 von 765000 HJ-Führern 8017 hauptamtlich tätig waren, immer einschließlich der BDM-Führerinnen. Da diese aufgeblähte Apparatur natürlich zur Kritik herausforderte, verglich Kaufmann diese Zahlen mit denen der Lehrer: Es gab 234345 Lehrer in Deutschland, also einen Lehrer für 37 Schüler; aber ein hauptamtlicher HJ-Führer müsse für 1450 Jugendliche verantwortlich sein. Beide Berufe sind jedoch nach Aufgabe und Vorbildung nicht zu vergleichen. Auch leiteten den wirklichen Formationsdienst die vielen zehntausend mittleren und unteren Führer, die ehrenamtlich dienten. Das hauptamtliche Führerkorps saß in Stäben, um zu organisieren und zu verwalten.

Für dieses Führerkorps erließ die RJF am 23. Februar 1938 eine eigene Ausbildungsordnung:

> «Die großen Aufgaben, die der Führer seiner Jugend gestellt hat, erfordern ein Führerkorps, das nach Charakter und Leistung höchsten Anforderungen genügt. Der Heranbildung dieses Führerkorps dient die Akademie für Jugendführung in Braunschweig.
>
> An diese Akademie kann jeder Hitlerjunge berufen werden. Voraussetzung hierfür ist:
>
> 1. Nachweis der deutschblütigen Abstammung.
> 2. Einwandfreier gesundheitlicher und erbgesundheitlicher Untersuchungsbefund.
> 3. Einwandfreie nationalsozialistische Haltung, körperliche und geistige Leistungsfähigkeit.
> 4. Abgeschlossene Berufsausbildung oder Abitur.
>
> Der Anwärter nimmt an einem Vorausleselehrgang teil. Nach Abschluß dieses Lehrgangs wird entschieden, ob er den gestellten Anforderungen genügt. Nach erfolgreicher Ableistung der Arbeitsdienst- und Wehrpflicht wird vom Führeranwärter die Erfüllung folgender Aufgaben verlangt:
>
> 1. Viermonatige Tätigkeit als Mitarbeiter in einer Gebietsführung;
> 2. Achtwöchiger Lehrgang in der Reichsführerschule Potsdam;
> 3. Einjährige Ausbildung auf der Akademie für Jugendführung in Braunschweig;
> 4. Dreiwöchige Ausbildung in der Industrie des Inlandes und sechsmonatige Ausbildung im Ausland;
> 5. Abschlußprüfung.
>
> Mit der Einberufung zur Akademie ist der Anwärter auf eine Mindestzeit von zwölf Jahren für den Dienst in der Hitlerjugend verpflichtet. Nach Bestehen der Abschlußprüfung erhält der Führeranwärter das Jugendführerpatent des Jugendführers des Deutschen Reiches unter gleichzeitiger Ernennung zum Stammführer und Berufung in das Führerkorps der Hitlerjugend...»

HJ-Führer nach zwölfjähriger Dienstzeit wären etwa 36 Jahre alt gewesen. Was sollte man dann mit ihnen tun? Kaufmann urteilte optimistisch: «Wie kaum ein anderer Beruf erhält der des Jugendführers durch die Vielzahl seiner Aufgaben die Möglichkeit, sich auf einem besonderen Gebiet große Erfahrungen zu sammeln und sein Können später der Partei, dem Staatsdienst, der Wirtschaft oder kulturpolitischen Einrichtungen zur Verfügung zu stellen.»

Schon auf der Braunschweiger Akademie durften die Anwärter wählen, ob sie später in den Dienst der Partei oder des Staates treten wollten. Um sich weiterzubilden, sollten die HJ-Führer auch später einmal im Jahr für drei bis vier Wochen zu anderen Dienststellen der Partei und ihrer Gliederungen abkommandiert werden. Das HJ-Führerkorps begrüßte es 1940 sehr, als Schirach und Lauterbacher, bisher die beiden höchsten HJ-Führer, zu Gauleitern der NSDAP aufrückten. Zwischen der RJF und dem Stellvertreter des Führers wurde bald nach Kriegsbeginn vereinbart, daß die Partei ihren Führernachwuchs aus dem HJ-Führerkorps nähme. Der Beruf des Jugendführers hätte auf die Dauer junge Leute kaum angezogen, wenn er nur eine ungesicherte Übergangstätigkeit in jüngeren Jahren geblieben wäre.

Dennoch kamen und gingen die Führer, und dieser Wechsel hielt das Führerkorps selbst, aber auch die Einheiten in großer Unruhe. Deshalb ist es schwer, über die soziale Gliederung der HJ-Führerschaft nach 1933 etwas auszusagen. Auch A. Klönne, den die Sozialstruktur der HJ besonders interessierte, kann nur vermuten, daß die meisten der vor und nach 1933 mehr zufällig und durch die Umstände zur HJ geratenen Führer allmählich abgelöst worden wären vom neuen Typ des einheitlich ausgebildeten Laufbahnführers. Da die Anforderungen recht hoch lagen, ist wohl anzunehmen, daß sich das Führerkorps in erster Linie aus Abiturienten ergänzt hätte. Auch der Wechsel vom Junglehrer zum HJ-Führer bot sich leicht an, da beide Berufe im Dienst der nationalsozialistischen Jugenderziehung standen.

Auch für das Führerkorps galt das vielberufene Prinzip «Jugend soll von Jugend geführt werden». Daß HJ-Führer zu jung sein könnten, machte den Theoretikern der HJ kaum Sorge, sie fürchteten eher den anderen Vorwurf, es könnten sich alte Herren als lebenslängliche Jugendführer betätigen. Um die wenigen älteren Führer, die als Fachleute in den Ämtern der RJF tätig waren, gegen solche Vorwürfe abzusichern, betonte man, Jugend im NS-Staat sei keine Altersstufe, sondern eine «Haltung».

«Ihr lebt als Jugend in einem jungen Reich, in einem jungen Reich, erfüllt mit einem freudigen Leben, mit einer starken Hoffnung, mit einer unzerstörbaren Zuversicht. Ihr lebt in einem Reich mit jungen, neuen Ideen, erfüllt von jungen, neuen Kräften», rief Hitler der Berliner Jugend bei der Maikundgebung 1936 zu.

Kaufmann nennt als Durchschnittsalter des Führerkorps:

Obergebietsführer	30 Jahre	6 Monate
Gebietsführer	31	4
Abteilungsleiter der Gebiete	25	4
Bannführer	25	1
Jungbannführer	24	8

1937 zählten zu einem Obergebiet etwa 750000, zu einem Gebiet 150000, zu einem Bann oder Jungbann rund 6000 Jugendliche.
Erheblich jünger waren die Jungen und Mädchen, die zur großen Masse der ehrenamtlichen «Führerschaft» in den mittleren und unteren Rängen gehörten. Nur diese führten unmittelbar. Im Deutschen Jungvolk der 10–14 Jahre alten Pimpfe war der Führer einer Jungenschaft 12–14, eines Jungzugs 14–16, eines Fähnleins 16–18 Jahre alt. Ein Jungstammführer, der immerhin schon rund 600 Jungen führte, war nicht viel älter. Aber auch die Führerschaft der «Kern»-HJ (14–18 Jahre) war immer nur wenig älter als die Geführten. Deshalb gilt für alle, was eine Abiturientin 1946 im Rückblick auf ihre Erfahrungen im BDM schrieb:
«In der Einheit kam alles auf die Führerin an. Ich darf rückblickend feststellen, daß meine Führerinnen alle die höhere Schule besucht und sich später dem Lehrberuf gewidmet haben. Vielleicht steht es in einem ursächlichen Zusammenhang, daß es gerade diesen Menschen, die solche Berufung in sich spürten, als wunderbare Aufgabe erschien, schon als junger Mensch verantwortlich zu sein. Aber um ihnen wirklich etwas geben zu können, waren sie alle zu jung... Wie sollten wir anderen etwas geben, ohne selbst etwas zu sein...?»
Der letzte Satz deckt auf, wie fragwürdig das Schlagwort «Jugend muß von Jugend geführt werden» war. Auch der politische Witz griff diese Behauptung an, wie H. J. Gamm in seiner Sammlung «Der Flüsterwitz im Dritten Reich» nachwies:
An einer Straßenecke steht ein kleiner Junge und weint bitterlich. Ein Schupo geht auf ihn zu und fragt: «Warum weinst du denn, mein Junge?»
«Huhuhuh – weiß ich nicht.»
«Wie heißt du denn, mein Junge?»
«Huhuhuh – weiß ich nicht.»
«Wo wohnst du denn, mein Junge?»
«Huhhuhhuh – weiß ich nicht.»
«Ja, wo kommst du denn her?»
«Huhuhuh – von der Führerbesprechung.»
In der freien deutschen Jugendbewegung, im Wandervogel und in der

bündischen Jugend war der Gruppenführer im allgemeinen mehrere Jahre älter als seine Jungen, oft junger Akademiker. Er war gewählt und gewann Autorität aus seiner menschlichen Überlegenheit und nicht, weil ihn ein anderer zum Befehlen kommandiert und einer Einheit «vorgesetzt» hatte.

Die Reichsjugendführung

Melita Maschmann, ehemals hohe BDM-Führerin, schrieb einen schonungslos ehrlichen Lebensbericht, den sie «Fazit» nannte. Sie berichtet, wie sie mitten im Kriege in die Reichsjugendführung kam: «Vom ersten Tage meiner neuen Arbeit an hatte ich das Gefühl: Du befindest dich hier nicht im dynamischen Zentrum der nationalsozialistischen Jugendführung, sondern in einem bürokratischen und aufgeblähten ministeriellen Apparat.» Noch in den letzten Wochen vor dem Zusammenbruch des NS-Staates glich die RJF einem «Termitenbau» voll hektischer Betriebsamkeit. Den Alltag aber beherrschte der für manche Behörden typische Machtkampf der Ämter und Chefs untereinander.

Die Reichsjugendführung unterstand dem Reichsjugendführer. Persönlicher Adjutant und Pressereferent unterstützten ihn unmittelbar. Stellvertreter des Reichsjugendführers und zugleich Chef des gesamten Führungsapparats in Berlin war der Stabsführer. Über seine Aufgaben äußerte sich Stabsführer Lauterbacher im Mai 1934 zu Journalisten:

«Ich habe den Reichsjugendführer in jeder Beziehung zu vertreten und bin für die grundsätzliche Durchführung seiner Anordnungen verantwortlich. Ich selbst habe keine Referate zu führen, bin aber für die Arbeit aller Abteilungen der RJF, mit Ausnahme der Abteilung Ausland, die unter Obergebietsführer Nabersberg dem Reichsjugendführer direkt untersteht, verantwortlich. Ich stehe in direkter Verbindung mit den Obergebiets- und Gebietsführern im Reich, setze alle wichtigen Tagungen fest, vertrete den Reichsjugendführer bei Kundgebungen im Lande und habe die organisatorischen Vorbereitungen für die großen Aktionen der HJ zu leiten.»

Als Stabsführer Lauterbacher dieses Interview gab, war die RJF in Berlin noch auf acht Häuser verteilt. Erst das neue Amtsgebäude am Maybachufer in Berlin-Neukölln ermöglichte konzentrierte Arbeit. Melita Maschmann berichtet: «Da sich der Totalitätsanspruch der HJ auf alle Gebiete der Erziehung und Jugendarbeit erstreckte, mußte sie in wenigen Jahren einen Riesenapparat auf bauen, der diesen Anspruch durchsetzen und verteidigen konnte.»

Was Lauterbacher 1934 noch «Referate» genannt hatte, hieß nun «Ämter», von denen es vierzehn gab. Andere Dienststellen kamen hinzu, die dem Reichsjugendführer oder seinem Stabsführer direkt unterstanden: Die Reichsreferentin des BDM, die Inspekteure der Marine-HJ, der Adolf-Hitler-Schulen, des HJ-Streifendienstes usw.

Melita Maschmann, zuletzt BDM-Referentin im Presse- und Propaganda-Amt, kennzeichnet den Arbeitsstil der Staatsjugend:

«... die HJ war eine Jugendorganisation. Ihre Mitglieder ließen sich zwar uniformieren und im Dienst reglementieren, aber sie hörten deshalb nicht auf, Jugendliche zu sein und sich wie Jugendliche zu verhalten. Ihr altersbedingter Überschuß an Tatendurst und Bewegungsdrang fand in dem ständig auf Hochtouren laufenden Aktionsprogramm der HJ ein weites Feld. Es gehörte zur Methodik der nationalsozialistischen Jugendführung, daß fast alles in Form von Wettkämpfen abgewickelt wurde. Man kämpfte nicht nur im Sport und im Beruf um die beste Leistung. Jede Einheit wollte das schönste Haus, das interessanteste Fahrtenbuch, das höchste Ergebnis bei der Spendensammlung fürs Winterhilfswerk haben...»

Es kämpften junge Sänger, Instrumentalisten, Bildhauer und sogar Märchenerzähler um die Wette, und die Einheiten kämpften um das beste Fähnlein im Jungstamm, den besten Jungzug im Fähnlein und die beste Jungenschaft im Jungzug.

«Dieser ständige Kampf um die Leistung brachte schon in Friedenszeiten ein Element der Unruhe und forcierten Betriebsamkeit in das Leben der Gruppen. Er fing den jugendlichen Aktionsdrang nicht nur auf, er fachte ihn an, wo es sinnvoller und notwendiger gewesen wäre, dem einzelnen in seiner Gruppe und der Gruppe als Ganzes Zonen einer behüteten inneren Reifungs- und Entfaltungsmöglichkeit zu schaffen. Die Führerschaft einer solchen auf Aktivität und Leistung gedrillten Jugend bildete allmählich einen eigenen Managerstil heraus. Sie wurde selbst von einer Aktion in die andere gejagt und jagte ihre Gefolgschaft von einer Aktion in die andere. Auch die jungen Männer und Frauen in der RJF, von denen jene Aktionen ausgelöst wurden, standen unter demselben Zwang rastloser Motorik. Das Rad der immer rollenden Aktivität schöpfte stets neue Schwungkraft aus seiner eigenen Umdrehung und riß jeden mit, der in seinen Bereich geriet.»

Da sich der NS-Führerstaat immer auf das Vorbild Hitlers berief, ist es sehr aufschlußreich, daß krankhafte Unruhe auch Hitler ständig in Bewegung hielt und seine Umgebung verwirrte. Reichspressechef Dr. Otto Dietrich hatte zwölf Jahre lang in Hitlers engster Umgebung gelebt. Er berichtet, daß der Diktator nicht allein sein konnte, daß er nicht zuhören konnte, daß er immer selber sprechen mußte, daß er abends bis zur Er-

schöpfung seiner Mitarbeiter und Gäste nicht zur Ruhe kam, daß er sich an keinen festen Wohnsitz gewöhnte und mit Vorliebe spontan zu schnellen, weiten Autofahrten aufbrach.
Da die HJ nach militärischem Muster straff durchorganisiert war, übertrug sich die Motorik der Spitze rasch auf die kleinsten Einheiten. Der Gebietsführer, der in Berlin als Chef des Kulturamts der RJF einen Singewettstreit auslöste, entzündete den Eifer von vielen tausend kleinen Jungzugführern, die sich nun in allen Städten und Dörfern mit Leidenschaft als Chorleiter betätigten. Die Aktionsprogramme wurden dabei über örtliche Kommandostellen weitergeleitet und von diesen im einzelnen organisiert.
Um zu zeigen, was von einem durchschnittlich tüchtigen Fähnleinführer erwartet wurde, will ich aus der Erinnerung eine Dienstwoche im Jungvolk darstellen.

Fähnleinführer im Dienst

Günter Neumann, Obersekundaner im Magdalenengymnasium, war fast siebzehn Jahre alt. Er führte das Fähnlein 15, das zum Jungstamm III im Jungbann 11 (Breslau) gehörte. Seine 150 Pimpfe wohnten im Gebiet der Ortsgruppe Scheitnig, eines Stadtviertels mit überwiegend kleinbürgerlicher Bevölkerung. Die meisten Eltern von Günters Pimpfen waren also Handwerker, Facharbeiter, Angestellte oder Besitzer kleiner Läden.
In einer Straße standen mehrere große Mietskasernen aus den Gründerjahren. In diesen verwahrlosten Wohnblöcken hausten stark proletarisierte Familien; Günter wußte, daß von dort seine ärmsten und schwierigsten Jungen kamen. Zum Ausgleich gehörte auch eine Straßenseite mit hübsch in Gärten gelegenen, typisch großbürgerlichen Zweifamilienhäusern zu seinem Bezirk. Dort wohnten auch zwei Jungzugführer und mehrere Jungenschaftsführer.
Günter Neumann hatte sich im Keller eines alten Mietshauses in der Gellhornstraße, nur ein paar Schritte von der Kaiserbrücke entfernt, zwei Räume als «Dienststelle» hergerichtet. Alle Jungen seines Fähnleins und auch die Eltern wußten, daß er dort am Dienstagnachmittag Sprechstunde hatte. Er fuhr, nachdem er in aller Eile die notwendigsten Schularbeiten gemacht hatte, kurz vor 16 Uhr in sein Büro. Etwas später kam Michel, der Geldverwalter, mit dem er die letzte Beitragsabrechnung prüfte. Dann stellten sie für den Jungbann eine Statistik zusammen und besprachen einen Brief an den Hauswirt, der für die beiden Kelleräume mehr Miete haben wollte. Außerdem lag eine Beschwerde vor über drei Jungen aus

der Hirschstraße. Sie hatten in Uniform auf dem Heimweg vom Dienst zwei Straßenlaternen mit Steinschleudern eingeschossen.
Es klopfte. Die drei Übeltäter traten ein. «Heil Hitler!» Stramm standen sie da, die Blicke bußfertig gesenkt.
Er bestrafte die drei mit vier Wochen Uniformverbot, und bis zum Sommer durften sie an keiner Wochenendfahrt teilnehmen. Als die Jungen abzogen, stand draußen schon eine ängstliche Frau. Sie legte zitternd ein Schreiben vor, in dem der Fähnleinführer sie zur Dienststelle zitierte, weil ihr Sohn dreimal unentschuldigt den Dienst versäumt hatte. Günter Neumann bot der Frau einen Stuhl an, aber sie wurde rot und wollte sich nicht setzen. Das ist also Frau Fabian, dachte er, Mutter von Willi Fabian im Jungzug 4. Und dabei sieht sie alt und bekümmert wie seine Großmutter aus.
«Der Willi konnte doch zum Dienst nicht kommen», sagte Frau Fabian, «weil doch mein Mann invalide geschrieben ist. Da muß ich auf Arbeit und zur Rente was zuverdienen. Der Willi aber muß dann zu Hause bleiben beim Vater, weil er doch sich selbst nicht helfen kann.»
Frau Fabian weinte, und dem Fähnleinführer war alles sehr peinlich. Hier lag der vorgedruckte Mahnbrief, den er kaltschnäuzig unterschrieben hatte, ohne nachzudenken. «Aber Frau Fabian, warum haben Sie denn dem Willi keinen Entschuldigungszettel geschrieben? Dann wäre alles klar gewesen.»
Doch da sah er die zitternden Hände der Frau, die wohl seit ihrer Schulzeit immer nur geschuftet hatte und heute sicherlich kaum mehr als ihren Namen schreiben konnte. «Schon gut», sagte er rasch, «ich weiß jetzt, was los ist. Und – ja, ich komme in den nächsten Tagen mal vorbei, um auch mal mit Ihrem Mann zu sprechen.»
Als die Frau draußen war, sagte Michel: «Du, der alte Fabian, das weiß ich von meinem Vater, war früher ein ganz Roter. Der ist stur, der hält den Jungen absichtlich vom Dienst zurück!» – Günter winkte ab: «Und wennschon, die Frau jedenfalls war echt. Wenn der Mann wirklich krank ist, müssen wir die NSV benachrichtigen oder selbst helfen. Du, ich muß mir mehr Zeit nehmen und die Eltern aller neuen Jungen vom Jungzug 4 besuchen. Wäre ich bei Fabian gewesen, hätte ich der armen Frau diese ganze Aufregung sparen können.»
Um 17 Uhr meldeten sich die vier Jungzugführer. Klaus war 15, Hans, Peter und Wolfgang waren 16 Jahre alt. Jeder führte 30 bis 40 Jungen, die in einem Jungzug immer zum gleichen Geburtsjahrgang gehörten. Günter besprach mit den vier Jungzugführern den Mittwochdienst. Dann diskutierten sie einen Befehl des Jungbanns zum Führerschulungswerk.

Doch viel wichtiger war allen die Suche nach einem guten Platz für das Sommerlager...

Am Mittwoch taten die Jungzüge einzeln Dienst, und der Fähnleinführer fuhr auf dem Rad zu ihnen, um die Arbeit der Jungzugführer zu überwachen.

Hans übte mit den Kleinsten vom Jungzug 4 für die «Pimpfenprobe», die jeder Pimpf bestehen mußte, der das Fahrtenmesser tragen wollte. Die Zehnjährigen hockten gespannt auf Schemeln und Bänken, und Hans erklärte ihnen die Schwertworte der Jungvolkjungen.

«Unsere Schwertworte lauten: Jungvolkjungen sind hart, schweigsam und treu. Jungvolkjungen sind Kameraden. Des Jungvolkjungen Höchstes ist die Ehre». Die Kleinen hörten mit Staunen die tönenden großen Worte. «Ihr sollt die Schwertworte nicht nur lernen, sondern sie auch erklären können. Also hört gut zu!»

«Warum sollen Jungvolkjungen hart sein?» fragte Hans und schlug das Schulungsheft «Die Jungenschaft» auf. Er konnte sehr spannend vorlesen, und die Jungen hörten die Geschichte von den Gewaltmärschen deutscher Infanterieregimenter, die allein durch ihre beispiellose Härte die Vernichtung der russischen Armee bei Tannenberg im Sommer 1914 ermöglicht hatten. «Deshalb müssen wir lernen, hart zu sein, hart zu sein, wie unsere Väter waren. Aus harten Pimpfen werden einmal harte Soldaten werden.»

Günter entfernte sich unauffällig und winkte ab, als Hans «Achtung!» schreien wollte. Draußen blieb er noch einen Augenblick im Fahnenraum stehen. Die Jungen hatten das Gewölbe weiß gekalkt, aber den Fahnenständer und die Bilderrahmen schwarz gebeizt. Und zu beiden Seiten der schwarzen Fahne hingen schwarze Leuchter aus Schmiedeeisen an der Wand. Weiß leuchtete die Siegrune auf schwarzem Tuch. An der Stirnwand hing das Bild des Führers, gegenüber das von Herbert Norkus. Die dritte Wand war den Frontkämpfern des Weltkrieges gewidmet. Dort hing der Holzschnitt «Stoßtruppführer» neben einem alten Stahlhelm und einem schartigen Seitengewehr.

Die Jungen hatten die Fahnenhalle und alle Räume des Heims unter Günters Anleitung selber ausgebaut. Schwierige Tischler- und Schmiedearbeiten hatten Väter, die Handwerker waren, umsonst ausgeführt. Die Materialkosten hatten sie zum Teil aus Spenden, vor allem aber aus dem Reingewinn des großen Elternabends im letzten Winter bezahlt. Günter plante einen neuen Spielabend im Weihnachtsmonat. Er hatte sich schon Textbücher schicken lassen, um rechtzeitig ein Stück einzuüben.

Er fuhr zur Heidenhainwiese. Am Scheitniger Stern grüßte er Herrn Dr. Scholz, seinen Klassenlehrer. Scholz gab Mathematik und Physik, keine guten Fächer für Günter Neumann. Mit der Schule war das überhaupt so eine Sache: Schwach in Mathematik, gerade befriedigend und ausreichend in den Sprachen, aber gut und sehr gut in Deutsch, Geschichte, Erdkunde, Kunsterziehung und Musik. Dort glänzte er und konnte ausgleichen. Im Grunde machte ihm die Schule aber keine ernsthaften Sorgen; er tat kaum etwas und kam doch über die Runden.

Auf der Heidenhainwiese meldete ihm Peter den Jungzug 2 beim Sport. «Wir haben mit Startübungen angefangen und laufen jetzt einmal die 75 Meter durch.» Günter nickte: «Gut, aber nicht nur Leistungssport. Pimpfe sollen viel spielen.» «Jawohl!» rief Peter, «wir hören mit einem Kampfballspiel auf.» Er pfiff. Lachend liefen die Pimpfe zusammen. (Das Wort «Pimpfe» heißt in Österreich «kleine Jungen» oder «harmlose Kerlchen». Die Wandervögel sollen damit das Zäpfchen bezeichnet haben, das die Saiten auf dem Schallkörper der Gitarre hält.)

Peter schrie: «Und jetzt Raufball – ich mit den Jungenschaftsführern gegen euch alle!!» Die Jungen johlten los: 30 gegen 4, das war leicht zu schaffen. «Ihr seid wohl Selbstmörder!» spotteten sie.

Aber Peter war ein großer, sehr kräftiger Junge, vorzüglich im Kugelstoßen und als Speerwerfer. Spielregel beim Kampf- oder Raufball: Der Ball muß mit allen Mitteln, doch ohne Roheit über die Torlinie des Gegners geworfen, getragen, geschossen oder gestoßen werden. Gleich nach dem Anpfiff drängten sich die Jungen um den großen Peter. Vergeblich hofften die drei Jungenschaftsführer noch auf einen Ballwechsel. Schon hing der ganze Jungzug als strampelnde, schreiende Traube wimmelnder Leiber um, an, unter und auf dem armen Peter. Der Ball war blockiert. Da stießen die drei Jungenschaftsführer den ganzen Pimpfenhaufen einfach um. Peter kam für Augenblicke frei, lief, warf den Ball zu Kurt, der zurück, doch da waren drei, vier Pimpfe wieder bei Peter, stellten ihm ein Bein, daß er stürzte; aber im Fallen boxte er den Ball über die Torlinie.

Der Fähnleinführer war zufrieden: Im Sport sehr gut zu brauchen, der Peter, wenn nur seine Heimabende nicht so maßlos langweilig wären!

Den Jungzug 1 traf Günter beim Geländedienst am Leerbeutler Berg, den die Breslauer Jungen dramatisch «Chimborasso» nannten, obwohl ihn die Müllabfuhr künstlich aufgeschüttet, das Gartenbauamt danach aber hübsch hergerichtet hatte. Im Jungzug 1 dienten also die ältesten Pimpfe aus Günters Fähnlein, und er wollte, daß möglichst viele noch das DJ-Leistungsabzeichen erwarben, bevor sie Ostern in die Kern-HJ überwiesen wurden.

Wolfgang brachte den Jungen gerade die Kartenzeichen des Meßtischblattes bei. Die Wiederholung lief recht gut. Günter unterbrach: «Wer kann die Karte hier einrichten?» Die Jungenschaftsführer meldeten sich sofort; alle drei trugen das Leistungsabzeichen. Aber auch mehrere Pimpfe trauten es sich zu, und einer drehte die Karte mit kundigen Griffen nach dem Sonnenstand ein. Günter war zufrieden: «In zwei Wochen, denke ich, nehme ich euch die Prüfung im Geländedienst ab. Sind alle Paßbilder für die Leistungsbücher abgegeben?» Wolfgang schlug die Hacken zusammen: «Jawohl, Fähnleinführer!» Kürzlich war befohlen worden, daß im Dienst die vorgesetzten Führer nicht wie bisher beim Vor- oder gar Spitznamen gerufen, sondern mit ihrem Rang angesprochen werden sollten, ganz wie bei den Soldaten.

Den Jungzug 3 konnte Günter heute nicht besuchen. Der Ortsgruppenleiter der Partei hatte 20 Jungen zum Abholen von Altpapier in den Haushalten angefordert, und so war der ganze Jungzug zu diesem Sondereinsatz abgerückt. Das war also ein Mittwoch, ein Wochentag, den in Hitlers Staat jeder auch ohne Kalender erkannte, weil in allen deutschen Dörfern und Städten viele zehntausend Pimpfe und Jungmädel marschierten oder zu ihren Appellplätzen, Heimen und Sportwiesen unterwegs waren.

Für den Sonnabend hatte Günter mit dem Führer des Fähnleins 11 ein großes Geländespiel in der Strachate, einem verwilderten Buschwald an der Oder, verabredet. Nächste Woche hatte er in der Führerschulung über die schändlichen Bedingungen des Versailler Diktats von 1919 und das Versagen der Weimarer «Systemzeit» zu sprechen. Es war Zeit, sich übers Wochenende darauf vorzubereiten...

Wir nannten ihn Günter Neumann. Er war nur ein kleiner Fähnleinführer, der 150 Pimpfe kommandierte. Aber zehn Millionen Jungen und Mädchen marschierten zuletzt in der HJ und ihren Untergliederungen. Es gab Tausende von Fähnleinführern. Wer von ihnen die Diktatur Hitlers und den durch ihn entfesselten Weltkrieg überlebte, ist heute über vierzig Jahre alt. Mancher hat die alten Photoalben noch, und den anderen, denen sie verbrannten, steht nun das eigene Bild fremd in der Erinnerung: Ein Jungengesicht, wach und gespannt über dem Kragen der dunkelblauen Führerbluse, geschmückt mit Schnur und Sternen und den vielen funkelnden Abzeichen für besondere Leistungen im Sport und im Geländedienst, im Schießen und im Schwimmen, im Lager und bei der weltanschaulichen Schulung...

Jungen wie diese Fähnleinführer gingen in ihrer Aufgabe völlig auf. Die Besten waren vielseitigen Anforderungen gleichmäßig gewachsen. Diese Siebzehnjährigen überwachten eine bürokratische Organisation; sie führ-

ten Schriftwechsel mit Eltern, Lehrern, Handwerkern, Behörden und vorgesetzten Dienststellen. Sie verwalteten Gelder, stellten Statistiken auf, entwarfen langfristige Dienstpläne für die Jungen und Programme zur Führerschulung. Sie bereiteten ausgedehnte Fahrten und große Zeltlager mit mehr als hundert Jungen vor. Der Aufruf der Fähnlein zu immer neuen, überraschenden Sonderaktionen verlangte von diesen jungen Führern ständige Dienstbereitschaft, schnellen Entschluß und Sinn für improvisierte Organisation. Sportliche Tüchtigkeit, umfassende Kenntnisse und eigene Erfahrungen in Wehr- und Geländesport, richtiges Verhalten bei Erster Hilfe, die Fähigkeit, ein Lied einzuüben, eine Geschichte spannend zu erzählen, eine feierliche Rede oder einen sachlichen Schulungsvortrag zu halten und ein Theaterstück einzuüben – diese und andere Talente waren notwendig, um lebendigen Jungendienst zu machen.
Heute durchschauen wir im HJ-Dienst den vormilitärischen Drill. Das «Boxerethos» dieser Erziehung stößt uns ab, und der Heldenkitsch der Heimbauten ist uns ebenso peinlich wie die Phrasen, die in «Feierstunden» dargeboten wurden.
Aber ich habe den Alltag des Fähnleinführers Günter Neumann einmal bewußt so dargestellt, wie er sich für die jugendlichen Führer, die mit großem Eifer dienten, damals ergab. Heutige Kritik hat, wenn sie historisch gerecht sein will, immer aus den Voraussetzungen von damals zu urteilen, und dann wird man wieder Melita Maschmann zustimmen. Sie schrieb:
«Voller Freude und Zähigkeit in der Erfüllung der Leistungen, die von ihnen gefordert wurden, stolz auf den Erfolg und begierig danach, sich in einem Dienst, der kein Kinderspiel, sondern ernste Notwendigkeit war, zu bewähren. Gewiß, sie haben zuviel und zu bedingungslos gehorchen und zuwenig eigenes Denken und Verantworten gelernt. Aber dieser Gehorsam hatte für sie das Ethos, das im rechtverstandenen Gehorsam des Soldaten liegt. Sie wollten sich nicht schonen, sondern ihren Mann stehen, wohin der Befehl (von dem erwartet wurde, daß er verantwortlich erteilt sei) sie rief. Daß er sie in den Kampf für eine schlechte Sache führte, war ein Unglück, mit dem mancher bis heute nicht fertig geworden ist.»
Im Kampf für eine schlechte Sache! Im Jahre 1943 untersuchte ein Oberregierungsrat in der «Dienststelle für Eignungsprüfung der Marinestation der Ostsee» als geschulter Psychologe den Offiziersnachwuchs der Kriegsmarine. Er stellte fest: «Das günstigste Bild lieferten die Bewerber aus dem Jungvolk, bei denen es sich um junge Führer handelt, die aus besonderer Befähigung und Passion auch im vorgeschrittenen Alter Einheiten des Jungvolks führten.»

Flieger, Funker und blaue Jungen: Die Sonderformationen

Vom Kind zum alten Kämpfer...

Reichsparteitag in Nürnberg 1935. Vor dem «Führer», dessen Namen sie tragen, sind 54000 Jungen und Mädchen angetreten zum großen Appell. Adolf Hitler ruft ihnen zu: «Von einer Schule wird in Zukunft der junge Mann in die andere gehoben werden. Beim Kinde beginnt es, und beim alten Kämpfer wird es enden. Keiner soll sagen, daß es für ihn eine Zeit gibt, in der er sich ausschließlich selbst überlassen sein kann.»

Galt einmal die Armee als «Schule der Nation», so dehnte der NS-Staat die Dienstpflicht auf den ganzen Lebenslauf aus. Der Mensch in Muße, der Mensch, der «sich ausschließlich selbst überlassen sein kann», also der nachdenkende, eigenwillige und schöpferische Mensch, er hatte in diesem System keinen Platz, ja, er war sein Feind. Schon die Jugend sollte lernen: «Du bist nichts, dein Volk ist alles!»

Es war geplant, schon die Vier- bis Zehnjährigen «wöchentlich einmal zum Spiel und zu Märchennachmittagen» durch die NS-Frauenschaft heranzuziehen. Für diese «Deutsche Kinderschar» wurden eigene Uniformen und Abzeichen entwickelt. Doch konnte sich die Kinderorganisation nie recht durchsetzen, zumal es der Frauenschaft auch an geeigneten Betreuerinnen fehlte. Aber es war dafür gesorgt, daß die jungen Mädchen, die an den staatlichen Seminaren den Beruf der Kindergärtnerin erlernten, so ausgebildet wurden, daß sie schon die Kleinkinder spielerisch in die große «Volksgemeinschaft» einführten. Die Sechsjährigen standen dann unter dem Einfluß der nationalsozialistischen Schule, mußten aber noch vier Jahre lang warten, mußten neidisch zusehen, wie die Großen mit Messer und Speer, Fußball und Fahne, Führerschnur und Schießabzeichen Dienst machen durften. Weil sie keine Uniform trugen, waren sie noch Kinder. Schirach formulierte es allen Ernstes so: «Mit Kind be-

zeichnen wir die nicht uniformierten Wesen, die noch nie einen Heimabend und einen Ausmarsch mitgemacht haben.»
Endlich, am «Vorabend des Geburtstages des Führers», war es soweit. Ein ganzer Jahrgang trat an, organisiert und uniformiert, um auf Adolf Hitler verpflichtet zu werden. Im Remter der Marienburg pries Schirach 1938 das Erziehungswerk der Staatsjugend: «Vor der Fahne der Hitlerjugend sind alle gleich. In unserer Uniform sind alle Jungen und Mädel so angezogen, daß kein Geld sie besser und reicher anzuziehen vermöchte. Deutschland hat nicht zuletzt durch diese Uniformen eine neue Gesellschaftsordnung erhalten.»
Diese Uniformen aber kosteten recht viel Geld. Da sie angeschafft werden mußten, war es bequemer und sparsamer, dafür weniger Zivilkleidung zu kaufen. Deshalb trugen fast alle deutschen Jungen im Sommer die schwarzen Kniehosen, die grauen Strümpfe und braunen Bundschuhe der HJ. Nur die Hemden waren im Alltag noch «zivil». Ähnlich sah man viele Mädchen in weißen Blusen, dunkelblauen Faltenröcken und weißen Söckchen laufen, wenn sie auch weniger als die Jungen dem Zwang zur Uniformierung erlagen.
Da alle Bekleidungs- und Ausrüstungsstücke durch die «Reichszeugmeisterei der NSDAP» streng genormt waren, da der Haarschnitt kurz, Gang und Körperhaltung straff sein sollten, ergab sich das Bild einer Jugend, die zwar äußerlich die sozialen Gegensätze überwunden hatte, innerlich aber an persönlicher Entfaltung behindert wurde. Man hatte sich dem genormten Ideal des «echten deutschen Jungen» anzupassen. Das schien zu gelingen. Schon 1936 stellte Hitler zufrieden fest: «Ein neuer Schönheitstyp ist entstanden. Nicht mehr der korpulente Bierphilister, sondern der schlanke, ranke Junge ist das Vorbild unserer Zeit, der fest mit gespreizten Beinen auf dieser Erde steht, gesund ist an seinem Leib und gesund ist an seiner Seele.» Aber stand dieser neue «Schönheitstyp», gestiefelt «mit gespreizten Beinen», nicht auch in den Lagergassen vor geschundenen Häftlingen? Er spreizte sich brutal an den Türen der Gaskammern, wenn Frauen und Kinder nackt hineingetrieben wurden. Freilich, das war erst Jahre später, und nur die jüngsten KZ-Aufseher waren einmal in der HJ gewesen...
Vier Jahre dienten die Jungen im Deutschen Jungvolk, die Mädchen im Jungmädelbund. Diese vier jüngsten Jahrgänge waren die dankbarsten Objekte der NS-Erziehung. Schirach urteilte schon 1934: «Das Deutsche Jungvolk ist in besonderem Maße die Jugend des nationalsozialistischen Staates. In seiner großen Masse ist es erst im Dritten Reich zu uns gestoßen. Der Jungvolkjunge mußte nicht erst einer anderen Weltanschau-

ung entrissen werden. Er wurde nicht vom Nationalsozialismus durch die Redner und Führer dieser Bewegung überzeugt. Er wuchs als Nationalsozialist auf... Er ist gleichsam als Nationalsozialist geboren...»

Die Zehnjährigen traten wie Soldaten zur Musterung an, wurden auf Tauglichkeit geprüft und zum Dienst einberufen. Wer fehlte, hatte eine Entschuldigung der Eltern vorzulegen; ab 1939 konnte ihn die Polizei heranholen. Jeder Pimpf erhielt ein «Leistungsbuch». In den ersten Monaten bereitete er sich auf die «Pimpfenprobe» vor. Die Bedingungen:

60-Meter-Lauf: 12 Sekunden
Weitsprung: 2,75 Meter
Schlagballweitwerfen: 25 Meter
Teilnahme an einer eineinhalbtägigen Fahrt
Kenntnis der Schwertworte, des Horst-Wessel- und des HJ-Fahnenliedes.

Die Schwertworte des Jungvolkjungen, die weiter oben schon einmal zitiert wurden, lauteten: «Jungvolkjungen sind hart, schweigsam und treu. Jungvolkjungen sind Kameraden. Der Jungvolkjungen Höchstes ist die Ehre.» Ein Vergleich mit dem Pfadfinder-Versprechen der Boy Scouts of America ist aufschlußreich: «Ich will bei meiner Ehre mein Bestes tun.– Um meine Pflicht gegenüber Gott und meinem Lande zu erfüllen und dem Pfadfindergesetz zu gehorchen. Um anderen Menschen jederzeit zu helfen. Um mich körperlich stark, geistig wach und sittlich aufrechtzuhalten.» – Schon der Ausdruck «Schwertworte» und die militärisch straffe Formulierung bezeugen eine andere Welt, in der für Gott, Nächstenliebe, Geist und aufrechte Haltung kein Raum war.

Die Pimpfenprobe stand im Mittelpunkt des ersten Jungvolkjahres. Alljährlich rückten nun die Jungen einen Jungzug weiter. Ausbildungsziel war das DJ-Leistungsabzeichen. Ähnlich wie bei der Pimpfenprobe war auch dabei die Verbindung sportlicher und wehrpolitischer Übungen mit Schulungsaufgaben typisch. Zu Sprung, Lauf und Wurf kamen Klimmzüge, Schwimmen, Bodenrollen, Radfahren und 1000-Meter-Lauf. Die Aufgaben für Fahrt und Lager wurden erweitert: Die Jungen mußten an Zeltlagern teilnehmen, eine Kochstelle bauen, sich tarnen und anschleichen, die wichtigsten Baumarten und die Kartenzeichen des Meßtischblattes 1 : 25 000 kennen.

Hier setzte auch die erste Schießübung mit dem Luftgewehr ein. Für die Schulung war zu lernen: Lebenslauf des Führers Adolf Hitler (nach der parteiamtlichen Heldenlegende), Deutschtum im Ausland, Abgetretene Gebiete (Vertrag von Versailles 1919), Nationale Feiertage und ihre Bedeutung, sechs HJ-Lieder, fünf Fahnensprüche, z. B.: «Wer auf die Fahne des Führers schwört, hat nichts mehr, was ihm selber gehört.»

Nach vierjähriger Dienstzeit bei Jungvolk und Jungmädeln hatten die meisten Jungen und Mädchen auch ihre Schulpflicht erfüllt. Diesen wichtigen Entwicklungsabschnitt hatten auch die christlichen Kirchen seit langem durch Konfirmation und Firmung betont. Mit Vorliebe übernahm der NS-Staat konkurrierend solche traditionellen Feste und Feiern für seinen eigenen Kult. So traten im April noch einmal alle Vierzehnjährigen zur erneuten «Verpflichtung» auf den Führer an und wurden geschlossen der HJ und dem BDM überwiesen. Ältere Jungen und Mädchen durften nur als Führer und Führerinnen im Jungvolk und im Jungmädelbund zurückbleiben.
Der vierjährige Dienst in HJ und BDM betraf alle Jugendlichen bis zum 18. Jahr. Auch hier waren Scharen und Mädelscharen jahrgangsweise gegliedert. Ausbildungsziele waren die HJ-Leistungsabzeichen in den Stufen Eisen, Bronze und Silber mit nach Lebensalter abgestimmten Anforderungen. Wieder waren Sport, Wehrsport und Schulung gekoppelt.
Man kennt die Rivalität zwischen den Waffengattungen der Wehrmacht und zwischen den Truppenteilen eines Standorts. Ähnliche Spannungen gab es auch zwischen den Gliederungen der Partei und innerhalb der HJ zwischen ihren Untergliederungen und Formationen. Hitlerjugend (HJ) war der Sammelname für die NS-Jugendorganisation. HJ hieß aber auch die Teilgliederung der 14–18jährigen Jungen, die «Kern»-HJ. Sie war bei vielen Jungvolkführern nicht gerade beliebt. Das Niveau des HJ-Dienstes lag vielfach niedriger, der Ton der HJ-Führer war oft rüder und kommissiger, die Disziplinlosigkeit in manchen Einheiten erschreckend.
Das lag einmal an Schwierigkeiten, die Jugend im Reifealter zwischen Kindheit und Erwachsenenwelt immer hat und macht. Im übrigen widerstrebte den Jungen und Mädchen dieses Alters auch dann der Dienst, wenn sie sehr gute Führer hatten. Vier Jahre beim Jungvolk und bei den Jungmädeln hatten sie dienstmüde gemacht. Der Beruf stellte ihnen neue Aufgaben, oder die oberen Schulklassen wurden schwieriger. Das kostete mehr Kraft und Freizeit. Sobald das Ichbewußtsein erwacht, vermehren sich persönliche Neigungen und private Wünsche. Kinder fühlen sich wohl im Gruppenspiel der Horde, der Schulklasse und Jugendorganisation. Jugendliche wollen sich lieber absondern. Sie bevorzugen die kleine Gruppe, noch lieber die Freundschaft, die auch zum anderen Geschlecht hindrängt. Junge Liebe schafft erregende und ganz persönliche Konflikte, die ebenfalls aus der Gemeinschaft herausführen.
Obwohl also die Statistiker der Reichsjugendführung meldeten, daß die deutsche Jugend total erfaßt sei, gelang es Jugendlichen im HJ-Alter (14 bis 18) häufig, sich dem Dienst zu entziehen. Es fehlte der Druck der

staatlichen Schule; und viele Lehrherren oder Chefs waren keine Nationalsozialisten. Es war ihnen also gleichgültig, ob ihre jungen Leute eifrig HJ-Dienst taten, wenn sie nur im Betrieb gute Arbeit leisteten.
Diese Ermüdungs- und Zersetzungserscheinungen waren der RJF bekannt; man versuchte, sie energisch zu bekämpfen. Bei Kriegsbeginn – und verstärkt im Kriege – suchte man durch scharfe Kontrollen und harte Disziplinarstrafen die Widerspenstigen oder Lauen zum Dienst zu zwingen. Aber der passive Widerstand der Jugend ist nie zu brechen. Deshalb war es besser, den Dienst so anziehend zu machen, daß die Jungen von selbst und gern kamen. Hierfür eigneten sich die Sonderformationen vorzüglich. Sie kamen den persönlichen Neigungen der Jungen entgegen. Wer diesen Formationen beitrat, fühlte sich, auch durch die Uniform abgehoben, als Mitglied einer Elite, deutlich abgesetzt von der braunen Masse der normalen HJ. Diese Sonderformationen vermittelten auch nützliche Kenntnisse, die man im Beruf oder für sich selber gebrauchen konnte, etwa den Führerschein für Kraftfahrzeuge.
Die Sonderformationen aber wurden nicht nur aus psychologischen Gründen oder wegen der Berufsausbildung gefördert. Schon vor dem Kriege, mehr noch im Kriege selbst bildeten diese Einheiten junge Spezialisten für die Waffengattungen der Wehrmacht aus. Die Motor-HJ schickte ihre Jungen zu den vielen motorisierten Verbänden, aus dem HJ-Streifendienst ergänzten sich Waffen-SS und Polizei, aus der Flieger-HJ kam der Nachwuchs für die Luftwaffe. Die Feldschere wurden Sanitäter, die Marine-HJ fuhr bald zur See, und die Nachrichten-HJ stellte Funker und Fernsprecher. Alle Sonderformationen hielten enge Verbindung zu den Werbeoffizieren der Wehrmacht und Waffen-SS. Die Truppenteile unterstützten «ihre» Hitlerjungen mit Schulungsmaterial, Geräten, Übungsgelände und Ausbildern.
Wie die Waffengattungen des Heeres unterschieden sich auch die Sonderformationen durch Uniform und Abzeichen. Bestickung und Einfassung der Schulterklappen und die Mützenpaspel waren bei der allgemeinen HJ hochrot gefärbt, blau bei der Marine-HJ, rosa bei der Motor-HJ, hellblau bei der Flieger-HJ, gelb bei der Nachrichten-HJ.

Pimpfe werden Flieger

Ritter von Schleich, ein ehemaliger Fliegeroffizier, der im Kriege mit höchsten Orden ausgezeichnet worden war, bildete schon 1934 HJ-Segelflieger aus. Schirach hatte ihn zum Obergebietsführer ernannt. Der «Deutsche Luftsportverband» bemühte sich um die Schuljugend, und der Reichserziehungsminister warb bei Lehrern und Schülern für den Flugmodellbau in Freizeit und Werkunterricht.

Das am 17. April 1937 gegründete «NS-Fliegerkorps» (NSFK) sollte endlich die «vielseitigen luftsportlichen Betätigungen in Deutschland» zusammenfassen. Es war keine Gliederung der NSDAP, sondern ein Führererlaß unterstellte das Fliegerkorps dem Reichsminister der Luftfahrt als eigene «Körperschaft des öffentlichen Rechts». Die Mitglieder waren aber den Angehörigen von Parteigliederungen gleichgestellt. Es war typisch für den vom Hauptmann rasch zum Fliegergeneral aufgestiegenen Hermann Göring, den nächst Hitler mächtigsten Mann der Diktatur, daß er sich hier eine eigene Truppe unterstellte.

Der Nachwuchs für das NS-Fliegerkorps aber kam aus der Flieger-HJ. «Vor dem Fliegen steht das Bauen!» galt als Grundsatz. Die Schulen unterstützten den Modellbau schon im Jungvolkalter. Die zwölfjährigen Pimpfe schlossen sich zu Modellbaugruppen zusammen, zu denen 1938 schon 73500 Jungen gehörten. In den amtlichen Schulnachrichtenblättern finden sich regelmäßig wiederkehrende Erlasse, die für den Flugmodellbau werben. So empfahl der Reichserziehungsminister am 5. November 1935 das «Anfängergleitflugmodell ‹Kiek in die Welt› des Deutschen Luftsportverbandes» für das 7. und 8. Schuljahr. Schon vorher hatte er aufgerufen, am «Reichswettbewerb für Modelle mit Antrieb» in Nürnberg teilzunehmen.

Diese durch das Modellbasteln am Fliegen und Bauen interessierten Pimpfe traten mit 14 Jahren vom Jungvolk in die Flieger-HJ über, deren Führer das NSFK fachlich ausgebildet hatte. Die Jungen bauten zunächst weiter Modelle, die sie möglichst auch selbst konstruieren sollten. Sie wurden jetzt stärker «theoretisch mit dem Wesen der Luftfahrt vertraut gemacht». Ausbildungsziel: «Deutschland für immer die stärkste Luftmacht der Welt!»

Bald begann auch die erste praktische Flugausbildung mit Gleitern und Segelflugzeugen. Jedes HJ-Gebiet besaß dafür eigene Fachschulen, 1938 dienten 78000 Jungen in der Flieger-HJ. Bei mehr als 90000 Starts erwarben 10000 Jungen den Flugschein A, 5000 den Flugschein B, 100 den Luftfahrerschein für Segelflugzeugführer C. Für alle drei Stufen wurden Gleit- und Segelfliegerabzeichen verliehen, die Leistungen im Leistungsbuch eingetragen. Die besten Segelflieger begannen nach ihrem Übertritt zum NSFK mit der Motorflugausbildung an Kleinflugzeugen. Wie in allen Sondereinheiten waren Sport, Geländedienst, Schießen und Schulung neben der Fachausbildung verbindliche Aufgaben.

«Unsere Wagen und Motorräder sind nicht nur die schnellsten, sondern, wir können mit Stolz sagen, die besten der Welt», verkündete Hitler mit der ihm eigenen Bescheidenheit zur Berliner Automobilausstellung am 14. Februar 1935. Die Motorisierung des deutschen Volkes trieb er aus wirtschaftlichen, militärischen, aber auch aus ganz persönlichen Gründen voran. Ihr dienten der Bau der Reichsautobahnen und des Volkswagens, der bald nach Kriegsausbruch serienmäßig vom Band lief und der Wehrmacht zugeführt wurde.

Es bedarf keinerlei Propaganda, um Jungen für Autos und Motorräder zu begeistern. Die Motor-HJ begann 1933 mit 3000 Jungen. Am 12. November 1934 einigten sich Major Hühnlein, der «Korpsführer des Nationalsozialistischen Kraftfahrerkorps», und Reichsjugendführer von Schirach über die Zusammenarbeit beider Organisationen. «Das NSKK übernimmt seinen gesamten Jugendnachwuchs aus den Reihen der Hitlerjugend.» Die «Motorsportscharen der HJ» fassen vom 16. Lebensjahr an alle «für den Motorsport geeigneten Jungen» zur Vorschulung zusammen. Zum ersten Male am 8. November 1938 übernahm das NSKK alle 18jährigen Jungen aus der Motor-HJ zur weiteren Ausbildung. Dem NSKK oblag es auch, die Motor-HJ-Führer fachlich auszubilden, «aus deren Reihen ein vorbildlich geschulter und technisch ausgebildeter Kraftfahrernachwuchs heranwächst».

1938 soll die Motor-HJ 90000 Mitglieder, nach einer anderen ebenfalls amtlichen Mitteilung sogar 102000 Mitglieder gehabt haben, doch ist der statistischen Abteilung der RJF bei solchen Zahlenspielen ohnehin nie zu trauen. 1937 gab die Motor-HJ 10000 Führerscheine aus, ein Jahr später schon 28000. Ein beträchtlicher Ausbildungserfolg, da zur Fahrprüfung nur Jungen im 18. Lebensjahr zugelassen wurden. Ende 1938 besaß die Motor-HJ 300 eigene Fahrzeuge, und 2500 Maschinen gehörten den Mitgliedern; die technische Ausrüstung war also nicht gerade überwältigend.

Die ältesten Jungen der Motor-HJ besuchten die Motorsportschulen. Ziel der Lehrgänge unter Dienstaufsicht des NSKK war es, den Führerschein zu erwerben. Aber auch auf Kraftfahrgeländesport, Sport und die übliche Schulung wurde nicht verzichtet. Schon die 16jährigen konnten sich auf das «Motor-HJ-Prüfungsabzeichen» vorbereiten, eine Vorstufe zum 1938 gestifteten «Deutschen Motorsportabzeichen». Man prüfte und bescheinigte im Leistungsbuch: Kenntnisse in Motorenkunde, Verkehrskunde, Gesetzeskunde und Fahrkunde.

Daß die Jungen für ihr motorisiertes Steckenpferd eine erhebliche Zeit aufwenden mußten, verdeutlicht ein Monatsdienstplan:

Sport	4 Montagabende
Heimabend	2 Mittwochabende
Technischer Unterricht, Verkehrsschulung	2 Abende
Kleinkaliberschießen	1 Sonnabend
Fahrschulung	1 Sonntag
Fahrt mit Geländedienst	1 Sonnabend/Sonntag

Die ältesten Jungen der Motor-HJ waren zu 80 Fahrschulstunden im Jahr und zu 105 Stunden praktischem Werkstattdienst verpflichtet. Das ergab eine beträchtliche Freizeiteinbuße. Sie drückte aber die Jungen in den Sondereinheiten weniger, da sich hier dienstliche Pflicht und private Neigung ergänzten. Die Motor-HJ war 1938 in 70 Stämme, 500 Gefolgschaften und 1500 Scharen gegliedert.
Funker und Fernsprecher bastelten und übten in der «Nachrichten-HJ», die 1938 bereits 29000 Mitglieder hatte, im Kriege aber wie alle Sondereinheiten erheblich verstärkt wurde. Jeder Bann besaß eine Nachrichtenschar, in der 60 bis 100 Jungen dienten. Es gab auch eine «Reiter-HJ», vor allem auf dem Lande, und bis Ende 1939 erwarben dort 11009 Jungen den Reiterschein; auch dafür gab es selbstverständlich ein Abzeichen.

Die blauen Jungen

Volkstümlicher als alle, nicht zuletzt auch bei den kleinen Mädchen beliebt, waren die «blauen Jungs» der Marine-HJ. Der «Inspekteur» der Marine-HJ unterstand dem Reichsjugendführer unmittelbar; er kontrollierte die Gebietsinspekteure. 1938 trugen 50000, 1939 bereits 62000 Jungen die blaubebänderten Mützen der Marine-HJ. Sie bildeten innerhalb der regulären HJ-Banne eigene Einheiten, deren Stärke von der Lage und Größe des Ortes abhing. Hafenstädte wie Hamburg oder Kiel hatten selbstverständlich besonders starke Einheiten.
Aber auch im Binnenlande lockten schmucke Uniform und das die Landratten immer faszinierende Abenteuer der Seefahrt viele Jungen an. So hatte Breslau einen Stamm von 350 bis 500 Jungen, gegliedert in drei Gefolgschaften, denen bei Aufmärschen ein besonders «schneidiger» Spielmannszug vorausmarschierte. Der kleidsame, den Uniformen der Kriegsmarine nachgebildete Dienstanzug kostete etwa 50 bis 70 RM.

Für Breslau lag mir der Bericht eines ehemaligen Gefolgschaftsführers und Marineoffiziers vor, der den Dienst der Marinejungen in einem «Standort» anschaulich darstellt. Das schöne Stadtbild der schlesischen Hauptstadt war bestimmt von der Oder mit ihren Nebenarmen und Kanälen, idealen Möglichkeiten für den Wassersport. Die Jungen hatten ihren Stützpunkt anfangs auf der Schleuseninsel gegenüber der Technischen Hochschule. Sie mußten dort den Werk- und Bootsschuppen und das veraltete Übungsmaterial mit der Marine-SA teilen. Das führte zu vielen Reibereien, bis sich die Jungen an der Güntherbrücke eine eigene Gebiets-Seesportschule einrichteten; der Platz war vor 1933 von sozialistischen Jugendverbänden als Freibad ausgebaut worden.
Die Ausbildung gliederte sich in Seemannschaft, Sport, Wehrertüchtigung und weltanschauliche Schulung. Ausbildungsziel war die «Seesportprüfung», durch die man das Seesportabzeichen der HJ gewann. Die Jungen mußten in Seemannschaft, Schiffahrtskunde und Signaldienst Bescheid wissen. Sie übten dafür auch Spleißen und Knoten, Kutterpullen und Flaggen- und Lichtsignale. Schieß- und Sportwarte beaufsichtigten die wehrsportliche Ausbildung. Für die auch in allen Sondereinheiten verbindliche «weltanschauliche Schulung» waren die Einheitsführer verantwortlich.
Jeder Junge besaß eigene Tampen und Winkerflaggen. Die wertvollen Boote bedurften sorgsamer Pflege, und die Jungen erledigten Reparaturen möglichst selbst. Besonders stolz waren die Breslauer auf zwei schnittige «Linienschiffskutter». Ausgewählte, interessierte Jungen durften auch segeln. Für die Breslauer Jungen war Höhepunkt der Ausbildung die sommerliche Deutschlandfahrt zur Ost- oder Nordsee. Alljährlich trafen sich in Kiel-Laboe die besten Marine-HJ-Mannschaften aus allen Gebieten zu den «Reichsseesportwettkämpfen».
Die Führerschaft wurde ausgebildet auf den Reichsseesportschulen I «Gorch Fock» in Prieros (Mark) und II in Seemoos am Bodensee. Andere Seesportschulen der RJF lagen in Lauenhain bei Mittweida und in Neusiedl am See; außerdem gab es die regionalen Seesportschulen der Gebiete.
Wer Glück hatte, durfte an erlebnisreichen Sondereinsätzen teilnehmen, die sehr wirksam für den Dienst der blauen Jungen warben. So berichtete ein Teilnehmer begeistert von den Abenteuern einer «Großwasserfahrt 1940». 320 westfälische Marine-Hitlerjungen versammelten sich mit ihren Kuttern in Passau. Vizeadmiral von Trotha, Ehrenführer der Marine-HJ, verabschiedete die Jungen am Passauer «Dreiflüsseeck», indem er sie aufforderte, sich freudig für den «deutschen Seegeltungsgedanken» einzusetzen.

Die Jungen waren dann vier Wochen auf der Donau unterwegs. Den Kuttern folgte eine Modellbauflotte. Diese den Originalen maßstabgenau nachgebauten Schiffsmodelle bewegten sich mit eigener Motorkraft vorwärts. Die Flotte der in Kiellinie fahrenden Kutter und Modellschiffe war mehrere Kilometer lang. Zehn kundige Donaulotsen fuhren mit. Stromab kamen die Jungen täglich 40 bis 60 Kilometer vorwärts, doch lagen regelmäßige Ruhetage fest. Als die Donau Hochwasser führte, erreichten die Kutter zeitweilig eine Geschwindigkeit von 15 km/st.
Bei Preßburg überfuhren die Schiffe die ungarische Grenze. Die Jungen gingen auf dem Truppenübungsplatz Kisbodak an Land, wo ungarische Pioniere den deutschen Gästen eine 130 Meter lange Pontonbrücke vorbauten. Admiral von Trotha stieg vor Budapest wieder zu und führte die Jungen in Ungarns Hauptstadt. An der Technischen Hochschule paradierten sie vor ihrem Admiral und dem ungarischen General Sonyi. Nach zwei schönen Ruhetagen am Plattensee, in dem viel gebadet wurde, fuhren die Jungen nach Hause zurück. Freudig hatten sie sich dem Erlebnis der «Großfahrt» geöffnet, ohne zu wissen, daß sie an einer sehr gezielten politischen Demonstration teilnahmen: Wenig später wurde Ungarn durch starken deutschen Druck zur Teilnahme am Weltkrieg gezwungen.
Der Krieg trieb die Entwicklung der Sondereinheiten mächtig voran. Da der Freiwillige im allgemeinen ein besserer Soldat ist als der Wehrpflichtige, lag allen Truppenteilen daran, schon in Schule und Hitlerjugend ihren Nachwuchs zu gewinnen. Es kam vor, daß HJ-Führer dabei starken Druck auf die Jungen ausübten, besonders in den letzten Kriegsjahren, als durch unbedachtes Draufgängertum rasch ausgeblutete SS-Divisionen aufgefüllt werden mußten.

Der Reichsberufswettkampf

Autos, Motorräder, Flugzeuge, Funkgeräte und Boote lockten mehrere hunderttausend technisch interessierte Jungen in die Sonderformationen der HJ. Viele kamen auch, weil dort stupides Marschieren und weltanschauliche Schulung lauer betrieben wurden. Denn auch die Führer waren technische Spezialisten, denen die Unterweisung an Maschinen und Geräten wichtiger war als das Schulungsbriefgerede. Viele Jugendliche aber begrüßten in diesem Dienst die Möglichkeit, sich zusätzliche Kenntnisse für den Beruf zu erwerben.
Denn der Beruf steht in den Lehrjahren des Jugendalters natürlich im Mittelpunkt. Für die meisten werden hier schon die Weichen gestellt, die dann den ganzen Lebensweg bestimmen. Die HJ hatte deshalb Lehrmei-

ster und Betriebsführer in den Dienst ihrer Werbung gestellt; aber sie nutzte auch Eifer und Ehrgeiz der berufstätigen Jugend unmittelbar für sich aus.

Obergebietsführer Arthur Axmann, Sohn einer Arbeiterfamilie aus Hagen, war 1933 erst zwanzig Jahre alt, als er das Soziale Amt der Reichsjugendführung übernahm. Dieses Amt nahm bald starken Einfluß auf Jugendrecht und Berufsleben der Jugend.

Der Weimarer Republik hatten die HJ-Theoretiker vorgeworfen, daß ihre Jugendfürsorge einseitig nur den Schwachen und «Minderwertigen» gegolten habe. Die nationalsozialistische Weltanschauung predigte einseitig das Lebensrecht der Starken und Gesunden: «Soziale Arbeit der Jugend heißt nicht mehr in erster Linie Betreuung und Pflege der Kranken, Asozialen und nicht Lebensfähigen. Vielmehr gilt als Grundsatz dieser Arbeit: Gesunderhaltung des Gesunden, Leistungssteigerung des Leistungsfähigen» (Kaufmann).

Es machte diesen Kraftideologen nichts aus, daß eine humane Gesellschaft gleichzeitig den Schwachen helfen und die Starken fördern muß und daß die Starken zum Schutz der Schwachen moralisch verpflichtet sind. Das angeblich musterhafte Verhältnis des Deutschen zur Arbeit begründete man mit der Rassenlehre: «... und gerade hier erlebt die Jugend im Nationalsozialismus die Wiedergeburt jener nordisch bestimmten Auffassung, in der Arbeit als Höchstwert gesunden Lebens gilt» (Dietze).

Deshalb hieß es «Arbeit adelt!», und der Reichsberufswettkampf der deutschen Jugend sollte im «Olympia der Arbeit» eine «Rangordnung der Tüchtigen» schaffen. Denn in diesem Wettkampf gipfelten die berufsfördernden Bemühungen des Sozialen Amtes. Schirach verkündete ihn mit Pathos: «Das Symbol der Bünde war die Fahrt, das Symbol der HJ ist der Reichsberufswettkampf.» Die Jugend sollte ihn feiern als «große sozialistische Demonstration für die Ehre der Arbeit und für die deutsche Arbeiterschaft».

Am ersten Wettkampf 1934 nahmen 500000 Jugendliche teil; fünf Jahre später wetteiferten 4 Millionen um den Reichssieger 1939. Nur die Schüler blieben außerhalb; alle Lehrberufe und auch die Studenten kämpften mit. In Axmanns Sozialamt organisierte eine «selbständige Dienststelle Berufswettkampf aller schaffenden Deutschen» den Wettkampf, der später auch auf ältere Teilnehmer außerhalb des HJ-Alters ausgedehnt wurde. In Vorbereitung und Organisation teilten sich RJF und die berufsständischen Parteiorganisationen: Deutsche Arbeitsfront, Reichsnährstand und NS-Studentenbund. Bei der HJ lagen «ideelle Werbung» und allgemeine Organisation; die Fachprüfungen waren Sache der Berufsverbände. Auch für diesen Wettkampf war eine umfassende Aufgabenstellung im Sinne der NS-Erziehung typisch. Die Prüflinge hatten theoretische und praktische Kenntnisse im Beruf nachzuweisen, aber auch sportliche Übungen zu leisten und Fragen zur «weltanschaulichen Schulung» zu beantworten.

Alljährlich im November begannen die Vorbereitungen für den Wettkampf im kommenden Frühjahr. Flugblätter unterrichteten die Jugendlichen in den HJ-Einheiten, in Betrieben und Berufsschulen. Plakate in Schulen, Hochschulen, Dienststellen und Fabriken riefen zur Teilnahme auf. Wettkämpfer und Kampfrichter trafen sich auf Schulungstagungen im Januar. Den örtlichen Wettkampfleitungen wurden jetzt die Aufgaben zugestellt. Der Wettkampf begann mit Vorentscheidungen und setzte sich über Zwischenkämpfe fort, bis die Reichssieger ermittelt waren. An zwei Februartagen fanden die örtlichen Wettbewerbe statt. Die dort ermittelten Kreissieger nahmen im März am Gauwettkampf teil, und die Gausieger traten im April zum Reichskampf an einem zentralen Ort an, 1938 z. B. in Hamburg. Am 1. Mai empfing Adolf Hitler die Reichssieger in der Reichskanzlei.

Solche Berufsförderung durch Partei und Staat wirkte sich auch auf unpolitische, nur beruflich interessierte junge Menschen zuletzt politisch aus. Der Händedruck des «Führers und Reichskanzlers» verpflichtete auch den unpolitischen Reichssieger. Der Berufswettkampf trug also zur Leistungssteigerung bei und war ein Gewinn für die Wirtschaft. Zum anderen aber politisierte er die Berufsausbildung. Auch wer nur an seine berufliche Laufbahn denken wollte, kam dabei um die HJ nicht herum. Zugleich war der Reichsberufswettkampf die größte Demonstration des für die HJ so typischen Aktionsstils, der allem Dienst einen oft hektischen Wettkampfcharakter gab. Das schloß schöpferische Muße fast ganz aus und ermüdete eine anfangs bis zur Begeisterung willige Jugend in «pausenlosen Einsätzen».

Der Landdienst

Im Sommer 1924 entließ ein Gutsbesitzer in Limbach (Sachsen) seine polnischen Wanderarbeiter. An ihre Stelle trat eine Gruppe deutscher Jungen und Mädchen, die sich «Bund der Artamanen» nannte. Ihr Führer, ein Auslandsdeutscher aus Siebenbürgen, hatte in einem Freikorps gekämpft, war früh zu Hitler gestoßen und hatte sich am Putschversuch der Nationalsozialisten in München beteiligt. Ziel der Artamanen war es, der Landarbeit wieder Achtung zu geben, die Landflucht zu bekämpfen, das deutsche Volkstum in den Ostprovinzen zu befestigen und überhaupt

das deutsche Volk aus «Blut und Boden» zu erneuern im Kampf gegen die zersetzenden Mächte der modernen Großstadt.
Die jungen Artamanen wollten siedeln, sie wollten eigene Höfe, und da es in Deutschland keinen Raum für sie gab, richteten sich ihre Blicke begehrlich nach Osten. Im schwach besiedelten und nur von «minderwertigen Slawen» bewohnten Ostraum jenseits der Weichsel wollten die Artamanen als deutsche Kulturträger kolonisieren: «Das große germanische Reich, das ein Bauernreich sein wird, steht greifbar vor uns.»
Es ist heute leicht, über die Artamanen und ihre absurden Pläne zu lachen. Sie gehörten zu den skurrilen lebensreformerischen Seitentrieben der deutschen Jugendbewegung, die an wunderlichen Erscheinungen nicht arm war. Aber wie gefährlich diese Leute waren, bei denen sich harmlose Antialkoholiker, Nichtraucher und Apostel des Landlebens mit harten Schlägern aus Freikorps und völkischen Wehrverbänden zusammenfanden, zeigt die Tatsache, daß Heinrich Himmler einmal Gauführer der Artamanen in Bayern gewesen war und Rudolf Höß bis zu seinem Eintritt in die SS-Wachmannschaft des Konzentrationslagers Dachau mit Hilfe der Artamanen siedeln wollte. Der Chef der Terrorpolizei und der Kommandant des Vernichtungslagers Auschwitz waren also Artamanen gewesen, und tatsächlich übernahm dann die SS ihre Wehrbauern-Träume und die Vision eines germanischen Kolonialreichs in Osteuropa aus dieser Quelle.
Die Artamanen selber aber waren 1934 nicht zur SS, sondern zur HJ übergetreten. Ihre Aufgaben übernahm der ebenfalls durch Arthur Axmann im Sozialen Amt der RJF aufgebaute «Landdienst der HJ». Eine andere Herkunftslinie läuft von den Artamanen und anderen freiwilligen Arbeitsdienstgruppen der Jugendbewegung zur Arbeitsdienstpflicht des Dritten Reiches.
Aber im Gegensatz zum ländlichen Arbeitsdienst der Jugend in den zwanziger Jahren kam es dem HJ-Landdienst nach 1933 nicht mehr darauf an, arbeitslose Jugend in der Landarbeit unterzubringen. Der HJ-Landdienst stellte sich vielmehr die Aufgabe, «junge Menschen mit dem bäuerlichen Lebenskreis zu verbinden».
In einer Vereinbarung zwischen Reichsjugendführung und Reichsnährstand, der NS-Bauernorganisation, hieß es am 8. Januar 1940: «Der Landdienst ist eine politische Aufgabe des Nationalsozialismus. Er hat die Aufgabe, Jungen und Mädel aus der Stadt wieder dem Lande zuzuführen, den Nachwuchs für die verschiedenen landwirtschaftlichen Berufe sicherzustellen und den besten aus ihnen den Weg zur Siedlung zu ermöglichen ... Die HJ ist alleinige Trägerin des Landdienstes. Sie hat die politische und

weltanschauliche Erziehung. Aufgabe des Reichsnährstandes ist es, im Bauerntum Verständnis und Aufgeschlossenheit im vollsten Maße zu erreichen, die wirtschaftliche und soziale Betreuung und die berufliche Förderung zu übernehmen.»
1934 entstanden die ersten 45 Landdienstgruppen, denen 500 Jungen angehörten. Im September 1939 standen 11752 Jungen und 14264 Mädchen im Landdienst. 1943 wurde er auf 38522 Jugendliche verstärkt. Anfangs kritisierten die Bauern, daß die großen Güter Landdienstgruppen bekamen und dadurch mit ihrem Arbeitermangel besser fertig wurden. Die HJ verteidigte sich mit dem Hinweis, die Landdienstgruppen sollten nicht nur den Bauern helfen, sondern ihre Freiwilligen auch im nationalsozialistischen Gemeinschaftsleben erziehen. Auf den Gütern aber waren größere Gruppen besser unterzubringen und einzusetzen. Von der Landdienstjugend blieben nach Angaben der RJF etwa 20 Prozent in landwirtschaftlichen Berufen. Von 880 Gruppenführern waren 1937 noch 14 Prozent Arbeitslose oder Ungelernte, und nur 29 Prozent kamen aus der Landwirtschaft. Die Jungen und Mädchen im Landdienst waren durchschnittlich 16 Jahre alt.
Vom HJ-Landdienst zu unterscheiden ist der normale «Ernteeinsatz», den die HJ organisierte, um mitzuhelfen in der alljährlichen «Erzeugungsschlacht». Die jungen Erntehelfer standen hier im Dienste des «Vierjahresplans», der das Deutsche Reich wirtschaftlich möglichst autark, also vom Ausland unabhängig machen sollte. Das galt besonders für die Ernährung. Der Ernteeinsatz gehörte im Kriege zu den wichtigsten Aufgaben der HJ-Kriegshilfe.
Auch darf der Landdienst nicht mit dem «Landjahr» verwechselt werden. Das war eine 1934 durch Gesetz geschaffene pädagogische Einrichtung unter Aufsicht des Reichsministers für Wissenschaft, Erziehung und Volksbildung. Die Schulen betreuten also das Landjahr. Besonders ausgesuchte Volksschüler durften nach acht Schuljahren noch ein 9. Jahr im Landjahr verbringen. Die Jungen arbeiteten bei den Bauern im Hof und auf den Feldern; die Mädchen halfen im Haushalt oder betreuten die Dorfkindergärten. Die Landjahr-Jugend wohnte in festen Heimen, wo sie sportlich ertüchtigt, im Geländedienst ausgebildet und weltanschaulich geschult wurde. Das Landjahr war also eine der vielen Einrichtungen nationalsozialistischer Gemeinschaftserziehung.
Landjahrführer war ein hauptamtlicher Erzieherberuf. Wer sich in ihm bewährte, konnte nach zwei Dienstjahren «Schulamtsbewerber» und bei Eignung auch Lehrer werden. Das Landjahr der staatlichen Schule und der Landdienst der Parteijugend sind typische Beispiele für die Ver-

schwendung von Menschen und Gütern durch Parallelaktionen konkurrierender Behörden und Funktionäre. Aber diese Befehlsaufsplitterung festigte die Stellung des im Streit der Untergebenen zuletzt allein und selbstherrlich entscheidenden Führers.

Sport und Wehrsport

«Gelobt sei, was hart macht!»

August Kubizek, der mit Hitler zeitweilig in Wien zusammen gelebt hatte, berichtet über den «Jugendfreund», Hitler habe für Sport nichts übrig gehabt und habe nicht einmal radfahren gelernt. Reichspressechef Dr. Otto Dietrich, der zwölf Jahre lang zu Hitlers engstem Gefolge gehört hatte, berichtet: «Hitlers Natur war innerlich dem Sport völlig fremd. Für sportliche Höchstleistungen hatte er wenig Verständnis. Er sah Sonja Henie und Maxi Herber gern auf dem Eis, aber sonst galt sein sportliches Interesse nur der nationalen Ertüchtigung auf breiter Basis...

Als er während der Olympiade (1936) dem Fußballwettkampf der deutschen Nationalmannschaft mit der Mannschaft eines anderen Landes beiwohnte, weil man ihm den Sieg der deutschen Elf voraussagte, war er erbost, als sie verlor, und machte denen, die ihn zur Teilnahme aufgefordert hatten, Vorwürfe, daß sie ihn zum Zeugen einer deutschen Niederlage gemacht hatten. In seiner nationalistischen Enge fehlte ihm jeder Sinn für sportliche Fairneß.»

Im Gegensatz zu dem faschistischen Diktator Mussolini, der sich gern als vitalen Sportsmann feiern ließ, mißtraute Hitler dem eigenen Körper. Seinen tief verwurzelten Minderwertigkeitsgefühlen war es unerträglich, irgendwo unvollkommen zu sein. Als er eine Brille brauchte, durften Photos, die diesen «Fehler» verrieten, nicht veröffentlicht werden.

Dieses Bild eines kränklichen, vegetarischen und alle Genußmittel ängstlich meidenden Schwächlings, der seine Körperkräfte in glühendem Ehrgeiz früh verbrauchte, steht im krassen Gegensatz zum nationalsozialistischen Erziehungsideal einer kraftvoll-kämpferischen Männlichkeit.

Wenn ausländische Karikaturisten die Repräsentanten des NS-Staates aufspießten, bevorzugten sie Profilansichten aufgeschwemmter Bierbäuche, um die sich die breiten Lederkoppel spannten, als werde nur durch sie der Fleischberg noch zusammengehalten. Figuren wie Göring, Ley, Streicher und viele Funktionäre entsprachen ja auch diesem Erscheinungsbild. Auch der Reichsjugendführer Baldur von Schirach konnte nicht verhindern, daß er schon in jungen Jahren Fett ansetzte.

Nun ist keinem Menschen aus seiner leiblichen Veranlagung ein Vorwurf zu machen. Es ist jedem überlassen, ob er sich körperlich kräftigt oder früh verbraucht, ob er abgehärtet oder verweichlicht ist. Aber Hitler und seine Funktionäre forderten den Vergleich heraus zwischen dem, was sie selbst verkörperten, und dem, was ihre Ideologie als Ideal forderte. Schon in «Mein Kampf» hatte Hitler geschrieben: «Der völkische Staat hat seine gesamte Erziehungsarbeit in erster Linie nicht auf das Einpumpen bloßen Wissens einzustellen, sondern auf das Heranzüchten kerngesunder Körper. Erst in zweiter Linie kommt dann die Ausbildung geistiger Fähigkeiten und erst als letztes die wissenschaftliche Schulung.»

Diese entlarvende Rangordnung war weltanschaulich begründet. Da die Nationalsozialisten biologische Einsichten Darwins und seiner Schule aus der Tier- und Pflanzenwelt kritiklos und vergröbernd auf den Menschen übertrugen, galt ihnen Leben als «Kampf ums Dasein». Dabei setzt sich der Starke auf Kosten des Schwächeren durch. In der Politik hieß das: Nur gesunde, starke und kämpferische Völker überleben und führen, die anderen müssen untergehen oder dienen.

So begannen Hitlers Pädagogen 1933 planmäßig mit dem «Heranzüchten kerngesunder Körper» für den Lebenskampf des deutschen Volkes. Professor Ernst Krieck lehrte: «Wir glauben, daß auch der Geist der rassischen Vorherrschaft unterworfen ist. Rasse ist alles, Rasse ist Schicksal.» Für ihn war deshalb «Rassenzucht, Rassenpflege, Rassenauslese, Rassenhygiene der natürliche Boden des Aufstiegs» für Deutschland, und er war davon überzeugt: «Germanentum steigt im neuen Deutschtum auf zu seiner großen Mission an der Menschheit.»

Das war nur im Kampf zu erreichen, im Kampf zu bewahren, und Hitler rief der versammelten Jugend beim Reichsparteitag 1936 zu: «Um uns ist heute eine bewegte Zeit. Aber wir klagen nicht. Zu kämpfen sind wir gewohnt, denn aus dem Kampf sind wir gekommen. Wir wollen die Füße fest in unsere Erde stemmen, und wir werden keinem Ansturm erliegen.»

Ein Jahr vorher hatte er gefordert, was dann immer wiederholt und als deutsches Jungenideal verkündet wurde: «In unseren Augen, da muß der deutsche Junge schlank und rank sein, flink wie Windhunde, zäh wie Leder und hart wie Kruppstahl.» Deshalb sollten die Deutschen «ein Volk in Leibesübungen» werden, und die Jugend sollte damit beginnen.

Baldur von Schirach proklamierte 1935 das «Jahr der Ertüchtigung». Zwar waren die Nationalsozialisten erst drei Jahre an der Macht, doch Hitler glaubte schon 1936 die Ergebnisse seiner Jugenderziehung zu sehen: «Wie schön sind unsere Mädchen und unsere Knaben, wie leuchtend ist ihr Blick, wie gesund und frisch ihre Haltung, wie herrlich sind die Körper der Hunderttausende und Millionen, die durch unsere Organisationen geschult und gepflegt werden! Wo gibt es heute bessere Männer, als sie hier zu sehen sind? Es ist wirklich die Wiedergeburt einer Nation, eingetreten durch die bewußte Züchtung eines neuen Menschen!»
«Gelobt sei, was hart macht!» stand als Parole über dem Sportdienst der HJ. Aber als die Organisation nach 1933 sprunghaft anschwoll, hatten leichtfertige und unerfahrene Führer die Jugend oft und heftig überfordert. Eltern, Ärzte und Lehrer kritisierten diesen Raubbau an der Jugend unumwunden. Besonders die Ärzte mahnten, Schäden im Entwicklungsalter könnten unabsehbare Folgen haben. Deshalb bemühte sich die Reichsjugendführung um den planmäßigen Aufbau eines Gesundheitsdienstes, und scharfe Befehle untersagten den Führern übertrieben harten Dienst. Zahlreiche Sportschulen entstanden, um in den Gebieten und Obergauen Führer und Sportwarte so auszubilden, daß sie die körperlichen Kräfte ihrer Jungen und Mädchen richtig einschätzen lernten.

Feldschere und Gesundheitsmädel

Ein «Gesundheitserlaß» der RJF verbot 1936 bis in Einzelheiten alles, was den Jugendlichen schaden könnte. Für 1939 verkündete Schirach das «Jahr der Gesundheitspflicht»: Der «Reichsarzt der HJ» erließ zehn Gebote zur Gesundheitsführung:

1. Dein Körper gehört deiner Nation, denn ihr verdankst du dein Dasein, du bist ihr für deinen Körper verantwortlich.
2. Du mußt dich stets sauber halten und deinen Körper pflegen und üben. Licht, Luft und Wasser helfen dir dabei.
3. Pflege deine Zähne. Auf ein kräftiges, gesundes Gebiß kannst du stolz sein.
4. Iß reichlich rohes Obst, rohe Salate und Gemüse, nachdem du sie gründlich mit sauberem Wasser gereinigt hast. Im Obst sind wertvolle Nährstoffe enthalten, die beim Kochen verlorengehen.
5. Trinke flüssiges Obst! Laß den Kaffee den Kaffeetanten. Du hast ihn nicht nötig.
6. Meide Alkohol und Nikotin. Sie sind Gifte und hemmen dein Wachstum und deine Arbeitskraft.

7. Treibe Leibesübungen. Sie machen dich gesund und widerstandsfähig.
8. Du mußt jede Nacht mindestens neun Stunden schlafen.
9. Übe dich in der Ersten Hilfe bei Unglücksfällen. Du kannst dadurch der Lebensretter deiner Kameraden werden.
10. Über all deinem Handeln steht das Wort: Du hast die Pflicht, gesund zu sein!

Alle einsichtigen Erzieher werden diesen Empfehlungen zustimmen, sie aber anders begründen. Gesundheit war für den Nationalsozialisten nicht Voraussetzung persönlichen Lebensglücks durch eine sich selbst und den Mitmenschen verantwortliche Haltung, sondern Gesundheit war politisches Gebot: «Dein Körper gehört deiner Nation...».

Dem «Reichsarzt der HJ» unterstanden 1939 in ganz Deutschland 36 Gesundheitsabteilungen der Gebiete und 608 Gesundheitsstellen der Banne. 4000 Jugendärzte und Ärztinnen, 800 Zahnärzte und 500 Apotheker arbeiteten im Auftrage der HJ. Sie bildeten 40000 Feldschere und 35000 Gesundheitsmädel aus.

Alljährlich begann im Frühjahr die ärztliche Betreuung der HJ-Pflichtigen durch die «Musterung» der zehnjährigen Pimpfe und Jungmädel. Für die Untersuchung von mehr als einer Million Jugendlichen verpflichtete die HJ im Jahre zusätzlich 30000 Ärzte in Zusammenarbeit mit dem «Amt für Volksgesundheit». Jeder Jugendliche erhielt einen Gesundheitspaß; die Banne legten Gesundheitskarteien an, was die Ärzte freilich in Berufskonflikte brachte: Hatten HJ-Führer ein Recht, über Patienten Unterlagen anzufordern und in ihren Akten zu verwalten?

Die Ärzte bildeten eigene Helfer aus. Feldschere mußten aber mindestens 13 Jahre alt sein, Gesundheitsmädel 14. Studenten der Medizin, der Zahnheilkunde und Pharmazie, aber auch junge Drogisten und Krankenpfleger in der Ausbildung eigneten sich gut für den Feldscherdienst. Als HJ-Ärzte sollten vor allem junge Mediziner gewonnen werden, die schon aus der HJ hervorgegangen waren.

Alle siebzehnjährigen BDM-Mädchen hatten zwölf Doppelstunden Gesundheitsdienst. Aber nur die Besten traten nach einem Wiederholungskurs in die «Gesundheitsdienstschar» ein, wo sie das weiße Kopftuch und die «Lebensrune» an der weißen Schürze tragen durften und den «Gesundheitsdienstausweis» erhielten.

Selbstverständlich hatte die deutsche Jugend schon vor 1933 in den vielen Bünden und Gruppen der Jugendbewegung, vor allem aber in den Sportvereinen aus freiem Willen Leibesübungen betrieben. Aber das entsprach nicht dem Willen der HJ, die Jugend zu erfassen und in allen Formen jugendlichen Lebens gleichzuschalten. Da Sport und sportlicher Wettkampf für Jugendliche nicht nur gesund und notwendig sind, sondern die meisten auch ehrlich begeistern, waren gute Sportveranstaltungen auch sehr werbewirksam. Die RJF war deshalb früh bemüht, den deutschen Jugendsport unter ihre Kontrolle zu bringen.

Dabei gab es zunächst erhebliche Schwierigkeiten. Die HJ hatte weder erfahrene Führer noch Sportlehrer, die solche Führer ausbilden konnten. In Eile lernte man auf rasch eingerichteten Führerschulen Jungen und Mädchen als Sportwarte und Sportwartinnen an, die dann die Einheitsführer weiter unterweisen sollten. Aber auch im Dienstplan aller allgemeinen, nicht nur der Sportausbildung geltenden Führerschulen standen die Leibesübungen im Mittelpunkt. Schirach errechnete 1934 für einen Normallehrgang 143 Ausbildungsstunden nach folgendem Schema:

38 Stunden: weltanschauliche Schulung
27 Stunden: Leibesübungen
51 Stunden: Geländesport
27 Stunden: Sonstiges (u. a. Erste Hilfe, Kleinkaliberschießen)

Abgesehen von 38 Schulungsstunden und einigem allgemeinen Dienst, gehörte die Masse des Dienstes dem Sport, Geländesport, Gesundheitsdienst und Schießen. Das entsprach dem immer wieder ideologisch begründeten Vorrang der Körpererziehung.

Je mehr ausgebildete Sportlehrer die RJF nachweisen konnte, desto begründeter war ihr Anspruch, allen Jugendsport zu lenken. Mit der Auflösung der bündischen Jugend, der politischen, kirchlichen und beruflichen Jugendverbände entfielen deren sportliche Möglichkeiten. Übungsplätze und Geräte übernahm die HJ. Als die evangelische Jugend zur HJ übertreten mußte, blieb die Kirche auf rein seelsorgerische Jugendbetreuung beschränkt.

Neue Lehrplanrichtlinien verstärkten zwar den Schulsport erheblich, doch die RJF verstand es, ihm manchen Anreiz zu nehmen. So hatte man schon in der Weimarer Republik alljährlich die deutschen Jugendspiele in den Schulen durchgeführt. Nach einem Punktsystem wetteiferten Jungen und Mädchen im Dreikampf (Laufen, Springen, Werfen). Die Sieger erhielten vom Reichspräsidenten unterzeichnete Urkunden.

Dieser die Jugend begeisternde Wettkampf wurde den Schulen entzogen und von der HJ als «Deutsches Jugendfest» organisiert. Am 22. und 23. Juni 1935 stellte sich die deutsche Jugend dem sportlichen Dreikampf. Der Sonnabend war Pimpfen und Jungmädeln vorbehalten, am Sonntag kämpften die älteren Jahrgänge der HJ und des BDM. Wer nicht zur HJ gehörte, mußte in seiner Schule antreten. Reichsjugendführer und Reichssportführer, beide stets eifersüchtig auf ihre Befugnisse bedacht, waren gemeinsam verantwortlich. Der Verkauf eines Festabzeichens deckte die Unkosten. Da man sich in diesem total uniformierten Staat gern mit Orden schmückte, ersetzte die RJF die Siegerurkunden durch Siegernadeln, die ein Jahr lang zur Uniform getragen werden konnten, zum ersten Male 1936. Das Jugendfest war anfangs noch mit Kundgebungen, Sonnenwendfeiern und Appellen verbunden.

Der Schulsport hatte sich auf reinen Unterricht zu beschränken. Was mit Lied, Feuerzauber und Wettkampfeifer ans Gemüt rührte und jugendliche Begeisterung weckte, blieb aus den Schulen verbannt und der HJ vorbehalten. Wie wenig diese noch Sonderbestrebungen duldete, zeigte die Zulassung der einheitlichen HJ-Turnkleidung (schwarze Hose, weißes Hemd mit HJ-Raute) in allen Schulen. Zwangsläufig gingen sparsame Eltern auch hier den praktischen Weg: für den HJ-Dienst war nur die HJ-Turnkleidung vorgeschrieben, in der Schule war sie auch erlaubt, also kaufte man diese, und die Turntracht der Schulen verschwand ganz von selbst, zumal es dort kaum noch Sportfeste und Wettkämpfe gab, bei denen die traditionellen Schulfarben- und Abzeichen gezeigt werden konnten.

Besonders schwierig war es, die Jugend den beliebten und einflußreichen Sportvereinen zu entziehen. Diese waren inzwischen im «Reichsbund für Leibesübungen» unter dem «Reichssportführer» von Tschammer und Osten gleichgeschaltet worden, und es durfte also nicht eine NS-Organisation der anderen die Mitglieder abspenstig machen. Deshalb untersagte auch der Reichsminister des Innern am 27. Oktober 1933, daß in den Schulen die Sportjugend zugunsten «bestimmter Jugendverbände» beeinflußt werde; das ging gegen die HJ. Damals unterstanden nämlich Reichssportführer und Reichsjugendführer noch dem Innenministerium, und der Minister mußte hier zwischen seinen eigenen Dienststellen schlichten.

Ein Jahr später hatte Schirach gesiegt. Die deutsche Sportjugend mußte am 30. November 1934 in die HJ übertreten. Jeder Jugendliche, der einem Sportverein beitrat, mußte HJ-Mitglied sein. Am 28. Juli 1936 vereinbarten Reichssportführer und Reichsjugendführer, daß Hitlerjungen im Deutschen Reichsbund für Leibesübungen nur trainieren dürfen, wenn sie bis zum 16. Lebensjahr das HJ-Leistungsabzeichen erwarben. Für dieses Abzeichen aber werden sportliche Aufgaben, Übungen im Geländesport und Antworten auf weltanschauliche Fragen gefordert. Den Vereinen war jede sportliche Unterweisung von Jugendlichen im Jungvolkalter (bis 14 Jahre) untersagt. Dafür dürfen «Jugendwarte» des Reichsbundes den HJ-Sportdienst beraten und überwachen, doch müssen sie aus der HJ hervorgegangen sein. Einige Monate später übertrug das HJ-Gesetz vom 1. Dezember 1936 dem Reichssportführer die sportliche Ertüchtigung der deutschen Jugend. Die Reichsjugendführung hatte damit die Fachleute aus den Vereinen für sich gewonnen, und man sollte nun nicht länger den unzulänglichen «Sportdienst» der HJ-Führer beanstanden dürfen. Der Reichssportführer versprach eine bessere Ausbildung durch seine fachkundigen «Übungswarte», im übrigen ermahnte er die Eltern über den Rundfunk: «Schaut nicht auf Beulen und Flecken, schaut in die Augen eurer Kinder, wie daraus die blanke Freude und kernige Gesundheit widerstrahlen...»

Die HJ und ihre Gliederungen entwickelten einen eigenen Sportstil, der wiederum ideologisch und politisch begründet war. Da man Kraft, Härte und Kämpfertum verherrlichte, bot sich der sportliche Wettkampf zur Erprobung des geforderten Männertyps an. Harte, kämpferische Sportarten wurden bevorzugt. Ein Erlaß erhob das Boxen zum Pflichtfach im Sportunterricht der oberen Schulklassen.

Über den Faustkampf hatte sich Hitler schon in «Mein Kampf» begeistert geäußert: «Es gibt keinen Sport, der wie dieser den Angriffsgeist in gleichem Maße fördert, blitzschnelle Entschlußkraft verlangt, den Körper zu stählerner Geschmeidigkeit erzieht. Es ist nicht roher, wenn zwei junge Menschen eine Meinungsverschiedenheit mit den Fäusten ausfechten, als mit einem geschliffenen Stück Eisen. Es ist auch nicht unedler, wenn ein Angegriffener sich seines Angreifers mit der Faust erwehrt, anstatt davonzulaufen und nach einem Schutzmann zu schreien. Vor allem aber der junge, gesunde Knabe soll auch Schläge ertragen lernen. Das mag in den Augen unserer heutigen Geisteskämpfer natürlich als wild erscheinen. Doch hat der völkische Staat eben nicht die Aufgabe, eine Kolonie friedlicher Ästheten und körperlicher Degeneraten aufzuzüchten. Nicht im ehrbaren Spießbürger oder der tugendsamen alten Jungfer sieht er sein Menschheitsideal, sondern in der trotzigen Bewährung männlicher Kraft und in Weibern, die wieder Männer zur Welt zu bringen vermögen.»

Das Verhältnis der HJ zum Leistungssport blieb zwiespältig. Es kam weniger auf den Leistungssportler mit Spitzenergebnissen an, sondern man wünschte durchschnittlich tüchtige Jungen und Mädchen, die sich im Sport und im Geländesport möglichst vielseitig bewährten. Der Leistungssportler galt dagegen als Individualist, da er zwangsläufig seinem harten Training und damit außerhalb der normalen Marschierer leben mußte.

Andererseits hoben überragende Leistungssportler das deutsche Ansehen. Aber es genügte nicht, für Deutschland zu kämpfen. Man mußte siegen! Als Max Schmeling am 21. Juni 1936 in New York den «braunen Bomber» Joe Louis k. o. schlug, schickte Hitler der Frau des Boxers Blumen und Glückwunsch: «Zu dem wunderbaren Sieg Ihres Mannes, unseres größten deutschen Boxkämpfers, muß ich Ihnen aus ganzem Herzen gratulieren.» Schmelings Niederlage im Revanchekampf galt als nationales Unglück. Obwohl also die Diktatur auf erfolgreiche Leistungssportler aus Gründen des nationalen Prestiges nicht verzichten konnte, wollte die HJ vor allem sportliche «Breitenarbeit» leisten. «Gesunde Jugend, gesundes Volk!» hieß das Ziel. Um Leistungsmaßstäbe zu schaffen und den Ehrgeiz der Jungen und Mädchen zu beflügeln, wurden am 1. Juni 1934 die HJ- und BDM-Leistungsabzeichen gestiftet, denen am 3. Oktober 1935 entsprechende Abzeichen für das Jungvolkalter folgten. Die jungen Wettkämpfer sollten in einem vielseitigen Übungssystem durchschnittliche Mindestleistungen erreichen, z. B. für das HJ-Leistungsabzeichen in Silber (ab 16 Jahre) forderte man:

100-Meter-Lauf	14 Sekunden
3000-Meter-Lauf	14 Minuten
Weitsprung	4,25 Meter
Keulenweitwerfen	35 Meter
Kugelstoßen (5 Kilogramm)	7,50 Meter
Klimmziehen	viermal
Schwimmen (300 Meter)	10 Minuten

Zu den rein sportlichen Aufgaben traten Marschübungen, Schießen, Geländedienst und «weltanschauliche Schulung». Es dauerte lange und war bei so verschiedenartigen Übungen schwierig, alle Bedingungen zu erfüllen. Dennoch wurden 1934 bis 1943 viele Leistungsabzeichen verliehen:

HJ-Leistungsabzeichen

a) Bronze: 103061

b) Silber: 217093

DJ-Leistungsabzeichen: 152600

BDM-Leistungsabzeichen (Bronze): 115521

JM-Leistungsabzeichen: 58734

Führersportabzeichen: 11063

HJ-Schießabzeichen: 273545

DJ-Schießabzeichen: 580872
HJ-Scharfschützenabzeichen: 31904
HJ-Meisterschützenabzeichen: 852
Der Wettkampf war Dienstprinzip der HJ. Auch der Sportkampf wurde erweitert zur politischen Demonstration. In einem HJ-Bericht über den ersten «Reichssporttag des BDM» am 23. September 1934 heißt es: «In 75 Städten des Reiches hat der BDM in einer Veranstaltung, deren Programm zentral festgesetzt war, von einer im ganzen Reich völlig einheitlichen Ausbildung Zeugnis abgelegt. Es ist bei solchen Veranstaltungen in erster Linie wichtig, daß die große Masse der Teilnehmer den einheitlichen Willen spürt, der in allen Gegenden des Reiches zu einer bestimmten Stunde Gestalt wird.»
Sport sollte hier demonstrieren, daß auf ein Kommando der Zentrale überall und gleichzeitig die Massen in Bewegung geraten und einen «einheitlichen Willen» spüren. Bei allen Sportfesten der HJ ging es zunächst nicht um die sportliche Leistung, sondern um die energische Kundgabe von Macht, Stärke, Einheit und kollektiver Begeisterung. So rief Hitler 1937 zum «Reichssportwettkampf der HJ» auf:
«Es ist mein Wille, daß die gesamte deutsche Jugend sich einmal im Jahr einer großen sportlichen Leistungsprüfung unterzieht und mit dieser vor der ganzen Nation Zeugnis ablegt von der Kraft und Unbesiegbarkeit des Volkstums.»
Wie der Wettkampfstil vom Sport auf alle Dienstbereiche übergriff, verdeutlicht das «Rahmenprogramm» für einen Jungbannwettkampf der Lübecker Pimpfe vom Jungbann 1/162 im Juli 1935:

1. Arbeit des Stammes während des ganzen Jahres (Disziplin, Dienstbeteiligung, Organisation)
2. Ausgestaltung der Heime
3. Schwimmen (Zahl der Freischwimmer)
4. Sportliche Kämpfe (Dreikampf: 60-m-Lauf, Weitsprung, Schlagballweitwurf)
5. Kampfball (15 Minuten, Mannschaft von 25 Jungen je Fähnlein)
6. Wettsingen der Fähnlein
7. Wettkampf der Fanfarenjungenschaften (1 Marsch, 6 Signale)
8. Jungvolkwettkampf (Ordnungsübungen, Hindernislauf, Tauziehen, Stafetten)
9. Führerwettkampf (Staffellauf, Luftgewehrschießen, Stafetten)

Höhepunkt der politischen Sportschau waren die «Nationalsozialistischen Kampfspiele», die man alljährlich mit dem Reichsparteitag in Nürnberg verband. Als Hitler sie 1937 eröffnete, legte er zugleich den Grundstein für eine Riesensportanlage mit den Worten:
«Deutsche! In diesem geschichtlichen Augenblick, da ich nun den Grundstein zum Deutschen Stadion lege, erfüllen mich drei heiße Wünsche:
1. Möge das gewaltige Bauwerk selbst zum Ruhm und Stolz des deutschen Volkes gelingen.
2. Möge es der ewige Zeuge sein einer im Nationalsozialismus geeinten Nation und eines machtvollen Reiches.
3. Möge es die deutschen Männer und Frauen für alle Zeiten ermahnen und hinführen zu jener Kraft und Schönheit, die der höchste Ausdruck des Adels einer wirklichen Freiheit sind.»
Auf diesem riesigen Baugelände sagte Hitler wenige Monate nach den Olympischen Spielen zu seinen Begleitern: «Berlin war die letzte internationale Olympiade, an der Deutschland teilgenommen hat. In Zukunft werden wir hier in Nürnberg die großartigste Sportveranstaltung der Welt und die größten Sportwettkämpfe, die je stattgefunden haben, in eigener Regie unter uns abhalten.» (Dr. Dietrich)
In Berlin hatte sich Hitler noch als Schirmherr von Sport und Völkerversöhnung feiern lassen. Jetzt sollten Sport und olympischer Friedensgedanke nationalem Größenwahn geopfert werden.
Wie aber fühlte sich der einzelne Teilnehmer tatsächlich, der bei solchen politisch-sportlichen Kraftdemonstrationen mitkämpfte? Studienrat Dr. N., der mit seinen Kollegen eine sehr erfolgreiche norddeutsche Schulmannschaft trainiert, besitzt noch ein Tagebuch, das er als sechzehnjähriger Hitlerjunge führte. N. war ein leidenschaftlicher Leistungssportler, der als Leichtathlet mehrere norddeutsche Jugendmeistertitel hielt. Er berichtet, daß er damals Hitler bewunderte und sich in diesem mächtigen «Großdeutschland» wohlfühlte.
Aber die HJ ärgerte den Jungen, und er suchte sich ihr zu entziehen, wo er nur konnte. Der aufgezwungene «Dienst» störte seine privaten Neigungen und behinderte sein Training. Diese Haltung war für viele Jugendliche bezeichnend: Ihr «Widerstand» war ganz unpolitisch, er war die verständliche Abwehr junger Menschen, die sich in der Massenorganisation nicht kommandieren und uniformieren lassen wollten.
N. nahm mit seinen Kameraden aus der kleinen holsteinischen Landstadt Kellinghusen als HJ-Gebietsmeister der Nordmark am «Reichsentscheid

der deutschen Jugendmeisterschaften» 1938 in Nürnberg teil, den größten Sportwettkämpfen der HJ im Rahmen der «Nationalsozialistischen Kampfspiele». Betrachten wir einige aufschlußreiche Notizen aus seinem Nürnberger Tagebuch:

«*4. September:* Um 6 Uhr wurden wir mit einem Wehrmachtsauto nach dem HJ-Lager Langwasser gefahren. Mit unseren dreizehn Mann kamen wir in das Zelt 13. Bedeutete das Glück? Mit uns zusammen war die Jungvolkmannschaft der Nordmark. Abends war für das ganze Lager Kino. Auf einer riesigen Leinwand, die auf einem großen Platz aufgestellt war, wurde uns der Film ‹Maulkorb› (!) gezeigt. Es war ausgezeichnet. 10000 Mann, vielleicht noch mehr, können so zur gleichen Zeit ins Kino gehen. Danach, um 10 Uhr, war Zapfenstreich. Wir schliefen prima in dem vielen Stroh...

5. September: Ruhetag für uns, denn am nächsten Tag sollte es in den Wettkampf gehen. Wir machten nur einige Lockerungsübungen, um die steifen Knochen einmal in Gang zu bringen... wir wußten, daß wir etwas konnten; wir würden unsere kleine Stadt würdig vertreten, das wußten wir. Sonst wurde Skat gespielt, Blödsinn gemacht.

6. September: Unser Tag. Vermummte Gestalten: warm in Wolldecken eingehüllt, dickes Trainingszeug an, wurden wir Sportler am nächsten Morgen ins Auto geladen. Es war kalt. Der Himmel grau, überall, wo man hinsah. Als wir auf der Zeppelinwiese ankamen, sahen wir die Probe des Arbeitsdienstaufmarsches. Es machte großen Eindruck auf uns. Gewaltig war der Einmarsch des weit über tausend Mann starken Musikzuges... Nachmittags fuhren Ernst, Lemster und ich in die Stadt. Vor dem Deutschen Hof eine gewaltige Menschenmenge: Der Führer ist da. Wir warten zehn Minuten. Da! Die Tür des Balkons öffnet sich. Der Führer tritt heraus, begleitet von seinem Freund Göring! Ein einziger Jubelschrei. Ich knipste. Freudig danken die beiden. Sie blieben eine Zeit stehen. Dann kehren sie wieder in ihre Zimmer zurück. Wieder wartet die Menge in äußerster Disziplin. Jeder Sprechchor ist verboten, um den Führer in seiner Arbeit nicht zu stören...

7. September: Ein langweiliger Tag im Lager... Wir wurden die reinsten Messerhelden, denn wir spielten mit wachsender Begeisterung Messerstich. Ferner wurde mit Grashalmen ‹Speerwurf› gemacht. Einige von uns konnten es nicht mehr aushalten, ohne zu rauchen. Häufig war unser Zelt jetzt blau. Man gut, daß wir nicht dabei erwischt wurden...

8. September: Am Nachmittag rückten wir nach der Zeppelinwiese zum ‹Tag der Gemeinschaft› ab... Um 3 Uhr traf der Führer ein, und dann gingen die gewaltigen Massenfreiübungen los, die von Musik begleitet wurden. Nach der Vorführung versuchten wir auszukneifen, um in die Stadt zu gelangen; aber es gelang uns nicht...

9. September: Den ganzen Morgen treiben wir uns nichtstuend im Lager umher. Nachmittags bekommen wir glücklicherweise Stadturlaub. Wir fahren ab nach der ‹Kraft-durch-Freude-Stadt›. Nach umständlicher Fahrt gelangen wir dorthin. Leider haben wir nur wenig Zeit, und nach 1½ Stunden hauen wir wieder ab. Wir gehen zu Fuß. Mit einigen anderen steige ich in ein Auto, dessen Besitzer ein feiner Kerl war. Er fuhr uns bis zu dem Lager. Zwischen zwei Wachzelten halten wir an, und im Nu flitzen wir über den Zaun...

Nach einer Viertelstunde schon gehen Lemster, O. Neu und ich wieder in die Stadt... Weil wir keinen Urlaubsschein haben, huschen wir über den Draht. Die Wache merkt es: ‹Halt!› Wir rennen alle, was wir können. Ich werfe mich zwischen zwei Zelte. Die anderen rennen weiter. Die Wache auch. Nach kurzer Zeit sehe ich vorsichtig um die Ecke, und dann husche ich 'rein in ein Zelt. Dort bin ich am sichersten. Alle schlafen wie die Bären. Keiner bemerkt mich. Ich lege mich neben einen. Schließlich merkt er es doch. ‹Wer is denn det hier eigentlich?› Anscheinend ein Berliner! Er kapiert es schnell, schläft wieder ein. Ich ziehe meinen Pullover über die Uniform, und nach einer halben Stunde gehe ich wieder hinaus. Das ganze Lager ist erleuchtet während der Nacht. An vielen Stellen stehen Polizisten. Einige sehen mich, sagen aber nichts; denn ich falle in meinem Zivil nicht auf. Glücklich gelange ich in unser Zelt...

10. September: Wecken schon um 4 Uhr. Ich bin noch hundemüde. Wir rücken nach dem Stadion zur Jugendkundgebung vor dem Führer... Die Kundgebung ist ganz großartig. Der Führer blieb nach der Kundgebung noch lange im Stadion. Wir haben ihn alle aus kurzer Entfernung gesehen... Der Nachmittag im Lager war langweilig. Regen, Regen. Skat. Zeitungen gelesen.»

An diesem Bericht ist aufschlußreich, daß den Jungen die große «Schau» des Treffens am meisten Eindruck machte: das Riesenkino, die Riesenmusikkapelle, das Riesenlager, die Riesenkundgebung. Im kleinen aber ging es sehr jungenhaft realistisch zu: Messerstichspiel, Bratwürste, Skat und heimliches Ausbüchsen in die Vergnügungsstadt.

Geländesport und Schießausbildung

Fröhliche, unternehmende Jungen haben sich schon immer Kampfspiele ausgedacht, in denen Kraftgefühl und Abenteuerlust zur Geltung kamen. Abenteuerliche Namen für Freund und Feind verstärkten die Romantik dieser jungenhaften Kampfspiele: Räuber gegen Gendarmen, Schmuggler gegen Grenzer, Trapper gegen Indianer. Der Wille zum Ausbrechen, zur ungezügelten, auch ungesetzlichen Freiheit, die Abkehr vom gebahnten Pfad mit seinen Wegweisern und Verbotstafeln beherrschten diese Spiele. Noch harmlos gemeint, doch schon gefährlich anders waren Geländespiele, die kriegerische Kämpfe zwischen den Erwachsenen nachahmten. Nun standen die «Deutschen», die immer siegen durften und siegen mußten, feindlich gegen böse, schlappe «Engländer», «Franzosen» und «Russen».

Als die «Horden» der Wandervögel auf Wiesenpfad und Waldweg durch Deutschland streiften, entwickelten sich unterwegs zwanglose «Geländespiele»: Verstecken und Suchen, Schleichen und Tarnen, Spähen und Auflauern. Aber der Erste Weltkrieg veränderte die Jugendbewegung. Neue Bünde drängten zu größeren Organisationsformen. Es entstanden «Orden», die sich straff militärisch gliederten und soldatische Formen des Lagers und des Kriegsspiels im Gelände bevorzugten. Das «Kriegserlebnis» der Frontgeneration spukte in den Köpfen der Jugend nach. Es gab zahlreiche «völkische» Jugendverbände mit patriotisch-wehrsportlichen Zielen. Da der Vertrag von Versailles die deutsche Reichswehr schwach hielt, kam es darauf an, in der Jugend den «Wehrgedanken» wachzuhalten und sie vorzubereiten auf den Tag, da mit der allgemeinen Wehrpflicht die Armee wieder zur «Schule der Nation» erhoben würde. Junge ehemalige Offiziere leiteten den Wehrsport dieser nationalen Jugendverbände, die nicht mehr spielten, sondern zum Dienst ausrückten. Das Geländespiel bildete militärische «Lagen» nach, die am Sandkasten vorgeplant und gegen einen «Feind» angesetzt wurden, der mit Panzern aus Pappe und hölzernen Maschinengewehrattrappen den «Ernstfall» vortäuschte.

Die HJ übernahm von den Pfadfindern die vielen jungenhaften Aufgaben der Gelände- und Kartenkunde, der Orientierungsübungen und Zielmärsche. Von den nationalen Jugendverbänden aber kamen «Wehrgedanke» und militärischer Geländedienst. Aus dem ungebundenen Lagerleben mit gleichsam naturgegebenen Spielformen entwickelte sich eine nach militärischen Bedürfnissen geplante «Wehrertüchtigung». Sie endete im Kriege in Lagern zur vormilitärischen Ausbildung, geführt von Soldaten, die die Jungen so weit vordrillten, daß sie nach kurzer Kasernenausbildung an die Front geworfen werden konnten.

An den Bedingungen des HJ-Leistungsabzeichens in Silber (ab 16 Jahre) werden Aufgabe und Form dieses Geländedienstes am deutlichsten.

Ein Geländestreifen in 100 Meter Breite und 300 Meter Tiefe war klar und kurz zu beschreiben. Mit Kompaß, Uhr und Gestirnen mußten die Himmelsrichtungen festgestellt werden. Der Prüfer gab den Jungen auf der Karte einen 2 bis 3 Kilometer entfernten Zielpunkt, den sie nach der Karte 1:100000 zu erreichen hatten. Auf diesem Kartenblatt waren auch zwei im Gelände sichtbare Punkte zu zeigen; die Jungen mußten also nachweisen, daß sie das Naturbild auf die Karte übertragen konnten und umgekehrt. Das ging nicht ohne gute Kenntnisse von Kartenzeichen, Maßstäben, Bodenformen und Bodenbedeckung. Der Schießausbildung dienten Entfernungsschätzen und Zielansprache. Die Jungen hatten ferner Beobachtungen als klare Meldung zu formulieren und zu überbringen. Sie mußten sich im Gelände nach vorhandenen Möglichkeiten tarnen. Als Meldegänger bekamen sie den Auftrag, sich in ungünstigem Gelände über 400 Meter kriegsmäßig vorzuarbeiten und dabei alle Möglichkeiten der Tarnung und Deckung geschickt zu nutzen.

Die Sechzehnjährigen mußten 20 Kilometer marschieren mit 15 Pfund Gepäck; sie durften dabei nicht unter 4 Stunden und nicht über 5 Stunden auf den Beinen sein. Im Schießen hatten sie mit dem Kleinkalibergewehr 35 Ringe zu treffen (5 Schuß liegend aufgelegt, kein Schuß unter 6 oder 5 Treffer). Alle diese Übungen waren vorbereitet in nach dem Alter abgestuften Forderungen des Jungvolkleistungsabzeichens und der Stufen A und B des HJ-Leistungsabzeichens.

Der Geländedienst verlangte im allgemeinen zeitraubende An- und Rückmärsche, da die Übungsplätze außerhalb der Ortschaften lagen. Bis 1936 hatte sich der schulfreie Sonnabend als «Staatsjugendtag» für solche Unternehmungen bewährt. Danach wurden sie bevorzugt auf die kurzen Wochenendfahrten, mehr noch auf feste Ausbildungslager in einem bereits vorbereiteten Gelände gelegt. Der Geländedienst war im Lager zunächst nur ein Zweig der Ausbildung neben Sport, Spiel und Schulung. Doch die Wehrertüchtigungslager der Kriegszeit standen ganz unter militärischem Drill.

Die Zeit harmloser Pfadfinderspiele war vorüber; die Jungen rückten zu Gefechtsübungen unter kriegsmäßigen Bedingungen aus. Der HJ-Führer trat zurück hinter dem Unteroffizier, den die Wehrmacht zum Dienst in diese Lager abkommandiert hatte.

Schon Jahre vor dem Kriege förderte das «Amt für körperliche Ertüchtigung» die Schießausbildung der deutschen Jugend energisch. 1937 gab es bereits 2480 ausgebildete Schießwarte, die in den Einheiten der HJ den Schießunterricht gaben. 1938 taten bereits 15000 und ein Jahr später gar 20000 Jungen als Schießwarte Dienst. Unter ihrer Anleitung lernten 1938 im Jungvolk und in der HJ 1250000 Jungen das Schießen mit Luft- und

Kleinkalibergewehr. 1936 verlieh man nur 302 Jungen das HJ-Schießabzeichen, aber 1939 erwarben es 51500.
Als der Krieg ausbrach, gab es 1,5 Millionen jugendliche Kleinkaliberschützen, die monatlich 7 Millionen Schuß verschossen. Der Umgang mit Waffen fasziniert Jugendliche gefährlich; es war also nicht schwer, die Jungen zum eifrigen Schießen anzuhalten.
Im Vorfeld des Krieges, erst recht im Kriege selbst, entwickelte sich die HJ immer mehr zur Rekrutenvorschule der Wehrmacht. Das zeigte sich besonders in der Verstärkung der Sonderformationen, die eng mit den entsprechenden Waffengattungen zusammenarbeiteten. Sport und Wehrsport militarisierten den HJ-Dienst, und ein HJ-Führer gab das offen zu: «Jeder, der als Pimpf fleißig Sport treibt, weiß: Der Dienst im feldgrauen Rock des Soldaten fällt am leichtesten dem trainierten, sportgestählten Jungen, er wird die größten Leistungen für sein Volk vollbringen und die größten Ehren erwerben.»
Vor Hamburger HJ-Führern forderte Reichsjugendführer Axmann im Mai 1943 noch mehr Leibesübungen als bisher. Sie seien für die Jungen die Grundlage späterer Wehrhaftigkeit, für die Mädchen die Voraussetzung einer gesunden Entwicklung. Zum Reichssportwettkampf der HJ im Mai sollte deshalb ein Wettkampf im Herbst treten. Zusätzlich wurde 1943 ein «Reichsschwimmtag» eingeführt, da bis 85 Prozent der ländlichen Jugend noch immer nicht schwimmen konnten.
Reichsjugendführung und Oberkommando der Wehrmacht hatten schon 1939 vereinbart, daß sie gemeinsam 60000 HJ-Führer im Geländesport ausbilden wollten. HJ-Führer, denen Offiziere und Unteroffiziere als Lehrpersonal zugeteilt waren, leiteten die Lehrgänge. Die Soldaten sollten möglichst aus der HJ hervorgegangen sein, damit sie die Jungen richtig «anfaßten» und nicht wie Rekruten schliffen. Unterkunft und Verpflegung für diese Lager stellte die Wehrmacht. Ausbildungsziel war der «Kriegsausbildungsschein der HJ». Wer von den Führern den «Kriegsübungsleiterschein» erwarb, durfte selbst Jungen zur Wehrertüchtigung anleiten.
Die HJ militarisierte den Sport zum Wehrsport. Sie machte die deutsche Jugend auf Befehl Hitlers zum Rohstoff kriegerischen «Menschenmaterials». Vorgedrillt in den Fähnlein und Gefolgschaften der HJ, traten diese Jungen in den Kompanien der Wehrmacht zum Angriff an.
Hermann Rauschning war Senatspräsident von Danzig und ursprünglich Nationalsozialist gewesen, bis er sich empört von Hitler abwandte. Er notierte seine «Gespräche mit Hitler» und veröffentlichte sie in einem Buch. Was ihm Hitler über Jugenderziehung sagte, läßt uns noch heute tief

erschrecken vor einer Welt, die entstanden wäre, wenn er gesiegt hätte. Hitler erklärte:

«Meine Pädagogik ist hart. Das Schwache muß weggehämmert werden. In meinen Ordensburgen wird eine Jugend heranwachsen, vor der sich die Welt erschrecken wird. Eine gewalttätige, herrische, unerschrockene, grausame Jugend will ich. Schmerzen muß sie ertragen. Es darf nichts Schwaches und Zärtliches an ihr sein. Das freie, herrliche Raubtier muß erst wieder aus ihren Augen blitzen. Stark und schön will ich meine Jugend. Ich werde sie in allen Leibesübungen ausbilden lassen. Das ist das Erste und Wichtigste. So merze ich Tausende von Jahren der menschlichen Domestikation aus. So habe ich das reine, edle Material der Natur vor mir. So kann ich das Neue schaffen. Ich will keine intellektuelle Erziehung. Mit Wissen verderbe ich mir die Jugend. Aber Beherrschung müssen sie lernen. Sie sollen mir in den schwierigsten Proben die Todesfurcht besiegen lernen. Das ist die Stufe der heroischen Jugend.»

Marsch, Fahrt und Lager

Vom Aufbruch der Wandervögel

Als kurz vor der Jahrhundertwende die ersten wandernden Schüler auf den deutschen Straßen auftauchten, allein oder mit wenigen Freunden, wanderten noch viele Handwerksburschen ihre Gesellenjahre ab. Manchen ließ dann die Straße ein Leben lang nicht los, so daß er zum Tippelbruder wurde. Neugierig mischten sich die wandernden Gymnasiasten unter das bunte Volk der Gesellen und Landstreicher. Die frühe Wandervogeljugend traf sich zu «Kundenkonventen», und durch ihre ersten Zeitschriften geisterte der wunderliche Wortschatz der Ganovensprache, das Rotwelsch. Die jungen Gymnasiasten, die doch alle aus braven Bürgerfamilien kamen, trugen sich betont ruppig und verwildert: sie hatten sich rote Halsbinden umgeknotet, Federn oder gar Speckschwarten an die zerbeulten Hüte gesteckt. Geistig aber knüpfte diese bürgerliche deutsche Wandervogeljugend an andere Vorbilder an.
Die mit Klampfen und Volksliedern ausschwärmenden Gymnasiasten nannten sich «Scholaren» oder «Pachanten», weil sie sich unterwegs frei und ganz auf sich gestellt fühlen wollten wie die fahrenden Schüler und Studenten, die im späten Mittelalter zu den berühmten Universitäten Europas gezogen waren. Die Welt der Fahrenden aber war entdeckt worden von den romantischen Dichtern, in deren Büchern es nur so wimmelte von schweifenden Schülern, fröhlichen Malern, treuherzigen Taugenichtsen und ewig verbummelten Studenten, von den Dichtern und dem phantastischen Volk ihrer Gesellen, die das Jugendland der Sehnsucht im Traum von der «Blauen Blume» durchstreiften.
Das alles schwang mit, als sich um 1900 deutsche Jugend im Wandervogel zusammenfand, um der erstarrten bürgerlichen Gesellschaft und dem brutalen Zugriff des Maschinenzeitalters in den Städten zu entfliehen. In einer wunderlichen Mischung verschwärmten Mittelalters, poetischer

Romantik, zünftigen Gesellenwanderns, vagabundierender Landstreicherlust, stadtfeindlichen Bürgerprotestes und völkischer Erneuerungssehnsucht fing die deutsche Jugendbewegung an. Aber so viele – und nicht immer reinliche – Quellen auch in den Bünden zusammenflossen: Diese Jungen waren Einzelgänger, ihre Führer bisweilen betonte Individualisten, manchmal mit exzentrischen Zügen wie der legendäre «Oberbacchant» Karl Fischer aus Steglitz, der ein Leben lang der Unrast seiner Wandervogeljugend verhaftet blieb.

Sie waren individualistisch und doch nicht ungesellig, sie wollten Persönlichkeiten werden im Erlebnis der Gruppe. Manchmal trat einer an und machte sich ganz allein auf die festen Wollsocken. So ging im Juni 1904 der berühmte Klotzmarsch des Wandervogels Bruno Thiede in die Geschichte der Jugendbewegung ein. Der kernige Bruno riß an einem Tage runde 92 Kilometer von Steglitz nach Wittenberg unter die Schuhsohlen. Solche Kraftproben waren indes selten. Die Wandervögel hielten nichts von sturer Kilometerfresserei. Sie wollten singend wandern und schauen, und sie brauchten abends noch Kraft, um das Lager herzurichten und an nächtlichen Feuern stundenlang zu träumen.

Das Wandern hatte freilich noch eine andere Wurzel, die in die soldatische Tradition zurückreichte, aus der die Pfadfinder kamen. Diese Jungen waren immer nüchterner, praktischer und disziplinierter als die Wandervögel. Ihnen war die Landschaft ein «Gelände», das an praktische Findigkeit, Orientierungssinn, Körperkraft und Kameradschaft seine Forderungen stellte. Die Pfadfinder setzten an Stelle schweifender Fahrtenromantik den dienstlichen Ausmarsch.

Im Gefolge des Ersten Weltkrieges wandelte sich die Jugendbewegung allgemein. In den zwanziger Jahren entstanden große Bünde, die sich in «Orden», «Stämme» und «Gaue» gliederten. Herrische Bundesführer suchten Hunderte oder Tausende von Jungen zu gewinnen, und einige fielen abenteuernd wie «Desperados» in die harmlose Kleinwelt der Gruppen, Bünde und Verbände ein. Laqueur, ein Historiker der Jugendbewegung, kennzeichnete diesen Wandel: «Die fahrenden Scholaren kann man als Leitbild der Wandervögel bezeichnen, dagegen war der Soldat das Leitbild der Bünde.»

Ihre späteste Organisationsform, schon im Schatten der nahen Auflösung bündischen Jugendlebens durch die Diktatur, war die «Jungenschaft»: «Sie gab dem Gesicht der Bewegung einige neue Züge und verlieh ihr frischen Schwung. Im allgemeinen aber war sie ein Symptom der zunehmenden Radikalisierung ...»

Führer wie «tusk» träumten vom «blauen deutschen Jungenheer». Sie nannten sich «Kommandeure», und ihre Gruppen waren «Garnisonen», die durch «Raketen» alarmiert wurden. Vor «tusks» Lager salutierten Posten «zehnmal strammer als Reichswehr». Aber Vorbild dieser bündischen Soldatenspielerei war noch nicht die Kaserne, sondern der wilde, ungedämmte Tatendrang der Freischärler. Die Stämme marschierten mit Leidenschaft, doch ihr Marsch stieß ins Leere.

Die HJ aber marschierte im Dienst einer politischen Ideologie: «Hörner und Trommeln sollen intellektuelle Antworten entbehrlich machen und dafür eine kollektive und rhythmische geben, die unmittelbar ins Blut und in die Glieder fährt und zum Einordnen in die Marschsäule nötigt», stellte H. J. Gamm in einer Untersuchung über den «braunen Kult» fest. Der Marsch wurde zum Mythos: «Eine in die Ewigkeit reichende Marschsäule völkischen Aufbruchs.»

Ein berühmtes HJ-Lied jubelte:

Ein junges Volk steht auf zum Sturm bereit!
Reißt die Fahnen höher, Kameraden!
Wir fühlen nahen unsere Zeit,
Die Zeit der jungen Soldaten.
Vor uns marschieren mit sturmzerfetzten Fahnen
Die toten Helden der jungen Nation,
Und über uns die Heldenahnen,
Deutschland, Vaterland, wir kommen schon!

Zehntausende von Jungvolkfähnlein und Jungmädelgruppen marschierten an jedem Mittwoch- und Sonnabendnachmittag zum Dienst. Abends marschierten die Gefolgschaften der HJ, und an den Sonntagen rückten Tausende von Kolonnen hinaus zum Geländesport, zu Ziel- und Übungsmärschen. Die Führer wollten zackige Formationen. Deshalb drillten sie die Jungen mehr, als sie durften, so daß die Reichsjugendführung strenge Vorschriften erließ.

Die Mädchen durften nicht exerzieren und strammstehen. Sie sollten sich ruhig zur «Marschordnung» fügen, auf Kommandos, die behutsam und nur wenn nötig zu geben waren: «Im Gleichschritt – marsch! Das sagt die Führerin immer nur so laut, daß es die vordersten Mädel verstehen können. Alle anderen Mädel schließen sich von selbst an.» Aber obwohl die Mädchen nicht marschieren sollten, war doch überall zu sehen und zu hören, wie Führerinnen ihre Gruppen mit schrillen Trillerpfiffen und Kommandorufen im Gleichschritt hielten.

«Pimpf im Dienst», die Dienstfibel des Jungvolks, gab auch den Jungvolkführern streng begrenzte Vollmachten: «Unter Ordnungsübungen verstehen wir kein stundenlanges Exerzieren auf dem Schulhof, sondern Übungen, die dazu dienen, dem Jungen und der Gemeinschaft eine gute Haltung zu geben.» – Aber die vielen Werbe- und Aufmärsche zu Aktionen und Kundgebungen, schließlich auch Wettkämpfe zwischen den Einheiten, die vor prüfenden Kampfrichtern marschieren mußten, führten von selbst zum Drill. In den Lagern der Führerschulung und Wehrertüchtigung wurde nach militärischem Reglement hart geschliffen. Das war zwar verboten; aber wie die Jungen ihre Führer nicht mehr beim Namen, sondern bei ihrem Dienstgrad anzureden hatten, so fühlten sich diese Führer immer mehr als Offiziere und Unteroffiziere ihrer Jungen und taten sich groß damit, wenn sie ihre Formation «schneidig» durch die Straßen führten.

Auch die Reichsjugendführung selber entwertete ihren Kampf gegen den Exerzierdrill, indem sie Jungen und Mädchen zu Massenkundgebungen und stundenlangen Vorbeimärschen befahl. Besonders die Jahre 1933 bis 1935 beanspruchten die Jugend für großspurige Demonstrationen, bei denen die HJ-Führer allein oder vor geladenen Funktionären der Partei stolze Heerschau hielten und dem Größenwahn huldigten.

Eine solche Großkundgebung führte das Gebiet Nordmark vom 7. bis 9. April in Hamburg durch. Für den festlichen Auftakt hatte der HJ-Dichter Euringer ein Weihespiel «Deutsche Passion» geschrieben, das am 7. April abends in der Volksoper aufgeführt wurde. Am nächsten Morgen rollen schon gegen 4 Uhr die Sonderzüge in die Hamburger Bahnhöfe ein. Bannführer Harald Döscher, der Stabsführer des Gebietes, leitet den Aufmarsch. Auf den Bahnhofsplätzen formieren sich die Marschkolonnen und rücken zu den befohlenen Sammelplätzen. Dort werden sie verpflegt und neu geordnet.

Inzwischen hat man alle Spielmannszüge der Hamburger HJ auf die Stadt losgelassen. Um 6 Uhr trommeln und pfeifen sie durch alle Straßen zum allgemeinen Wecken. Nun müssen sich die Hamburger Jungen und Mädchen fertigmachen und an ihre Antrittsplätze eilen. Bei herrlichem Sonnenwetter bewegen sich endlich, genau vorgeplant, fünf starke Marschsäulen zum Stadtpark.

Dort sind 150000 Jungen und Mädchen angetreten. Kreidestriche und Ordner weisen den Stämmen und Mädelringen die Plätze an. Große HJ-Flaggen wehen über den Massen. Die auswärtigen Teilnehmer empfangen Verpflegung. Schon versammeln sich die Ehrengäste vor der Rednertribüne: Vertreter von Partei, Staat und Wehrmacht, wie es in den amtlichen Berichten immer formelhaft heißt. Zehn Flugzeuge kreisen über dem Platz. Auch HJ aus dem Saarland, das noch nicht wieder zum Reich gehört, und HJ aus dem dänischen Nordschleswig ist anwesend.

Eine Rakete schießt steil auf, zerplatzt mit lautem Knall: die Kundgebung beginnt! Gebietsführer Wilhelm Kohlmeyer – er wird später noch Obergebietsführer werden und im Kriege fallen – meldet dem Reichsjugendführer. Der Heilgruß der Massen donnert über den Riesenplatz; dann singen alle:

Siehst du im Osten das Morgenrot,
Ein Zeichen zur Freiheit, zur Sonne?
Wir halten zusammen, ob Leben ob Tod,
Mag kommen, was immer da wolle!
Warum jetzt noch zweifeln? Hört auf mit dem Hadern!
Noch fließt uns deutsches Blut in den Adern.
Volk, ans Gewehr! Volk, ans Gewehr!

Der Gebietsführer erinnert in seiner Ansprache an den Kampf der Hamburger HJ, die 1927 mit zehn Jungen begann. Danach spricht der Reichsjugendführer, um den ersten Reichsberufswettkampf zu eröffnen, an dem 1,5 Millionen Jugendliche in allen Gauen des Reiches teilnehmen. Die HJ sei stolz darauf, schon 80 Prozent der Arbeiterjugend in ihren Reihen zu haben. Scharf wendet sich Baldur von Schirach gegen die konfessionellen Jugendverbände als Feinde einer geeinten deutschen Jugend: «Wir erkennen kein Sonderrecht in einem jungen Deutschland an, in dem es nur ein Recht gibt: Das Recht des Staates.»

Das von Schirach gedichtete HJ-Fahnenlied beendet die Kundgebung. Bei den Schlußversen erheben alle den rechten Arm zum deutschen Gruß wie beim Gesang der Nationalhymnen. Mittags ist der Hafen polizeilich abgesperrt. An der Überseebrücke ist eine Polizeikapelle angetreten. Ehrenformationen der Marine-HJ stehen an den Pontons. Die Gäste werden hinüber zum Oberdeck des Dreimastseglers «Hein Godenwind» geführt. Das Schiff ist ein Geschenk Hamburger Reeder und Unternehmer an die Jugend. Der Reichsjugendführer übernimmt es als schwimmende Jugendherberge.

Inzwischen sind die Kolonnen in Sechserreihen von der Stadtparkkundgebung zum großen Vorbeimarsch abgerückt. Die Mädchen marschieren nicht mehr mit. Aber 100000 Jungen paradieren drei Stunden lang am Reichsjugendführer vorbei. Alle 1000 Meter ist eine Rote-Kreuz-Station eingerichtet. Die Kolonnen lösen sich gegen 17.30 Uhr auf der Moorweide auf. Die Hamburger Jungen waren 10 Stunden unterwegs, die anderen aber hatten oft noch mehrere Stunden länger für die An- und Rückreise in die Kleinstädte und Dörfer von Schleswig-Holstein und Lauenburg auszuhalten.

Um diese Zeit kamen sogenannte «Sternmärsche» auf. Im Sommer 1935 marschierten 650 Jungvolkführer durch Mecklenburg ins Schulungslager Malchow. Ein Jahr später organisierten die Mecklenburger Jungvolkführer einen «Ostlandmarsch», der sie nach Ostpreußen, Oberschlesien und in die Bayerische Ostmark brachte. Das war nicht mehr frohe Wandervogelfahrt, sondern Demonstrationsmarsch im Grenzgebiet: ein Hinweis auf «bedrohtes Volkstum», auf «Lebensraum in der Weite des Ostens».

Aber einmal im Jahr floß dieser Strom der kleinen und kleinsten Kolonnen zusammen zur größten Heerschau der Partei in Nürnberg. Dort hatte Hitler 1937 vor politischen Leitern erklärt: «Für uns fanatische Nationalsozialisten sind diese Tage das schönste Fest des ganzen Jahres!»

Zur großen HJ-Kundgebung waren immer rund 50000 Jungen und Mädchen angetreten. Zum ersten Male erreichten 1935 Einheiten aus allen HJ-Gebieten im Sternmarsch mit ihren Fahnen die «Stadt der Reichsparteitage». Die 341 Fahnen wurden von 1200 Jungen auf einem Marschweg von 11700 Kilometer begleitet. Die Schlesier hatten mit 849 Kilometer den weitesten Fußweg, die Ostpreußen wegen der Umfahrt über See um den polnischen Korridor herum die längste Reise von 47 Tagen.

Der «Adolf-Hitler-Marsch der deutschen Jugend» wurde dann ab 1937 zur festen Einrichtung und galt als «das größte Ereignis und idealste Vorbild der Jugendarbeit eines ganzen Sommers». Er war ein «Sternmarsch der Bannfahnen aller Gebiete zum Reichsparteitag nach Nürnberg durch die Gaue Großdeutschlands». (Kaufmann)

Die Organisation des Marsches und ähnlicher Großveranstaltungen lag beim «Aufmarschstab der Reichsjugendführung» mit seinen Referaten Planung, Transport, Verpflegung, Zeltlager usw.

Jedes Gebiet stellte für seine Bannfahnen eine Marschgruppe ausgesucht tüchtiger Jungen, bestens uniformiert und ausgerüstet, zusammen. Mit jeder Kolonne fuhren ein Lastwagen, ein Personenwagen und eine Feldküche mit. Ärzte und Feldschere waren dabei.

Die Kolonnen brachen in ihrer Heimat an bedeutsamen Gedenkstätten auf: die Berliner am Grabe von Herbert Norkus, die Österreicher an Hitlers Geburtshaus in Braunau am Inn. Alle trafen sich im Sammellager Fürth. Dort nahm Schirach den Appell ab. Feierlich zogen die 600 Fahnen zur Jugendkundgebung in Nürnberg ein und wurden danach an Hitler vorbeigeführt. 1937 endete der Marsch erstmals in Landsberg am

Lech, wo die Jungen durch die Festungszelle geführt wurden, in der Hitler nach dem Putschversuch in München (1923) ein Jahr seiner Haftstrafe abgesessen hatte. Dort war Hitlers Buch «Mein Kampf» entstanden, das jeder Junge mit Schirachs Widmung als Erinnerungsgabe erhielt. Dieser Marsch wurde gefilmt und in zahlreichen Propagandaschriften der HJ gefeiert. Berichte von Teilnehmern bezeugen die nachhaltige Wirkung des Adolf-Hitler-Marsches; sie sind aber auch sprachlich für den HJ-Stil typisch.

«Wenn wir durch die Dörfer marschieren, klingt hell unser Lied, aber auf der Landstraße marschieren wir schweigend die lange Straße. Es ist seltsam, in dem Schweigen scheinen unsere schweren Nagelschuhe viel wuchtiger und trotziger auf den harten Asphalt zu schlagen, als wenn wir singen. Dann klingt unser harter Gleichschritt wie ein kaltes, steinernes Lied...»

«Hier hört das eigene Ich auf, hier gilt nur noch der Schritt der Formation, hier ist nur noch die Kolonne ein Ganzes! Daraus niemand abspringen kann. Ein Ziel schwebt hier allen voran, das Ziel der Einheit. Es ist vielleicht schwer, dies zu fassen und mitzumarschieren, wer aber in diesem Gleichschritt mitmarschiert, dem gibt er neue Kraft.»

Die Jungen erlebten unterwegs viel, und überall wurden sie gesehen. Der Marschweg war genau vorgeplant, alle Quartiere lagen fest, die örtlichen Parteiführer hatten die Bevölkerung zur Begrüßung und zum Abschied aufgerufen. Zeitungen und Filmwochenschauen berichteten vom Fahnenmarsch der Jugend durch Deutschland. Da las ein alter Lehrer, zitternd vor Erregung, auf einem mecklenburgischen Dorfplatz seine Begrüßungsrede ab. Mädchen eines Landjahrheims luden die Jungen aus Niedersachsen zu Kaffee und Kuchen. Einmal rasteten die Jungen gemeinsam mit einer Maschinengewehr-Kompanie der Goslarer Jäger. Die Soldaten ließen die Jungen auf den Pferden reiten und mit den Waffen spielen.

In den Quartierorten bedankten sich die Teilnehmer für die Gastfreundschaft durch «Dorfgemeinschaftsabende» oder «Offenes Singen» auf den Marktplätzen der Städte. Empfindsame Jungen aber machten noch andere Erfahrungen:

«Ein Erlebnis prägte sich tief in mein Erinnern ein. An einem grauen Morgen überholten wir marschierend einen am Wege stehenden Krankenwagen. Neugierig schaute ich hin und sah am Fenster des Wagens das Gesicht eines alten Mannes, grau und verfallen. Der wird wohl nicht mehr lange zu leben haben, dachte ich bei mir. – Was mich bei diesem vom Tode gezeichneten Gesicht so tief berührte, war das stille, zuversicht-

liche Leuchten der alten Augen, die auf uns und unsere Fahnen schauten. Eine greise Hand hob sich hinter dem Wagenfenster: Einer, der alt und grau geworden ist im harten Lebenskampf, grüßt uns Junge, die wir für eine große Zukunft marschieren, an der auch er sein Teil Arbeit hatte.»
Der heroische Kitsch gehörte damals so zur literarischen Alltagsproduktion, daß er auch die Erlebnisberichte der Jungen entsprechend einfärbte. Aber den stärksten Eindruck machte dann doch der Vorbeimarsch in Nürnberg:
«Der Führer hat den Arm zum Gruß erhoben, nun blicken wir ihm in die Augen. Das ist der Augenblick, für den wir wochenlang marschiert sind... Der Vorbeimarsch – die Parade der Zweitausend – hat nur wenige Minuten gedauert, aber in diesen wenigen Minuten war enthalten das Bekenntnis der Jugend zum Führer und die Treue, mit der die Jugend für Adolf Hitler kämpft. Wir sind unendlich stolz darüber, der nachkommenden Generation einmal sagen zu dürfen: ‹Wir waren dabei!›»
Der Marsch als Mythos wird zum Schicksal der Nation. Heinrich Himmler sagte zu seinen SS-Männern: «So sind wir angetreten und marschieren nach unabänderlichen Gesetzen als ein nationalsozialistischer Orden nordisch bestimmter Männer... den Weg in eine ferne Zukunft.»
Nicht lange mehr, und die düsteren Germanenmärsche werden stocken. Die Fahnen werden sinken, die Fanfaren schweigen, die Lieder verstummen. Die straffen, kraftgeladenen Kolonnen werden sich auflösen und mühsam zu neuen Zügen zusammengetrieben werden: Gefangene schleppen sich in grauen Kolonnen über die vom Schneesturm kahlgefegte Steppe, und in die Trecks der Flüchtlinge jagen Panzer und Tiefflieger ihre Leuchtspurgeschosse...

Die Fahrt als «Einsatz»

Vom Aufbruch der Wandervögel um 1900 bis hin zu den bündischen Jungenschaften um 1930: was immer die freie deutsche Jugendbewegung ersehnte, es erfüllte sich im Abenteuer der Fahrt. Auch das starre Reglement der nationalsozialistischen Staatsjugend konnte den Zauber der Fahrt nicht zerstören.
Freilich, auch die Fahrt sollte «Dienst» sein, aber selbst «Pimpf im Dienst» lehrte ganz vernünftig: «Beim Wandern auf Fahrt sind wir alle viel aufgelockerter, bereit für das Erlebnis der Natur, der Landschaft. Wir wollen unsere engere Heimat und auf großer Fahrt das ganze weite deutsche Vaterland mit seinen verschiedenen Menschenschlägen und ihrem bodenständigen Volkstum auf uns wirken lassen.»

Die ersten Fahrten, die ich 1934 als jüngster Pimpf eines Fähnleins mitmachte, unterschieden sich nicht vom Fahrtenstil der bündischen Jugend, aus der meine Führer stammten. Vom Primaner oder jungen Studenten bis herab zu uns Elfjährigen waren in der Gruppe alle Altersstufen vertreten. Der Schwächste bestimmte die mögliche Marschleistung. Das verlangte von den Großen Rücksichtnahme, Verzicht und Verantwortung. Wenn wir Kleinen müde wurden, blieb ein Jungzugführer an unserer Seite, munterte uns auf oder lud sich wortlos unseren Tornister auf sein Gepäck, das ohnehin schon mit Kochtopf, Spaten oder Beil schwerer belastet war.

Wir «klotzten» nicht, wir wanderten wirklich. Die Landstraßen waren hart und staubig, doch es gab nur wenig Verkehr: Pferde, die vor Bauernwagen trabten, ganz selten ein ratterndes Motorrad, ein schnaufendes altes Auto. Aber sie störten uns schon, und so schlugen wir uns von den Straßen seitlich in die oberschlesischen Wälder, wo die Füße vom weichen Laub- und Nadelgrund leicht abfederten. Im kühlen Schatten ließ es sich auch an heißen Sommertagen gut wandern.

Mittags rasteten wir an Plätzen, die unsere Phantasie entzündeten und unserem Tatendrang entgegenkamen. Etwa in einer verlassenen Kiesgrube. Klares Wasser leuchtete tief unten im Baggerloch. Wir zogen die Uniformen aus, und jeder ging an seine Arbeit. Einige bauten die Kochstelle. Der Jungzugführer rührte die Erbswurst im Kochgeschirr kalt an. Ein Jungenschaftsführer schnitt Speckwürfel und Wurststücke auf den großen Topfdeckel. Zwei schleppten den Fahrtentopf mit klarem Quellwasser herbei. Wir anderen sammelten trockenes Brennholz.

Jeder schnallte sein Kochgeschirr vom Tornister und setzte sich in den Kreis der anderen am Waldrand. Die Mücken stachen und kamen also auch zu ihrer Mahlzeit; aber es störte uns nicht. Wer noch von Mutter Brote mithatte, legte sie unaufgefordert auf eine im Kreis liegende Zeltbahn. Der Jungzugführer teilte die Schnitten auf, ohne sich darum zu kümmern, von wem sie kamen. Es war ohnehin selbstverständlich: wer etwas Besonderes mitbekommen hatte, teilte es mit den anderen. Es war auch des Führers Amt, die Suppe auszuteilen. «Jeder esse, was er kann!» rief er dann. Wir gaben uns die Hände und brüllten hungrig: «'ran!» Es gab sehr viel bessere Tischsprüche, aber auch schlechtere. Das vom Rauch des Holzfeuers gewürzte Gericht schmeckte unvergleichlich.

Auf Fahrt zelteten wir kaum, wenn wir zu Fuß unterwegs waren. Wer sich tagsüber müde gelaufen hat, will abends nicht noch ein Lager aufbauen. Auch war das Zeltzeug eine zusätzliche Last, und wer einmal bei strömendem Regen, durchnäßt vom Marsch, ein Zelt aufbauen und darin nächtigen mußte, weiß, daß dann keiner ohne Ärger und Schnupfen davonkommt. Die Zelte waren gut für die Radfahrt, noch besser für das feste Lager.

Auf Fahrt krochen wir lieber in Scheunen und auf Heuböden. Dort war es warm und trocken, und jeder konnte sich sein Nest bauen, ohne den anderen anzustoßen wie im engen Zelt. Aber vor dem Einschlafen zogen wir noch einmal durch den Abendwald. Manchmal führte uns ein freundlicher Förster, und wir lernten die Schreie der Nachtvögel verstehen und schraken zusammen, wenn Rehe über die Lichtung flüchteten.

Aber es war nicht nur das Abenteuer der Wälder und Seen, der Kochfeuer und Schlafscheunen, das uns diese Fahrten so reich machte. Unsere Führer dachten sich originelle Wege und Ziele aus. Einmal zuckelten wir drei Tage und zwei Nächte auf einem kleinen Schleppdampfer die Oder aufwärts. In Oberschlesien besuchten wir ein Stahlwerk und fuhren in eine Kohlengrube ein. Wir kletterten in Burgruinen und bestaunten die schimmernden Zimmerfluchten barocker Fürstenschlösser. Abends las der Jungzugführer alte Sagen und Gruselgeschichten vor, und so lernten wir die Menschen kennen, die einst diese Burgen und Schlösser gebaut oder in ihnen gelebt hatten.

Der Reiz der Fahrten wechselte mit den Jahreszeiten. Im Winter mieteten wir beim Bergbauern eine große warme Stube und schliefen auf Strohschütten. Auf stundenlangen Skiwanderungen durchstreiften wir Rübezahls schlesische Berge. Im allgemeinen mieden wir die Jugendherbergen, die zünftigen Fahrtengängern zu unmännlich und zu sorgsam organisiert waren. Aber für Skilager waren die Herbergen im Altvater- oder Eulengebirge ideale Stützpunkte. Unvergeßlicher Höhepunkt war immer in der Neujahrsnacht die wilde Abfahrt mit flammenden Fackeln hinunter ins Tal, wo die Glocken zur Jahreswende läuteten.

Alle Wandervögel wußten schon, daß die Fahrt nur in der kleinen Gruppe gelingt, die möglichst vielgestaltig zusammengesetzt sein soll. Als die HJ zur Massenorganisation aufquoll, wurden die Fähnlein und Gefolgschaften sehr praktisch, aber phantasielos nach Wohnbezirken und Geburtsjahrgängen durchorganisiert. In der Masse ging die Vielfalt weitgehend verloren, aber auch die Verantwortung war schwerer aufzuteilen als früher.

Das erfuhr ich 1938, als ich mit zwanzig Zwölfjährigen auf eine Wanderfahrt ging. Wir waren vierzehn Tage in Niederschlesien unterwegs, und ich hatte mir alles so schön vorgestellt wie auf unseren früheren Fahrten mit den «bündischen» Jungvolkführern. Aber ich war erst wenige Monate über fünfzehn Jahre alt, meine drei Jungenschaftsführer noch zwei Jahre jünger. Dennoch trug ich die volle Last der Verantwortung, die meine Führer damals, obwohl sie meist selbst schon Primaner gewesen waren, noch mit mehreren älteren Kameraden teilen konnten.

Weil die Fähnlein nach Wohnbezirken eingeteilt waren, fehlte in den Fahrtengruppen oft der soziale Ausgleich. In günstigen Bezirken wohnten ärmere Familien zusammen mit vermögenderen Bürgern, doch das war selten. Oft kam ein ganzes Fähnlein aus wenigen Mietskasernen, und in den Arbeiterfamilien war auch der geringe Fahrtenbeitrag für den einzelnen Jungen nicht übrig. Anderswo scheiterten die Fahrten, weil die großbürgerlichen Eltern viel Geld hatten und die Kinder auf weite und teure Ferienreisen mitnehmen konnten.

Die berufstätige Jugend der älteren HJ-Jahrgänge war nur schwer auf Fahrt zu bringen. Im Jungvolk blieb die wirkliche Großfahrt auf die Führerschaft beschränkt, und dann waren im allgemeinen die höheren Schüler in den Ferien unter sich. Bei allem idealen Gerede vom Sieg des Sozialismus unter den HJ-Fahnen blieben also praktisch die gesellschaftlichen Unterschiede, allerdings oft unbeabsichtigt und durch die Zufälle der Organisation gegeben, bestehen. Vor allem war in der HJ, der seit 1936 dienstpflichtigen Massenbewegung, nie an die individualistischen Großfahrten der bündischen Jugend zu denken.

Verwegene Fahrtengänger wie die Brüder Karl und Robert Oelbermann hatten sich in den zwanziger Jahren immer weitere Ziele gesteckt. Sie entdeckten 1920 die Burg Waldeck im Hunsrück, und dort richtete ihr «Nerother Wandervogel, Deutscher Ritterbund» seinen Ordenssitz ein. Werner Helwig, selbst einmal Führer bei den Nerothern, erzählt in seinem Erlebnisbuch, daß für die Jungen das Einhüten auf der Burg während der Ferien ebenso interessant war wie die Fahrt.

Zusätzlichen Anreiz und wirksame finanzielle Hilfe gaben die von den Nerothern und anderen Bünden entwickelten Spielfahrten. So zogen Nerother auf «rollendem Landsknechtsfuhrwerk» nach Österreich und spielten dort «Wilhelm Tell». 1927 erreichten sie mit dem «Totentanz»-Spiel Indien und brachten von dort den ersten Fahrtenfilm der bündischen Jugend mit. Sie fuhren nach Rußland, Griechenland und immer wieder nach Lappland. Die Kohte, das Lappenzelt mit der Feuerstelle, machte von Wetter und Jahreszeit weitgehend unabhängig; auch hatte diese Verbindung von Feuer und Zelt besonderen Reiz. Als letzte Krönung kam eine Nerother Weltfahrt rund um den Erdball zustande. Aber hier waren schon Berufsglobetrotter unterwegs, die in Filmen, Zeitschriftenberichten und Reisebüchern ihre interessanten Fahrten auch finanziell auswerteten, aus dem Erlös allerdings auch die Bundeskasse auffüllten.

Aber die Bünde hatten auch andere Auslandsfahrten entwickelt, die mit den nationalen Zielen der HJ besser übereinstimmten und von ihr fortgeführt wurden. Bündische Gruppen, und nicht nur die radikal völkischen, waren in entlegene deutsche Siedlungsgebiete Osteuropas gefahren. Dort lebten Deutsche, abgeschnitten von der Heimat im fremden «Volkstum». Ihnen brachten die Fahrtengruppen Lieder, Spiele, Bücher und Tänze aus dem «Reich». Dankbar hatten die Deutschen in Siebenbürgen und in der Ukraine, im Sudetenland und in Bessarabien, im Banat und in Kurland die jungen, fröhlichen Gäste begrüßt.
Aber schon in den völkischen Bünden und dann erst recht in der HJ verschärften sich diese Fahrten zu nationalen Propagandaaktionen, die von den ausländischen Regierungen mit immer größerem Mißtrauen beobachtet wurden. Dennoch gab es immer wieder unternehmende HJ-Führer, die mit ihren Gruppen ins Ausland fuhren, ohne direkt politisch zu werben.
Überhaupt ist es falsch, das Jugendleben in einer Diktatur nur als öde, kommissig, brutal, ideologisch verseucht und von Geheimpolizei überwacht darzustellen. Nur ganz allmählich und im einzelnen kaum spürbar umklammerte die Riesenorganisation der Staatsjugend alle Einheiten. Trotzdem erhielten sich in ihnen bis in den Krieg hinein, wenn die Führer es wollten und konnten, windstille Inseln romantischen Jungenlebens. Allmählich aber unterwarf die HJ auch die Fahrt dem politischen Programm der Parteijugend. In dieser Verfälschung harmloser Erlebnisse und wertvoller Erfahrungen lag die eigentliche Gefahr des totalitären Systems.
So wurde die Fahrt stärker reglementiert. Das war auch notwendig, weil nun Zehntausende von Gruppen unter sehr jungen, ungeschulten Führern unterwegs waren. Es kam zu Unfällen und ärgerlichen Übergriffen. Die kleinen Pimpfe durften nur an Kurzfahrten in der Nähe des Wohnsitzes teilnehmen. Da die Zahl der Jugendherbergen wuchs, konnten sie den Mädchen als feste Fahrtenziele gegeben werden. Mädchen durften weder in Scheunen schlafen noch zelten, abgesehen von Großlagern, die technisch besser ausgerüstet waren und ärztlich überwacht wurden. Aber auch bei den Jungen verlor sich die alte Wanderfreiheit immer mehr. Man verband die Fahrt mit Marsch- und Geländeübungen zum Erwerb des Leistungsabzeichens oder im Dienste der Wehrertüchtigung. Schließlich schuf die HJ einen für sie sehr typischen Fahrtenstil, die Fahrt als politischen Großeinsatz, eine Fahrt also, die mit Wandervogel und bündischer Fahrt nichts mehr zu tun hatte.
Am 28. Juli 1939 brachen 3500 Jungvolkführer aus allen Jungbannen des

Gebietes Westfalen (9) zur «Ostmarkfahrt» auf. Sie dauerte vier Wochen und kostete jeden Teilnehmer 35 RM. Die Ausrüstung war genau vorgeschrieben und mußte ebenfalls selbst besorgt werden. Aber da es Beihilfen gab, brauchte kein Junge aus Geldmangel zu verzichten. Der Gebietsjungvolkführer begründete in einem Brief an die Eltern das Vorhaben:

«Aufgabe und Ziel der Ostmarkfahrt ist es, einen Teil unseres schönen deutschen Vaterlandes und seine Bevölkerung in ihrem Wesen und ihrem Leben kennen und verstehen zu lernen und dadurch mitzuhelfen am weiteren Aufbau unserer großdeutschen Volksgemeinschaft. Diesem Zweck dient hauptsächlich der Ernteeinsatz, der im Rahmen der Fahrt vorgesehen ist. Den Höhepunkt bildet die große Kundgebung sämtlicher Fahrtteilnehmer gemeinsam mit der ostmärkischen Hitlerjugend am 13. August in Wien, der Hauptstadt der Ostmark und zweitgrößten Stadt unseres Reiches.»

Ein Fähnleinführer aus der Fahrtengruppe 13 (Großkreis Münster-Warendorf) berichtete am 21. August in der Warendorfer Heimatzeitung über diesen Höhepunkt der Fahrt in Wien:

«Am 12. Tage mußten wir schon um 5 Uhr aus der Falle; denn wir fuhren mit dem Zuge nach Wien. Vom Bahnhof marschierten wir zum Zeltplatz auf den Praterwiesen. Dort standen schon die Lastwagen mit der Erbsensuppe und der Wurst, die uns gut schmeckten. Daneben standen die Wasserwagen der Stadt Wien mit Trink- und Spülwasser. Danach bauten wir die Zelte und füllten sie mit dem Stroh, das in großen Haufen auf dem Platz lag.»

Die westfälischen Jungen marschierten zum Rathaus: «Es begrüßte uns der HJ-Gebietsführer von Wien, und dann sprach zu uns der stellvertretende Gauleiter. Er freue sich besonders über unseren Besuch, da wir nicht zum Vergnügen nach Wien gekommen seien wie die meisten Besucher. Wir hätten jetzt die Ostmark kennengelernt, und er bitte uns, in der Heimat die vollkommen irrige Ansicht zu bekämpfen, Wien sei nur eine Stadt des Vergnügens. Wien habe lange und in allen Jahrhunderten gerungen um sein Leben und um sein Deutschtum gegen die Gefahren aus dem Osten. Erst kam die harte Arbeit und dann das Singen und Klingen. Und jetzt, im härtesten Kampf, habe auch die Arbeit gesiegt. Wien sei sich jetzt seiner neuen Aufgabe bewußt: Brückenpfeiler zum Osten zu sein.»

Zwischen den Zeilen des Berichts wird einiges von der Ernüchterung der Wiener ein Jahr nach der «Heimkehr ins Reich» deutlich. Diese Jungen kehrten am 28. August 1939 nach Hause zurück. Vier Tage später begann mit dem «Feldzug in Polen» der Zweite Weltkrieg! Solche Massen-

fahrten von HJ-Führern entstanden weder aus spontaner Wanderlust, noch schufen sie Gemeinschaften wie die Fahrten der Wandervögel und der Bünde. Diese HJ-Großfahrt war «Einsatz»: Einmal sollte die Ernte eingebracht werden, da es überall an Landarbeitern fehlte und die Bauern bereits einberufen wurden, und zweitens sollte propagandistisch das Verständnis zwischen dem «Altreich» und den neuen Grenzgauen gefördert werden. Aus den Worten des Wiener Gauleiters spricht die Sorge, seine Wiener könnten den Westfalenjungen nicht stramm genug sein.
Aber wir dürfen nicht ungerecht sein: Auch solche politischen Massenfahrten waren in ihrer Art noch «Erlebnis». Selbst wenn die Jungen wußten, daß sie «eingesetzt» waren: Sie sagten ja dazu, weil sie glaubten, für das große Vaterland ihre Pflicht tun zu müssen.
Im Laufe der Jahre wandte sich das Interesse der HJ-Führung von den Fahrten ab und dem Lager zu. Dafür gab es gewichtige Gründe, erklärbar aus Organisation und Stil der nationalsozialistischen Staatsjugend. Auch das Lager hat in der Geschichte der deutschen Jugendbewegung seine Entwicklung gehabt, und wieder ist sein Wandel typisch für die Erstarrung freien Jugendlebens im Dienst einer totalitären Organisation.

Das Lager

Lager – welch ein Zauberwort der Jungenphantasie! Indianer, Trapper, Freischärler und Räuber lagern im Walde. Unbekümmert streifen sie auf dunklen, verschwiegenen Pfaden, allein dem Drang des abenteuerlichen Herzens folgend. Aber es gibt andere Lager: Hornsignale schmettern am Tor, Lanzen blitzen hinter Wall und Graben. Jeder Tertianer lernte das geheimnisvolle Wort: Ein Lager schlugen sie auf, Cäsars eisenharte Legionäre. Vor Mailand lagerte Barbarossas Ritterschaft, vor Rom zogen Frundsbergs Landsknechte «mit Pfeifen und mit Trummen» durch die Zeltgassen. Wallensteins Sterne verdüsterten sich im Lager von Eger, die des Prinzen Eugen gingen strahlend auf vor Belgrad: «Zelte, Posten, Wer-da-Rufer...» Bei Bunzelwitz aber hockte der gichtige Preußenkönig auf fauligem Zeltstroh zwischen zerlumpten Grenadieren und wartete auf das «Mirakel des Hauses Brandenburg».
Aber zu dieser soldatischen Lagerwelt gehört auch der erbarmungslose Kommiß der Truppenübungsplätze, der «Schleifsteine» für ganze Generationen junger Männer. Von dort führen verödete Wege zu den Baracken der Arbeitslager, Straflager, Gefangenenlager, Flüchtlingslager, Konzentrationslager und Vernichtungslager. So leiden auch die Wörter die Geschichte derer mit, die sie sprechen...

Zigeunerhaft bunt begannen die «Kundentreffen» der frühen Wandervögel um die Jahrhundertwende. Aus Wolldecken und Gardinenkordeln schnürten sich die «Pachanten» ihre ersten Zelte zusammen. Soldatisch rückten dreißig Jahre später die bündischen Jungenschaften, «strammer als Reichswehr», in die Zeltgassen ein. Nicht das frei improvisierte Abenteuer des Wandervogellagers, sondern das Lager als Ort einer neuen Gemeinschaftsideologie faszinierte viele dieser jüngeren Bünde. Nüchterner hielten es die Pfadfinder: Sie bauten ihre Lager nach wie vor auf, um praktische Kenntnisse auszubilden: Zelten und Abkochen, Sport und Erste Hilfe, Geländedienst und Naturbeobachtung.
Ein Jungvolklager der HJ unterschied sich davon kaum. «Pimpf im Dienst» lehrte: «Das Lager ist die große Bewährung der Kameradschaft, der Zucht und der Ordnung. Die Pimpfe sind jetzt in den Rahmen einer großen Gemeinschaft eingespannt.» Aber auch in den Jungvolklagern wird der Dienst straffer, kommissiger. Sehr viele HJ-Lager werden gar nicht um des Lagers willen aufgebaut, sie geben nur den Rahmen für zweckbetonten Dienst: Sportlager, Führerschulungslager, Erntehilfelager, Wehrertüchtigungslager, Kulturlager, Ausleselager für Lehrerbildungsanstalten. Ob man Kartoffeln sammelt, Zielansprache übt oder neue Formen der HJ-Musik berät und erprobt: das Lager gibt den praktischen Organisationsrahmen, pflegt den immer wieder geforderten «Gemeinschaftsgeist» und behält obendrein auch dann noch einen Rest Romantik, wenn es aus rein sachlichen Gründen oder gar in einer Zwangslage entstand wie die Lager der Kinderlandverschickung im Kriege.
Lager verlangen Planung, Technik, Organisation. Vorkommandos rükken ab, um den Platz herzurichten, der schon lange vorher erkundet worden war. Sie bauen Zelte, Kochstelle, Waschplatz, Abfallgruben und Latrinen. Sie errichten Fahnenmast, Lagertor, Sitzring und Feuerplatz. Die Umgebung eines Lagers muß für Sport und Geländedienst brauchbar sein. Der Lagermannschaft wird die Zeit lückenlos verplant.
1934 lud der Jungbannführer von Lübeck die Lehrer der Hansestadt ein, das Führerschulungslager zu besichtigen, für das er einen «Rahmendienstplan» bekanntgab und der Einladung beilegte:

5.45	Wecken
7.00	Flaggenaufzug
7.30– 8.30	Weltanschauliche Schulung
8.30– 9.30	Sportbetrieb
9.30–10.30	Ausbildung im Gesundheitsdienst
10.30–11.45	Ordnungsdienst

12.00	Mittagessen, Ruhe
14.00–15.30	Heimabendgestaltung
15.30–17.30	Außendienst im Gelände
17.30–18.30	Freizeit
18.30	Abendappell, Flaggenabzug
19.00	Abendessen
19.30–21.00	Lagerfeuer
21.30	Ruhe

Wer diesen Dienst zwei Wochen lang mitgemacht hatte, kam ziemlich erholungsreif bei Mutter an.

Und immer größer wurden die Lager. Die größten waren nur noch Massenunterkünfte für die Marschierer bei Massendemonstrationen, eine Strapaze für alle Teilnehmer und ohne jeden erzieherischen Wert. Zehntausende versammelten sich so in der weißen Zeltstadt des HJ-Lagers Langwasser in Nürnberg. Je größer die Lager, desto pedantischer die Führung, desto bürokratischer die Organisation, desto kommissiger der Dienst. Zum Stab des Lagerführers gehören Adjutant, Geldverwalter, Gerätewart, Schulungsleiter, Küchenleiter, Schießwart, Schreibwart, Geländesportwart und so weiter. Die Funktionäre wohnen in komfortableren «Führerzelten». Bastler haben Lichtleitungen gelegt, Lautsprecher montiert, Feldtelefone und Radiogeräte angeschlossen. Ein Plattenspieler plärrt Marschmusik über die Zeltstadt. Im Verwaltungszelt klappert eine Schreibmaschine die Dienstpläne und Bekanntmachungen für das «Schwarze Brett» herunter.

Den Tagesablauf leitet ein «Führer vom Dienst». Ihm untersteht im Wachzelt am Tor die Lagerwache. Streng militärisch gibt sich eine Wachvorschrift für Jungvolkjungen (Höchstalter 14 Jahre!):

«Der Posten ist verantwortlich für die Überwachung des Ein- und Ausgangs... Das Herumstehen am Eingang ist verboten. Alle Personen, die das Lager betreten, haben sich auszuweisen. Kein Junge der Lagerbesatzung darf das Lager ohne Erlaubnisschein verlassen. Lieferer, Besucher usw. sind zum Wachzelt zu führen.» – Man wundert sich, daß dem Bäcker, der morgens die Brötchen anfährt, nicht auch noch die Augen verbunden werden!

Geltungsdrang und törichte Soldatenspielerei trieben schon im Frieden böse Blüten. Im Kriege wurde dann in allen Lagern der Wehrertüchtigung hart geschliffen. HJ-Führer waren dreimal Rekruten: im Wehrertüchtigungslager, im Reichsarbeitsdienst und in der Wehrmacht. Die Soldaten seien am menschenfreundlichsten gewesen, urteilen heute die Überlebenden, doch das mag an der Gewöhnung gelegen haben!

Die Lagermannschaft sollte auch «weltanschaulich» zur Einheit zusammenwachsen. Lied, Musik, Laienspiel, Erzählstunde und Feuerrunde gehörten zur «Kulturarbeit» des Lagers ebenso wie der Bau von Wappen, Toren, Sitzringen, Zeltgärten und Fahnenplätzen, die Redaktion einer Lagerzeitung oder die «Gestaltung» einer Lager-Chronik zur bleibenden Erinnerung an die Lagerzeit. Für diese Aufgaben brachte die Reichsjugendführung in dem Handbuch «Freude – Zucht – Glaube» viele Anleitungen heraus. Phantasievolle, unabhängige Führer aber entdeckten auch außerhalb genormter Richtlinien und verplanter Dienste noch freie Formen jungenhaften Lagerlebens.
Denn der Historiker, der heute die Geschichte dieser Jugend nur nach Akten, Dienstvorschriften, Zeitschriften und Erlebnisbüchern nachzeichnen will, gewinnt den Eindruck einer bürokratisch starren, kommissig verödeten Massenorganisation im Dienste einer absurden und gefährlichen Ideologie. Wenn dennoch viele heute längst erwachsene und kritische Deutsche noch gern an Jugenderlebnisse in der Hitlerjugend zurückdenken, so bedarf das nur aus Dokumenten gewonnene Bild der Korrektur durch die Erinnerung des Augenzeugen.
Die Hitlerjugend war nie so starr und uniform, wie mancher Eiferer in der Reichsjugendführung sie gern gewollt hätte. Buben aus München und Heidelberg sind anders als die Jungen in Magdeburg und Husum. Im Charakter der deutschen Stämme und Landschaften wandelt sich auch das Bild der Jugend, die dort lebt. Großstadtjugend ließ sich anders und leichter organisieren als die Landjugend. Und immer hing alles vom Führer, von der Führerin ab. Deshalb will ich hier Bodos Geschichte erzählen, zugleich eine Geschichte, die beweist, daß noch bis in den Krieg hinein in manchen Formationen der HJ das Abenteuer eines «bündischen» Lagers möglich war.

Pimpfenkrieg um Glatz

Bodo führte Ostern 1939 die Jungstämme II und III im Breslauer Jungbann 1/11. Seine Pimpfe gerieten in eine «Fehde» mit den Jungen von Glatz, der alten Festungsstadt Friedrichs des Großen im schönen Talkessel zu Füßen des Schneebergs.
Bodo war gesund und sehr kräftig, doch kein fanatischer Spitzensportler. Die schweren, weil vielseitigen Bedingungen des Führerzehnkampfs erfüllte er ohne Mühe und trug das «Goldene Führersportabzeichen der HJ». Er war mäßig intelligent und nicht nur zum Ärger seiner Lehrer ein schlechter Schüler; auch seine Vorgesetzten bedauerten sein Versagen in

der Schule, es schadete dem Ansehen der HJ. Der Breslauer Jungbannführer hatte zeitweilig einen Professor für Philosophie und Pädagogik gewonnen, damit er vermittle, wenn die Schulleiter über Jungvolkführer Klage führten.

Weil Bodo also «kein großes Kirchenlicht» war, versagte er auch als Redner, bei Feierstunden und Heimabenden; im Gegensatz zu vielen Jungvolkführern war er also gar nicht «musisch».

Aber seine Vitalität, seine strahlende Laune und die unbändige Lust dieses Jungen an Spaß und Abenteuer machten ihn zum natürlichen Mittelpunkt seiner Meute. Wo immer er auftauchte, da «war was los»! Aber er war kein Bandenhäuptling, war also nie boshaft oder leichtsinnig, geschweige kriminell. Drei Jahre lang führte er mehr als 800 Jungen, führte sie bei vielen Fahrten, Lagern und Sportwettkämpfen, ohne daß es einen einzigen schweren Unfall gab, obwohl es in seinem Jungstamm nicht zimperlich herging.

Wir rüsteten im Sommer 1939 fieberhaft zum Sturm auf die Festung Glatz. Niemand von uns merkte, daß gleichzeitig eine ganze Heeresgruppe nach Schlesien in die Bereitstellungen zum Überfall auf Polen rollte. Uns war es wichtiger, die Glatzer Jungen zu verhauen oder selber Prügel einzustecken, auf jeden Fall aber einen tollen Spaß zu haben. Hellblau leuchtete unsere «Fehdefahne». Nur sie nahmen wir ins Lager mit; die «genormten» Dienstfahnen blieben zu Hause.

Der Platz bei Bad Altheide lag ideal. Hellgrau standen die Zwölferzelte vor den blauschwarzen Tannen, und der Wald wuchs die Hänge hoch und hinein in das diesige Ungefähr des Berglandes, das den Talkessel umschloß. Die Reise hierher, die Schönheit des Ortes, die Erregung eines Lagers, das uns gleichzeitig tagelang in der Spannung eines großen Kampfspiels halten würde, ließen uns in der ersten Zeltnacht lange nicht einschlafen. Und dann kam es schon zu ersten Störungen: einige «Natzel», wie man die Glatzer in Schlesien gutmütig spottend nannte, hatten sich ans Lager geschlichen und die Zelte mit Tannenzapfen und Ästen beworfen.

Bodo ließ die Wache auf zwei Jungenschaften verstärken. Aber die Glatzer Jungen kannten sich aus; sie waren hier zu Hause und holten sich die Fehdefahne in stockfinsterer Regennacht mitten aus unserem Lager heraus! Bodo heulte vor Wut; er zog einen Pullover über das Braunhemd und verschwand für Stunden in der feindlichen Stadt. Als er zurückkehrte, hatte er einen Plan. Aus seinen stämmigsten Fähnlein- und Jungzugführern bildete Bodo ein «Rollkommando». Die Jungen tarnten sich zivil, indem sie Trainingsanzüge ohne Abzeichen über die Uniformen streiften.

HJ in der «Kampfzeit». Berliner Jungen demonstrieren im «roten» Neukölln. Abzeichen und Uniformen sind verboten, Polizei marschiert mit.

Werner Gerhardt war Jungvolkführer in Zeitz, zwanzig Jahre alt, und starb als Opfer eines Überfalls im Juni 1932. Jungen der HJ und des Jungvolks halten ihm mit SA- und SS-Männern die Ehrenwache.

«Nur aus Manneszucht und Opfergeist kann ein Geschlecht erstehen, das den großen Aufgaben, vor welche die Geschichte das deutsche Volk stellen wird, gewachsen ist.» Reichspräsident von Hindenburg spricht zur deutschen Jugend im Berliner Lustgarten am 1. Mai 1933.

Den sechzehnjährigen Herbert Norkus aus Berlin erhob die HJ zum «Blutzeugen». Die Ottostraße in Berlin wurde 1934 zu Ehren des Toten feierlich in Norkusstraße umbenannt.

ɜleichschaltung der Bünde. ɜustav-Adolf-Kundgebung uf dem Tempelhofer Feld ı Berlin 1933: Noch sind icht alle Uniformen, Fahnen ınd Abzeichen genormt.

Machtergreifung» auch in en Schulen. Darmstädter IJ verbrennt die Schüler-ıützen, um die Einheit der ıgend zu demonstrieren.

Ein Berliner HJ-Führer weiht mit dem Tuch der Blutfahne eine neue Gefolgschaftsfahne. Im Kult um Blut und Fahne wird die deutsche Jugend zum Opfergang erzogen.

Vorhergehende Seite, oben und rechts: Ein eigener Aufmarschstab der Reichsjugendführung führt Massenregie. Massen organisieren, Massen uniformieren und Massen begeistern ist die Aufgabe nationalsozialistischer Propaganda. Sie gipfelt im Kult des Führers: An ihm marschieren die Bannfahnen zum Schlußappell des Adolf-Hitler-Marsches vorüber, ihm jubeln Zehntausende von BDM-Mädchen zu, ihn feiert die gewaltige Jugendkundgebung beim Reichsparteitag.

Ein Jungmädel am Wimpelring im Zeltlager. Anfangs unterschied sich die Mädchenerziehung kaum vom strammen Dienst der Jungen.

Nicht denken sollte diese Jugend, sondern fühlen und glauben. Das «Feierjahr der HJ» rührte mit Fackeln und Fahnen das Gemüt: Berliner BDM bei einer Feierstunde im Pergamon-Museum.

Auf Rädern drangen sie in die Stadt ein und trödelten harmlos und weit verstreut zur Straße hin, in der die Wohnung des Glatzer Pimpfenführers lag. Jochen, ein ungemein dreister Spaßvogel unter den Fähnleinführern, klingelte an der Wohnungstür, sobald der Glatzer Jungstammführer das Haus verlassen hatte. Als ein Mädchen öffnete, erkannte Jochen blitzschnell die Chance: Harmlos bat er um die blaue Fahne, obwohl er doch gar nicht wissen konnte, wo sie war. Das Mädchen nickte und reichte ihm nichtsahnend das Banner. Noch im Treppenhaus entsetzte das brave Mädchen ein Freudengeheul der im Hinterhalt lauernden Meute. Als die Kleine voller Angst ans Fenster stürzte, flitzte eine Horde in blauen Trainingsanzügen aus der Stadt, so schnell die Beine in die Pedalen treten konnten.

Wir hatten die blaue Fahne wieder und noch zwei volle Tage Zeit bis zum verabredeten Großkampf.

Solche Erfolge stärkten unsere «Kampfmoral» beträchtlich. Am Sonntagmorgen rückten wir nach Glatz ab. Wir umgingen die Stadt und hielten am Fuß der Festung. Die Glatzer hatten oben die Bastionen besetzt, die an militärische und für uns abgesperrte Anlagen grenzten. Singend marschierten wir den steilen Weg hinauf. Wir keuchten, aber wir sangen weiter, voran «Säcke» mit der blauen Fahne, zugleich unsere Geheimwaffe: Säcke war ein sehr kleiner, aber unwahrscheinlich starker Fähnleinführer, der sich im Kampf überraschend auf kräftige Gegner warf, die ihn unterschätzt hatten. Wir schlugen die verwirrten Glatzer ohne Mühe. Die meisten von uns behielten am Oberarm die blauen «Lebensfäden» aus Wolle. Bodo und die Fähnleinführer, allen voran der stämmige Säcke, hielten die roten Fäden der Glatzer wie Skalpe gebündelt über sich und winkten, und wir alle brüllten unseren Schlachtruf: «BV-Aral!», den Namen der Benzinmarke als jungenhafte Parodie auf das «Sieg-Heil!»-Gebrüll benutzend.

Wir kehrten nach Breslau zurück und hatten noch tagelang zu tun, bis alle Arbeiten, die den Abbau des Lagers betrafen, erledigt waren. Oft trafen wir uns mit Bodo in seiner Dienststelle, und dann kamen die Tage, in denen wir erregt die paar Schritte zur Kaiserbrücke hinüberliefen. Die stählerne Hängebrücke schütterte unter der klirrenden Last der Panzer und Zugmaschinen. Die Soldaten winkten uns zu, die Offiziere tippten mit nachlässiger Eleganz an die Mützenschirme.

Acht oder neun Monate später schoß ein britischer Jagdflieger eine deutsche Transportmaschine ab, die junge Fallschirmjäger zu ihrem ersten Einsatz nach Narvik fliegen sollte. Die Maschine stürzte auf schwedischen Boden, nahe der norwegischen Grenze. Bodo wurde mit seinen Kameraden auf einem Waldfriedhof von schwedischen Bauern begraben. Das englische Maschinengewehr hatte ihn schon im Flugzeug getötet.

Neunzehn Jahre – älter war er nicht geworden. Er war kein «Idealist», der für Fahne, Führer, Volk und Vaterland marschierte. Bodo flog nach Narvik so fröhlich, wie er vor seinen singenden Pimpfen den Glatzern entgegengezogen war.

Der deutschen Jugend «Feierjahr»

Schulung überall

«Die letzte Verwirklichung der nationalsozialistischen Weltanschauung ist abhängig von der Durchführung der nationalsozialistischen Erziehung unseres Volkes», erklärte Hitler 1934 in Nürnberg. Der HJ als Jugendorganisation der NSDAP war damit ein klarer Auftrag gegeben. Im August 1936 heißt es in der Führerzeitschrift «Wille und Macht»: «Die Jüngsten werden heute so erzogen und vor solche Entscheidungen gestellt, daß sie gar nicht anders lernen als nationalsozialistisch zu denken und zu handeln.»

Es gab keinen dienstlichen Alltag, kein Lager, keine Sonderaktion ohne «weltanschauliche Schulung». Bei den sportlichen und geländesportlichen Prüfungen für die Leistungsabzeichen wurden Schulungsaufgaben abgefragt. Beim Reichsberufswettkampf mußten Gärtner, Schornsteinfeger, Stenotypistinnen und Studenten nicht nur tüchtige Fachleute sein, sondern auch Weltanschauung bekennen. Der Junge, der aus Freude am Auto zur Motor-HJ ging, wurde dort weltanschaulich «ausgerichtet». Das Mädchen, das sein Cello liebte und in die Gebietsspielschar eintrat, um musizieren zu können, kam dabei um Rassenlehre und das Leben des Führers nicht herum.

Wenn also immer und überall geschult wurde, müßte es leicht sein, in wenigen Sätzen zu sagen, welche Weltanschauung die deutsche Jugend damals glauben und bekennen sollte. Hier aber zeigt sich eine Schwierigkeit, die Ernst Nolte als allgemeines Kennzeichen faschistischer Ideologien erkannte: sie sind «gleichzeitig rational bis zur übermenschlichen Perfektion und irrational bis zum untermenschlichen Irrsinn».

Im Gegensatz zum Kommunismus baut der Nationalsozialismus auf keinem philosophisch-wissenschaftlich begründeten Denksystem auf. Die NS-Weltanschauung ist vielfach kaum über das hinausgekommen, was sich der junge Hitler zufällig aus politischen Schundheften und dem Gerede der Leute in Wiener Asylen und Männerheimen angeeignet hatte.

Deshalb stehen die Schulungsthemen der NSDAP in keinem geistigen Zusammenhang, sind aber verbunden durch das allgemeine Ziel der nationalsozialistischen Propaganda, die dem deutschen Volk mit einem Aufwand ohne Beispiel einhämmerte: Wir Deutschen sind besser als die anderen. Wir sind deshalb zur Herrschaft berufen. Diese ist aber nur im Kampf zu erreichen, also macht euch stark, seid opferbereit, seid immer und zu allem bereit. Die Chance, die «deutsche Sendung» vor der Geschichte zu erfüllen, ist einmalig, weil das Reich nun seinen einmaligen, gottgesandten Führer gefunden hat.

Auch die von der RJF der Hitlerjugend befohlenen Schulungsthemen gaben der deutschen Jugend keine geistig begründete Weltanschauung, sondern stammten aus dem zweideutigen Klima einer Ideologie, die der Jugend das Denken verächtlich machte, weil sie allein zum blinden Glauben an die Führung erzogen werden sollte. Was geglaubt wurde, war zweitrangig, weil es ohnehin davon abhing, ob es den Machthabern nützte.

Da es also keine durchdachte Konzeption gab, genügt es, die Hauptthemen kurz zu nennen, die Bannführer Schnabel 1938 in der Schrift «Das Führerschulungswerk der Hitler-Jugend» aufzählte:

1. *Rassenlehre und Bevölkerungspolitik* galten allgemein als Grundlagen nationalsozialistischer Lebensführung. Der Rassengedanke forderte von der deutschen Jugend: «Reinerhaltung des Blutes, Gesunderhaltung des Blutes, Vermehrung des Blutes.» Man lehrte, daß die Menschheit in gesunde und kranke Rassen, in starke Herrenvölker, schwächere Arbeitsvölker und minderwertige Parasitenvölker eingeteilt sei, nachweisbar zum Beispiel an der Rangfolge: Deutsche – Slawen – Juden. Die gewaltsame Errichtung eines deutschen Kolonialreiches in Osteuropa und die gleichzeitige Ausrottung der Juden wurden mit dieser Rassenlehre begründet.

Der *«Gesunderhaltung des Blutes»* dienten Schulungsabende über Erbkrankheiten und die Verhinderung erbkranken Nachwuchses. Es ist gewiß natürlich und vernünftig, jungen Menschen zu sagen, daß sie sich und ihre Kinder unglücklich machen, wenn sie selbst Träger schwerer Erbkrankheiten sind oder sich mit einem kranken Partner verbinden. Barbarisch aber waren Begründung und Folgerung der nationalsozialistischen Erbgesundheitslehren. Menschen, die danach amtlich zum «lebensunwerten Leben» und damit zum Tode verurteilt wurden, starben als Opfer jener furchtbaren Herdbuch-Ideologie, die sich über alle geistigen, rechtlichen und moralischen Bedenken hinwegsetzte und den Auslesegedanken biologisch wörtlich nahm. Wie ein Forstmeister die schwachen Böcke aus dem Revier schießt, um die Art stark zu erhalten, so griff der anonyme Apparat der staatlichen Medizinalbürokratie ein, um Kranke auszumerzen und Gesunde zu frühzeitiger und häufiger Vermehrung zu bringen.

Denn *Ehetauglichkeit und Bevölkerungspolitik* waren weitere Schulungsthemen. Die Jugend sollte darauf achten, sich nur deutsche und erbgesunde Partner auszusuchen. Wie sie äußerlich etwa aussahen, wurde in unzähligen Abbildungen dargestellt. Ein kunstgewerblich hergestelltes Germanenklischee erhob man zum Leitbild einer ganzen Generation. Ahnen- und Gesundheitspässe sollten den Stolz auf die eigene alte und gesunde Familie fördern, aber auch ganz praktisch die Partnerwahl erleichtern: war das Mädchen arisch und gesund, dann durfte man es auch lieben; Partei und Staat waren einverstanden. Die Jugend sollte zu früher Heirat und kinderreicher Ehe erzogen werden, ein Schulungsthema, das die Mädchenerziehung besonders ausführlich behandelte. Denn nur ein gesundes, auch zahlenmäßig starkes Volk konnte jenen explosiven Ausdehnungsdrang entwickeln, der dem kriegerischen Aktivismus der Partei entsprach.

2. *Die deutsche Geschichte* war Rahmenthema für eine Fülle von Heim- und Schulungsabenden, die deutsches Wesen, die Leistungen großer Deutscher und die Höhepunkte deutscher Geschichte feierten. Krisen und Katastrophen begründete man ebenso einseitig damit, daß die Deutschen in dieser Epoche ihrem Wesen untreu geworden oder das Opfer bösartiger Überfremdung durch Nachbarvölker oder innere Schädlinge geworden seien. Die Schulung unterschied zwischen Themen aus der älteren deutschen Geschichte und der Darstellung der letzten Jahrzehnte, die ganz bestimmt waren von der Parteigeschichte der NSDAP.

Deutsche Geschichte wurde gedeutet als zweitausendjähriger Anlauf zum Idealziel des Dritten Reiches, das «tausend Jahre» oder gleich «ewig» dauern sollte. Die Nationalsozialisten erklärten, und das tun alle Ideologen, den von ihnen gewünschten Zustand zum einzig denkbaren und endgültigen Gipfel der historischen Entwicklung. Der Nationalsozialismus wird damit zum Sinn der Geschichte, und seine tagespolitischen Interessen werden von weit her aus der Vergangenheit begründet und gerechtfertigt.

Hierfür einige typische Schulungsthemen der HJ:

Die Germanen – Barbaren oder Kulturträger?

Unsere Heimat erzählt vom Werden des Reiches

Der Osten – deutsches Schicksalsland

Der deutsche Opfergang zur Einheit des Reiches

Das Volk steht auf gegen Rom (Rom hier als Sitz des «internationalen

Katholizismus» unter dem Blickpunkt: «Preußen als der ewige Protest gegen Rom»)
Soldatentum – Deutschlands ewige Kraft
Zweitausend Jahre germanische Schildwacht gegen Asien (Der Ansturm Asiens in der Antike – Germanen und Hunnen – Germanen und Araber – Deutsches Reich und Mongolensturm – Die Türkenkriege – Die russische Dampfwalze im Weltkrieg – Deutschland und der Bolschewismus)
An diesem Thema der «germanischen Schildwacht» wird die ideologische Zersetzung des Geschichtsbildes besonders deutlich. Völlig verschiedene Ereignisse werden aus dem historischen Zusammenhang gerissen und in eine Entwicklungslinie gezwungen, die nur eine Frontstellung der Gegenwart historisch rechtfertigen soll, nämlich die Stoßrichtung der deutschen Außenpolitik nach Osteuropa und die Todfeindschaft des Regimes gegen den «Bolschewismus», der gleichzeitig auch für «asiatisch» erklärt wird.
Die jüngste deutsche Geschichte seit dem Ersten Weltkrieg vereinfachte man zur Geschichte der NSDAP. Pimpfen und Jungmädeln der jüngsten HJ-Jahrgänge war sie identisch mit dem «Leben des Führers», das jeder in der parteiamtlichen Legende hersagen mußte, wenn er sich um das Leistungsabzeichen bewarb. Der Lehrgang des «Führerschulungswerks» empfahl als Einzelthemen:

a) Das deutsche Volk im Kampf um Arbeit, Brot und Zukunft.
b) Volk, Bewegung und Staat in der Aufbauarbeit des Dritten Reiches.

Zum Ersten Weltkrieg lernten die Hitlerjungen, daß an seinem Ausbruch Deutschland ganz und gar unschuldig gewesen sei. Französische Rachsucht (unser «Erbfeind»!), russischer Eroberungsdrang und angelsächsischer Wirtschaftsneid hetzten zum allgemeinen Kesseltreiben gegen das arglose Deutschland, ferngelenkt natürlich schon damals von internationalen Verschwörern, den Feinden des Reiches heute und immer: Juden, Freimaurern, Jesuiten. Im Kriege selbst blieb das heldenhafte deutsche Frontheer unbesiegt, doch der Krieg ging verloren, weil jüdisch verhetzte Marxisten der Heldenfront den Dolch heimtückisch in den Rücken stießen. Diese «Novemberverbrecher» gründeten und regierten dann den Weimarer Staat. Doch diese mit allen Übeln und Schrecken beladene «Systemzeit» endete im Erlöserwerk des Führers, den die Vorsehung dem deutschen Volk in der Stunde seiner tiefsten Erniedrigung als Retter gesandt hatte.
3. Ein dritter Themenkreis diente der *«politischen Auslandskunde»* und hatte die außenpolitischen Ziele Hitlers zu erläutern. Die 1938 publizierte Themenauswahl ist typisch für die Stoßrichtung der nationalsozialistischen Außenpolitik im Vorfeld des Zweiten Weltkrieges:

Böhmen – Zitadelle Europas
Die Tschechoslowakei – das Flugzeugmutterschiff der Sowjetunion
Sowjetstern am Mittelmeer
Japans Kampf um seine Vormachtstellung in Ostasien
Moskau bedroht den Frieden Europas
Kräftespiel im Donauraum
Kampf um die Weltmacht Rohstoff
Bleibt England Weltmacht?
Die Judenfrage als weltpolitisches Problem

«Völker kämpfen um ihren Lebensraum», ein anderes Rahmenthema der HJ-Führerschulung, sollte die expansiven Ansprüche des «weltpolitischen Dreiecks Rom–Berlin–Tokio» begründen:

Italien und sein Imperium
Japans Kampf um China
Unsere Forderung nach Kolonien

Die Themen dieser drei Hauptschulungskreise (Rassenlehre, Geschichte, Weltprobleme der Gegenwart in nationalsozialistischer Sicht) deckten sich in vereinfachter Form mit den Prüfungsaufgaben für die verschiedenen Stufen der Leistungsabzeichen in BDM und HJ. In Heimabenden erarbeiteten die Führer mit ihren Jungen oder Mädchen die «Mindestantworten». Wie dabei Tatsachen, Halbwahrheiten und plumpe Lügen zur parteiamtlichen Legende gemischt wurden, mag das Beispiel eines Heimabends zum «Leben des Führers» zeigen, den ich in seinem äußeren Rahmen aus eigener Erinnerung, im Text den amtlichen Schulungsheften nachzeichne.

Zwanzig Jungen, zwölf bis siebzehn Jahre alt, sitzen auf schmalen, schwarz gestrichenen Holzbänken um einen langen Tisch. Vor sich hat jeder Junge Notizbuch und Bleistift liegen. Der Stuhl an einer Schmalseite des langen Tisches blieb frei. Dort in der Nähe wartet der älteste Jungzugführer. Als sich die Tür öffnet, schreit er «Achtung!», die Jungen springen auf und stehen starr.

«Fähnleinführer, ich melde die Führerschaft zum Heimabend angetreten!»

«Heil Hitler, Kameraden!»

«Heil Hitler, Fähnleinführer!»

«Setzt euch!» Die Jungen sitzen in ihren blauen Jungenschaftsjacken um den Tisch. Es sind noch fast die Blusen, die der wilde «tusk» erfand, den die Gestapo mit gebrochenen Füßen ins Ausland gejagt hatte. Die zwanzig Jungen waren Unterführer eines Jungvolkfähnleins: Jungenschaftsführer, Jungzugführer, Hauptjungzugführer, Geldverwalter. Der Fähnleinführer hat Mütze und Handschuhe abgelegt und beginnt:

«Kameraden! Jeder von uns muß das große, einmalige Leben unseres Führers Adolf Hitler genau kennen, und er muß seinen Pimpfen davon erzählen können. Das Wunder dieses Lebensweges erklärt uns die Geschichte und den Auftrag unseres Volkes. Wir singen zu Beginn unseres Heimabends das Lied: «Die Welt gehört den Führenden…»
Die Jungen singen:

Die Welt gehört den Führenden,
sie gehn der Sonne Lauf.
Und wir sind die Marschierenden,
und keiner hält uns auf.
Das Alte wankt, das Morsche fällt.
Wir sind der junge Sturm,
wir sind der Sieg!
Sprung auf, marsch, marsch!
Die Fahne auf den Turm!

Alle Jungen setzen sich wieder; nur ein Pimpf steht noch und spricht das «Bekenntnis zum Führer»:

Wir hörten oftmals deiner Stimme Klang
und lauschten stumm und falteten die Hände,
da jedes Wort in unsre Seelen drang.
Wir wissen alle: Einmal kommt das Ende,
das uns befreien wird aus Not und Zwang.

Was ist ein Jahr der Zeitenwende!
Was ist da ein Gesetz, das hemmen will!
Der reine Glaube, den du uns gegeben,
durchpulst bestimmend unser junges Leben.
Mein Führer, du allein bist Weg und Ziel!

Noch eine Minute bedeutsamen Schweigens wartet der Fähnleinführer ab; dann erzählt er:
«Unser Führer Adolf Hitler wurde als Sohn eines einfachen Zollbeamten in Braunau am Inn geboren. Schon bei den Spielen der Jungen zeichnete er sich als kleiner Rädelsführer aus. In der Schule lernte er leicht. Seine Lieblingsfächer waren Geschichte und Erdkunde, doch am besten konnte er zeichnen. Deshalb wollte er Kunstmaler werden. Aber weil seine Eltern früh starben, geriet er in bittere Not. Er mußte deshalb die Schule vorzeitig verlassen. An der Wiener Kunstakademie sagte man ihm, er sei mehr zum Architekten als zum Maler begabt. Aber nun fehlte ihm der

richtige Schulabschluß. So mußte er sich in Wien früh durch allerschwerste Arbeit sein Brot verdienen. Als Bauarbeiter lernte er die Sorgen der einfachen Menschen kennen und die Verhetzung des deutschen Arbeiters durch jüdische Marxisten.»
Wieder schweigt der Fähnleinführer und läßt ein anderes Lied singen, das er passend für diesen Augenblick ausgesucht hatte:

Brüder in Zechen und Gruben,
Brüder, ihr hinter dem Pflug!
Aus den Fabriken und Stuben
folgt unsers Banners Flug.

Der Fähnleinführer tritt vor eine Wandkarte Europas: «Hier liegt Wien, wo der Führer vor dem Weltkrieg lebte. Und dieses Wien, ihr seht es, ist umgeben von einer Vielzahl kleiner Völkerschaften, die es beherrschte. Vor allem sind es Slawen, aber auch viele Juden, die alle in Wien zusammenkamen. Dort lernte der Führer, daß Völker verschieden sind und daß unser deutsches Volk höher steht als die anderen. Deshalb hielt es ihn nicht in Wien, und er ging nach München, ins Deutsche Reich.
Bei Kriegsausbruch 1914 meldete sich der Führer begeistert als Kriegsfreiwilliger. Mit Sondererlaubnis des bayerischen Königs trat er in das Infanterieregiment List ein. Vier Jahre lang war Adolf Hitler ein tapferer Meldegänger an der Westfront. Er wurde zweimal verwundet und mit dem Eisernen Kreuz I. Klasse ausgezeichnet.
1918 erblindete Adolf Hitler nach einem Beschuß der Front mit englischen Gasgranaten. Als er hilflos im Lazarett Pasewalk in Pommern lag, hörte er vom Zusammenbruch Deutschlands. Da weinte der Führer, zum ersten Male seit dem Tode der geliebten Mutter weinte er, und er beschloß in Schmerz und Empörung, Politiker zu werden und Deutschland wiederaufzurichten.»
Ein anderer Junge erhebt sich und tritt vor:

Einer ward der Führer, einer von vielen,
und er formte sein Ziel aus den Zielen
einer schicksalsschwangeren Zeit.
Einer trug gläubig die Fahne vor allen,
sie ist seither noch niemals gefallen,
sie wird leuchten in Ewigkeit!

Schweigend setzt sich der Sprecher, und der Fähnleinführer berichtet weiter:
«Adolf Hitler trat in München als siebentes Mitglied in die Deutsche

Arbeiterpartei ein. Aus ihr schuf er in drei Jahren eine Bewegung, die es am 9. November 1923 wagen konnte, den offenen Kampf gegen die Berliner Volksverräter zu beginnen. Aber die Erhebung scheiterte am hinterhältigen Wortbruch bayerischer Politiker und Offiziere, auf deren Mithilfe Adolf Hitler vertraut hatte. An den Stufen der Feldherrnhalle lagen des Führers treue Kameraden tot oder verwundet. Die Bewegung hatte ihre ersten Blutzeugen. Auch der Führer war verletzt worden. Man stellte ihn mit seinen Getreuen vor Gericht und verurteilte ihn zu Festungshaft. In der Festung Landsberg am Lech schrieb der Führer sein großes Buch ‹Mein Kampf›.
Kaum entlassen, gründete er die NSDAP neu. Unbeirrbar verfolgte er im härtesten Kampf nur ein Ziel: Die Befreiung und Erneuerung Deutschlands. Am 30. Januar 1933 war es soweit: Generalfeldmarschall von Hindenburg berief den unbekannten Gefreiten des Weltkrieges zum Führer und Reichskanzler. Damals begann des Führers unaufhaltsamer Siegeszug im Kampf um das tausendjährige Reich der Deutschen, das in diesem Jahre mit der Heimkehr der Ostmark zum Großdeutschen Reich geworden ist.»
Der Fähnleinführer setzt die Mütze auf und zieht die Handschuhe an. Er steht stramm und ruft: «Führerschaft, Achtung!» Die Jungen springen von den Bänken; alle halten die Gesichter straff und tiefernst. Dann singen sie:

Wo wir stehen, steht die Treue,
unser Schritt ist ihr Befehl.
Wir marschieren nach der Fahne,
so marschieren wir nicht fehl.

Der Fähnleinführer erhebt die Stimme: «Kameraden, wir geloben dem Führer ewige Treue – unser Führer Adolf Hitler, Sieg –» Die Jungen antworteten mit einem lauten «Heil!» Sie wiederholten den Heilruf dreimal, und der Heimabend ist damit beendet.
Für diese Heim- und Schulungsabende gab das Amt für weltanschauliche Schulung in der RJF einheitliche Richtlinien, Führerblätter und Heimabendmappen heraus. Neben der Einheitsschulung waren die Betreuung der zahlreichen Führerschulen, aber auch die Überwachung und Prüfung des Jugendschrifttums seine Aufgabe. In der Flut von Schulungsmaterial waren die «Heimabendmappen» so aufgebaut, daß unselbständige Führer das Heft einfach vorlesen konnten oder von verschiedenen Sprechern lesen ließen. Sie fanden darin auch die passenden Sprüche, Lieder und Führerzitate.

Methodisch berücksichtigten die Mappen verschiedene Altersstufen. Pimpfe sprach man anders an als ältere Hitlerjungen, und allgemein wurden die Jungen wieder anders geschult als die Mädchen. Der HJ-Schulung dienten neben Heimabenden, die weniger belehrten als das Gefühl ansprachen, daher also auch mit Sprüchen und Liedern ideologisch aufgehöht wurden, reine Schulungskurse, die mehr Wissen vermitteln sollten, z. B. über Vererbungslehre, Rassenkunde usw. – Auch der Rundfunk und die Presse beteiligten sich an der Schulungsarbeit, und hier überschnitten sich die Aufgaben zweier Ämter in der Reichsjugendführung.

Presse und Propaganda

Denn mit dem Schulungsamt arbeitete das Amt für Presse und Propaganda eng zusammen. Dort wurden die wichtigsten Zeitschriften redigiert und ausgeliefert:
DER PIMPF
DAS DEUTSCHE MÄDEL
JUNGE WELT
DIE HITLER-JUGEND
Das waren allgemeine Blätter, die sich an die ganze HJ oder an ihre Teilgliederungen wandten oder allgemein die Öffentlichkeit über die HJ informieren sollten.
WILLE UND MACHT hieß das Monatsheft für die Führerschaft, zugleich das geistig anspruchvollste Organ der HJ, die sich dort um die theoretische Begründung der Staatsjugend bemühte. DAS JUNGE DEUTSCHLAND war dagegen mehr ein Heft zur sachlichen Information über die Sozialarbeit der HJ. Solche mehr sachgebundenen Publikationen gab es auch für andere Sonderaufgaben, z. B. JUNGE DORFGEMEINSCHAFT als Zeitschrift der Landjugend.
Der «Reichsjugend-Pressedienst» versorgte die Zeitungen mit Nachrichten und Berichten aus dem Leben der HJ. Viele Tageszeitungen hatten Jugendbeilagen eingerichtet, die von HJ-Presseführern geleitet wurden. Entsprechend dem Amt Presse und Propaganda der RJF in Berlin hatte jedes Gebiet seine Presseabteilung, jeder Bann seine Pressestelle. Der Propaganda-Apparat sollte einmal für die HJ und ihre vielen Aktionen werben, aber auch allgemein Eltern, Erzieher, Parteiführer, Behörden und sonst Interessierte über den HJ-Dienst und seine Ziele unterrichten. Das Propaganda-Amt bereitete auch die vielen Sonderaktionen vor durch Plakate, Flugblätter, Transparente, Losungen, Broschüren und Bücher, Texte für Zeitungen, Filme und Rundfunksendungen. Die Filmarbeit

war diesem Amt unterstellt, sofern es sich um reine Werbefilme handelte oder um Dokumentationen über den HJ-Dienst wie in den beiden bekanntesten Reportagen über den «Adolf-Hitler-Marsch» und über das BDM-Werk «Glaube und Schönheit», zwei Filme, die auch gern im Ausland gezeigt wurden, wenn dorthin HJ-Delegationen reisten. Die im Presse- und Propaganda-Amt tätigen Führer und Führerinnen mußten besonders beweglich und vielseitig informiert sein. Sie hatten sich in allen Dienstbereichen der Riesenorganisation auszukennen, da sie umfassend berichten sollten.

Welches Ausmaß die Schulungs- und Propagandadienste erreichten und welche Mittel dafür ausgegeben wurden, können die in allen HJ-Berichten so beliebten Zahlenhinweise nur andeuten. Schon 1934 erschienen die Heimabendmappen vierzehntägig in einer Auflage von 100000 Exemplaren; sie stieg bis Kriegsbeginn auf 620000 Hefte! 1934 verkaufte man von dem bekannten Führerbuch «Pimpf im Dienst» in wenigen Monaten die ersten 50000 Exemplare. Diese Handbücher, z. B. «HJ im Dienst» und «Mädel im Dienst», wurden zu Hunderttausenden verkauft, da sie für den dienstlichen Alltag den Führern der unzähligen kleinen Einheiten die praktischen Hinweise gaben.

1934 fanden wöchentlich bereits über 200000 Heimabende statt. Aber überall fehlte es an Heimen. Die Reichsjugendführung erklärte deshalb für 1937 das «Jahr der Heimbeschaffung». Die Gemeinden waren verpflichtet, den Heimbau der HJ zu fördern und zum Unterhalt der Heime beizutragen. Ein «Arbeitsausschuß für die Hitlerjugend-Heimbeschaffung» unter Obergebietsführer Helmut Möckel koordinierte die zentrale Planung in Berlin mit Vertretern des Reichserziehungsministers und des Reichsschatzmeisters der NSDAP, dem die HJ-Finanzen unterstanden. Eine «Hitlerjugend-Heimplakette» sollte «diejenigen Persönlichkeiten, die das Heimbauprogramm der Reichsjugendführung besonders tatkräftig unterstützt haben», auszeichnen. Bis 1943 entstanden 1071 neue Heime nach den amtlichen Bauweisungen der HJ; etwa 40000 Heime wurden behelfsmäßig ausgebaut. Oft gaben Schulen und andere staatliche Behörden Räume her, und die Jugendherbergen waren weitgehend fest belegt mit Führerschulungslagern. Die HJ-Heime sollten auch im Kriege nur im äußersten Notfall anders verwendet werden, um den HJ-Dienst nicht zu stören.

Im Rundfunk schuf sich die NSDAP ein besonders wirksames Instrument der Massenführung. Die «Stunde der jungen Nation» strahlte über alle deutschen Sender das Heimabendthema der Woche aus. Bequeme oder ungeschickte HJ-Führer brauchten ihre Jungen also nur zum «Gemeinschaftsempfang» antreten zu lassen. Die Reichsjugendführung aber hatte die Gewißheit, daß hier wirklich «reichseinheitlich» geschult wurde. Da die Schulenden selbst und immer wieder neu geschult werden mußten, unterstand dem Amtschef Obergebietsführer Dr. Helmut Stellrecht auch die weitverzweigte Organisation der HJ-Führerschulen: «Pflegestätten eines neuen Denkens und Könnens. Eine stolze Reihe – in alten Burgen, Schlössern, Gutshäusern, abseits von den Städten, draußen auf dem Lande; Sportplatz und Gelände dabei. Neue Stätten der Kultur, an der Größe der Aufgaben ständig wachsend; die Schulen des Nationalsozialismus für seine Jugend.»

Es war nicht Aufgabe dieser Schulen, im HJ-Führer mitdenkende und mitverantwortliche junge Menschen zu erziehen. Worum es ging, sprach Schirach offen aus: «Ein Arbeiterjunge, dessen Herz heiß für unseren Führer schlägt, ist für Deutschland wesentlicher als ein hochgebildeter Ästhet, der jede Regung seines schwächlichen Gefühls mit verstandesmäßigen Überlegungen bekämpft.»

Es genügte, die Herzen heiß schlagen zu machen. Wer nachdenkt, kommt aus dem Gleichschritt. Der Intellekt macht schwach, weil der denkende Mensch nicht der geballten Wucht gläubiger Marschierer blindlings folgt, sondern kritisch nach eigenen Wegen sucht. Da diese Jugend aber im Gleichschritt bleiben sollte, mußte ihr planmäßig das Denken abgewöhnt und durch Schulungsdrill ersetzt werden.

Parteikünstler im HJ-Kulturlager

Baldur von Schirachs Vater war Generalintendant des Nationaltheaters in Weimar gewesen. Schirachs Schwester Rosalind war Sängerin, und er selbst hatte in München einen kurzen Anlauf genommen, um Literatur und Kunstgeschichte zu studieren. Aber sehr schnell gelangte er dann in die Reichsleitung der NSDAP und wurde Berufshitlerjunge. Er ließ sich gern als junger Dichter feiern und kümmerte sich auch als Reichsjugendführer betont und ganz persönlich um die Pflege einer eigenen HJ-Kultur, die vom Kulturamt der RJF geplant wurde.

Da es dem Monopolanspruch der Staatsjugend entsprach, keinen Lebensbereich außerhalb ihres Zugriffs zu lassen, wären die Künste, auch unabhängig von Schirachs persönlichen Neigungen und Eitelkeiten, in den HJ-Dienst eingeplant worden. Geistige Vertiefung und künstlerische Begabung sind immer nur wenigen gegeben. Es galt, gerade diese Talente, die ohnehin zum Alleingang neigten, in den Dienst der Staatsjugend zu stellen. Auch wußte man, daß diese begabten Einzelgänger zur künstlerischen Repräsentation unentbehrlich waren und den HJ-

Dienst festlich anhoben und damit anziehender und wirksamer machten. Um diese neue Kunst aus der HJ und für die HJ zu fördern, entwickelte das Kulturamt der RJF «kulturpolitische Arbeitslager».

Obergebietsführer Karl Cerff rief 1936 zum «Zeltlager der jungen Kunst» nach Heidelberg. Er begründete das ungewöhnliche Vorhaben: «Das Fehlen des Gemeinschaftsdenkens war besonders in unserem deutschen Geistes- und Kulturleben stark spürbar... Unsere Aufgabe kann es daher nur sein, den jungen heranwachsenden Künstler in das Erlebnis der Gemeinschaft hineinzustellen, damit sein zukünftiges Schaffen der Erfüllung der Sehnsucht unseres Volkes diene und nicht einem kleinen Kreis von Menschen zur Befriedigung des ästhetischen Gefühls.»

Wie einst die romantischen Künstler und Kunsttheoretiker, obwohl sie selbst höchst individualistisch lebten, dem Glauben an die schöpferische Urkraft des «Volksgeistes» erlagen, so glaubten die HJ-Kulturfunktionäre an die Geburt der jungen Kunst aus dem Gemeinschaftserlebnis, aus dem Geist des Lagers.

«Kunst ist nicht Luxus, sondern eine völkische Lebensnotwendigkeit», wurde im Heidelberger Lager gelehrt. Dort zelteten Schriftsteller, Musiker, Theaterleute, Wissenschaftler, Rundfunkmitarbeiter und Filmspezialisten gemeinsam mit Führern und Führerinnen aus der «Kulturarbeit» der HJ. Literaturprofessor Dr. Kindermann, Reichsdramaturg Schlösser und Reichssendeleiter Hadamovsky – gemeinsam trabten sie beim Frühsport über die taufeuchten Wiesen. Josefa Behrens-Totenohl war gekommen, Autorin düster-mystischer Bauerngeschichten aus Westfalen. «Die Kraft der Erde und des Blutes aus uralten Geschlechtern lebt in diesen Büchern», urteilte ein Parteikritiker über ihre Werke. Natürlich waren auch bekannte HJ-Dichter wie Wolfgang Altendorf und Dr. Will Decker im Lager; Decker belieferte auch den Reichsarbeitsdienst mit völkischer Poesie. Die Künstler und Funktionäre sollten in der Lagergemeinschaft nicht nur nach ihren Werken, sondern auch nach ihren «menschlichen Qualitäten» gewertet werden.

In dem illustrierten Bericht über das Lager heißt es, die Teilnehmer hätten lebhaft und offen über die HJ-Kulturarbeit diskutiert. Sie waren sich dabei einig, daß man vergangene Kunst achten müsse, auch wenn sie, wie im Falle Goethes, sich oft mit den völkischen Kulturzielen nicht decke. Die Jugend solle für das Theater gewonnen werden, das zum «Theater des Volkes» werden müsse. Auch über eine «gesunde Baugesinnung» dachte man im Lager nach; sie bekunde sich bereits in den Reichsautobahnen, in den Bauten der Partei in München und Nürnberg und in den neuen Heimen und Jugendherbergen der HJ-Architekten.

Auch Dr. Goebbels, Reichsminister für Volksaufklärung und Propaganda, besuchte das Lager. Er sagte: «Sie haben nun im Kulturlager eine ausgiebige Diskussion über jene großen Fragen gepflogen, die uns alle bewegen; denn nichts wäre uns unerwünschter, als wenn in Deutschland als einem autoritativen Staat die Diskussion abgeschnitten würde. Wir stehen allerdings auf dem Standpunkt, daß nur, wer aufbauend verantwortlich mitarbeitet, ein Recht zur Diskussion und Kritik hat.»
Was aber aufbauend war, bestimmte der Kunstgeschmack der Funktionäre. Was sie verurteilten, war entartet, dekadent und zersetzend. Da aber ins Heidelberger Lager nur die im Sinne der Partei «Aufbauenden» geladen waren, blieb man bei allen Diskussionen unter sich und konnte sich «Kritik» leisten.
In Weimar wirkte Goethe, und Weimar war auch die Geburtsstadt des jungen HJ-Dichters Baldur von Schirach, den die dankbare Heimatstadt zum Ehrenbürger erhob. Schirach wollte aus Weimar ein Kulturzentrum der HJ machen. Er ließ dort «Festspiele der deutschen Jugend» veranstalten, die 1938 mit einem weiteren HJ-Kulturlager (8. bis 18. Juni) verbunden waren. Wieder hatte das Kulturamt der RJF alles sorgfältig vorgeplant und anschließend einen bebilderten Erfolgsbericht veröffentlicht.
Zur Eröffnungsfeier der Festspiele sprach der selbst dichtende Reichsjugendführer über «Sprache und Dichtung». Er kam zu erstaunlichen Ergebnissen: «Unsere Sprache ist ein Rassenmerkmal. Wir müssen diese Sprache heilig halten, verdanken wir doch ihr und nur ihr allein die deutsche Wiedergeburt; denn die nationalsozialistische Erhebung kann für sich den stolzen Satz in Anspruch nehmen: Im Anfang war das Wort.» Höchster Beweis aber für die Einmaligkeit deutscher Sprache und ihrer Vollendung im Nationalsozialismus lag für Schirach im «dichterischen Wort Adolf Hitlers»! Wer diesen Satz widerlegen möchte, besorge sich eine halbe Druckseite aus «Mein Kampf», irgendwo aufgeschlagen, und er wird zum gleichen Urteil kommen wie Hitlers letzter Deutschlehrer an der Realschule in Steyr: «Nicht genügend».
Die Mannschaft des Kulturlagers nahm an der ersten Festspielwoche in Weimar teil. Die Festspiele in Weimar sollten das «klassische» Theater pflegen und feiern. Für das «zeitgenössische Drama» gab es eine eigene Veranstaltung, die «Reichstheatertage der HJ». Sie fanden erstmals 1937 in Bochum, 1938 in Hamburg statt und ließen die jungen Dramatiker im Dienst der HJ zu Wort kommen. In Weimar aber standen «Faust» und «Wallenstein», «Die Meistersinger von Nürnberg» und «Der zerbrochene Krug» auf dem Programm.
In praktischen Übungen entwickelten die Teilnehmer des Kulturlagers

Morgenfeiern und Werkfeiern mit eigenen Spielen, Tänzen und Musikdarbietungen. Sie gingen in einen Industriebetrieb nach Weimar. In «bunter Reihe» setzten sich Hitlerjungen und BDM-Mädchen zwischen die zur Feier versammelten Arbeiter, um sichtbar die Gemeinschaft des schaffenden Volkes mit der Jugend zu betonen.
Dem Lager verbunden war eine «Leistungsschau junger Kulturarbeit». Sie bot Schaumaterial zum Heimbau und zur Werkarbeit, zu Spiel, Lied, Musik und Tanz, zur Buchgestaltung und zum Jugendbuch. Das Lager schloß ab mit einer Fahrt durch den Thüringer Wald zur Wartburg.
In dem verquollenen Gerede von Volk, Blut, Rasse, Boden und Glaube verwischten sich alle vom Geist her gewonnenen Maßstäbe wirklicher Kunst. Wenn der Reichsjugendführer im «dichterischen Wort Adolf Hitlers» die deutsche Sprache gipfeln läßt, dann paßt allerdings ein primitiv zusammengereimtes SA-Lied als befohlene Nationalhymne auch zu Beethovens Musik. Solche Verbindungen entlarven schonungslos den Verlust aller Maßstäbe in einer Kulturpolitik, die banausenhaften Spießergeschmack als «junge Kunst» ausgab und Kultur zur Völkerhetze mißbrauchte. Denn Schirach erklärte im Dezember 1939 in Kattowitz: «Das großdeutsche Reich der Kunst hat alle Völker beschenkt, und es gibt in der Welt keinen Tieferlebenden, der nicht ohne den Umgang mit den urschöpferischen Kräften unserer Heimat vereinsamen würde. Der Haß Englands gegen uns ist der Haß des Mittelmäßigen gegen das Geniale.»
Und doch muß anerkannt werden, daß gerade die intelligentesten HJ-Führer die allgemeine Entwicklung als Fortschritt empfanden. Es schien, als habe die HJ die bloße Kraftmeierei der Sportkämpfe und Massenaufmärsche überwunden, als bahne sich nun 1937 und 1938 doch eine gewisse Vertiefung und Besinnung an. Ein Journalist kommentierte die Weimarer Festspiele 1938 in diesem Sinne: «Als dann die HJ die totale Führung der Jugend erkämpft und ihre organisatorische Form gefunden hatte, da konnte sie den Geist von Potsdam mit dem Geist von Weimar, die soldatische Haltung mit dem Musischen vereinigen.» Aber Hitler und Goethe? Horst Wessel und Beethoven?

Theater, Funk und Film

«Das Theater des nationalsozialistischen Reiches ist für die Jugend eine Stätte innerer Erhebung und Begeisterung», sagte Schirach. Auch das Theater ließ sich in den Dienst der weltanschaulichen Schulung stellen, indem die Schauspiele der HJ-Dichter kriegerisches Heldentum und heroischen Opfergang für die Volksgemeinschaft verherrlichten.

Singende Mädchen am Lagerfeuer. Lied und Flamme verbinden und erheben die Gemeinschaft. Die Hitlerjugend übernahm aus der Jugendbewegung geschickt, was der Jugend gefällt: Lied und Spiel, Fahrt und Lager.

Die Schönheit der Natur, die Kameradschaft der Gruppe lockten die Hitlerjungen und BDM-Mädel ebenso hinaus wie einst die Wandervögel.

Linke Seite: Reichsparteitag in Nürnberg. Hunderte von Trommlern und Fanfarenbläsern des Jungvolks eröffnen die Jugendkundgebung, um Hitler zu begrüßen.

Rechts: In Sonderzügen, auf Lastwagen und im Fußmarsch trafen alljährlich mehr als fünfzigtausend Jungen und Mädchen in Nürnberg zusammen.

Am Rande der «Stadt der Reichsparteitage» sammeln sich in weißer Zeltstadt die Pimpfe und Hitlerjungen zum Jugendappell.

Neben dem «Führer» der Reichsjugendführer Baldur von Schirach auf dem Nürnberger Reichsparteitag von 1938.

Heute noch Hitlerjungen, morgen «Soldaten des Führers». Der Wehrpflicht ging seit 1936 die Jugenddienstpflicht voraus. Die Zehnjährigen wurden «gemustert», durch Sport und Wehrsport zur Härte erzogen, in Feierstunden auf die soldatischen Tugenden verpflichtet, später von der Wehrmacht vorgedrillt.

«Jahr der Kriegsfreiwilligen» 1944: Die SS-Panzerdivision «Hitlerjugend», vernichtet in den Invasionskämpfen bei Caen, bestand nur aus Hitlerjungen. Reichsjugendführer Axmann, im Kriege verwundet, verteilt Auszeichnungen.

Im Kriege jagt der Aktionsstil der HJ die deutsche Jugend von einem Einsatz zum anderen. Pimpfe sammeln während des Polenfeldzuges 1939 Decken.

Kriegseinsatz der HJ: Mittel- und Oberschüler rücken klassenweise als Luftwaffenhelfer ein und stehen im Bombenkrieg an den Flakgeschützen. Auch BDM-Mädchen taten in den letzten Kriegsmonaten Waffendienst.

Panzerfaust-Kommando der HJ in der «Oderfestung» Frankfurt. Als das rechte Oderufer längst in der Hand der Russen war, kämpften diese Jungen noch.

Das letzte Aufgebot: Verführt, verraten – und verlassen.

Neben repräsentativen Festspielen und «Reichstheatertagen» wirkten örtlich die «Veranstaltungsringe» der HJ werbend für den organisierten Theaterbesuch der Jugend. Es ist anzuerkennen, daß auf diese Weise zahlreiche Jugendliche früh und regelmäßig zum Theaterbesuch angeregt wurden und diesen Abenden ihre ersten bedeutsamen Kunsterlebnisse verdankten. Der HJ aber kam es darauf an, daß sich auch diese Begegnung des Jugendlichen mit der dramatischen Kunst nicht im persönlichen Erlebnis vollzog, sondern im Rahmen einer «Veranstaltung», die von der HJ als «Kulturträger» ausging.

Moderne, zentral gesteuerte Massenmedien sind besonders wirksame Instrumente totalitärer Herrschaft geworden. Die modernen Diktaturen sind nicht denkbar ohne Film und Rundfunk.

Der deutsche Rundfunk begann im August 1934 mit der ersten regelmäßigen «Stunde der jungen Nation». Im gleichen Monat hatte die Reichsjugendführung die «Jugendfunkleiter» der Sender und die an der Jugendarbeit im Funk interessierten Autoren, Komponisten, Chorleiter und Regisseure zu einem Zeltlager nach Landeck im Schwarzwald gerufen. Hier einigte man sich über das «neue Lied-, Wort- und Musikschaffen», das künftig im Auftrage der HJ aus dem Radio tönen sollte. Das Kulturamt entwarf ein Jugendrundfunkprogramm. Man empfahl Hörspiele um große Gestalten der deutschen Geschichte, regte Hörfolgen und Berichte aus dem dienstlichen Alltag der HJ und «Feierstunden» als Ausdruck des «neuen Kulturwillens» an.

HJ-Spielscharen gestalteten nun sonntägliche Morgenfeiern mit Kantaten, Instrumentalmusik und Dichterlesungen. Neben der Mittwochschulung gab es Vorträge und Reportagen im Dienste der HJ-Propaganda. Große Massenveranstaltungen, zum Beispiel die Verpflichtungsfeier für die Zehnjährigen am 19. April, übertrugen die Reichssender allen Jungmädeln und Pimpfen, die zum Gemeinschaftsempfang angetreten waren. Der Schulfunk stand unter HJ-Kontrolle; im Gegensatz zum mehr rationalistischen Unterricht sollte er «ans Herz appellieren».

Von technischen Schauversuchen abgesehen, gab es noch kein Fernsehen. Um so beliebter und wirksamer war der Film. Im allmächtigen UFA-Konzern gewann die Diktatur ein leicht lenkbares, produktives Instrument der Massenführung. Die HJ richtete eigene «Jugendfilmstunden» ein, in denen die mit dem Prädikat «jugendwert» geförderten Filme gezeigt wurden. 1935/36 besuchten in 905 Vorstellungen 425176 Jugendliche diese Filmstunden. 1941/42 nahmen sogar 5,6 Millionen jugendliche Zuschauer an 15800 Filmveranstaltungen teil.

Bei der amtlichen Filmzensur wirkten zwei Vertreter der Reichsjugendführung mit. Bis 1943 erhielten 40 Filme das Prädikat «jugendwert», darunter typische Streifen, die große Deutsche als Staatsmänner, Künstler, Forscher und Kriegshelden verherrlichten: Der große König (Friedrich der Große), Die Entlassung (Bismarck), Andreas Schlüter, Rudolf Diesel, Robert Koch usw.

Die HJ bemühte sich aber auch um Filme, die unmittelbar ihrem politischen Auftrag dienten. Der Spielfilm «Hitlerjunge Quex», nach Schenzingers edelkitschigem Erfolgsroman, verherrlichte die «Kampfzeit» der HJ; Quex war idealisierend dem in Berlin ermordeten Hitlerjungen Herbert Norkus nachgezeichnet. Reine HJ-Filme gab es dann nicht mehr. Kleinere Spielfilme behielten stark reportagehaft-dokumentarischen Charakter. Bekannt wurde im Kriege Alfred Weidenmanns Geschichte eines Kinderlandverschickungslagers in der Slowakei, der abendfüllende Spielfilm «Hände hoch!», der 1942 beim Jugendfilmwettbewerb in Florenz zum besten europäischen Jugendfilm, natürlich im Herrschaftsbereich der Achsenmächte, erklärt wurde.

Typischer noch waren Propagandafilme aus dem Dienstbetrieb, über Sondereinheiten oder Sonderaktionen der HJ. Der BDM-Film «Glaube und Schönheit» und die Bildreportage «Der Marsch zum Führer», ein Film über den Marsch der HJ-Fahnenträger nach Nürnberg, galten als besonders gelungene Propagandastreifen, die auch viel im Ausland gezeigt wurden. «Soldaten von morgen» zeigte die Wehrertüchtigung in der HJ, «Die Erde ruft» berichtete vom HJ-Landdienst in Westfalen, «Inge» war ein Kurzfilm vom «Mädeleinsatz im Osten».

Unterhaltsame Bildfolgen aus dem HJ-Alltag gaben die Filme «Die Chieminger Seeschlacht», «Außer Gefahr» und «Aus der Geschichte des Fähnleins Florian Geyer». Ab 1942 zeigten die Kinos, verbunden mit der Wochenschau, eine eigene Jugendfilmschau «Junges Europa». Die HJ war bemüht, junge Regisseure in ihren Dienst zu nehmen und durch sie ihre eigene Filmproduktion zu verstärken. Im übrigen kam die Staatsjugend auch sonst immer wieder ins Filmbild: Wochenschauen und Dokumentationen der Partei und ihrer Gliederungen bedienten sich gern kleiner Pimpfe und Jungmädel, um zu rühren. Bei der Prüderie der Filmzensur waren die Kameraleute dankbar für ein paar hübsche BDM-Mädchen in Gymnastikröckchen, und kernige deutsche Hitlerjungen mit den vielzitierten «blitzenden Augen» waren ebenfalls gut unterzubringen.

Neues «Liedgut»

Kurz vor dem Weihnachtsfest 1908 schloß in einer Heidelberger Studentenbude der junge Mediziner Hans Breuer die Reinschrift für ein Buch ab, das 1909 erschien und bis zu seinem Verbot 1933 in mehr als einer Million Exemplaren verbreitet war. Das Buch hatte den schnörkligen Titel «Der Zupfgeigenhansl» und enthielt eine Sammlung alter Volkslieder, hauptsächlich des 15. bis 18. Jahrhunderts. Kein Buch der deutschen Jugendbewegung wurde so bekannt, und viele liebten es, die sonst mit dem Wandervogel oder gar der bündischen Jugend nichts zu tun haben wollten.

Vor Breuers Liederbuch hatte die Jugend gesungen, was ihr einfiel: Studenten- und Turnerlied, Volkslied und Moritat, Schlager und Operettenarie. Nun aber entdeckten die Wandervögel, daß sie im Volkslied am besten wiederfanden, was sie draußen in der Natur wandernd suchten: «Einfachheit, Natürlichkeit, Gemeinsamkeit und Volksverbundenheit» (Fritz Jöde). Andere Liederbücher ergänzten Breuers Sammlung und waren oft praktischer für den Gruppengesang eingerichtet. Aber «Der Zupfgeigenhansl» machte das Volksliedsingen in einer ganzen Generation beliebt.

Als aus den lose verbundenen oder ganz eigenwüchsigen Gruppen der Wandervögel nach dem Ersten Weltkriege die neuen großen Bünde entstanden, änderte sich auch der Lebensstil der Jugendbewegung. Davon blieb auch ihre Musik nicht unberührt. Das Soldatenlied entsprach den soldatischen Idealen vieler Bünde. Sie ergänzten die alten Lieder der Landsknechte und Söldner mit Neuschöpfungen, die wildes Freischärlertum verwegen feierten. Die Jungenschaften brachten mit Russenkittel, Pelzmütze und Kosakenlied die Balalaika als neues Instrument. Zum Volkstanz der Wandervögel traten seltsame «Schwerttänze», die im Jungenschaftslager zu den kriegerischen Riten der Fahnenwache und Feuerrunde gehörten.

Gegen diese romantische Fluchtbewegung zur Natur als Quell der Gesundheit und Freiheit stand die Welt der großen Industriestädte als harter Gegensatz. Sie gaben den Massen Arbeit, aber sie veranlaßten auch Massenelend und dürftige Massenunterhaltung in der Freizeit. Dort herrschten Schlager und Tingeltangel, Operettenschnulze und Kaffeehausgeschrammel. Die moderne Musik aber war in schwierige Formprobleme verstrickt und dem Verständnis des bürgerlichen Publikums entzogen. In dieser Lage hatte sich die Erneuerung der Volksmusik angeboten. Doch es war eine restaurative Scheinblüte zu einem Zeitpunkt, da das Volk selbst nicht mehr original musizierte und die große Kunstmusik bereits die Moderne interpretierte.

Wie die bildende Kunst des Jahrhunderts in Sonderausstellungen zur Schreckenskammer der «Entarteten» erniedrigt wurde, so hatte der Nationalsozialismus auch kein Verständnis für die neue Musik. Die HJ bekämpfte den «Kulturbolschewismus» der Jungenschaften auch in ihren Liedern, übernahm aber vom «völkischen Kulturgut» der Jugendbewegung, was irgend zu brauchen war: Volks- und Soldatenlied, Volkstanz und Laienspiel.

Die Massenorganisation mit ihrem bisher unbekannten Aufwand an Propagandamusik und musikalischer Propaganda hatte auch einen Massenbedarf an musikkundigen Führern. Die Reichsjugendführung ließ deshalb «Volks- und Jugendmusikleiter» ausbilden. Die Schüler studierten zuerst an den Musikhochschulen in Berlin, gegründet 1936, Weimar (1937) oder Graz (1939). Ab 1939 wurde in der Reichsmusikschule Hirschberg im Riesengebirge ein dreijähriger Ausbildungslehrgang eingerichtet. Man prüfte die Bewerber in der bei der HJ sehr beliebten Vorschule eines «Ausleselagers». Sie lernten dann in Hirschberg deutsche Musikkunde, Volksliedkunde, das Lied der HJ, den Festkreis des Jahres, Instrumentalunterricht, Volksspiel, Chorschulung und Arbeit in der Spielschar. Auch Sport und Weltanschauung gehörten selbstverständlich zum Studium.

Wer das Examen bestand, ging als Musikreferent in die Stäbe der Banne und Untergaue, der Gebiete und Obergaue. Er konnte sich als Jugendmusikleiter bei den Reichssendern, als Musiklehrer an HJ-Führerschulen und Adolf-Hitler-Schulen oder an den «Musikschulen für Jugend und Volk», die es in Großstädten gab, betätigen. Auch die Musikschulungslager der HJ und ihre Musikseminare brauchten kundige Lehrer, gar nicht zu reden vom Bedarf der zahlreichen Sonderchöre und Orchester. Allein 1937 folgten 60000 Jugendliche dem Aufruf der HJ-Werbewoche «Lernt Instrumente spielen!»

Das Jungvolk übernahm Fanfaren und Landsknechtstrommeln aus der Jugendbewegung. Diese Fanfarenzüge waren verschieden organisiert. In den ersten Jahren hatte fast jedes Fähnlein einige Trommler, die auf Märschen mit dumpfen Schlägen den Gleichschritt angaben. Wo Geld und ein begabter Musikant als Führer da waren, entstanden die Fanfarenzüge ziemlich «wild». Dann bildeten sie eine kleine Sondergruppe im Jungstamm. Gelegentlich faßte auch ein ehrgeiziger Jungbannführer viele kleine Fanfarenbläser und Trommelbuben zu einem ganzen Fähnlein oder Jungstamm zusammen. Die schmetternde Fanfarenmusik der Pimpfe war nämlich bei allen Kundgebungen eine sehr wirksame, vielgefilmte

Publikumsattraktion. Die älteren HJ-Jahrgänge hatten eigene Spielmannszüge, auch sie bei den Stämmen und Unterbannen organisiert, und Blasmusikkapellen für die Marschmusik. 1943 gab es 1200 Bläsereinheiten mit 36000 jungen Musikanten.

Organisationsform vielseitiger und vertiefter «musischer Arbeit» waren die HJ-Spielscharen, übrigens die einzigen Formationen, in denen Jungen und Mädchen gleichzeitig Dienst taten. Sie entstanden zuerst bei den Gebieten und an den Rundfunksendern, doch hatten auch größere Banne eigene Spielscharen gegründet. Diese rund 500 Spielscharen mit ihren 30000 Mitgliedern (1943) galten als «Sammelbecken einer Auslese für die künstlerischen Berufe», die damit ebenfalls unter HJ-Kontrolle gebracht waren. Die Spielscharen sollten möglichst vielseitig verwendet werden und bestanden daher gemischt aus Instrumentalmusikern, Chorsängern, Sprechern, Erzählern, Laien- und Puppenspielern.

Noch im Kriege förderte man Propagandaspielfahrten für die «Grenzlandarbeit». So wird berichtet vom Einsatz einer Spielschar, die mit zwanzig Jungen zu volksdeutschen Siedlungen ans Schwarze Meer reiste. Die Jungen hatten dafür Lieder ein- und mehrstimmig eingeübt. Sie konnten Sportübungen und Spiele vorführen, ein Laienspiel und unterhaltsame Spiele und Vorträge darbieten. In Odessa traten sie vor zweitausend Volksdeutschen auf. In kleineren Orten gingen die Jungen vormittags in die Schulen, um den Kindern «vom Deutschland Adolf Hitlers» zu erzählen. An jedem Einsatzort lieferten sie ein sehr konzentriertes Rahmenprogramm: «Vormittags eine Morgenfeier, am Nachmittag Sport, am Abend ein Dorfabend mit Laienspiel und Liedern, dazwischen in der Freizeit Baden, Rudern, Reiten.» Fünf Wochen lang waren diese Jungen noch 1943 auf Lastwagen und Panjekarren unterwegs. In seinem schwülstig-militanten Stil lobte Schirach ihren Einsatz: «Sie sind die jungen Regimenter, die sich in der Entscheidungsschlacht zwischen Kunst und Kitsch, zwischen Wahrheit und Lüge siegreich geschlagen haben.»

Was in allen HJ-Einheiten gesungen wurde, waren nicht mehr die einst in den kleinen Wandervogelgruppen zur Klampfe gesungenen Lieder. Ihr Lied war vor allem Marschgesang. Mit Nachdruck hob Obergebietsführer Dr. Stellrecht, Amtschef für Schulung in der RJF, die politische Bedeutung des neuen HJ-Liedes hervor: «Im Lied, im Singen findet der junge Mensch Einkehr in das Empfinden der Gemeinschaft. In dem Gefühl, das ihn dabei trägt, verliert er das außerhalb der Gemeinschaft liegende Individuelle, schwingt er ein in ihr Denken und verliert sich in eine herrliche Einheit...»

Im Marschlied huldigte die HJ dem Mythos der disziplinierten Einheit:

Vereint zu einem Bunde
Stehn wir in Reih und Glied.
Aus jedem jungen Munde
Erklingt das gleiche Lied.

Der Marsch, zum Sturmschritt beschleunigt, empfing im Lied das Signal zum Angriff:

Das Alte wankt, das Morsche fällt,
Wir sind der junge Sturm,
Wir sind der Sieg, Sprung auf, marsch, marsch!
Die Fahne auf den Turm.

Der Marsch verband nicht nur Ziele, er war nicht nur optisch gefällige Repräsentation, sondern streitbarer Angang zum Kampf. Die Marschierer der HJ sollten sich als junge Soldaten fühlen, und weil sie jung waren, marschierten sie richtig und in die bessere Zukunft, die ohnehin der Jugend gehörte:

Singend wollen wir marschieren
In die neue Zeit.
Adolf Hitler soll uns führen,
Wir sind stets bereit.

Der Marsch dieser Jugend aber sollte nicht nur in die Abstraktion einer «Zukunft» oder «neuen Zeit» führen. Nein, die Hitlerjungen nahmen den alten Germanenzug der Ahnen wieder auf. Den Panzerkeilen der Wehrmacht, die in die weiten Ebenen Polens, Kurlands und der Ukraine vorstießen, folgten die Ostlandlieder der HJ optimistisch nach:

In den Ostwind hebt die Fahnen,
Denn im Ostwind stehn sie gut.
Dann befehlen sie zum Aufbruch,
Und den Ruf hört unser Blut.
Und ein Land gibt uns die Antwort,
Und das trägt ein deutsch' Gesicht.
Dafür haben viel geblutet,
Und drum schweigt der Boden nicht.

Und immer wieder durchzitterte all diese Lieder die düstere Lust am Untergang:

Unter der Fahne werben wir,
Unter der Fahne sterben wir,

Unter der Fahne sausendem Schein
Jagen wir stolz zur Unsterblichkeit ein...

Hans Baumann war produktiver und formal begabter als die anderen HJ-Dichter, die monoton und holprig die immer gleichen Bilder dilettantisch absangen. Baumann schuf vielgesungene Marsch- und Feierlieder, die Fahnenkult, Heldenschwulst und Todessucht dekorativ verbanden:

Horch auf, Kamerad, die Trommel ruft,
Und die Fahne weht dort im Winde.
Horch auf, Kamerad, die Trommel ruft,
Daß ein jeder seinen Platz wohl finde.
Kamerad und fall ich, so stehst du für zwei
Und wirst meinen Leib auch noch decken.
Dann will ich schlafen, bis Deutschland frei,
Dann sollt ihr mich wieder wecken.

Das war ein Marschlied. Aber in den großen Feierstunden vereinte man Massenchöre von mehreren tausend Jungen und Mädchen, begleitet von Trommelgedröhn und Fanfarenjubel, zur Hymne:

Nun laßt die Fahnen fliegen
In das große Morgenrot,
Das uns zu neuen Siegen
Leuchtet oder brennt zum Tod.

Denn mögen wir auch fallen –
Wie ein Dom steht unser Staat.
Ein Volk hat hundert Ernten
Und geht hundertmal zur Saat.

Deutschland, sieh uns, wir weihen
Dir den Tod als kleinste Tat.
Grüßt er einst unsre Reihen,
Werden wir die große Saat.

HJ-Dichter

Die Autoren dieser Liedertexte waren selbst HJ-Führer wie Schirach und Altendorf. Oder sie wurden, wenn man sie als hoffnungsvolle Talente entdeckt hatte, in den Dienst der HJ gestellt. Das Kulturamt lud sie zu

Kulturlagern ein, der Reichsjugendführer verlieh ihnen Führerränge, ließ ihre Stücke bei den «Reichstheatertagen» spielen und sie organisatorisch betreuen, etwa in der Arbeitsgemeinschaft «Junges Schaffen» unter Aufsicht des Kulturamts.

Diese sehr jungen, als Dichter gefeierten Männer waren häufig intellektuell unzulänglich gebildet und in ihrer Einfalt dem pseudo-mystischen Gedankenqualm der Ideologie kritiklos ausgeliefert. Sie konnten, der eine mehr und der andere weniger geschickt, gängige Verse, Spiele und Geschichten verfertigen über deutsche Geschichtshelden, Soldatentum, Blut und Boden, Fahne und Feuer, Führer und Volk.

Niemals war deutsche Literatur thematisch so eng und formal so dürftig wie im Dritten Reich, und es ist ein freilich bitterer Trost, wenn der Schriftsteller Wolfgang Koeppen 1962 bei der Verleihung des Georg-Büchner-Preises sagte: «daß Hitler und die Seinen von keinem Dichter begleitet waren, wenigstens das gereicht dieser Zeit zur Ehre.»

Denn deutsche Dichtung war immer nur dann groß, wenn sie sich weltoffen hielt. Die ritterlichen Sänger und Erzähler bekannten sich stolz zu ihren lateinischen und französischen Vorbildern; sie schufen große deutsche Dichtung im schöpferischen Eifer mit den Liedern der Vaganten und Troubadours.

Martin Luther, größter Sprachmeister des deutschen Humanismus, gewann seine Bibelübersetzung im heißen Dolmetschen aus der lateinischen, griechischen und hebräischen Sprache, die der gebildete Theologieprofessor selbstverständlich genau beherrschte. Leibniz und Lessing, Wortführer deutscher Aufklärung, hatten umfassende Kenntnisse antiker, französischer und englischer Literatur. Die Universalität der Klassik, gipfelnd in Goethes weltbürgerlicher Existenz, bedarf keiner besonderen Betonung. Aber auch die jungen Poeten der Romantik, die Volkssage und Volkslied, Volksmärchen und Volksbrauchtum mit so großer Liebe zur deutschen Vergangenheit entdeckten und pflegten, waren keine engstirnigen Nationalisten wie alle, die sich später auf sie beriefen. Die Romantiker kannten als Kritiker die Weltliteratur und ließen sich von ihr anregen. Sie waren leidenschaftliche Übersetzer und sahen ihr Deutschtum als eine unter den vielen «Stimmen der Völker in Liedern», wie Herder seine Sammlung europäischer Volkslieder nannte.

Der HJ-Obergebietsführer Dr. Stellrecht aber lehrte in seinem Buche «Neue Erziehung», wie die HJ über Kunst denken sollte: «Kunst ist erhöhtes Leben und lebendige Forderung. Sie ist Einkehr in sich selbst, Bekenntnis zur Welt des eigenen Volkes. Sie muß eine fremde Welt ablehnen, und wenn sie einen noch so hohen künstlerischen Ausdruck gefunden hätte.»

Dieser bornierte Kulturnationalismus nährte sich aus geheimen Minderwertigkeitsgefühlen: «Die gute Rasse ist in den Fragen der Kunst exklusiv. Das Verstehen der Kunst der verschiedenen Völker bedeutet Auflösung der inneren Haltung einer Rasse.» Auch die Musen hatten anzutreten im Dienst der nationalistischen Propaganda: «Musische Erziehung ist daher in höchstem Maße nationale Erziehung, ist Erlebenlassen der großen Welt des eigenen Volkes, ist Abgrenzen von der Welt anderer Völker.»
Wie wenig sich aber musische Bildung mit dem oberflächlichen Aktivismus der Staatsjugend vertrug, erfuhr Melita Maschmann, die selbst als hohe BDM-Führerin in diesem «Kultureinsatz» wirkte: «...aber selbst aus dem musischen Tun vertrieb der Wettkampfgedanke (dem die Verherrlichung des Kämpfers, des Heldischen zugrunde lag) oft genug das Element der Besinnung, und die spielerische Entfaltung zweckfrei schaffender Phantasie kam zu kurz.»
Die HJ-Dichter formulierten ihre Verse bevorzugt wie Kampfparolen, wie lernbare, einprägsame Spruchbandlosungen und Fahnensprüche, zitiert bei Flaggenparaden und Lagerfeuer. Dann hieß es:

Die Fahne ist das Testament,
Mit dem das Reich beginnt.
Zu ungeheurem Brand verbrennt,
Woran ihr nicht mehr glauben könnt.

Oder:

Das ist uns allen wie ein Gebet:
Wir mögen fallen, die Fahne steht.
Wir mögen vergehen, namenlos –
Deutschland muß stehen ewig und groß.

Aufschlußreich auch, welche Zitate in Kalendern und Jahrbüchern der HJ auftauchten. Zum Beispiel:
Goethe: Fallen ist keine Schande, aber liegen bleiben.
Schiller: Alles wankt, wo der Glaube fehlt.
Luther: Alle Ängstlichkeit kommt vom Teufel, der Mut und die Freudigkeit sind von Gott.
Gneisenau: Laß den Schwächling angstvoll zagen, wer um Hohes kämpft, muß wagen.
Nietzsche: Wirf den Helden in deiner Seele nicht weg!
Moltke: Glück hat auf die Dauer nur der Tüchtige.
Hitler: Um ein Recht bettelt man nicht, für ein Recht kämpft man.
Schlageter: Sei, was du willst; aber was du bist, habe den Mut, ganz zu sein.

Der letzte Satz des Freikorpsleutnants, der wegen seiner Teilnahme an Sprengstoffanschlägen gegen französische Besatzungstruppen im Ruhrgebiet 1923 erschossen wurde, ist ebenso sinnlos wie fürchterlich. Sei, was du willst – aber habe den Mut, es ganz zu sein! Aus solchen nihilistischen Verschwörerhaufen kam auch Rudolf Höß, Kommandant des Vernichtungslagers Auschwitz, der nach eigener Aussage die Ermordung von mehr als zwei Millionen Menschen organisierte und verantwortlich leitete. Er war Henker geworden, und er hatte den Mut, es ganz zu sein!
Es entsprach dem größenwahnsinnigen Hang der NSDAP zum Gigantischen und Einmaligen, daß die wenigen neuen Einfälle, die ihre Künstler hatten, in Massendemonstrationen endeten. Da ihnen die Theatersäle zu eng waren, um Massen zu versammeln, schufen sie das neue «Thing-Theater». Dr. Goebbels erklärte es schlechthin zum Theater des Dritten Reiches. In einer kritischen Studie über nationalsozialistische Kunstpolitik begründet H. Brenner: «Die nationalsozialistische Kulturführung drängte darauf, der ‹Volksgemeinschaft› als Inbegriff von Macht und Einheit des neuen Staates künstlerisch repräsentativen Ausdruck zu verleihen.» Die weihevolle Wirkung alter Passionsspiele, die spielende und zuschauende Gemeinde verband, war dafür ebenso Vorbild wie der disziplinierte Aufmarsch bei turnerischen Stadionspielen, die man in den zwanziger Jahren mit großem Publikumserfolg entwickelt hatte.
Schon am 1. Oktober 1933 spielten im Berliner Grunewaldstadion 17000 Uniformträger der SA, SS, HJ, Schutzpolizei und Reichswehr vor 60000 Zuschauern. Überall begann der Bau eigener Thing-Theater, vor allem durch den Einsatz des Reichsarbeitsdienstes. Doch die Mode überlebte sich rasch und blieb nur noch in den Massenspielen der Nürnberger Parteitage bewahrt.
Dort sprachen 1935 beim Massenaufmarsch der HJ 5000 Hitlerjungen eine «chorische Dichtung», die der junge Autor Wolfram Brockmeier «Bekenntnis der Jugend» nannte. Adolf Hitler war als Zuhörer anwesend. Um den Stil zu kennzeichnen, seien hier Anfang und Ende dieses Massenspiels zitiert:

1. Aufmarsch von Trommlern des Jungvolks.
2. Aufmarsch von Fanfarenbläsern des Jungvolks.
3. Vorspiel der Musikzüge.
4. HJ marschiert ein mit dem Lied:

Stehn wir auch erst im Morgengrauen,
So wissen wir: Der Tag bricht an;

Dann flammt die Fahne in dem blauen,
Dem weiten Himmel uns voran.

Ob wir auch heut noch warten,
Bald hebt sich unsre Zeit.
Schon rauschen die Standarten:
Ihr Jungen, seid bereit!

Einzelsprecher 1 und 2:
Des Volkes junge Mannschaft steht
Und meldet sich zur Stelle!
Sprechchor:
Wir stehn geeint, denn brausend geht
Durch all die Jugend, die hier steht,
Des gleichen Blutes Welle!
Einzelsprecher 1 und 2:
Ein Wille eint uns alle.
Einzelsprecher 3 und 4:
Ein Glaube macht uns stark.
Sprechchor:
Ein Wille eint uns alle,
Ein Glaube macht uns stark.

Und zum Schluß heißt es:
Einzelsprecher 1:
Du, Deutschland, wirst bleiben,
Sprechchor:
Wir werden verwehn.
Einzelsprecher 1:
Du wirst dich entfalten,
Sprechchor:
Wir werden vergehn.
Einzelsprecher 2:
Doch was wir geschaffen,
Sprechchor:
Wir schufen's für dich!
Einzelsprecher 3:
Was immer wir opfern,
Sprechchor:
Ist Opfer für dich!

Alle Einzelsprecher:
Und Söhne werden und Enkel erstehn
Und leben und wirken und kämpfen für dich,
Sprechchor:
Deutschland!

Bei diesem Spiel schlugen mehrere hundert Pimpfe die Landsknechtstrommeln, mehrere hundert schmetterten die Fanfarenmärsche. Mehrere hundert Hitlerjungen rückten mit klingendem Spiel in den Musikzügen ein. Den Einzelsprechern antworteten 5000 Stimmen im Chor, und 50000 Jungen und Mädchen hörten dieser Feierstunde zu. Massen spielten vor Massen. So regierte meisterhafte Regie eine ganze Generation im Kult des Kollektivs nach dürftigen Schülerversen, ohne daß die Beteiligten das groteske Mißverhältnis zwischen dem Massenaufwand und dem nichtigen Anlaß empfanden.

Das Feierjahr

Viele der Feste und Feiern, die das Jahr rhythmisch gliedern, gehen zurück auf uraltes Brauchtum der bäuerlichen Lebensordnung zwischen Saat und Ernte. Die christlichen Kirchen haben diese natürlichen Feste kultisch vertieft.
In den Großstädten verloren die alten Feste ihren Sinn, die Feiertage wurden bezahlte Freizeit. Die sozialistischen Ersatzreligionen suchten deshalb die Leere des aus alten Bindungen gelösten Arbeitsmenschen mit neuen Inhalten zu füllen; so entstand z. B. die Maifeier. Auch in seiner Freizeit, auch bei Fest und Feier sollte der Mensch der Parteiideologie unterworfen sein. Heidnische Bräuche, christlicher Kult, sozialistische Demonstration, soldatische Parade und sportliche Schau – aus all diesen Elementen mischte die NSDAP den Stil ihrer Feste und Gedenktage.
Das «Feierjahr der Hitlerjugend» entsprach weitgehend dem der Partei, hatte aber auch seine eigenen Gedenktage. Es begann am 24. Januar, dem Tage, da 1932 der Berliner Hitlerjunge Herbert Norkus von Kommunisten erstochen worden war. Dunkle Jungenkolonnen zogen im Schweigemarsch durch die Winternacht. Dumpf dröhnten die Trommeln. Lieder und Sprüche gelobten beim Andenken der «Blutzeugen» dem «Führer» dieselbe Treue, die die toten Hitlerjungen aus der «Ewigen Gefolgschaft» bis zum letzten Opfergang schon bewiesen hatten.
Fackelzüge feierten am 30. Januar die «Machtergreifung». Zum «Heldengedenktag» im März beschwor man den Geist der Frontkameradschaft,

und am 9. November gedachten Gefolgschaften und Mädelgruppen der «Toten der Bewegung», wenn sich der «Marsch zur Feldherrnhalle» in München (1923) jährte. Neuaufnahme und Verpflichtung der Jugend bestimmten die Feiern zum «Geburtstag des Führers» am 20. April. Massenkundgebungen sommerlich uniformierter Jugend leiteten am 1. Mai den «Tag der nationalen Arbeit» ein.

Heller Mädchengesang mit Blockflöten und Fideln, Gedichte und Lesungen, von BDM-Mädchen gesprochen, umrahmten im Mai die Feier zum «Muttertag». Jungmädel überreichten den Müttern Blumen, wenn ihnen der Ortsgruppenleiter die Mütterehrenkreuze verlieh, die es in drei Klassen gab.

Nachtmarsch und Fahnenlied, Sinnspruch und Feuerzauber rührten die Sinne magisch an zur «Sommersonnenwende» am 21. Juni, dem Tag, den schon die bündische Jugend gefeiert hatte. Jungen und Mädchen standen im großen Kreis um das lodernde Feuer. Sie sangen «Flamme empor» oder «Freiheit ist das Feuer, ist der helle Schein».

Feierlich hallten die Worte des Chores durch die Frühsommernacht:

Wir glauben an des Blutes reine Kraft!
Wir glauben an die Glut, die Leben schafft!
Wir glauben an des Volkes ewiges Sein!

Ein Sprecher las vor, was Hans Schemm, der Reichswalter des NS-Lehrerbundes, zur «Deutschen Sonnenwende» 1937 im «Schulungsbrief» der Partei geschrieben hatte:

«Wir stehen in der größten Wende deutscher Geschichte. Noch nie wurde ein so gigantisches Sonnenwendfest im politischen und geistigen Sinne begangen wie heute. Hitler rollt Feuerräder in verfinsterte Herzen. Sein Ruf ‹Deutschland erwache!› hat gezündet, und hell strahlt das Licht der Zukunft. Das deutsche Bekenntnis zur Sonnenwendfeier ist ein Bekenntnis zum Leben, zum Licht, zum Ja, ist Nationalsozialismus. Was Wagner uns mit seinen göttlichen Opern schenkte, ist ein Sonnenwendfeuer aus Musik; was ein gotischer Dom erzählt, ist ein Sonnenwendfeuer aus Stein; was uns unsere deutschen Dichter Schiller und Goethe gaben, sind Sonnenwendfeuer aus Versen...»

Ähnliches wurde noch einmal zur Wintersonnenwende im Dezember verkündet, wobei germanischer Julzauber der Geburt des Jesuskindes Konkurrenz machte.

Dem HJ-Feierjahr standen am meisten die christlichen Feste im Wege. Ostern konnte man auf Fahrt gehen, Pfingsten ins Führerschulungslager. Aber zäh hing das deutsche Gemüt an der stillen, heiligen Nacht mit

Tannenbaum, Rauschgoldengel und Christkind in der Krippe. Baumanns «Hohe Nacht der klaren Sterne» wurde zwar als neues Weihnachtslied empfohlen, und beflissene Parteidichter entwarfen neugermanische Julfeiern, aber die neuen Bräuche kamen nicht an. Der Führer des Fähnleins «Widukind» in Lübeck lud Dr. W., seinen ehemaligen Klassenlehrer, zu einem «Fähnlein- und Kameradschaftsabend» am 26. Dezember 1933 ein: «Mein Fähnlein besonders haßt alle bürgerlichen Weihnachtsfeiern; nicht Weihnachtsfeier, sondern Jungvolknachmittag, nicht bürgerlich, sondern jungenhaft!» Erstaunlich, daß sich der Oberschulrat, selbst alter Parteigenosse und leitender Pädagoge der alten Hansestadt, von einem verkrachten Pennäler in HJ-Uniform solchen rüden Ton gefallen ließ. Aber der verkrampfte Unfug – der Brief ist zufällig im Archiv erhalten geblieben – war wohl eine Ausnahme. Als die heroischen Phrasen der Partei im Kriege der Wirklichkeit des Todes nicht standhielten, erinnerten sich viele von selbst daran, daß die Kirchen ein zweitausendjähriges Reich wirklich vertraten, während Hitler von einem tausendjährigen immer nur redete.

Der Publizist Harry Pross, der sich zur deutschen «Sozialpathologie» äußerte, stellte fest: «Die Kultur in jenen Tagen war die Verlegenheit eines Volkes, das von seiner Kultur abgefallen war.» Die Kulturarbeit der HJ widerlegt dieses Urteil nicht.

«Mädel im Dienst»

Die frühen «Wanderschwestern»

Autoren der Jugendbewegung haben früh und viel geschrieben vom «Aufbruch» der Bewegung, ihrer «Sendung», ihrem Reformwillen und der Begründung einer eigenen «Jugendkultur». Viel Tiefsinn und Gelehrsamkeit sind seither ausgebreitet worden, die geistige Wirkung der deutschen Jugendbewegung in unserem Jahrhundert zu würdigen. Gerade deshalb ist es aber aufschlußreich, auch einmal unbekümmerte Zeugen zu zitieren, die frischweg erzählen, wie alles zunächst ganz ohne Reformprogramme und Seelenaufschwünge begann, wie alles anfangs sehr natürlich und vielleicht sogar banal in Bewegung kam, bis wirklich eine «Bewegung» daraus wurde.

Frau Hede Riegger-Leder war ein junges, fröhliches Mädchen, das 1907 in Heidelberg den Studenten Hans Breuer, den späteren Herausgeber des «Zupfgeigenhansl», kennenlernte. Der junge Mediziner hatte sich schon 1899 den wandernden Steglitzer Gymnasiasten angeschlossen, kam also aus dem ältesten Nest des deutschen Wandervogels. Nun war er Mittelpunkt der Heidelberger «Pachantey». Durch ihre Brüder und andere ihnen bekannte Jungen aus Breuers Gruppe kamen einige unternehmende Mädchen vom Lehrerseminar auf den Gedanken, einen «Mädchen-Wandervogel» zu gründen. Was die burschikosen Damen sich darunter vorstellten, sah nach Frau Riegger-Leders Bericht etwa so aus:

«Wandervogel ist eine Gemeinschaft, bis jetzt nur von Jungens, die in kleinen Gruppen wandert. Hauptsache ist, daß kein Erwachsener dabei ist. Kosten darf eine ‹Tagesfahrt› höchstens 20 Pfennig, sonst darf doch niemand mit. Schlechtes Wetter macht gar nichts, das ist sogar besser als Sonne; denn dann sind wir allein im Wald. Man braucht feste Schuhe, einen Rucksack und ein Regencape, ja keine Sonntagskleider! Auf die Kleider wollen wir ja nicht aufpassen. Brot wird mitgenommen. Zum

Mittagessen wird ein ‹Schlamm› gekocht, und zwar auf offener Feuerstelle. Einen ‹Pott› nehmen wir mit, gegen Mittag kaufen wir Milch beim Bauern, Grieß lassen wir uns von daheim mitgeben. Der Kochtopf ist Eigentum der ‹Horde›. Außen ist er schwarz vom Holzfeuer, darum muß man einen passenden Überzug dazu nähen. Das können wir Mädchen doch auch alles! Wir wollen für die Mädchengruppe nur solche ‹keilen›, die was aushalten, die sich nichts einbilden, die auch keine ‹Affen› sind, unterwegs keinesfalls Bier oder Wein trinken, keine Klatschereien machen und sich nicht wichtigtun. Eine von der Horde wird als Führerin gewählt, dann sind wir aber auch verpflichtet, ihr freiwillig zu folgen.»
So etwa stellten sich die Mädchen das Treiben der Jungen vor, und diesen Wandervogel wollten sie auch haben. Ihr Entschluß war eine Sensation: «Höhere Töchter», Mädchen aus «gutem Hause», künftige Lehrerinnen noch dazu, wollten sich sonntags in den Wäldern herumtreiben, wollten an Feuern abkochen und in Scheunen schlafen! Für die Mädchen der Jugendbewegung stand viel mehr auf dem Spiel als für die Jungen. «Alles, was wir gern wollten, war für uns Mädchen nicht ‹Sitte›, also tabu», berichtet unsere Chronistin weiter. Wer sich über die Schulzeit hinaus weiterbilden wollte, konnte «nur» Lehrerin werden. An ein Studium wagten sich nur die Mutigsten. Sport für Mädchen gab es nur als Karikatur: «In der Schulturnstunde kommandierte der Rechenlehrer, W2 genannt: Kreuzwirbel, Wiegeschritt, Wiegeschritt – in den nächsten 20 Minuten Krafthangeln an den Ringen oder Barrenschwingen, angetan mit sämtlichen Schulkleidern, darunter zwei weiße Unterröcke. Höchstes Lob des Turnlehrers: ‹Wie die Knaben in Obertertia›.»
Oft war die Jugend dieser Mädchen im bürgerlichen Elternhause von Vorurteilen und Verboten so eingeengt, daß sie aufgeschlossenen Lehrern besonders viel verdankten und gern zur Schule gingen. Die Ferien waren langweilig, weil nichts erlaubt war, was ihnen Freude gemacht hätte. Schwimmen durften sie einmal am Tag für fünfzehn Minuten in der geschlossenen Frauenbadeanstalt, «angetan mit den berühmten knallroten, ellenlangen, schlotternd weiten Flanellhemdhosen mit weißgerändertem Gürtel».
Für ihre körperliche Erziehung wurde nichts getan. Im Gegenteil, man zwängte die Mädchen in Korsetts, schnürte die Füße in spitze Knopfstiefel, ließ sie in knöchellangen Röcken und mit unförmigen Radhüten in den Anlagen promenieren, um dort zwar artig, aber zielstrebig den «Mann fürs Leben» zu treffen. Dann waren die Eltern alle Sorgen um die Mädchen los. Geistige Bildung? Schillers «Kabale und Liebe» galt vielfach schon als unanständig, die Klassiker wurden in gereinigten Schulmännerausgaben gelesen.

Da den Mädchen so viel verboten war, hatten viele nur den zornigen Wunsch, ein Junge zu sein! Das mag ein echter, elementarer Antrieb des Mädchenwanderns gewesen sein. Sehr bald aber erreichten die Mädchen mehr als das Wanderziel des Tages. In der neuen Freiheit der Mädchengemeinschaft trugen sie, anfangs unbewußt, bei zu einer neuen Bestimmung weiblichen Wesens in unserer Zeit. Der Aufbruch der ersten «Wanderschwestern» war freilich kurios. In dem schönen Dokumentarband «Wandervogel und Freideutsche Jugend» von Ziemer und Wolf berichtet Frau Riegger-Leder weiter von ihren ersten Fahrten:
«Wir tippelten immer ohne die Jungen, aber anscheinend wurden bei Rieglers unsere Mädchenfahrten geplant, so daß die Jungengruppe ‹zufällig› auftauchen konnte, um das Drum und Dran mit den Neulingen einzuüben... Abends landeten wir in Wimpfen und hörten dort, daß die Bubengruppe ein Quartier in der Scheune der Kaiserpfalz für uns besorgt hatte. In der Dunkelheit tauchten einige der Jungen auf, an einzelne kann ich mich nicht mehr erinnern. Unermüdlich hatten sie für jede von uns ein glattes Lager zurechtgemacht, die Rucksäcke, nassen Schuhe und Umhänge an den Balken aufgehängt und anschließend uns alle mit genügend Heu zugedeckt. Unten wurde mit den Bauern das Scheunenlicht ordentlich versorgt, dann verschwanden sie in ihr eigenes Quartier. Wir Mädchen flüsterten und lachten natürlich noch lange; denn wir waren unerhört aufgedreht durch das Außergewöhnliche.»
Aber ein Lehrer hatte Ungeheuerliches gehört und gesehen! Er zeigte empört an, daß Schülerinnen des Seminars «in männlicher Begleitung» im Heu geschlafen hätten... Der Direktor befahl die Sünderinnen zu sich in sein Amtszimmer, und dort mußten sie zunächst einmal dem Wandervogel abschwören.
In Steglitz bei Berlin, wo schon 1896 das Wandern der Jugendbewegung mit den Ausflügen eines Schülerstenographenvereins begonnen hatte, war schon 1905 durch Frau Luise Becker-Kirchbach versucht worden, einen «Bund der Wanderschwestern» zu gründen. Aber Karl Fischer, «Oberbachant» der fahrtenfrohen Gymnasiasten, war gegen Mädchen. Wie er hielten viele den Wandervogel für eine reine Jungensache.
Anders in Jena. Dort ließ der «Wandervogel, Deutscher Bund», 1905 von Studenten gegründet, auch Mädchen zu. Hans Breuers Heidelberger Wandervögel folgten nach, und 1911 waren die Mädchen schon in vielen Bünden tätig. Zwei Jahre später schickten sie auch ihre Sprecherinnen zum großen Treffen auf den Hohen Meißner. 1914 entstand der «Deutsche Mädchen-Wanderbund». Hans Breuer hatte in seinem vielberufenen «Teegespräch» schon 1911 einige Grundgedanken entwickelt, nach denen das

Mädchenwandern, der Eigenart der weiblichen Jugend angemessen, gefördert werden sollte:

«Verzicht auf die großen Distanzmärsche; dagegen starke Bevorzugung der Landheime; die für Mädchen recht schwierige Frage des allabendlichen Quartiermachens fällt dadurch ganz fort. Dort, in den Landheimen, lernen die Mädchen alle die Tugenden, die gerade sie später im Leben brauchen: Sie lernen ein Haus, ein Heim gemütlich und behaglich zu machen, seine Mauern mit schöner Harmonie und Lebensfreude zu füllen; sie lernen Häuslichkeit, Verträglichkeit, Wirtschaftlichkeit und haben auch auf täglichen Streifzügen, auf denen kein schwerer Rucksack ihre Bewegungen hemmt, die Vorteile des Wanderns nach ihrer Art.

An Stelle rauher Gewaltmärsche wird man Spiel und Reigen und Tanz, kurz alles, was die Grazie der Bewegungen fördert, zu beleben suchen. Man wird ihre Sonderinteressen zu nähren haben, ihnen Einblick geben in die Haushaltungen in Stadt und Land, in deren wirtschaftliches Getriebe, in Kinderpflege und Erziehung auf dem Lande, Krankenwartung und manches andere. – Im Gegensatz zu den Buben, wo es auf die Tatkraft, Willens- und Charakterbildung ankommt, wird man den Aufenthalt in der freien Natur mehr der Vertiefung des Gemüts- und Gefühlslebens weihen. – Man wird ihnen besondere Vorbilder geben, die Kellerschen Frauengestalten, Kriemhild und Fredegunde, die Frauen des Quattrocento. – So harren hier noch viele, viele Aufgaben ihrer Lösung; die seichte Gleichmacherei, welche das Mädchenwandern mit Gewalt in das Bubenschema hineinpressen will, soll keine Heimat bei uns finden! Der Wandervogel, so wie er kam und wurde, war eben ein Bubengewächs.»

So wunderlich es ist, deutsche Mädchen nach dem Vorbild Kriemhilds erziehen zu wollen, als diese Mädchen bereits in Fabriken und Universitätsinstituten arbeiteten: Der junge Heidelberger Mediziner äußerte doch vernünftige Ansichten, die künftig in der Mädchenbewegung beachtet wurden und noch in den Mädchenbünden der HJ vieles milderten, was die Staatsjugend den Jungen aufzwang.

Zwar kam es vor, daß Jungen und Mädchen gemeinsame Gruppen bildeten und gemeinsam auf Fahrt gingen. Aber sehr bald entwickelten sich die Mädchengruppen wie in Bremen, über die Else Erig 1916 in der «Führerzeitschrift Jung-Wandervogel» berichtete: «Die Bremer Mädelgruppe entstand natürlich als Gründung der Jungengruppe. Aber nicht lange stand sie in einem Abhängigkeitsverhältnis zu dieser. Sehr bald stand die Mädchengruppe als etwas vollständig Unabhängiges der Jungengruppe gegenüber... Und was einte uns? Was war uns gemeinsam?

Es war das klare Bewußtsein, daß wir alle, Jungen und Mädel, *eine* deutsche Jugend sind, die nach echter, reiner Jugendlichkeit und persönlichem Leben strebt; jeder auf seinem Weg, nach seiner besonderen Art, aber doch alle nach dem einen großen Ziel: jung zu sein und uns selbst Schönheit, Tiefe und Weite des Lebens zu erobern.»

Entschlossen setzten die Mädchen ihren Stil gegen törichte Mode und muffige Erziehungsansichten durch. Sie wollten sich beim Wandern gesund und frei bewegen; sie wollten hinaus in die Natur zu Sport, Spiel und Tanz. Ihre Lieder wollten sie singen, ihre Bücher lesen. Sie wollten moderne Berufe erlernen, wollten sich und der Gesellschaft beweisen, was sie wert waren.

Der Erste Weltkrieg hatte viele Bindungen gelöst, hatte alte Ordnungen zerstört, aber auch viele Vorurteile der wilhelminischen Gesellschaft weggeräumt. Nun stand auch das Verhältnis zwischen den Geschlechtern in der Jugendbewegung offen zur Diskussion. Sie mußte sich dabei heftiger Angriffe von außen erwehren, zumal eigene Sprecher mit extravaganten Ansichten den Kritikern Vorwände gegen die Bünde gaben. Die einen warfen ihnen Homosexualität vor, die anderen entsetzten sich darüber, daß moderne Pädagogen Jungen und Mädchen in Heimschulen gemeinsam erzogen. Wenn dann die Bünde versicherten, ihre Mädchen und Jungen seien zwar gute «Kameraden», enthielten sich aber in strenger Askese aller geschlechtlichen Berührung, wurde diese Enthaltsamkeit als unnatürliche Verkrampfung beklagt oder gar als «Impotenz» verlästert. Deshalb machten sich andere zu radikalen Fürsprechern moderner Sexualaufklärung. Besonnene aber forderten zwar ein freies, doch verantwortliches Miteinander der Geschlechter.

Die Gesellschaft aber gewährt den Frauen nur zögernd und verspätet, was sie den Männern bereits zugesteht. Elisabeth Busse-Wilson, einst führend in der Jugendbewegung tätig, verurteilt deshalb mit Recht die bürgerliche Mädchenerziehung: «Das Schwergewicht der bürgerlichen Moral hängt an den 16–18jährigen Mädchen, die in demselben Augenblick, da die Jugend beginnen soll, Träger der Konvention werden. Ein wohlgeratenes junges Mädchen hat dieselben menschlichen und sittlichen Maßstäbe wie ihre Mutter und Tanten, während auch der einfachste und unbegabteste Jüngling sich wenigstens einige Jahre lang als Träger neuer Ideen, Maßstäbe und Ziele fühlt.»

Der Junge durfte jung sein, das Mädchen sollte aus der Kindheit so rasch wie möglich in die Ehe. Die Jugendbewegung erkämpfte den Mädchen ein Recht auf Jugend. Es war eine ungeheuerliche Provokation der bürgerlichen Moral, als sich Jungen und Mädchen zu nächtlichen Tänzen auf

Waldwiesen um lodernde Feuer zusammenfanden und die Liebeslieder des Volkes sangen! Und es war grotesk, daß diese Jugend dabei radikal keusch blieb, daß sie in Trotzhaltung gegen die verlogene Sexualmoral des Bürgertums in ihrem bewußten Verzicht auf Erotik «eine Quelle der moralischen Überlegenheit» gewann.
Das offene Gespräch nahm den Nöten des eigenen Reifens alle schwüle Heimlichkeit und entspannte die erotische Verkrampfung. Auch galt die möglichst schnelle Versorgung in einer bürgerlichen Ehe nicht mehr als letztes Ziel der Mädchenbildung. «Erst damals wurde die Frau wahrhaft befreit, indem sie nicht nur mit dem Maßstab der ‹Gleichberechtigung›, sondern als unentbehrliche Gefährtin der menschlichen Gemeinschaft bewertet wurde.» (Th. Wilhelm)

Das Frauenideal des Dritten Reiches

Als Hitler am 30. Januar 1933 Reichskanzler wurde und sein Reichsjugendführer eine «Revolution der Erziehung» einleitete, hatte die Jugendbewegung in ihren besten Vertreterinnen bereits eine freie, natürliche, geistig wache, als Hausfrau und Mutter ebenso wie im Beruf tüchtige Frauengeneration herangebildet.
Der NSDAP waren die Frauen zunächst nur als Gefährtinnen der Männer im politischen Kampf wichtig. Das galt auch für die Jugendorganisation. 1929 entstand in Sachsen, wenig später in München, eine «Schwesternschaft der HJ». Sächsische Mädchen nahmen 1929 am Reichsparteitag teil. Die Organisation erhielt 1930 den Namen «Bund Deutscher Mädel» (BDM). Ab 1931 gab es auch «Jungmädel», den Bund der jüngsten Mädchenjahrgänge. Im Vergleich zu anderen Jugendorganisationen war die HJ bis 1933 recht unbedeutend gewesen, und auch zu ihren Mädchenbünden gehörten nur wenige Mitglieder. In größerer Zahl traten sie zum ersten Male beim Reichsjugendtag in Potsdam im Oktober 1932 auf. Frauen und Mädchen halfen bei Aufmärschen und Kundgebungen im Sanitätsdienst, bei Quartierbeschaffung und Verpflegung. Sie nähten Fahnen und Uniformen und organisierten Hilfsaktionen für arbeitslose oder notleidende Parteigenossen.
Die Weimarer Verfassung hatte 1919 den deutschen Frauen das Wahlrecht gegeben. Aber die meisten hielten sich zurück. Die parlamentarische Demokratie blieb ihnen anonym und unverständlich. Hitler verstand es, die Gefühle der Massen für sich zu gewinnen. Wenn sich Frauen für ihn engagierten, hingen sie ihm kritiklos an. Es entspricht ja dem Wesen der Frau, lieber Personen verbunden zu sein als Institutionen. So konnte Hitler

den Frauen ihre Treue beim Reichsparteitag 1934 bestätigen: «Gerade dadurch haben wir die neue nationalsozialistische Volksgemeinschaft gefestigt, daß wir in Millionen von Frauen treueste, fanatische Mitkämpferinnen erhielten.»

Immer mehr junge Mädchen stimmten schon vor 1933 der auf sichtbares «Führertum» gestellten, betont männlich-aktivistischen NSDAP zu. So machte sich eine evangelische Jugendführerin in der Zeitschrift des Neulandbundes zur leidenschaftlichen Propagandistin Hitlers: «Wie haben wir Frauen immer dagestanden und um uns geschaut, ob sich denn die Männer diese Schlammflut von Ehrlosigkeit, Niedrigkeit, Gier, Selbstsucht und Klassenhaß gefallen ließen. Wir waren ja nicht imstande, mit unseren Armen die Straßen, Säle und Parlamente zu säubern. Wir haben nur den geistigen Kampf führen dürfen nach Frauenart... Da haben wir uns umgeschaut nach dem Häuflein von Männern, die es nicht aushielten und die lieber den Tod wollten als in solcher innenpolitischen Knechtschaft leben. Da haben wir gewartet, wer von ihnen durchbräche zur Macht, von wo der Retter käme! Und dann haben wir es mit Erschauern gefühlt, daß das Gotteswunder geschah und daß wirklich ein Retter aufstand, der es vermochte, die Seele des Volkes zu wecken. Da haben wir uns jubelnd dem großen ‹Deutschland erwache› angeschlossen und haben gewußt: hier schreitet Gott durch die Weltgeschichte, hier erweckt er sich selbst das Werkzeug!»

Am meisten bestürzen und beschämen heutige Betrachter jene alten Filmstreifen und Bilder, die deutsche Frauen und Mädchen in wilder Hitler-Begeisterung zeigen. Sie durchbrechen die Sperrketten der SS, stürzen zur Tribüne, schreien und weinen vor unbegreiflichem Glück, diesen einmaligen Augenblick erleben zu dürfen. Sie sehen den «Führer» nicht nur, nein, sie drücken seine Hand, sie fühlen seinen leuchtenden Blick auf sich ruhen. Aber all diese leidenschaftlich begeisterten Mädchen und Frauen, diese jungen und alten Mütter, die Hitler ihre Kinder erst zum Geburtstag, dann zum sinnlosen Tod auf den Schlachtfeldern des Weltkrieges schenkten, sie alle wußten nicht, wie verächtlich der Mann, den sie so verehrten, von ihnen dachte.

Die Frau ist nach Hitlers Ansicht passiv, ist Objekt, ist ebenso Mittel zum Zweck wie die Ehe: «Die Ehe kann nicht Selbstzweck sein, sondern muß dem einen größeren Ziele, der Vermehrung und Erhaltung der Rasse dienen.» Gleichberechtigung der Frau erklärt er beim Nürnberger Frauenkongreß 1935 auf seine Weise: «Die Gleichberechtigung der Frau besteht darin, daß sie in den ihr von der Natur bestimmten Lebensgebieten jene Hochschätzung erfährt, die ihr zukommt.» Nicht nur der Mann ist deut-

scher Kämpfer: «Auch die Frau hat ihr Schlachtfeld: Mit jedem Kinde, das sie der Nation zur Welt bringt, kämpft sie ihren Kampf für die Nation.» Dasselbe meinte Goebbels: «Kindersegen – das ist die Anwartschaft eines Volkes auf die Ewigkeit; deshalb ist und bleibt der vornehmste und höchste Beruf der Frau der Beruf als Frau und Mutter.»
Allzu viele Frauen waren einverstanden mit diesem Schattendasein an der Seite männlicher Tatmenschen. So schrieb Lydia Gottschewsky 1934: «Eine Zeit, die als Lebensgesetz des Mannes das Heldische auf den Schild erhebt, muß auch die Frau auf dieses Gesetz verpflichten. Deshalb: heldischer Kampf beim Manne, heldisches und opferbereites Dienen bei der Frau.»
So waren Ehe und Mutterschaft einziges Ziel aller Mädchenbildung, die Frau dienende «Kampfgenossin» des Mannes. «Wer Kinder haben kann und keine hat, ist minderwertig», erklärte der Familienpolitiker M. Staemmler brutal in dem Buch «Du und dein Leben», das Kindern zur Schulentlassung geschenkt wurde! Professor Groß, Leiter des rassenpolitischen Amtes der NSDAP, erklärte: «In den lebensfrohen, kinderreichen Familien der nationalsozialistischen Nation findet die Verschmelzung persönlichen Lebens mit dem Dienst an der Gemeinschaft ihren überzeugendsten Ausdruck. Die persönlichen Kräfte der Liebe, die starke Spannung zwischen den Geschlechtern führt hier gleichzeitig zu höchster Erfüllung des eigenen Lebens und zum sinnvollsten Dienst an der Geschichte des eigenen Volkes... Das aufsteigende Deutsche Reich, gewaltig in der Entfaltung seiner Macht, gesichert durch die Schärfe des Schwertes, bedarf heute und in den kommenden Jahrzehnten erst recht ungezählter Familien und zahlloser Kinder besten eigenen Blutes, um die Räume zu füllen, die sich uns heute erschließen...»
Eben war der Krieg noch mit Übervölkerung und Mangel an Raum gerechtfertigt worden, jetzt sollten mehr Kinder geboren werden, um die eroberten Räume zu füllen. Niemand leugnet, daß Glück und Segen vieler Ehen in gesunden Kindern liegen kann. Ebenso können Mann und Frau durch die Umstände oder aus freiem Entschluß in kinderloser Ehe glücklich sein. Eine Ehe zu schließen, Kinder zu haben oder nicht zu haben, das ist nicht Sache des Staates, sondern die freie und persönliche Entscheidung des einzelnen.
Das schon erwähnte, den vierzehnjährigen Jugendlichen zur Schulentlassung vom NS-Lehrerbund geschenkte Buch «Du und dein Volk» enthielt Hinweise auf «Frühehe» und «Kinderreichtum», um die «hochwertige Erbmasse» des deutschen Volkes zu erhalten und zu vermehren. Man begründet: «Ein schwaches Volk verlockt unbewußt seine landhungrigen

Nachbarn zum Angriff.» Diese Behauptung aber war im Jahre 1940 eine zynische Provokation, denn die deutsche Wehrmacht hatte bereits die Tschechoslowakei, Polen, Dänemark, Norwegen, Holland, Belgien, Luxemburg und Frankreich erobert.

Das Buch gab den Kindern «Zehn Gebote für die Gattenwahl»:

1. Gedenke, daß du ein Deutscher bist!
2. Du sollst, wenn du erbgesund bist, nicht ehelos bleiben.
3. Halte deinen Körper rein.
4. Du sollst Geist und Seele rein erhalten.
5. Wähle als Deutscher nur einen Gatten gleichen oder nordischen Blutes.
6. Bei der Wahl deiner Gatten frage nach seinen Vorfahren.
7. Gesundheit ist Voraussetzung auch für äußere Schönheit.
8. Heirate nur aus Liebe.
9. Suche dir keinen Gespielen, sondern einen Gefährten für die Ehe.
10. Du sollst dir möglichst viele Kinder wünschen.

Was mögen sich die Vierzehnjährigen, falls sie diese Gebote überhaupt lasen, dabei gedacht haben? Zwar sollten sie nur aus Liebe heiraten, aber zugleich empfahl man: «Schärfe und schule deinen Blick für das Körperbild des Menschen, indem du Günthers ‹Kleine Rassenkunde des deutschen Volkes› sorgfältig durcharbeitest.» – Liebe sollte also noch immer dabei sein, kontrolliert allerdings durch den an Günther geschulten rassekundlichen Blick und sofern Ahnentafel und Erbgesundheitspaß stimmten.

Das solchen Richtlinien entsprechende Frauenideal erschien auch als äußerlich sichtbares Leitbild. Überall sah man sie, in Kalendern und Zeitschriften, in Jugendbüchern, auf Plakaten und Postkarten: Die stämmige deutsche Hausmutter, immer nur lächelnd und von vielen blonden Kindern umringt. Von 900 Werken der «Großen Deutschen Kunstausstellung» 1937 in München waren rund 20% der Darstellung idealen deutschen «Frauen- und Mannestums» gewidmet: «Die typisierten deutschen Menschen, meist stehend, zeigen ‹Haltung›, seelischen Aufschwung, bisweilen herausfordernde Heroik. Die zahlreichen Mutter-Kind-Szenen schwankten zwischen eherner Würde und Sommerwiesenidyllik nach dem Muster alter Stiche. Die meist bäuerlichen Familienszenen zeigten stets ganze Sippen, spartanisch hart, kernig, kinderreich und barfuß.» (H. Brenner)

Andere Parteimaler lieferten fleischige Akte: Dralle Mädchen mit flächig-stupiden Gesichtern rekeln sich zwischen Bauernmöbeln.

Auch in der Mode ergab sich ein genormter Schönheitstyp. Die Idealfrau des NS-Staates trug als kleines Mädchen blonde Zöpfe oder den Gretchenkranz um die Stirn. Im Mutteralter knotete sie die Zöpfe herb zum deut-

schen «Dutt». Sie hatte blaue Augen, blonde Haare und helle Haut und war hoch gewachsen.
Nur wenige Fanatikerinnen allerdings hielten sich an das triste NS-Frauenbild. Vielen war schon der Zwang zur Uniformierung ein tägliches Ärgernis. Die kleinen Jungmädel trugen im Sommer weiße Blusen mit kurzen Ärmeln und schwarzem Halstuch, braunem Lederknoten und HJ-Abzeichen. Am linken Oberarm der Bluse waren auf schwarzem Tuchdreieck Gebiet und Obergebiet bezeichnet. Im Winter zogen die Mädchen eine wollene Trachtenjacke und eine braune Kletterweste über die Bluse. Dazu braune Halbschuhe und weiße Söckchen – im Winter lange Woll- oder Seidenstrümpfe. Kurz vor dem Kriege wurden halblange Stiefelchen modern. 1936 brachte die «Olympiarolle» als neue Frisur eine echte Mädchensensation, und Zehntausende von Zöpfen fielen. Später setzte sich die lange Dauerwelle durch. Betontes «Make up» war aber als unnatürlich oder leichtfertig verpönt. Es konnte ein Politikum sein, wenn Mädchen in der Mode gegen das Parteifrauenideal verstießen, etwa gegen die Losung: «Deutsche Frauen schminken sich nicht!» Männer, die den parteihörigen Typ nicht mochten, konnten sich auf einen kräftig gebrauchten Lippenstift besser verlassen als auf weltanschauliche Diskussionen.

Jungmädel im Wettkampf

Die Erziehung zur deutschen Frau im Sinne des Nationalsozialismus begann bei den zehnjährigen Jungmädeln. Das Ziel dieser Erziehung nach elfjährigem Mädchendienst nannte 1944 eine BDM-Führerin in dem Rechenschaftsbericht «Mädel im Krieg»:
«Die große Masse unserer Mädel trägt den Wunsch im Herzen, später tüchtige Frauen und Mütter sein zu dürfen. Unsere Mädel sprechen es offen aus, daß sie sich eine große Zahl Kinder wünschen, und bringen diesen Wunsch auch in ihrem persönlichen Leben mit der Erkenntnis in Verbindung, daß sie die Pflicht haben, sich gesund zu erhalten. Mit besonderer Freude sehen wir, daß allen voran sich der Typ der Mädel- und Jungmädelführerin herausschält, als eines frischen, gesunden, einsatzwilligen und sauberen Mädels, das berufen ist, später Kameradin des Mannes zu sein, der als Soldat draußen seine Pflicht tut.»
Ganz wie bei den Jungen führte nach 1933 das schnelle Wachstum der Riesenorganisation zu einer Führerinnenkrise. 1937 hatten BDM und Jungmädelbund 2,8 Millionen Mitglieder; es gab keine annähernd so große Mädchenorganisation in der Welt. Die hauptamtlichen Obergau-

und Untergauführerinnen, sowie die Abteilungs- und Stellenleiterinnen bei diesen Dienststellen wurden ausgebildet in den drei Reichsführerinnenschulen in Potsdam, Godesberg und Boyden bei Saalfeld in Ostpreußen. Wie Reichsreferentin Trude Bürkner berichtete, gab es 1937 schon 44 Schulen für Gruppen- und Scharführerinnen, die 30 bis 150 Mädchen zu führen hatten. Die Mädelschaftsführerinnen (etwa 15 Mädchen in einer Mädelschaft) und die Führeranwärterinnen kamen in Jugendherbergen zu Kursen am Wochenende zusammen.

Auch die Mädchenorganisation entwickelte den Berufstyp der BDM-Führerin mit Ausbildung in der geplanten Reichsschule in Braunschweig, Auslandstätigkeit in einer «reichsdeutschen Kolonie» und praktischer Bewährung als Untergauführerin. Diese jungen Führerinnen trugen eine kleidsame dunkelblaue Tracht, vergleichbar dem Kostüm der Luftstewardessen. Die Ränge der ehrenamtlichen mittleren und unteren Führerinnen erkannte man an Führerschnüren vor dem Halstuch an der Bluse. Für diese Mädchen hatten die Obergaue noch zahlreiche eigene Schulen.

Die Mädchenorganisation hatte, abgewandelt auf die Bedürfnisse der weiblichen Jugend, dieselben Aufgaben wie die der Jungen und entwickelte auch ähnliche Dienstformen: Heimabend, Sportnachmittag, Fahrt und viele Sonderdienste, die der Berufsförderung oder Sozialarbeit dienten: Landdienst, Lehrgänge auf BDM-Hauswirtschaftsschulen, Ausbildung von «Gesundheitsdienstmädeln» durch BDM-Ärztinnen.

Bei den Führerinnen ergab sich eine ähnliche Auswahl wie in der HJ. Häufig blieben gerade die eifrigsten und tüchtigsten Mädchen als Jungmädelführerinnen bei den Kleinen, die im Jungmädelbund oft ein lebhaftes und anregendes Gruppenleben entwickelten. Viele künftige Lehrerinnen empfanden den Mädchendienst als sinnvolle Einführung in ihren Beruf.

Zahlenvergleiche zeigen allerdings, daß sich die Mädchen schwerer und weniger «total» erfassen ließen als die Jungen, weil vielfach das Interesse am beruflichen Fortkommen bei den Mädchen und ihren Eltern weniger stark war. In Lübeck gehörten noch am 1. Dezember 1935 44,7 Prozent aller Volksschülerinnen nicht zu den Jungmädeln. Das änderte sich schlagartig nach der großen Werbeaktion im «Jahr des Deutschen Jungvolks» 1936, als der Jahrgang 1926 nahezu geschlossen eintrat. Nur 5,31 Prozent der Lübecker Volksschülerinnen waren jetzt noch keine Jungmädel.

Viele ältere Mädchen widersetzten sich auch später dem Dienstzwang. 1936 waren trotz aller Werbeaktionen und einer angedrohten Mitgliedersperre 51,14 Prozent aller Lübecker Berufs- und Fachschülerinnen nicht im BDM. Die schulpflichtigen Jungmädel entzogen sich der Organisation weniger leicht, und die Kleinen gingen oft gern zum Dienst, wenn sie

tüchtige Führerinnen hatten. Auch darf nicht vergessen werden, daß viele Eltern ihre Töchter in konservativer Erziehung sehr streng der Familienordnung unterwarfen. Vitale und aktive Mädchen nutzten die Chance, im BDM-Dienst unter Berufung auf nationale Pflichten sich der strengen Mutter zu entziehen. Immer wieder berichten ehemalige BDM-Führerinnen, daß Mädchenkonflikte im Elternhaus ihren Diensteifer beflügelten.
Im April des Jahres, da es zehn Jahre alt wurde, begann das kleine Jungmädel seinen Dienst. «Der Art der Jungmädel entsprechend, ist ihr Dienst ganz vom Erlebnis bestimmt», lehrte Obergauführerin Clementine zu Castell in einem Schulungsheft. «Die jüngeren Jahrgänge werden ausschließlich zur Gemeinschaft erzogen», befahl Schirach. «Das Mädel zwischen 17 und 21 Jahren aber soll zur gemeinschaftsgebundenen Persönlichkeit erzogen werden.» Aber gleichzeitig hieß es: «Du bist nichts, dein Volk ist alles!» Eine Parole schloß logisch die andere aus, doch die kernigen Phrasen machten Eindruck, und auf geistige Durchdringung hatte es diese Erziehung ohnehin nicht abgesehen.
Worauf es praktisch ankam, zeigt ein Jungmädeldienstplan, abgestimmt auf die Bedingungen des Leistungsabzeichens, das die Zwölfjährigen erwerben sollten.
Vier Schulungsthemen mußten in Heimabenden, meist am Mittwochnachmittag, vorbereitet werden:
1. Die Mädel sollten das Leben des Führers, natürlich die parteiamtliche Legende, und die Geschichte der NSDAP im Überblick kennen.
2. Sie mußten erzählen, wie sich die HJ aus der «Kampfzeit» zur deutschen Staatsjugend entwickelt hatte. Jedes Jungmädel wußte, wie Herbert Norkus gelebt hatte und gestorben war.
3. Zum Thema «Deutschtum in aller Welt» forderte die Dienstvorschrift: «Das Jungmädel muß aus dem Gedächtnis die Umrisse der Karte des Deutschen Reiches aufzeichnen. – Es soll wissen, daß auch außerhalb des Deutschen Reiches Angehörige des deutschen Volkes wohnen. Es kennt eines der wichtigsten deutschen Siedlungsgebiete im Ausland. – Das Jungmädel erzählt von seinen eigenen Grenzgebieten bzw. seinem Kameradschaftsobergau.»
4. Die Jungmädel sollten ferner die engere Heimat kennen: Märchen, Sagen, Lieder und Bräuche. Die nationalen Feiertage und der Text beider Nationalhymnen mußten auswendig aufgesagt werden.
Über den Jungmädelsport stehen im bekannten Schulungsbuch «Mädel im Dienst» sehr vernünftige Ansichten. Wieder ist zu betonen, daß im Rahmen der Mammutorganisation bei grundsätzlich falscher Zielsetzung in vielen Teilbereichen nach richtigen Gedanken, denen man immer

zustimmen kann, erzogen wurde. Das macht vielen Frauen, die damals vorzügliche Arbeit im Sport und im Gesundheitsdienst der kleinen Mädchen leisteten, heute eine gerechte Beurteilung ihrer Jugend nicht leicht. Vielen wird es schwer, über ihrem Einzelauftrag, den sie vorbildlich und sinnvoll erfüllten, die verfehlte Gesamtkonzeption der nationalsozialistischen Jugenderziehung einzusehen.

Im Sport müssen die Führerinnen ihre Mädchen gut kennen: «Jungmädel stehen mehr oder weniger stark in körperlicher Entwicklung, ermüden daher sehr leicht. Eine allzu große sportliche Belastung ist deshalb unzuträglich.... Die Sportwartin muß genau erkennen, was so ein Jungmädel leisten kann. Sie wird öfter nachdrücklich eingreifen müssen, denn auch Mädel kennen manches Mal in ihrer großen Begeisterung keine Grenzen... Übungen mit kurzem, schnellem Krafteinsatz, auf die dann von Zeit zu Zeit eine Ruhepause folgt, in der sich der Körper erholt, sind angebracht und fördern das Wachstum und die Entwicklung des ganzen Organismus.»

Für das Jungmädelleistungsabzeichen (Alter 12 bis 13) wird gefordert:

60-Meter-Lauf	12 Sekunden
Weitsprung	2,50 Meter
Schlagballweitwurf	20 Meter

Ballzielwerfen aus 6 Meter Entfernung auf eine
2 Meter hohe Scheibe 60 × 60 cm
100 Meter Schwimmen in beliebiger Zeit oder, wenn keine Schwimmgelegenheit in der Nähe: 8 Kilometer Wanderung in zwei Stunden ohne Gepäck
Hechtrolle über zwei Mädel
Sprung aus 1,50 Meter Höhe
25 Meter Sprungseillaufen, anschließend je 10 Seilschwünge vorwärts und rückwärts mit Zwischenhupf.

Neben Schulung und Sport hatten die Mädchen Leistungen auf Fahrt nachzuweisen. Solche Kurzfahrten dauerten von Sonnabend mittag bis Sonntag nachmittag. Die Mädchen übernachteten in Jugendherbergen. Nur die Älteren durften in Großlagern bei Sportfesten oder zum Reichsparteitag zelten. Die Jungmädel sollten auf Fahrt ihr Quartier in Ordnung halten, ihr Gepäck packen, die wichtigsten Baum- und Getreidearten und die wichtigsten Kartenzeichen des Meßtischblattes 1:25000 lernen. Sie mußten an einem Ordnungsdienst teilnehmen. Doch war es verboten, den Dienst der Jungen nachzuahmen. Dennoch konnte man immer wieder stramm exerzierende Mädchengruppen beobachten, zumal wenn die Mädchen an größeren Aufmärschen teilnehmen mußten.

Der Diensteifer der Pimpfe ließ in der HJ erheblich nach, falls die Jungen nicht aus persönlicher Neigung oder zur beruflichen Förderung in eine Sonderformation übertraten. Noch viel schwerer waren die 14 bis 18 Jahre alten BDM-Mädchen zum Dienst zu bringen. Lehrzeit und höhere Schulklassen kosteten mehr Kraft und Zeit. Auch sind Mädchen früher reif und früher auf das andere Geschlecht bezogen als die Jungen. Das führte aus der Gruppe fort zur individuellen Freundschaft, und auch die staatlich geförderte Frühehe entzog viele Mädchen vorzeitig dem Dienst. Schließlich sind Mädchen grundsätzlich schwerer in großen Verbänden zu uniformieren und zu organisieren. Es mußte ihnen also der Dienst anders anziehend gemacht werden.

«Glaube und Schönheit»

Da die Jungen vom Jungvolk über die HJ, den Reichsarbeitsdienst und die Wehrmacht bis ins Mannesalter lückenlos erfaßt waren, galt es, auch für die älteren Mädchen eine Lösung zu finden, die ihren Bedürfnissen besser entgegenkam als der oft recht fade BDM-Dienst. Landjahr und weiblicher Arbeitsdienst überbrückten teilweise den Zeitraum zwischen BDM und NS-Frauenschaft. Aber im BDM-Werk «Glaube und Schönheit» sollte ab 1938 auch die politische Mädchenerziehung ergänzt und vertieft werden.

Der pompöse Name der neuen Organisation gab dem Volkswitz dankbaren Stoff, doch die Neigung der Funktionäre zum Gigantischen und Pathetischen trieb viele groteske Stilblüten dieser Art hervor. Da das BDM-Werk erst ein Jahr vor dem Kriege entstand und im Kriege die Mädchen dieses Alters stark in die vielen Hilfsdienste eingespannt waren, kam die Organisation über Anfänge nicht recht hinaus, und man muß sie mehr nach der Planung als nach dem, was sie tatsächlich leistete, beurteilen. Auch ein Propagandafilm, der zeigte, wie es werden sollte, gab ein schiefes Bild, da die Zensoren im Kriege aus dem Streifen alle Mädchen herausschneiden ließen, die sich beim Sonnenbaden, Reiten und Tanzen ergingen.

Zum BDM-Werk sollten die 17 bis 21 Jahre alten deutschen Mädchen gehören. Den Dienst der großen BDM-Formationen sollte die aufgelokkerte kleine Arbeitsgemeinschaft ablösen, die frei wählbar war und die persönlichen Neigungen der Mädchen berücksichtigte. Die Großstädte boten dabei eine viel größere Auswahl – wie überhaupt die Landjugend mehr vom Jahreslauf und seinem bäuerlichen Pflichtenkreis als von den Wünschen der Staatsjugend abhängig blieb.

Zu einer Arbeitsgemeinschaft gehörten zehn bis fünfzig Mädchen; mehrere Arbeitsgemeinschaften bildeten eine Gruppe, die ihre Anweisungen über Untergau und Gau von der «Beauftragten für das BDM-Werk Glaube und Schönheit in der Reichsjugendführung» empfing.
Die Mädchen trugen BDM-Uniform mit einem eigenen Abzeichen: «Dieses ist aus Emaille und zeigt auf einem Wappen mit blauem Grund einen goldenen und einen weißen Stern. In diesen Sternen sind die beiden Begriffe – Glaube und Schönheit –, die unsere Arbeit leiten, symbolisch dargestellt.» – Die Mädchen trugen BDM-Uniform, BDM-Sportkleidung, sowie Gymnastikkittel und Schwimmanzug des BDM. «Zu besonderen Anlässen wird außer unserem bekannten Mädeltanzkleid ein festliches Tanzkleid getragen», ebenfalls reichseinheitlich genormt und erstmalig in Massen vorgeführt beim Nürnberger Reichsparteitag. Die Mitglieder der Arbeitsgemeinschaften zahlten monatlich 50 Pfennig Beitrag.
Als Arbeitsgemeinschaften wurden unter anderen angeboten: Sport, Gymnastik, Gesundheitsdienst, Spiel und gesellige Kultur, persönliche Lebensgestaltung, Werkarbeit, Musik, Auslandskunde, Hauswirtschaft und bäuerliche Berufsertüchtigung. Von der weltanschaulichen Verbrämung und dem «Blut-und-Boden»-Geschmack der Parteikulturträger abgesehen, bot dieses Programm im Vergleich zum normalen BDM-Dienst viele Möglichkeiten, vergleichbar dem individuelleren Dienst der HJ-Sondereinheiten und Spielscharen. Diese Mädchen durften private Neigungen haben und sie auch pflegen, wenn sie nur organisiert und damit unter Kontrolle waren. Sie durften tanzen, aber möglichst im «BDM-Festkleid», sie durften musizieren, doch mit der HJ-Raute an der weißen Bluse.
Nach einer Probedienstzeit von drei Monaten erhielten die Mädchen ihren Mitgliedsausweis, in den alle Kurse und Leistungen eingetragen wurden. Die Führerinnen betonten mit Nachdruck, daß dieses Buch den Mädchen auch beruflich von Nutzen sein konnte.
Aber Dienstvorschriften, Akten, Statistiken – sie lassen nur wenig vom tatsächlichen Mädchenschicksal in jenen Jahren erkennen. Hier ist das Erlebnis der Augenzeugin unentbehrlich. Die Schriftstellerin Melita Maschmann schrieb ein – schon früher mehrfach zitiertes – rückhaltlos ehrliches «Fazit» ihres Lebens. Sie schildert, wie sie vom einfachen BDM-Mädel aufstieg zu einer hohen Führerin in der Reichsjugendführung. Ihr Weg war typisch für viele, doch ihre kritische Einsicht gewannen nur wenige.
Das Mädchen Melita stammte aus einem großbürgerlichen Elternhaus, das zu den «gewöhnlichen Leuten» kühl Distanz hielt. Reaktion der Tochter: «Keine Parole hat mich je so fasziniert wie die von der Volksgemein-

schaft.» Die Fünfzehnjährige erlebte den Fackelzug der siegreichen Nationalsozialisten noch als unbeteiligte Zuschauerin: «Stundenlang marschierten die Kolonnen vorüber. Unter ihnen immer wieder Gruppen von Jungen und Mädchen, die kaum älter waren als wir. In ihren Gesichtern und in ihrer Haltung lag ein Ernst, der mich beschämte. Was war ich, die ich nur am Straßenrand stehen und zusehen durfte, mit diesem Kältegefühl im Rücken, das von der Reserviertheit der Eltern ausgestrahlt wurde? Kaum mehr als zufälliger Zeuge, ein Kind, das noch Jungmädchenbücher zu Weihnachten geschenkt bekam. Und ich brannte doch darauf, mich in diesen Strom zu werfen, in ihm unterzugehen und mitgetragen zu werden.»

Schal und kümmerlich erschien ihr das eigene Leben der Schulsorgen, Familienreisen und Geburtstagskränzchen: «Aber die Jungen und Mädchen in den Marschkolonnen zählten mit.» Melita Maschmann lief zu ihnen, gerade weil die herrische Mutter völlig verständnislos war: «Ich wollte aus meinem kindlichen, engen Leben heraus und wollte mich an etwas binden, das groß und wesentlich war.» Diesem Ruf waren schon die besten Jungen und Mädchen der freien Jugendbewegung vor der HJ gefolgt. Als eine jüngere Generation nun oft mit genau den gleichen Sehnsüchten und Idealen in HJ und BDM eintrat, konnte niemand auch nur ahnen, daß vieles anders gemeint war und werden sollte, daß dieser Weg des guten Glaubens in ungeheure Verbrechen führen würde.

Als Melita Maschmann in den BDM eintrat, erlebte sie bald die ersten Enttäuschungen. Die Kameradinnen waren derb und ungebildet, und die biedere Untergauführerin kam aus einer Gastwirtschaft, die in der «Kampfzeit» eine Stammkneipe der SA war. Johanna, so hieß sie, war nicht zimperlich. Wenn sie beim Appell «Schnauze!» brüllte, schwiegen die Mädchen. «Sie ließ uns manchmal in Dreierreihen über den Kurfürstendamm marschieren und einen Teil der Strecke im Laufschritt zurücklegen. Dabei sollten wir möglichst laut trampeln. ‹Hier wohnen die reichen Juden›, sagte sie, ‹die sollen ruhig mal ein bißchen im Mittagsschlaf gestört werden.›»

Aber sie lernte auch andere Führerinnen kennen: Gebildete, ehrliche, bis zur Selbstaufopferung fleißige junge Frauen, die auf jedes eigene und private Leben im Dienst der großen Volksgemeinschaft verzichteten. Melita eiferte ihnen nach. Dabei verschärften sich die Konflikte mit dem Elternhaus, die Leistungen in der Schule ließen nach, der BDM-Dienst mußte heimlich getan werden, bis doch alles herauskam und die Eltern das Mädchen in ein Internat schickten. Dort mischte sich die traditionelle, betont evangelische Heimerziehung seltsam mit den nationalsozialisti-

schen Ideen, ohne daß Lehrer und Schülerinnen den unvereinbaren Widerspruch erkannten.
Als sie nach dem Abitur zurückkehrte, verlor der Vater seine Stellung. Sie wollte studieren, aber wovon? Es gab die Möglichkeit, ein Stipendium zu erhalten, wenn sie sich zu zweijähriger Dienstzeit als hauptamtliche Führerin im BDM verpflichtete. Persönliche Enttäuschungen und die allgemeine Werdenot der Reifejahre kamen dazu. Sie wollte sich binden, sie suchte eine große Aufgabe, und sie wagte deshalb die Flucht nach vorn aus allem Privatärger heraus. Als sie in der Presse- und Propagandaarbeit des Berliner BDM begann, erhielt sie 80 Reichsmark Monatsgehalt. Auch hohe HJ-Führer waren in den ersten Jahren so schlecht bezahlt, daß sie sich kaum satt essen konnten, zumal gerade die besten noch manche dienstliche Ausgabe aus eigener Tasche bezahlten. Melita Maschmann durfte nun einblicken in die Riesenapparatur der Staatsjugend, die gerade entstand. Sie sah kritisch viel Unzulängliches, doch größere Eindrücke bewegten sie tiefer: «Wenn ich an das Reichstreffen der BDM-Führerinnen in Bamberg im Sommer 1938 denke, so ist mir wieder nur dieses Glücksgefühl in Erinnerung: Zu einer Gemeinschaft gehören zu dürfen, die die ganze Jugend des Volkes umfaßt...»
Sie wurde Pressereferentin in Frankfurt an der Oder. Obwohl sie ihre Arbeit selbst nicht sehr liebte, traf sie dort auf gute Kameraden und tat auch unbequemen Dienst willig im Dienst der größeren Aufgabe.
Der Krieg überraschte und erschreckte sie; denn obwohl diese Jugend pausenlos politisiert und aktiviert wurde, sie suchte sich doch die Inseln der Stille, um dort einfach froh zu sein, um nachdenklich zu sein und zu sich selbst zu kommen.
Aber für die Berufsführerin gab es auch dafür keinen Ort außerhalb der HJ: «Bei Kriegsausbruch befand ich mich auf einem Lehrgang der Reichsführerinnenschule des BDM in Potsdam. Die Schule lag in einem parkartigen Garten am See und war ein idealer Platz für junge Menschen, die sich an der Schönheit der Natur und an der spannungsreichen Lebendigkeit ihrer Gemeinschaft freuen wollten und denen es zugleich darauf ankam, ruhig arbeiten zu können... Wir blieben auf dem See, bis die Ufer unserem Blick entschwanden und die Sterne aus der Tiefe des grünschimmernden Himmels hervortraten. Unsere Gespräche unterschieden sich durch nichts von den Gesprächen, die junge Menschen zu allen Zeiten in solchen Stunden des Angerührtseins von der geheimnisvollen Schönheit der Welt geführt haben und noch führen...»
Der Krieg rief diese fleißigen, rastlosen Mädchen zu noch stärkeren Einsätzen. Melita Maschmann – und wie sie taten es viele – meldete sich

immer wieder freiwillig: Freiwillig zum Osteinsatz nach Posen, um die HJ im neuen «Warthegau» aufzubauen, freiwillig zum Arbeitsdienst, um unter elendsten Umständen «volksdeutsche Umsiedler» zu betreuen. Freiwillig blieb sie in dem von Bombenangriffen fortwährend verheerten Berlin, freiwillig half sie verwundeten Soldaten in Lazaretten, Flüchtlingen auf den Bahnhöfen. Freiwillig arbeitete sie hinter der Front an der Oder und in Berlin – freiwillig bis zum unvermeidlichen Ende. Sie diente, ohne Skepsis und Zweifel aufkommen zu lassen. Wo sie Unangenehmes, wo sie Schreckliches sah, verdrängte sie diese Eindrücke rasch: Das sind Anfangsfehler, das war unvermeidlich, das wissen die oben besser, das wird sich später regeln, und das geht dich nichts an.

Sie wurde im Sommer 1945 verhaftet. Die Internierung führte zu neuer Verkrampfung. Aber sie traf Menschen und machte Erfahrungen, die ihr allmählich halfen, frei zu werden und ein gerechtes, wenn auch spürbar schmerzliches «Fazit» ihrer Jugend zu ziehen, eine Mädchengeschichte in der größeren Geschichte einer verführten Generation:

«Jeder von uns hat damals viel positive Leistung investiert und hat Gewinn aus dieser positiven Leistung seines Nebenmannes gezogen.» Auch war es bitter, «Abstand von einer Hochzeit des eigenen Lebens zu finden, in der man, ohne primär besonders geltungsbedürftig zu sein, im Dienst an etwas Großgeglaubtem über sich hinausgewachsen ist in eine Art ‹Unfehlbarkeit› hinein.»

Wer in jungen Jahren steil aufgestiegen war zur Spitze einer machtvollen Führungsapparatur, an deren Verbrechen er unmittelbar und persönlich nicht teil hatte, der wird den Sturz ins Straflager, die politische und soziale Deklassierung nur schwer verwinden. Und wer sich in der Jugend so leidenschaftlich einer Sache hingab, die er für groß und gut hielt, der wird sich nur unter Schmerzen und neuen Prüfungen losreißen. Melita Maschmann gelang es: «Man muß die bunten Blüten abreißen, um erkennen zu können, daß die Wurzeln giftig waren.»

Die nationalsozialistische Schule

Sieg über die «Paukerschaft»

Ein «alter Kämpfer» der Hitlerjugend vom Bann 184 berichtet, wie er am Kieler Reformrealgymnasium wirkte: «Im Jahre 1931 plante ich als Unterprimaner, die kommende Verfassungsfeier der Schule und damit die Propagandarede des Sozialdemokraten Weller zu stören und das liberale Paukerkonsortium aufzuscheuchen. Ich verpflichtete dazu noch einige Klassenkameraden unter der Bedingung strengsten Stillschweigens gegen jedermann. Zu der Feier wurden wir Primaner auf die Empore der Aula geführt. Stinkbomben rollten, von niemandem gesehen, unter die Bänke, die die hinter uns sitzende Paukerschaft einzunehmen hatte. Die Stinkbomben mußten so von ihnen selbst zertreten werden. Der Streich glückte, und die Paukerschaft flüchtete vor dem ungehörigen Gestank. Trotzdem begann die Feier. Aber während der großangelegten Rede Wellers wiederholte sich der Schreck in verstärktem Maß, diesmal im Parkett. Die Feier wurde beendet und die Schülerschaft in die Klassen geschickt. Zwischen den Bänken der nun leeren Aula konnte man kriechende Pauker sehen, die eifrig nach Beweisstücken suchten.»

Lehrer wie der Oberstudienrat Weller vom Kieler Reformrealgymnasium bekannten sich zur Weimarer Republik.

Der Zusammenbruch des autoritären Obrigkeitsstaates hatte 1919 auch der deutschen Schule eine neue Chance gegeben. Die Revolution stieß die Türen der Schulstuben auf. Die deutsche Jugendbewegung und das Erlebnis der Kriegskameradschaft ließen eine neue Lehrergeneration in die Schulen hineinwachsen; sie entspannte das pädagogische Klima. Der knochentrockene, das Pensum eindrillende Pauker starb aus. Rühriger Reformeifer wirkte aus Landerziehungsheimen und Versuchsschulen bis hinauf in die Ministerien. Neue «Richtlinien» entwarfen das Zukunftsbild einer lebendigen, nationalen und doch weltoffenen Schule.

Hinter dem oft verwirrenden Reformeifer der zwanziger Jahre standen aber auch gesellschaftliche, konfessionelle und politische Interessen, wenn nicht Vorurteile. Sie schadeten der Schule und machten die pädagogischen Reformen verdächtig. Der Kampf der Parteien und Weltanschauungen drang in die Schulen ein. Er spaltete die Klassen auf, zerstritt die Lehrerkollegien und hetzte Schüler gegen Lehrer.
Für die Schule der Weimarer Republik war es sehr schwer, sich zu wehren. Politisch engagierte Lehrer, die überzeugt für die Demokratie eintraten, waren in der Minderzahl. Die meisten arbeiteten als Unterrichtsbeamte nach außen loyal, aber mit innerem Vorbehalt. Andere bekannten sich offen zum Nationalsozialismus wie der Studienrat Bernhard Rust aus Hannover, der schon 1925 Gauleiter und 1930 Reichstagsabgeordneter der NSDAP wurde. Der sozialdemokratische Oberpräsident Noske entließ den aktiven Nationalsozialisten aus dem Lehramt. Aber schon am 6. Februar 1933 übernahm Rust das preußische Ministerium für Wissenschaft, Kunst und Volksbildung in Berlin. Am 20. April 1933 verfügte er eilig, «daß alle Schulstrafen aufzuheben sind, die seit dem 1. Januar 1925 gegen Schüler wegen solcher Handlungen verhängt worden sind, die aus nationalen Beweggründen begangen sind. Etwa verwiesene Schüler sind ohne Aufnahmeprüfung wieder in die betreffende Klasse aufzunehmen.»
Die eben noch verfolgten und ausgestoßenen Stinkbombenwerfer durften als gefeierte Märtyrer zurückkehren. Ängstlich wartete die Lehrerschaft ab. Jüngere Lehrer hatten oft jahrelang auf feste Anstellung gewartet, doch man hatte Planstellen eingespart. Sorgen um die äußere Existenz genügen den meisten Menschen schon, um ihnen das Bedürfnis nach Heldentum zu nehmen. Auch ging es den Lehrern wie vielen Deutschen damals: die Republik schien am Ende ihrer Kraft zu sein, und man hatte nur noch die Wahl zwischen roter Revolution und braunem Führerstaat.
Während also die Lehrer noch schwankten und nur die alten Parteigenossen offen zustimmten, schickten sich die Hitlerjungen in den Schulen unbekümmert zur «Machtergreifung» an. Am 11. März 1933 feierte die Kieler HJ auf ihre Weise die Wahl des NS-Kreisleiters zum Oberbürgermeister: «Wir stellten überall vor den Schulen Jungen mit Plakaten auf, die wir in der Nacht noch gemalt hatten... Wir waren froh, daß wir wenigstens einmal unseren Kieler Paukern zeigen konnten, daß eine neue Zeit begonnen hatte. Anschließend zog die Hitlerjugend vor viele Schulen und holte, teilweise nach heftiger Gegenwehr der Direktoren und Hausmeister, die schwarz-rot-goldenen Fahnen aus den Oberböden, wir rissen die Ebert-Bilder von den Wänden und hißten zum erstenmal die

roten Hakenkreuzfahnen und Hitlerjugendfahnen auf den Schulen. Viele Lehrer glaubten damals noch, daß wir die Weimarer Fahnen und Bilder, die wir feierlich im Schulhof verbrannten, wieder bezahlen müßten, weil sie ja doch bald wieder aufgehängt werden würden.»
Aber auch die verhaßte «Paukerschaft» wurde nationalsozialistisch. Bernhard Rust, der bereits das preußische Schulwesen kontrollierte, übernahm am 1. Mai 1934 als Reichsminister für Wissenschaft, Erziehung und Volksbildung die Dienstaufsicht über alle deutschen Schulen und Hochschulen. Rust entfernte demokratische Lehrer aus den Schulaufsichtsämtern der Länder und von den Lehrstühlen der Hochschulen; viele wurden aus rassischen Gründen entlassen. Zuverlässige Nationalsozialisten übernahmen die Leitung vieler Schulen. Tausende von Lehrern drängten im Frühjahr 1933 in die NSDAP: weil sie Angst hatten, weil sie befördert werden wollten, weil sie heimlich schon immer national gewesen waren oder weil sie von der allgemeinen Welle «völkischen Erwachens», das damals auch kritischen Geistern die Köpfe verwirrte, mitgetragen wurden.
Die alten Hitlerjungen, die infolge ihres angespannten Dienstes oder auch wegen Mangels an geistigen Gaben in der Schule gescheitert waren, vergalten ihr Versagen mit politischer Rachsucht. Sie beschimpften ihre Lehrer als «liberalistische Spießbürger». Die Politik mußte nun für die nachtragende Bosheit der «letzten Bank» herhalten.
Scharf wehrten sich deshalb die Lehrer – auch solche, die Nationalsozialisten waren – gegen zahlreiche Übergriffe der 1933/34 wild ins Kraut schießenden HJ-Organisation. Leitende Schulmänner aller deutschen Länder trafen sich am 17. November 1933 zur 11. Tagung des «Ausschusses für das Erziehungswesen». Die Pädagogen waren unter sich und nahmen kein Blatt vor den Mund. Da war ein HJ-Führer in seine eigene Schule eingebrochen, um die Versammlung eines anderen Verbandes in alter Saalschlachtmanier hochgehen zu lassen. Dr. Löpelmann, der als Vertreter Preußens diesen Vorfall berichtete, drohte an, die Geheime Staatspolizei werde eingreifen, wenn man weiterhin gegen die Autorität der Schule verstoße.
Der Hamburger Vertreter Witt beklagte die geistige Haltung mancher Unterführer. Schule und Elternhaus würden verhöhnt wie in «kommunistischen Zeiten». Die Pädagogen waren sich darin einig, daß die Verwilderung der HJ auf eine allgemeine Führungskrise zurückzuführen sei. Deshalb empfahl Drück (Württemberg) eine «Durchsetzung der HJ-Führerschaft mit Erwachsenen», und Müller (Braunschweig) gab zu bedenken, daß Lehrer zwar nicht grundsätzlich auch HJ-Führer sein müßten, doch die jüngsten Lehrer sollten nun möglichst auch HJ-Führer werden,

um das Niveau der Führerschaft zu heben. Vielleicht sollte man vorübergehend erwachsene SA- und SS-Führer zum HJ-Dienst abkommandieren.
Alle Konferenzteilnehmer fürchteten gesundheitliche und geistige Schäden der Jugend durch Überforderungen im HJ-Dienst. Schlechte Hygiene bei Fahrt und Lager, törichte Kraftproben in Unkenntnis der jugendlichen Körperentwicklung und endlich das Zurückdrängen der Schularbeiten durch unmäßig ausgedehnten HJ-Dienst gefährdeten gesundes Wachstum und gründliche Bildung der Jugend.
Solche Klagen häuften sich von allen Seiten und bedrängten die Reichsjugendführung. Hitlers junge Leute, die so fröhlich und mit großen Paraden die Macht ergriffen hatten, fühlten sich unbehaglich. In seinem Buch «Die Hitlerjugend – Idee und Gestalt», das 1934 erschien, nannte Schirach die Führerschulung und die Gesundheitsfürsorge mit Nachdruck als dringendste Aufgaben.
Energischer als bisher wehrten sich die Unterrichtsbehörden nach der Berliner Novemberkonferenz. Der Kultusminister von Baden verbot am 14. Dezember 1933 ein Kampfplakat der Reichsjugendführung gegen die katholischen Jugendverbände zum Aushang in den Schulen. Auch der Minister wollte die Einheit der Jugend, erinnerte aber an das Reichskonkordat zwischen Kirche und Staat und betonte die Autorität der Schule: «Es geht nicht an, daß auf die Schulen von anderer Seite Einfluß genommen wird als von den Unterrichtsverwaltungen.»
Selbstverständlich wollten die alten Parteigenossen, die inzwischen in den Unterrichtsverwaltungen regierten, sich nicht mit den HJ-Führern überwerfen. Aber sie wollten klare Verhältnisse, wollten die Aufgaben abgrenzen. Deshalb luden sie den Leiter der Reichsjugendführerschule der HJ in Potsdam ein, vor Lübecker Lehrern über «Richtlinien und Organisation der Jugendarbeit» zu sprechen. Die Lehrer wollten endlich wissen, was die HJ vorhabe und was der Schule dann zu tun bleibe.
Vertrauenslehrer, die möglichst HJ-Führer waren, sollten das Verhältnis zwischen Schule und Jugendorganisation bessern. Der Erlaß der Kultusbehörde ließ aber keinen Zweifel: «Bei dieser Gelegenheit betonen wir noch einmal, daß die Autorität der Schule im völkischen Staat unantastbar sein muß.» Da die Disziplinschwierigkeiten andauerten, wurde befohlen: «Die Schulleiter haben dafür Sorge zu tragen, daß jeder Schüler seinen Lehrern unbedingten Gehorsam leistet und daß in den Schulen tadellose Zucht und Ordnung herrschen.»
Neue «Leitgedanken zur Schulordnung» sollten zur Jahreswende 1933/34 endlich klären, wie sich Schule und HJ ihre Aufgaben teilten: «Die oberste Aufgabe der Schule ist die Erziehung der Jugend zum Dienst am Volks-

tum und Staat im nationalsozialistischen Geist.» Da diese Phrase auch über dem HJ-Dienst stehen könnte, fügte man hinzu: «Die Überwachung steht lediglich den vorgesetzten Behörden zu.» Der HJ-Führer als politischer Kontrolleur des Lehrers war unerwünscht. Die Schule wollte sich, geführt von nationalsozialistischen Lehrern, ihren eigenen Aufgabenbereich erhalten.

Die Schule sah sich unverändert im Schwerpunkt staatlicher Erziehungsarbeit. Nach ihrer Meinung «ergänzt» die HJ die nationalsozialistische Erziehung durch Stählung des Charakters, Förderung der Selbstzucht und körperliche Schulung. Aber die Leitgedanken mahnten die HJ scharf an die Wahrung der Kompetenzen: «Sie hat die Schulgewalt unbedingt zu achten und ihre Mitglieder anzuhalten, die Forderungen der Schule voll zu erfüllen.» Zugleich erinnerte die Schulverwaltung, daß Kinder nicht nur Objekte der Partei- und Staatserziehung seien: «Schule und Hitlerjugend haben in ihren Ansprüchen an die Jugend auf die Mitwirkung der Eltern an der Erziehung und auf die Erhaltung und Pflege des Familienlebens verständnisvoll Rücksicht zu nehmen. Die Familie ist im neuen Staat erst recht als Keimzelle und als Grundlage des Volkstums geachtet, ihr Leben ist daher zu schützen und zu fördern.»

Alle Erziehungstheoretiker des Dritten Reiches, auch die HJ-Führer, berufen sich immer wieder auf diese Dreiteilung der Pädagogik: Elternhaus – Schule – Hitlerjugend. Im übrigen regelten die «Leitgedanken zur Schulordnung» noch einige technische Einzelheiten: Uniformen und Abzeichen der HJ und des VDA (Verein für das Deutschtum im Ausland) und der Sportjugend dürfen auch in der Schule getragen werden. Alle anderen Abzeichen, «namentlich von bekenntnismäßig abgegrenzten Jugendbünden», sind verboten. Der Erlaß über die Grußpflicht in der Schule ist ein groteskes Stilbeispiel für das Amtsdeutsch der Diktatur.

«Lehrer und Schüler erweisen einander innerhalb und außerhalb der Schule den deutschen Gruß (Hitlergruß). Der Lehrer tritt zu Beginn jeder Unterrichtsstunde vor die stehende Klasse, grüßt als erster durch Erheben des rechten Armes und die Worte ‹Heil Hitler›; die Klasse erwidert den Gruß durch Erheben des rechten Armes und die Worte ‹Heil Hitler›. Der Lehrer beendet die Schulstunde, nachdem sich die Schüler erhoben haben, durch Erheben des rechten Armes und die Worte ‹Heil Hitler›; die Schüler antworten in gleicher Weise.

Sonst grüßen die Schüler die Mitglieder des Lehrkörpers im Schulbereich nur durch Erheben des rechten Armes in angemessener Haltung.

Wo bisher der katholische Religionsunterricht mit dem Wechselspruch ‹Gelobt sei Jesus Christus› – ‹In Ewigkeit Amen› begonnen und beendet

wurde, ist der deutsche Gruß zu Beginn der Stunde vor, am Ende der Stunde nach dem Wechselspruch zu erweisen.
Den nichtarischen Schülern ist freigestellt, ob sie den deutschen Gruß erweisen wollen oder nicht.»
Der großzügig klingende, in Wahrheit zynische Schlußsatz läßt ahnen, was jüdische Kinder litten, bis sie aus den Schulen entfernt wurden oder ihnen noch Schlimmeres geschah, falls sie nicht Deutschland mit ihren Eltern rechtzeitig verlassen konnten. Aber nicht nur jüdische Schüler erlitten Schikanen. Zwar suchten besonnene Lehrer, auch wenn sie Parteigenossen waren, die Schule abzuschirmen gegen die Ansprüche der HJ, doch gab es fanatische Zutreiber, die ihre Macht im Dienst der Parteiziele mißbrauchten.
Seit die Reichsjugendführung 1936 durch Gesetz in den ministeriellen Rang einer «Obersten Reichsbehörde» aufgestiegen war, hatten die HJ-Führer an Selbstbewußtsein gewonnen. Vielleicht entsprach es auch der Persönlichkeit des Reichsministers Rust, daß er zwar nach wie vor die Position der Schule theoretisch zu behaupten suchte, praktisch aber schrittweise nachgab. Rust regierte durch zahlreiche, oft sich widersprechende Erlasse in die Schulen hinein, die ohnehin der hektischen Betriebsamkeit des nationalsozialistischen Aktionsstils unterworfen waren. Witzbolde erfanden deshalb als neue Maßeinheit «ein Rust»: Die Zeit vom Herausgeben eines Erlasses bis zu seinem Widerruf. Der Name des Reichsministers wurde auch als Abkürzung geschrieben: R. U. St. = Reichsunruhestifter.

Die RJF aber erwartete von der Schule, daß sie Rücksicht nehme, was sich in zahlreichen neuen Vereinbarungen bezeugte. HJ-Führer sollten zu Lehrgängen beurlaubt und sollten im Unterricht besonders taktvoll behandelt werden, «um die Autorität des HJ-Führers vor seinen Kameraden nicht herabzusetzen» (Schirach). Bei Versetzungen sollte die Lehrerkonferenz die Einsatzbereitschaft des Schülers im HJ-Dienst berücksichtigen. «Ein Vermerk auf Schulzeugnissen über politische Betätigung der Schüler» war verboten, hatten doch Lehrer es gewagt, einen Leistungsabfall mit dem HJ-Dienst zu begründen. Nur HJ-Mitglieder durften Schulpreise bekommen. Die HJ-Fahne war Schulfahne. Die Schülermitverwaltung hörte auf; den «Schulführer der HJ» setzte der Schulleiter ein, der die Schule autoritär nach dem «Führerprinzip» regierte. Klassenwimpel, Schülervereinigungen, Schulabzeichen und Schulzeitungen verschwanden.
Immerhin erreichte die Schule, daß im Hin und Her um den unterrichtsfreien Sonnabend dieser «Staatsjugendtag» aufgegeben wurde. Die HJ grenzte allmählich ihre Dienstzeiten strenger ab, und der Neuaufbau nach Ortsbezirken und Geburtsjahrgängen überforderte seit 1936 die Schul-

jugend weniger als bisher. Aber 1938 nahm man den höheren Schulen die Oberprima, die entscheidende Abschlußklasse, in der es eigentlich erst zu fruchtbaren Bildungsansätzen kommt. Die Reifeprüfung wurde aus «bevölkerungs- und wehrpolitischen Gründen» ein Jahr vorverlegt.

Das neue Bildungsideal

Nicht nur Schule und Hitlerjugend stritten sich um die Jugenderziehung. Der Reichsminister des Innern, der Reichsminister für Volksaufklärung und Propaganda, die Führung von Reichsarbeitsdienst und Wehrmacht, schließlich die Partei mit ihren vielen Gliederungen – sie alle hatten ihre «Jugendarbeit».

Inzwischen suchten führende NS-Pädagogen eine neue Erziehungslehre zu formulieren. Sie wollten theoretisch klären, warum und wohin die deutsche Jugend zu marschieren habe. Bildungsziel war der Nationalsozialist. Was Hitler darunter verstand, sagte er 1936 in einer seiner vielen Parteitagsreden: «Nationalsozialist sein heißt Mann sein, heißt Kämpfer sein, heißt tapfer und mutig und opferfähig sein.» Schon in «Mein Kampf» hatte er die für die nationalsozialistische Erziehung verbindliche Wertfolge aufgestellt. Der völkische Staat hat sich «in erster Linie nicht auf das Einpumpen bloßen Wissens einzustellen, sondern auf das Heranzüchten kerngesunder Körper. Erst in zweiter Linie kommt dann die Ausbildung der geistigen Fähigkeiten. Hier aber wieder an der Spitze die Entwicklung des Charakters, besonders die Förderung der Willens- und Entschlußkraft, verbunden mit der Erziehung zur Verantwortungsfreudigkeit, und erst als letztes die wissenschaftliche Schulung.»

Es fällt schwer, aus dem schwammigen Wortschwall solcher und ähnlicher Definitionen die tatsächlichen Ziele herauszufinden. Körpergesundheit, Tatkraft und Willensstärke gingen also voran, gleichgültig für welche Taten, wie sich später herausstellen wird, «als letztes die wissenschaftliche Schulung». Professor Ernst Krieck wollte den «politischen Soldaten» erziehen, Professor Alfred Baeumler ihn dem «Ethos des Dienstes» unterwerfen. «Glauben, Gehorchen, Kämpfen schlechthin!» setzte SS-Obergruppenführer Heißmeyer, Inspekteur der Nationalpolitischen Erziehungsanstalten, den Jungmannen als Ziel.

«Kompromißlosigkeit, Kämpfertum, Begeisterungsfähigkeit, Gläubigkeit und stete Einsatzbereitschaft» waren für den HJ-Juristen Dietze die neuen Ideale der deutschen Jugend. Dietze setzte sich auch mit bisherigen christlichen und humanistischen Bildungszielen auseinander, die für ihn im Begriff der «Liebe» gipfelten. Gegen Liebe aber stellte er die national-

sozialistische Auffassung von «Ehre»: «Das Bekenntnis zur Ehre stürzt jenes Wertsystem um, an dessen Spitze die ‹Liebe› steht. Es ist dies eine Liebe, die sich im uferlosen Überschwang der Menschheit zuwendet, die ‹alles verzeiht› und die daher Mitleid, Demut, Unterwürfigkeit und Askese im Gefolge hat. Sie kennt keine harte Zucht, weil sie weichlich und humanitär ist. Sie tötet die Persönlichkeit, weil sie einer internationalen Menschheit nachgeht. Gesunde Jugend wehrt sich instinktiv gegen jenes unmännliche Erziehungssystem, und wer den aufrechten und geraden Hitlerjungen sieht und versteht, der kennt den Platz der jungen Gemeinschaft im Ringen um Kirche oder Rasse, Zwangsglaubenssatz oder Charakterstolz, Entsagung oder Würde, Liebe oder Ehre.»
Der Erzieher sollte dem jungen Menschen nicht helfen, sich selber zu erkennen, danach sich selbst zu bilden und so das Bemühen um eigenes Lebensglück zu verbinden mit dem Dienst am Mitmenschen. Die Person hatte sich vielmehr der Gemeinschaft zu unterwerfen, die gefeiert wurde im Mythos des Volkes: «Volk als Ganzheit überpersönlichen Lebens, Volk als Lebensgrund, als Lebens- und Schicksalsraum, daraus alles persönliche Leben der Volksgenossen herauswächst.» Von diesem Volk geht für Krieck alle Erziehung aus, «weil nur das Volk selbständige und wirkliche Dauergemeinschaft ist».
Sind das aber die Ziele, so wird der Erzieher zum «Typenzüchter», der die Jugend zur Anpassung an die Gemeinschaft dressiert, stellt Professor Fritz Stippel in seiner «Kritischen Studie zur nationalsozialistischen Pädagogik» fest. Jugend soll erzogen werden zum Volk. Aber im «völkischen Staat» wird das Volk vertreten durch die Partei, folglich ist Erziehung ein Hoheitsrecht der Staatspartei (Dietze). Sehr deutlich unterscheiden deshalb die HJ-Theoretiker zwischen der Schulerziehung, die ihren Auftrag lediglich vom Staate herleite, und der Parteierziehung, die das Volk unmittelbar vertrete. Denn obwohl es drei Erziehungsträger gibt – Elternhaus, Schule und Hitlerjugend – steht für Dietze und andere HJ-Pädagogen die Rangfolge fest: «Die Hitlerjugend nimmt als eine Gliederung der NSDAP hierbei dieselbe führende Stellung ein, wie sie der Partei im Leben des Volkes ohne sachliche Begrenzung zukommt.»
Ganz ähnlich Obergebietsführer Dr. Stellrecht: «Zwei verschiedene Gewalten stehen sich in Deutschland gegenüber. Sie heißen Schule und Jugendbund. Zwischen ihnen steht der deutsche Junge, das deutsche Mädel. – Beide Systeme der Erziehung werden charakterisiert durch Lehrer und Jugendführer, Schulhaus und Jugendheim. Das eine System nimmt seinen Ursprung im Staate, in der Ratio, das andere in der nationalsozialistischen Bewegung, im Drang der Gestaltung eines neuen Menschen.»

Damit wird aus dem irrationalen Ursprung der Ideologie der höhere Erziehungsanspruch abgeleitet. Stellrecht läßt keinen Zweifel: «Man soll sich nicht täuschen. Der Jugendbund ist die ideell stärkere, die organische Form. Aber die Schule ist formal stärker.»
Die Schule war zum Bedauern der HJ-Führer stärker, weil sie den traditionellen Machtapparat des Staates und sein Prestige hinter sich hatte und weil ihre Lehrer die Autorität von Staatsbeamten besaßen.
Stellrecht wünschte sich für die Zukunft einen Ausgleich, wobei ihm ebenso wie Dietze klar war, daß die Schule dem Erziehungsstil der HJ angepaßt werden müsse, nicht umgekehrt. Krieck bestätigte diesen Vorrang: «Die Schule kann immer nur einen Teil der Erziehung leisten, und dieser ist niemals grundlegend.» Wenn aber Erziehung lediglich die Marschierer zur Volksgemeinschaft zu drillen hat, ergibt sich als Idealbild der NS-Schule: «In einem vollkommenen Schultyp steht die organisierte Lehrerschaft der organisierten Schülerschaft gegenüber.»
Das war in den Nationalpolitischen Erziehungsanstalten, in den Adolf-Hitler-Schulen und in den Lehrerbildungsanstalten bereits verwirklicht: Der Lehrer trat in Uniform vor die uniformierte junge Gefolgschaft. Die allgemeinen Schulen näherten sich diesem Zustand an, da alle Schüler und alle Lehrer bereits von der NSDAP und ihren Gliederungen erfaßt waren. Eine in der HJ erzogene Erzieherschaft würde die Prinzipien der HJ-Erziehung künftig in der Schule durchsetzen. Dann wird erreicht sein, was Stabsführer Hartmann Lauterbacher schon 1938 im Berliner «Hotel Adlon» zu Journalisten sagte: «In Schule und HJ soll dasselbe erzieherische Gesetz gelten. Der Vorgesetzte in der Schule soll nicht anders betrachtet werden als der Vorgesetzte in der HJ.»
Scharf hatte Schirach noch 1933 getrennt: «Lehren und Führen sind zwei grundverschiedene Dinge.» Noch war die Revolution nicht gesichert, noch standen hinter der Schule der altbewährte Staatsapparat und eine erfahrene, gebildete Lehrerschaft. Die unfertige, von Führungskrisen erschütterte Parteijugend hatte dem Lehrer noch keinen eigenen Berufstyp entgegenzusetzen. Auch waren viele Lehrer eben erst politische Gegner der NSDAP gewesen. Noch konnten es sich die Schulbehörden leisten, ihre Autorität scharf gegen HJ-Ansprüche durchzusetzen.
Fünf Jahre später sah alles ganz anders aus. Der jüngere Lehrer glich sich immer häufiger dem Typus des HJ-Führers an. Da die Parteijugend ab 1936 als Staatsjugend auftrat und die Schulreformen in zahlreichen Erlassen typische Inhalte und Formen des HJ-Dienstes in die Schule trugen, schwanden die Unterschiede zugunsten der HJ und zum Nachteil der deutschen Schule, die mit ihren besten Traditionen brach.

Da man sich über das Erziehungsmonopol des Staates völlig einig war, gab es zwischen Schule und HJ nur eine Diskussion um das Erziehungsvorrecht und die sachliche Aufgabenteilung. Der immer wieder zitierte dritte Erziehungsträger wurde höflich-formelhaft erwähnt, doch nie mehr ernsthaft befragt. Die deutschen Eltern hatten ihre Kinder in der Familie so zu erziehen, daß der Staat gesunde, kräftige Hitlerjungen und Schüler bekam. Ein Erlaß des Reichserziehungsministers ersetzte am 24. Oktober 1934 die demokratischen Elternbeiräte durch «Schulgemeinden»: «Ihr Führer ist der Schulleiter, der zu seiner Unterstützung zwei bis fünf Berater beruft»; dazu kam ein HJ-Führer.

Die Schulorganisation: Kerle oder Köpfe?

Bis zuletzt lag dem Schulwesen keine geschlossene Reformkonzeption zugrunde. Rust und sein Ministerium begnügten sich vielmehr mit allmählichen Veränderungen. Wir beschreiben deshalb das Schulsystem in der geplanten Endstufe, die aber wegen des Krieges vielfach nicht voll verwirklicht war.

Die Sechsjährigen traten ein in die «Allgemeine deutsche Volksschule». Sie ist Gemeinschaftsschule ohne Trennung nach Konfessionen. Die allgemeine Schulpflicht umfaßte weiterhin acht Schuljahre. Bisher war nach vier Grundschuljahren der Übergang zur Mittelschule oder zur höheren Schule möglich. Die Mittelschule sollte aber aufgegeben und durch die neue «Hauptschule» ersetzt werden. Im Gegensatz zur Mittelschule ist die Hauptschule schulgeldfrei und weiterhin Pflichtschule. Wer also «über das Mittelmaß hinausgehende, vorzugsweise praktisch gerichtete Begabung» besitzt, ist zur Weiterbildung in der Hauptschule verpflichtet. Die Hauptschule sollte «Pflichtausleseschule» für die «mittleren Berufsschichten» werden.

Die Hauptschule dauerte weitere vier Jahre. Dann stockte sie, wie die bisherige Mittelschule, zwei Aufbauklassen auf. In diesen beiden Hauptschulaufbauklassen «mit allgemeinbildender Gesamtrichtung» sah man zugleich die «Hauptvorstufe für die neue Lehrerbildungsanstalt». Die künftigen Volks- und Hauptschullehrer sollten also die Grundschule vier Jahre und die Hauptschule mit Aufbauklassen sechs Jahre besuchen. Wer für die Hauptschule ungeeignet war, durfte nicht zur höheren Schule.

Im Vergleich zu heutigen Bemühungen um eine verlängerte Volksschulzeit ist es interessant, daß die Hauptschule für die «mittleren Begabungen» die Schulpflicht um zwei Jahre verlängert hätte. Dafür verkürzte man die höhere Schule 1938 um die unentbehrliche Abschlußklasse. Sie wurde genormt auf den Einheitstyp der deutschen Oberschule. In der Weimarer Republik hatte es rund 40 Formen der höheren Schule mit 80 verschiedenen Sprachenfolgen gegeben. Es lag in der zentralistischen Struktur des NS-Staates, dieses zweifellos zu stark zersplitterte Schulwesen nun übertrieben zu uniformieren.

Die Jungen und Mädchen, die mit zehn Jahren den Besuch der Oberschule begannen, mußten sie bis zur Reifeprüfung in acht Jahren durchlaufen. Im zehnten Schuljahr konnten sich die Schüler der Oberstufe zwischen einem sprachlichen Zweig oder einem mathematisch-naturwissenschaftlichen Zweig mit entsprechend weniger Sprachunterricht entscheiden. Nur Jungen konnten noch ein Gymnasium besuchen mit der Sprachenfolge Latein, Griechisch und Englisch. Nur größere Städte hatten noch Gymnasien, abgesehen von wenigen alten Internatsschulen mit humanistischer Bildungstradition, die nun bevorzugt in Nationalpolitische Erziehungsanstalten umgewandelt wurden. Normale Sprachenfolge an den Oberschulen war Englisch, Latein und Französisch.

Die deutschen Mädchen hatten in der Oberstufe noch eine dritte Wahlmöglichkeit, nämlich die «hauswirtschaftliche Form in der Oberschule», die der Volkswitz als «Puddingabitur» verspottete. Die Unterweisung für Heim, Küche und Kinderstube überwog hier die geistigen Forderungen, und das entsprach durchaus dem normalen Frauenbild, zu dem die NS-Pädagogik erzog.

Vereinzelt gab es die Sonderform des «Musischen Gymnasiums», zunächst in Frankfurt und Leipzig (Thomaner-Chor!), mit dem Ziel, in Internaten die musikalisch begabten Jungen zusätzlich zu fördern. Bei scharfer Ablehnung privater Schulheime interessierte sich dieser so stark die «Gemeinschaftserziehung» propagierende Staat lebhaft für Internatsschulen, die auf verschiedene Weise ausgebaut wurden und als Vorbilder künftiger NS-Schulerziehung galten.

Zum Bildungsziel der höheren Schule sagte Rust in einem Erlaß von 1938: «... an Stelle des Trugbildes der gebildeten Persönlichkeit ist die Gestalt des durch Blut und geschichtliches Schicksal bestimmten deutschen Menschen zu setzen und an Stelle der humanistischen Bildungsideologie eine aus der Gemeinschaft des wirklichen Kampfes entwickelte Erziehungsordnung.»

Hinter allem verschwommenen Gewäsch stand das tiefe Mißtrauen, ja, der leidenschaftliche Haß der Nationalsozialisten gegenüber den Intellektuellen. Hitlers Verachtung des denkenden Menschen gipfelte in der berüchtigten Geheimrede, die er Journalisten am 10. Januar 1938 im Münchener Führerbau hielt:

«Wenn ich so die intellektuellen Schichten bei uns ansehe – leider, man braucht sie ja, sonst könnte man sie eines Tages ja, ich weiß nicht, ausrotten oder so was – aber man braucht sie leider. Wenn ich mir also diese intellektuellen Schichten ansehe und mir nun ihr Verhalten vorstelle und es überprüfe, mir gegenüber, unserer Arbeit gegenüber, dann wird mir fast angst. Denn seit ich nun politisch tätig bin, und seit ich besonders das Reich führe, habe ich nur Erfolge. Und trotzdem schwimmt diese Masse herum in einer abscheulichen, geradezu ekelerregenden Weise. Was würde denn geschehen, wenn wir einmal einen Mißerfolg hätten? Auch das könnte sein, meine Herren. Wie würde dieses Hühnervolk dann erst sich aufführen? Die sind schon jetzt, da wir doch überhaupt nur Erfolge haben, und zwar weltgeschichtlich einmalige Erfolge, unzuverlässig. Wie würden sie aber erst sein, wenn wir einen Mißerfolg hätten? Es war früher mein größter Stolz, eine Partei aufgebaut zu haben, die auch in den Zeiten der Rückschläge stur und fanatisch hinter mir stand, gerade dann fanatisch hinter mir stand... Dazu müssen wir das ganze deutsche Volk bringen.»

Aus dem Dilemma, das daraus entstand, daß man die Intellektuellen am liebsten «ausrotten» wollte, aber – «leider, man braucht sie ja» –, fanden die NS-Ideologen nie heraus: Sie verachteten geistige Arbeit, brauchten aber den geistigen Arbeiter.

Die Einsicht, geistige Bildung sträflich mißachtet zu haben, kam im Kriege, wenn auch nie aus der Ehrfurcht vor dem Menschen als geistigem Wesen, sondern aus rein praktischen Erwägungen. Hitler hatte Deutschland «autark» machen wollen. Im Kriege mußte es autark sein, mußte es auf sich allein gestellt kämpfen. Nun stellte man bestürzt fest, daß ein Niedergang der Bildung zum Mangel an tüchtigen Fachleuten und damit zur Schwächung der Kampfkraft geführt hatte. In einem HJ-Bericht von 1943 forderte Bannführer Albert Müller: «notwendig sind nicht nur Kerle, sondern auch Köpfe.» Schirach hatte zehn Jahre vorher unbekümmert erklärt: «Gewiß, die Jugend hat keinen Respekt vor dem Wissen. Sie achtet nur den Kerl. Wer ein Kerl ist unter den Lehrern, der versteht es auch, aus der muffigen Schulstube ein Erlebnis zu machen.»

Das Bild des Lehrers

Hitler dankte es den Lehrern nicht, daß viele bis zur Selbstverleugnung in den Schulen den Nationalsozialismus verkündeten und mit den Schulkindern dem großen Führer huldigten. Er hielt den Lehrerberuf für unmännlich und hätte ihn lieber ganz Frauen vorbehalten.

Der von Wächtler geführte NS-Lehrerbund war 1929 von dem Volksschullehrer Hans Schemm gegründet worden. Schemm verunglückte bei einem Flugzeugabsturz tödlich. Sein Nachfolger stand als Reichsleiter dem «Hauptamt für Erzieher» in der Reichsleitung der NSDAP vor. Die Funktionäre wurden in der «Reichsschule des NSLB» in Donndorf bei Bayreuth ausgebildet. Der Bund gab die Zeitschrift «Der deutsche Erzieher» heraus, wie man überhaupt das Wort Lehrer durch das umfassendere «Erzieher» ersetzte. Die Funktionäre des NSLB saßen auch in den Schulaufsichtsbehörden. Die Schulleiter hatten auf aktive Mitarbeit ihrer Lehrer im NSLB zu dringen. Kein Wunder, daß kaum ein anderer Beruf mit Nebenämtern und Zusatzpflichten so überlastet wurde.

Ein Erlaß von 1938 zählte u. a. auf: «...die Volkstumsarbeit, das Schullandheim und die Jugendherberge, der Wehrsport, der Wandertag, die Gestaltung der Schulfeiern und des Staatsjugendtages; ...Teilnahme an der weltanschaulichen Schulungsarbeit des NS-Lehrerbundes..., der Besuch von öffentlichen Veranstaltungen der NSDAP, das Interesse für ihre Volksbildungsarbeit, ihr Schrifttum und ihre Presse; die Förderung der NS-Volkswohlfahrt und des Winterhilfswerks, des Reichsluftschutzbundes...; Opfersinn und Mitarbeit auch bei kleineren Anlässen, wie z. B. beim Verkauf von Losen oder Schriften u. ä. zu gemeinnützigen Zwekken.»

Die jüngeren Lehrer waren als Führer in der HJ oder in den Kampfverbänden der Männerorganisationen tätig. Beim Aufbau der Wehrmacht erwartete man selbstverständlich, daß besonders die Lehrer sich als Reserveoffiziere einsetzten. Wie aber sollten diese beklagenswerten Übermenschen tatsächlich leben? Zwangsläufig gaben die meisten Lehrer dort nach, wo ihre Arbeit ohnehin am wenigsten anerkannt wurde, im Unterricht! Die ihrer Arbeit auf Befehl des Staates entfremdeten Lehrer wurden nervöse, abgehetzte, schlecht vorbereitete Stundengeber. Das Niveau der Schulbildung sank erschreckend. Kein Wunder, daß der Lehrerberuf jungen Menschen verdächtig wurde. Der für einen HJ-Führer überraschend offene und kritische Bericht des Bannführers Müller errechnete schon 1943, daß, abgesehen von den Kriegsfolgen, von 100 an Oberschulen benötigten Lehrern nur 35 verfügbar sein werden! Im Frieden hatten 30% aller Abiturienten Philologie studieren wollen, 10% noch kurz vor dem Kriege und nur noch 5% 1941. «Als Ursache», so stellt Müller fest, «gilt neben dem Geburtenrückgang der aus der Vergangenheit nachwirkende Ansehensschwund der geistigen Arbeit und die stärkere Anziehungskraft konkurrierender Berufe in Wirtschaft und Wehrmacht, die frühzeitiger Auskommen und Familiengründung gestatten.»

Neue Lehrerbildung

Bis zum Ende des Ersten Weltkrieges waren die Volksschullehrer, vor allem nach preußischem Vorbild, an «Seminaren» ausgebildet worden. Sie besuchten die Volksschule, lernten drei Jahre an einer «Präparandenanstalt» und drei Jahre im Lehrerseminar. Diese Lehrer waren vorzügliche Unterrichtspraktiker. Da sie meist aus Bauern- und Kleinbürgerfamilien kamen, standen sie den Eltern, deren Kinder sie in der Volksschule hauptsächlich unterrichteten, nahe und besaßen deren Vertrauen. Zugleich fühlten sie sich selbst in einem Aufstiegsberuf sozial angehoben. Unzulänglich blieb bei vielen die geistige Bildung, und deshalb fehlte denen, die nicht selbst an sich weiterarbeiteten, das tiefere Verständnis für den krisenreichen Übergang des alten Obrigkeitsstaates zur modernen Industriegesellschaft.

Die Weimarer Republik wollte Niveau und Ansehen der Lehrerschaft heben. Sie verlangte vom künftigen Volksschullehrer die Reifeprüfung und ein verkürztes Studium an «Pädagogischen Akademien» oder entsprechenden Universitätsinstituten. Die Republik aber konnte nicht verhindern, daß im Kampf um die eigene soziale Stellung, aber auch bei der gesellschaftskritischen Haltung der Jugendbewegung, aus der viele Studenten kamen, die Junglehrer sozialrevolutionär radikalisiert wurden. Viele waren entschiedene Marxisten, aber auch Nationalsozialisten, und die Berufsnot des Nachwuchses nach der Weltwirtschaftskrise (1929) verschärfte ihre Opposition.

In der nationalsozialistischen Schulpolitik wirkte sich die zeitfremde Bauernromantik auch auf die Lehrerbildung aus. Bei der allgemeinen Landflucht fürchtete man, daß die Hochschulbildung auch den Lehrer der «Scholle», also dem Dienst in abgelegenen Landgemeinden, entfremden werde. Man hob die Akademien wieder auf und ersetzte sie zunächst durch «Hochschulen für Lehrerbildung». Als sich dafür nicht mehr genug Abiturienten meldeten, durften begabte Volksschüler für vier Jahre an «Staatlichen Aufbaulehrgängen zur Vorbereitung auf das Studium an Hochschulen für Lehrerbildung» teilnehmen und anschließend die Hochschule besuchen. Diese «Jungmannen» und «Maiden» lebten in Internaten. Sie trugen HJ-Uniform und taten HJ-Dienst. Auch ihre Lehrer waren als «Schul- und Zugführer» uniformiert.

Aber der Krieg verschärfte die Sorgen um den Lehrernachwuchs. Deshalb ordnete Rust im Zusammenhang mit der Reform der Volks- und Mittelschulen, bzw. Hauptschulen die Gründung von «Lehrerbildungsanstalten» an. Ihre Schüler sollten aus den Hauptschulen kommen. Sie traten von dort mit 14 Jahren über zur Lehrerbildungsanstalt und konnten schon mit 18 oder 19 Jahren zur ersten Prüfung zugelassen werden. Die jungen Männer waren noch vor dem Wehralter voll ausgebildete Lehrer, und das war eine beachtliche soziale und wirtschaftliche Chance für aufstrebende Jugend aus der breiten, bildbaren Masse des Volkes, für die man die Hauptschule dachte.

An der Reform der Lehrerbildung war die HJ entscheidend beteiligt. Reichsjugendführung und Reichserziehungsministerium erprobten gemeinsam das neue Berufsbild eines politischen Lehrers. Die HJ-Führer sollten auf Lehrerbegabungen unter ihren Jungen achten und sie auf diesen Beruf hinweisen. Ein Erlaß der RJF vom 27. Oktober 1941 regelte «Auslese und Einberufung für die Lehrerbildungsanstalten» durch HJ und Schulbehörden. Die Leiter dieser Lehrerbildungsanstalten und die Erzieher sollten grundsätzlich HJ-Führer sein. Die Lehrer waren als HJ-Führer gleichzeitig Vorgesetzte der Studierenden. Außerdem beteiligte sich die Anstalt am HJ-Dienst ihres Dienstortes.

Ausbildungsziel war der politische Erzieher, der Lehrer und HJ-Führer zugleich war. Geist und Haltung des Offiziers sollten, wie Stellrecht forderte, sein Vorbild sein: «Gesammelt und gefestigt in einem Korps, ... ein Instrument nahe der politischen Führung, in ihre Hand gegeben zu der wichtigsten politischen Gestaltung, der am Menschen, so steht der Erzieherberuf vor der Nation.»

Die Schulen der Elite

Die Nationalsozialisten fanden 1933 zahlreiche private und staatliche Schulen mit Internaten vor. Sie bekämpften und schlossen die Privatschulen bald, weil sie behaupteten, dort würde nach eigenen Bildungszielen oder für bestimmte soziale Gruppen erzogen. Andererseits war Internatserziehung konsequente Gemeinschaftserziehung. Dabei ließ sich in Preußen am besten anknüpfen an die «Staatlichen Bildungsanstalten», die sich nach 1919 aus ehemaligen Kadettenschulen entwickelt hatten und nach wie vor gern von Offizierssöhnen besucht wurden. An diesen Anstalten gehörten «Pflege der soldatischen Überlieferung» und praktische «Wehrertüchtigung» schon vor 1933 zum Erziehungsstil.

Außer diesen Staatlichen Bildungsanstalten wurden auch altehrwürdige Internatsschulen zur neuen «Nationalpolitischen Erziehungsanstalt» (NPEA) umgewandelt: Schulpforta, Reichenau und das Wiener Theresianum. Zu ihnen traten zahlreiche Neugründungen, bevorzugt auch in den neu eroberten Gebieten an der Ostgrenze des Reiches. 1942 gab es bereits 33 derartige Anstalten. Sie unterstanden dem Reichsminister für Wissenschaft, Erziehung und Volksbildung, der in Berlin eine eigene «Inspektion der Nationalpolitischen Erziehungsanstalten» einrichtete. Ihr Inspekteur, SS-Obergruppenführer Heißmeyer, erklärte: «Die Nationalpolitischen Erziehungsanstalten haben das Ziel, die Erziehung der Jugend von der Ebene der wissenschaftlichen Bildung auf die einer echten Erziehung zu stellen, das heißt einer möglichst alle menschlichen Kräfte umfassenden Gesamterziehung in einer festgefügten Gemeinschaft, die als politische Erziehung stets typenprägende und mannschaftsformende Erziehung ist.» Strenge Auslese sollte nur die Besten zulassen. In einem Aufnahme-Merkblatt der NPEA Stuhm (Ostpreußen) heißt es, die Anstalten seien dazu bestimmt, «eine Auslese deutscher Jungen durch eine allseitige harte nationalsozialistische Erziehung für einen vorbildlichen Dienst an Volk und Staat heranzubilden.» Aus diesem Erziehungsziel ergaben sich die Maßstäbe für Prüfung und Probezeit: «Die Auslese der Jungen geschieht lediglich nach ihrer rassischen, charakterlichen, körperlichen und geistigen Eignung. Der Jungmann muß charakterlich ein ganzer Kerl, muß wahr, treu und selbstlos sein, Mut, Draufgängertum, Einsatzbereitschaft und Verantwortungsbewußtsein besitzen; er muß körperlich ganz gesund, kräftig und gewandt sein (Brillenträger können nicht aufgenommen werden); er muß geistig sehr Gutes leisten.»

Der Lehrplan folgte dem der Oberschulen «unter besonderer Berücksichtigung der nationalpolitisch wichtigsten Fächer: Deutsch, Geschichte, Biologie.» Es gab drei Gymnasien: Schulpforta, Ilfeld und Haselünne. Die Schulbehörden machten die Eltern in ganz Deutschland darauf aufmerksam, daß ihre Kinder, wenn sie in kleineren Orten ohne Gymnasium lebten, eine gymnasiale Bildung über die NPEA erreichen konnten. Das kam dem Eliteanspruch der Anstalten durchaus entgegen; denn wer sein Kind den Ansprüchen einer humanistischen Bildung stellt, will immer mehr als bloße Berufsschulung.

Typischer als der Unterricht aber war der Erziehungsstil dieser Anstalten: «Die Form der Erziehung ist die der geschlossenen Formation. Die Jungmannen wohnen und leben ganz in der Anstalt. Sie tragen Uniform. Der gesamte Dienst vollzieht sich in soldatischer Zucht und Ordnung.» Die Schulklassen hießen Züge, die Klassenlehrer waren Zugführer. In Köslin, Potsdam und Rottweil knüpfte man direkt an die Kadettenanstalt an durch «Sonderzüge für fliegerische Ausbildung» im Dienste der Luftwaffe.

Zum praktischen Dienst gehörten die Grundsportarten, aber auch Fechten, Reiten, Rudern, Segeln, Schwimmen, Segelfliegen, Auto- und Motorradfahren und Wehrsport. Höhepunkt und Erprobung der Ausbildung war im Spätsommer eine gemeinsame Geländeübung von Jungmannen aller Anstalten. Die Jungen gingen auf Fahrt und ins Lager. Doch über die bloßen HJ-Bedürfnisse hinaus hatten die Fahrten noch eigene Ziele: Auslandskenntnis, Natur- und Sozialstudien. Die Gemeinschaftserziehung sollte sich nicht nur im Mannschaftsleben innerhalb der Anstalt bewähren: «Die politische Erziehung wird erhärtet durch praktischen Arbeitseinsatz im Landdienst, im Bergwerk, durch Auslandsfahrten und Auslandsaufenthalt.»

Obwohl die Anstalten dem Reichserziehungsminister und nicht dem Reichsjugendführer unterstanden, dienten die Jungmannen nach HJ-Grundsätzen. Jede Anstalt bildete einen eigenen Stamm oder Unterbann. Auch die kultischen Bräuche fehlten nicht. So erzählt ein Jungmann aus Stuhm:

«Heute sollten wir zu wehrhaften Jünglingen geschlagen werden.» Die Jungmannen waren dazu an die Grenze gefahren. Feuer loderten, und der Zugführer verlieh ihnen in einer Feierstunde die Seitengewehre. Sie verbrachten die Nacht an der Memel, gelagert um die Feuer, um den jungen Tag wach an der deutschen Ostgrenze zu begrüßen! Kriegerische Mannbarkeitsriten, ritterliche Ordensidee und die Träume der nationalsozialistischen Ostmissionierung waren wirksam verbunden. Es ist heute leicht, diesen Fetischismus mit Messer und Feuer, Blut und Fahne zu verlachen. Jungen in der Reifezeit sind aber Ritualen sehr aufgeschlossen und entwickeln früh das Elitebewußtsein eines verschworenen Ordens. Doch sollte diese Elite mitten im Volk leben. Die Jungmannen arbeiteten kameradschaftlich mit den örtlichen Einheiten der HJ zusammen. Die Anstalten lagen möglichst «bodenverbunden» auf dem Lande. Dort sollten sie, wie der Leiter von Stuhm betonte, eine «Hochburg nationalsozialistischer Jugendarbeit» sein. «Die NPEA steht mit ihrer Aufgabe, ihrer Arbeitsweise und ihren Arbeitsmöglichkeiten im Vorfeld des schrittweise sich umbildenden deutschen Erziehungswesens.»

Als Leiter und Erzieher an diesen Anstalten kam nur ein betont jugendlich-dynamischer, vitaler Lehrertyp in Frage, der sich politisch als HJ-Führer oder in anderen Parteigliederungen bewährt haben mußte. Der einseitig politische Karrieremacher kam nicht zum Zuge: die Anstalten konnten es sich leisten, auch fachliche Qualifikation zu fordern. Deshalb lag das Unterrichtsniveau dieser Schulen – immer in den allgemeinen Grenzen der NS-Pädagogik – relativ hoch. Sehr viele der Abiturienten fielen im Kriege. Als bei den Überlebenden die politische Überfremdung abgestreift wurde, haben sich die meisten weiterhin überdurchschnittlich bewährt.

Mit den Nationalpolitischen Erziehungsanstalten, die als höhere Internatsschulen unter staatlicher Schulaufsicht blieben, verwechselt man häufig die «Adolf-Hitler-Schulen». Die waren aber etwas ganz anderes. Am 17. Januar 1937 verfügte Hitler: «Nach Vortrag des Reichsorganisationsleiters der NSDAP und des Jugendführers des Deutschen Reiches genehmige ich, daß die neu zu errichtenden nationalsozialistischen Schulen, die gleichzeitig als Vorschulen für die nationalsozialistischen Ordensburgen dienen sollen, meinen Namen tragen.» Zur Aufgabe der neuen Schulen erklärten die beiden Reichsleiter:

«1. Die AHS sind Einheiten der Hitlerjugend und werden von dieser verantwortlich geführt. Lehrstoff, Lehrplan und Lehrkörper werden von den unterzeichneten Reichsleitern reichseinheitlich bestimmt.

2. Die AHS umfaßt sechs Klassen. Die Aufnahme erfolgt im allgemeinen mit dem vollendeten 12. Lebensjahr.

3. Aufnahme in die AHS finden solche Jungen, die sich im Deutschen Jungvolk hervorragend bewährt haben und von den zuständigen Hoheitsträgern in Vorschlag gebracht werden.

4. Die Schulbildung in den AHS ist unentgeltlich.

5. Die Schulaufsicht gehört zu den Hoheitsrechten des Gauleiters der NSDAP. Er übt sie entweder selbst aus oder übergibt die Ausübung dem Gauschulungsamt.

6. Nach erfolgter Reifeprüfung steht dem Adolf-Hitler-Schüler jede Laufbahn der Partei oder des Staates offen.»

Hitler hatte schon im Gründungserlaß verfügt, daß diese Schulen für die Ordensburgen der Partei erziehen sollten. Erstrebtes Berufsziel war der Parteiführer. Vom ersten Abiturientenjahrgang 1942 entschieden sich auch 67,23 % der Prüflinge für die Parteilaufbahn, 10,92 % wollten Offizier werden. Im Gegensatz zu den Abiturienten der NPEA war nur eine Minderheit an wissenschaftlichen Berufen interessiert.

In diesen Schulen erzogen Parteiführer den Nachwuchs für die Partei. Ihr Inspekteur, Gebietsführer Kurt Petter, suchte bewährte Pimpfe «aus rassisch hochwertigen, erbgesunden und politisch gefestigten Familien». Fähnleinführer und Ortsgruppenleiter schlugen ihm die Jungen vor. Die Schulleistungen mußten einwandfrei sein, doch politische Zuverlässigkeit und Aktivität waren wichtiger. Schulaufsicht führte der Gauleiter, der Dienst lief im HJ-Stil ab. Auf Körpererziehung, Kraft- und Mutproben wurde gesteigerter Wert gelegt. Der Unterricht folgte dem Lehrplan der Oberschulen.

Die HJ lobte an diesen Schulen die Schulgeldfreiheit als soziale Tat. Die Schulen sollten die nationalsozialistische Pädagogik musterhaft verwirklichen. Auch hier war die Schülerschaft eine HJ-Einheit, führte sich aber selbst. Dieser «Selbstführungsgedanke» galt als Schulprinzip. Pädagogisch neu waren weder der Gedanke, daß die Jungen weitgehend ihren Unterricht selbst «gestalten», noch daß der Lehrer nicht vorgesetzter Beamter, sondern Freund und Kamerad seiner Schüler sein sollte. Die Jungen erhielten keine Noten und wurden nicht versetzt, sondern hatten am Ende des Schuljahres in einen «Leistungswettstreit auf allen Erziehungsgebieten» zu treten; der HJ-Wettkampf gelangte also auch in die Schule.

Im Januar 1938 legten die beiden Reichsleiter, die für die Parteischulen verantwortlich waren, den Grundstein zu vorerst neun Schulen in Waldbröl bei Köln. Geplant war, jedem Gau der NSDAP eine solche Nachwuchsschule für Funktionäre einzurichten. Der Krieg verhinderte den Ausbau. Die HJ rühmte an den Adolf-Hitler-Schulen, daß sie ihren Vorstellungen von der nationalsozialistischen Schule am nächsten kämen. Mit diesen Schulen war, und das ist besonders aufschlußreich, ein amtlicher Bildungsweg für Parteiführer entstanden. Der zwölfjährige Pimpf trat in eine Adolf-Hitler-Schule ein. Mit achtzehn bestand er die Reifeprüfung, bescheinigt in einem eigens von Hitler verliehenen Diplom. Danach folgten für die jungen Männer Arbeits- und Wehrdienst und eine Berufsausbildung nach ihrer Neigung. Die etwa 25 Jahre alten Anwärter sollten dann, nachdem man sie ständig überwacht und beurteilt hatte, zu einem Führerlehrgang für dreieinhalb Jahre auf eine Ordensburg einberufen werden. Die Ordensjunker sollten möglichst schon verheiratet sein und Kinder haben. Nach ihrer Abschlußprüfung hatten sie sich in der Partei praktisch zu bewähren. Die Allerbesten sollten auf einer am Chiemsee geplanten, unter Leitung von Alfred Rosenberg stehenden «Hohen Schule der NSDAP» für die Oberste Parteispitze ausgebildet werden.

Ähnliche Ziele strebte auch die «Reichsschule der NSDAP» in Feldafing am Starnberger See an. Sie unterstand dem Personalamt in der Reichsleitung der NSDAP und führte über sechs oder acht Oberschulklassen zum Abitur, um «hochwertigen Führernachwuchs für Partei und Staat» heranzubilden. In dem Roman «Die Fahne ist mehr als der Tod» erzählt Günter Wagner typische Schicksale von Zöglingen dieser Parteischule. Auch im Nebeneinander dieser Sonderschulen für die Ausbildung der nationalsozialistischen Elite wird der für das Dritte Reich allgemein kennzeichnende Machtkampf der hohen Funktionäre sichtbar.

Von den ideologischen Einwirkungen auf die Schule war der Religionsunterricht, selbst ein weltanschaulich bestimmtes Fach, am stärksten betroffen. «Volksrecht bricht Kirchenrecht», forderte Dietze, der die Rechtsstellung der HJ aus nationalsozialistischer Sicht deutete. Er weist alle Hinweise auf das Elternrecht zurück, auf das sich vor allem katholische Erziehungslehrer beriefen: «Göttlichen Rechts sind nicht Konfessionen, Klassen oder Kirchen, sondern Völker und Rassen. Völkisches Recht allein ist göttliches Recht, weil das Volk die einzige gottgewollte Ordnung darstellt. In der Einheit des gottgewollten Volkstums wurzelt der Totalitätsanspruch, den das Reich gerade auf dem Gebiete der Schule zu Recht erhoben hat.»

In einer Gesellschaft, die nur bestehen kann, wenn sich ihre verschiedenen Religionsbekenntnisse dulden, gibt es gewichtige Gründe gegen die Aufspaltung der Lehrerbildung und der Schulerziehung nach Konfessionen. Dem nationalsozialistischen Staat aber ging es nicht um diese «Gemeinschaftsschule», sondern um die Trennung der Jugend vom christlichen Glauben. Der Religionsunterricht konnte nur in den Parteischulen selbst abgeschafft werden; die allgemeinen Schulen mußten allmählich und indirekt dorthin gelangen. Deutlich verraten die amtlichen Erlasse, was geplant war.

Zunächst gab es noch kirchliche Schulfeiern, an denen die Schüler aber nur freiwillig teilnehmen durften (1936). Die Kirchen erhielten noch Schulräume für den Religions- und Konfirmandenunterricht. Ortsfremde Geistliche durften sich daran nicht beteiligen, und Vortragsveranstaltungen in Schulen waren untersagt (1937).

Alle noch am 30. September 1938 vereinigten Kirchen- und Schulämter, z. B. die auf dem Lande häufige Verbindung des Lehramts mit der Organistenstelle, mußten getrennt werden. Beamte und Lehrer hatten konfessionelle Berufsverbände zu verlassen (1938). Im Erlaß vom 29. Januar 1938 über den Unterricht an höheren Schulen heißt es: «Von der Veröffentlichung neuer Religionslehrpläne sehe ich ab. Für den Unterricht ist zu beachten, daß alle Stoffe ausscheiden, die geeignet sind, die Einheitlichkeit der Erziehung zu gefährden.»

«Sprache aus Blut und Boden» heißt ein 1936 erschienenes Lehrbuch, das den Deutschunterricht zum Bestandteil der Heimatkunde machte. Vom Deutschlehrer an Oberschulen forderten die amtlichen Richtlinien: «Da die gesamte Erziehung heute vom Willen zur inneren Einheit und zur äußeren Selbstbehauptung des Volkes getragen sein muß, geht es im

Deutschunterricht darum, unsere Jugend so zu festigen, daß sie ihres Deutschtums bewußt, daß sie selbstsicher, wehrhaft und tatbereit wird.» Bestimmte «Kernaufgaben» standen in allen Klassen im Mittelpunkt des Sprachunterrichts:

1. Das Volk als Blutsgemeinschaft.
2. Das Volk als Schicksals- und Kampfgemeinschaft.
3. Das Volk als Arbeitsgemeinschaft.
4. Das Volk als Gesinnungsgemeinschaft.

Der Geschichtsunterricht ist immer stark davon betroffen, daß historische Besinnung und Deutung dem geschichtlichen Wandel unterworfen sind. Auch die Nationalsozialisten ließen die Geschichte neu schreiben. Deutsche Nationalgeschichte mußte einseitig in den Mittelpunkt gestellt werden. Da Leben als Kampf ums Dasein betrachtet wurde, interessierte nur politische Geschichte als Macht- und Kriegsgeschichte. Da angeblich Männer die Geschichte machen, wurde Geschichtsunterricht zur Heldenverehrung, andere Kräfte berücksichtigte man kaum. Immer ging es nur um Deutschland: «Das deutsche Volk in seiner Wesensart und Größe, in seinem schicksalhaften Ringen um innere und äußere Selbstbehauptung ist Gegenstand des Geschichtsunterrichts.»

Die Richtlinien für die Abschlußklasse kurz vor der Reifeprüfung verzerrten die Tatsachen vollends im Sinne der Parteigeschichte: «Die Zeit von 1918 bis 1932 als Versuch, die westeuropäischen Ideen von 1789 in Deutschland völlig zu verwirklichen. - Der politische Katholizismus als Verbündeter der marxistischen und kapitalistischen Internationale. - Ausbau der jüdischen Weltherrschaft in Deutschland und im bolschewistischen Rußland. Selbstauflösung des Parlamentarismus aus innerer Notwendigkeit, drohende Machtübernahme durch den Bolschewismus. Rettung durch Adolf Hitler und seine Bewegung.»

Was der an deutschen Universitäten einmal gründlich ausgebildete Geschichtslehrer zu unterrichten hatte, unterschied sich nicht mehr vom Schulungsheftgerede der Fähnleinführer.

Auch die Erdkunde hatte die Aufgabe, Geographie zu lehren «unter besonderer Berücksichtigung der die Erde bewohnenden Völker und Rassen.» Es ging in diesem Fach um «die großen Fragen des Grenz- und Auslandsdeutschtums, der Bevölkerungsbewegung, der Landesplanung und Raumordnung, der Rohstoffversorgung und Sicherung der Ernährung, der Autarkiebestrebung und Ausfuhrsteigerung, der Wehrhaftmachung, der politischen Führung des Deutschen Reiches im Kampf der Mächte um Lebensraum und Weltgeltung, sowie die Kolonialfrage...» Der Erdkundelehrer schulte für Hitlers Außenpolitik.

Noch übler wurde den Biologen mitgespielt. Pseudogelehrte übertrugen biologische Gesetze leichtfertig auf den Menschen, der von einem geistig-seelisch bestimmten Kulturwesen wieder auf seinen triebhaften Ursprung zurückgedrückt wurde. Die Richtlinien für den Biologieunterricht an höheren Schulen schließen allen Ernstes mit einem Zitat Hitlers, dessen obskure Halbbildung damit zum Maßstab deutscher Naturwissenschaft erhoben wird: «Die gesamte Bildungs- und Erziehungsarbeit des völkischen Staates muß ihre Krönung darin finden, daß sie den Rassesinn und das Rassegefühl instinkt- und verstandesgemäß in Herz und Gehirn der ihr anvertrauten Jugend hineinbrennt.»

Über die Bedeutung der Leibesübungen berichteten wir bereits. Sie wurden zum Hauptfach in der Schule mit fünf Wochenstunden am Vormittag und wöchentlich zwei Spielstunden am Nachmittag. Schwere Krankheit, mangelnde Körperpflege oder Einsatzbereitschaft im Schulsport konnten zum Verweis führen. Es war nicht möglich, mangelhaftes sportliches Vermögen durch geistige Leistungen auszugleichen. Da fast alle Sportlehrer vernünftiger waren als diese Richtlinien, sind selten Schüler an dieser Verfügung gescheitert. Neues Pflichtfach für die Schüler der Oberstufe war das von Hitler besonders geschätzte Boxen, auf eine «Boxerethik» lief diese Erziehung letztlich hinaus. Deshalb beneideten die Lehrer der «weltanschaulich» belasteten Fächer ihre Kollegen, die Mathematik, Physik und Chemie unterrichteten und, abgesehen vom Hitler-Gruß, in der Stunde kaum politische Verbeugungen machen mußten.

Wie die «Weltanschauung» aber selbst in die Rechenstunde einzudringen versuchte, zeigen folgende Aufgaben aus dem Lehrbuch «Mathematik im Dienste der nationalpolitischen Erziehung»:

Aufgabe 44: Wieviel Kinder muß eine Familie haben, damit der zahlenmäßige Bestand des Volkes gesichert ist?

Aufgabe 89: Wieviel Personen gehören in die ‹Ahnentafel› eines Menschen, falls sie von der nullten bis zur n'ten Reihe fortgesetzt wird?

Aufgabe 95: Der Bau einer Irrenanstalt erfordert 6 Millionen RM. Wieviele Siedlungen zu je 15000 RM hätte man dafür bauen können?

Aufgabe 97: Ein Geisteskranker kostet täglich etwa 4 RM, ein Krüppel 5,50 RM, ein Verbrecher 3,50 RM. Nach vorsichtigen Schätzungen sind in Deutschland 300000 Personen in Anstaltspflege. Wieviel Ehestandsdarlehen zu je 1000 RM könnten von diesem Geld jährlich ausgegeben werden?

Kinder lernten also den Massenmord an «lebensunwertem Leben» rechnerisch begründen.

Erst im Rückblick wird vielen, die zur HJ-Generation gehörten, deutlich, wie unsere Lehrer mit diesen Richtlinien tatsächlich umgingen, wie sie im Nebensächlichen nachgaben, wie sie unumgängliche Pflichtlektüren und Pflichtaufsätze nebenher erledigten und gegen alle Schwierigkeiten des Zeitgeistes dann doch die Fundamente einer anderen Welt mitbewahren halfen. Auf ihnen konnten wir 1945 noch einmal aufbauen. Es gab allerdings schäbige Kreaturen, die schlimmer waren als die amtlichen Absichten. Es gab einfältige Eiferer, die sich für Idealisten hielten, es gab viele Ängstliche und auch manchen Feigling. Aber viele Lehrer, die Krieg und Jugendbewegung kannten, wirkten durch ihre Haltung den Auswüchsen entgegen. Wenige freilich hatten den Mut zum offenen Widerstand.

Verfall der Bildung

Keine Generation ist recht zufrieden mit ihrer Schule und dem Leistungsniveau, das dort erreicht wird. Der Niedergang des deutschen Bildungswesens im Staate Hitlers aber war erschreckend und beschämend.
Die amtlichen Lehrplanrichtlinien zwangen die Lehrer, ganze Fachgruppen nationalistisch verkümmern zu lassen oder auf unwissenschaftlichen ideologischen Irrlehren aufzubauen. Die Lehrer waren durch politische und soziale Nebenpflichten so überlastet, daß sie auch dort weniger leisteten, wo sie politisch neutraler arbeiten konnten. Zudem gerieten die Schulen im Kriege vollends in den Wirbel zahlloser Sonderaktionen hinein, und der «Einsatz» wurde zum Dauerzustand. Zuletzt zogen die Lehrer hinaus in die Flakstellungen, wo sie zwischen den Geschützen, an denen ihre Jungen als Kanoniere dienten, noch ein wenig Schule hielten. Für diese Entwicklung eine kurze Beispielsammlung aus dem Dienstbereich des Regierungspräsidenten von Schleswig, der also einem ländlich-ruhigen und norddeutsch-zurückhaltenden Bezirk vorstand. Anderswo war es also eher schlimmer als hier! Wir reihen einfach Hinweise aus dem Amtsblatt auf, um an der Auswahl zu zeigen, was alles auf die Schule von außen her eindrang:
Das «Amt für Volkswohlfahrt, Abteilung Schadenverhütung» führt einen Aufsatzwettbewerb zur Brandverhütung durch. Der Jugendherbergspfennig ist einzusammeln. Kalender, Zeitschriften, Broschüren und Lernmittel von «nationalpolitischer Bedeutung» sollen durch die Lehrer in den Schulen vertrieben werden. Das Mars-Luftgewehr Junior wird zum Übungsschießen in den Schulen empfohlen. Die «Reichsfachgruppe Imker im Reichsverband deutscher Kleintierzüchter e. V.» bittet um Beurlaubung von Lehrern für Lehrgänge. Für staatspolitische Filmveranstaltungen in den Schulen werden Filme zugelassen, z. B. der Parteitagsfilm

«Sieg des Glaubens». An den vielen Feiertagen des «NS-Feierjahres» hat sich die Schule mit Gedenkfeiern zu beteiligen. – Die Wanderausstellung «Schule im Dienst des Luftschutzes» wird empfohlen. «Volksdeutsche Künstlerpuppenspiele» des VDA sind sehenswert. Zur Winterhilfssammlung der HJ gibt es aufgaben- und unterrichtsfrei. Aufgabenfrei ist ohnehin jeder Mittwochnachmittag und jedes Wochenende für den HJ-Dienst. Ein Erlaß des Reichserziehungsministers vom 28. Januar 1937 regelt die Mitwirkung der Schulen bei der «Erfassung der anfallenden Knochen in der Hauswirtschaft», da sich die «Versorgung der deutschen Knochenindustrie mit inländischen Knochen» als unzureichend erwiesen hat; die Schüler brachten also die in Papier gewickelten Knochen, die sie zu Hause und bei Nachbarn einsammelten, in die Schulen mit, wo sie an übelriechenden Lagerplätzen für die Altwarenhändler aufbewahrt wurden. An der «Sicherung der Roßkastanienernte 1937» haben sich die Schulen zu beteiligen. Zur Verpflichtungsfeier der HJ am 20. April haben alle Vierzehnjährigen schulfrei. Am «Tag des deutschen Volkstums» darf der VDA für ein «Kameradschaftsopfer» in den Klassen Geld einsammeln. Die Lehrer besorgen die Abrechnung. Bucheckern sollen bei einem Wandertag in der ersten Novemberhälfte 1938 gesammelt werden.
Die Bekämpfung von Maikäfern, «vorübergehend auch während der Unterrichtsstunden», ist dringend notwendig. Es gibt schulfrei, falls auf Anordnung der Arbeitsämter ein «Einsatz der Schuljugend für die Bergung der Ernte» im August 1938 notwendig wird. Turnhallen dürfen 1939 zur «Getreidelagerung sichergestellt werden». Jede Schule hat im Frühjahr 1940 etwa 500 bis 1000 zweijährige Maulbeerpflanzen zu setzen, um den Seidenbau zu fördern. Schüler helfen im Luftschutz mit. Die «Woche des deutschen Buches» soll in geeigneter Form unterstützt werden. Wehrersatzoffiziere der Kriegsmarine dürfen in den Schulen Werbevorträge halten. Die Schulen stellen den notwendigen Lagerraum für die vom Jungvolk durchgeführte «Aktion zur Erfassung gebrauchter Jutesäcke» (1939). Die Schüler sollen Arznei- und Teekräuter sammeln; ein Merkblatt der «Gauabteilung der Reichsstelle für Heilkräuter» gibt nähere Anweisungen. Schulklassen sind für Luftschutzlehrgänge herzugeben. Waffen-SS und Polizei dürfen schuleigene Unterrichtsfilme und Bildserien für Ausbildungszwecke mitbenutzen.
Diese und viele andere Zumutungen erbosten gelegentlich sogar den allzu nachgiebigen Reichserziehungsminister, der schon am 17. Mai 1935 klagte: «Wahllos in der Zeit und planlos in der Folge auf die Schule einstürmende Forderungen zerreißen die planmäßige Arbeit und verknappen den Lebensraum der Schule.»

Als der Krieg Tausende von Schulen zerstörte, als schon die Fünfzehnjährigen an den Flakscheinwerfern und -geschützen standen, als Hunderttausende von Kindern in ganz Deutschland und selbst im besetzten Osteuropa in Lagern gehalten wurden, als Zehntausende von Lehrern gefallen, gefangen, verwundet, interniert oder noch immer Soldaten waren, als endlich die Armeen der Sieger von allen Seiten in Deutschland einfielen, zerbrach das deutsche Schulwesen völlig. In manchen Besatzungszonen gab es monatelang keinen Unterricht. Danach quälte sich das Schulwesen über Jahre nur mühsam weiter. Ganze Jahrgänge deutscher Jugend erhielten unzulänglichen Unterricht. Viele heute erwachsene Deutsche kamen durch die Diktatur, den Krieg und den Zusammenbruch zu keiner abgeschlossenen Schulbildung und wurden in ihnen kaum gemäße Berufe abgedrängt.

Jugend im Widerstand

Streifendienst und Überwachung

«Streng vertraulich! Nur für den Dienstgebrauch!» kennzeichnete die Reichsjugendführung eine Schrift, in der das Personalamt über «Kriminalität und Gefährdung der Jugend» bis zum 1. Januar 1941 berichtete. Das Thema war den nationalsozialistischen Jugendführern offenbar sehr unangenehm. Aber sie mußten untereinander darüber sprechen, weil längeres Verschweigen noch größere Gefahren barg. Der Optimismus aller amtlichen Kundgebungen stand kraß im Gegensatz zum Inhalt dieser streng vertraulichen Schrift.

Führende Nationalsozialisten hatten immer wieder betont, daß eine völlig neue Jugenderziehung im Großdeutschen Reich bereits eine neue Jugend geschaffen habe, eine Jugend, die ohne Makel in Treue und Opferfreude nur dem deutschen Volk und seinem Führer diene. Gegen das helle Idealbild dieser neuen Generation stellten die Propagandisten düstere Erinnerungen an die in der «Systemzeit» der Weimarer Demokratie in Elend und Verbrechen dahinvegetierende Jugend.

Aber nicht nur dieser HJ-Bericht widerlegte das zweckoptimistische Vorurteil über die deutsche Jugend im Dritten Reich. Der Führer des Bannes 252 in Recklinghausen drohte schon am 17. Januar 1935 seinen Stamm- und Gefolgschaftsführern: «Ich mache schon jetzt darauf aufmerksam, daß am 10. März ein Bannaufmarsch stattfindet, wo der Reichsjugendführer zugegen sein wird. Sollte an diesem Tage nicht eine disziplinierte, in jeder Art und Weise mustergültige HJ aufmarschieren, so werde ich den gesamten Bann zum Teufel jagen.»

Um Auswüchse zu vermeiden und zum Kampf gegen die äußeren Feinde verfügte die RJF am 21. Juli 1934 den Aufbau des «HJ-Streifendienstes». Er sollte eng mit der Polizei zusammenarbeiten, doch Polizeimaßnahmen blieben den Beamten selbst vorbehalten. Ab 1936, nachdem

das HJ-Gesetz praktisch die Jugenddienstpflicht verfügt hatte, trat diese interne HJ-Polizei als amtlicher Ordnungsträger auf. Ein HJ-Bericht von 1937 nennt die Aufgaben dieser Sonderformation:
«Der HJ-Streifendienst überwacht das Auftreten der gesamten, nach dem Staatsjugendgesetz in der HJ zusammengeschlossenen deutschen Jugend in bezug auf allgemeines Verhalten, Uniform, Besuch von Lokalen, Kontrolle der HJ-Heime auf Sauberkeit und Ordnung, Überwachung des Jugendwanderns und der Jugendherbergen, Ordner- und Wachdienst bei Großveranstaltungen, Zeltlagerpolizei, Transportbegleitung, Fahndung nach Vermißten, Untersuchung und Ermittlung bei Dienstvergehen und strafbaren Handlungen. Zu seinem Aufgabengebiet gehört auch weiter Beratung und Hilfe für die wandernde Jugend, Bahnhofsdienst, Schutz der Jugend vor verbrecherischen Elementen, Bekämpfung der Jugendkriminalität, Schutz des Volksvermögens vor Schädigung durch HJ-Fahrtengruppen usw.»
Das Personalamt organisierte diese Überwachungstrupps. In den HJ-Gebieten waren die Leiter der Personalabteilungen zugleich Gebietsstreifenführer, denen die Bannstreifenführer verantwortlich waren. Jeder Unterbann stellte zunächst eine Streifenkameradschaft auf, deren Jungen am linken Unterarm einen schwarzen Armstreifen mit der gelben Aufschrift «HJ-Streifendienst» trugen.
Durch ein Abkommen zwischen der RJF und dem Reichsführer SS wurde aus diesen verstreuten und kleinen Überwachungseinheiten am 7. Oktober 1938 eine neue, straff organisierte Sonderformation der HJ geschaffen: «Da der Streifendienst der HJ ähnliche Aufgaben durchzuführen hat wie die SS für die gesamte Bewegung, wird er als Sonderformation zur Sicherstellung des Nachwuchses für die allgemeine SS aufgebaut, doch soll auch möglichst der Nachwuchs für die SS-Verfügungstruppen, Totenkopfverbände und Junkerschulen aus dieser Formation genommen werden.» Diesen SS-Truppen aber unterstand der geheime Terrorstaat der Konzentrationslager. Ihre Wachmannschaften gewannen nun im Streifendienst eine eigene Nachwuchsorganisation, ohne daß die Jungen, die darin als HJ-Polizisten dienten, auch nur ahnten, wohin sie einmal geführt werden sollten. Aber die Auswahl für den Streifendienst geschah «nach den Grundsätzen für die rassische Auswahl der SS». Bei der Aufnahme waren Führer und Ärzte der SS beteiligt. Jeder Bann der HJ stellte eine Sonderformation auf.
Der Krieg veränderte die Aufgaben des Streifendienstes noch einmal. Als Bombenangriffe und unmittelbare Kampfhandlungen die Städte heimsuchten, brauchte man größere und geschlossen einsatzbereite For-

mationen, um Ordnung zu schaffen, Wachdienste zu leisten und die vielen Schäden unmittelbar zu bekämpfen. So entstanden die «HJ-Feuerwehrscharen» als Teilformationen des Streifendienstes. In ihnen wurden 1939 bis 1943 rund 700000 Jungen ausgebildet und oft genug auch eingesetzt. Der HJ-Streifendienst war also mit mehr technischen als politischen Einsätzen im Heimatkriegsgebiet vollauf beschäftigt. Auch war es schon immer ärgerlich gewesen, daß die bei den Streifen eingesetzten Jungen etwa gleich alt waren mit den Jungen und Mädchen, die sie überwachen sollten. Als dann im Kriege Opposition und Verwahrlosung der Jugend erschreckend zunahmen, mußte der eigentliche Überwachungsdienst neu aufgebaut werden. Ein Reichsbefehl der RJF bestimmte am 26. August 1943 den organisatorischen Rahmen und ordnete an, daß die Zusammenarbeit mit Polizei und Sicherungsdienst (SD) noch enger werden müsse. Dieser neue Überwachungsdienst war eine «straffe Organisation von gut ausgebildeten, auserlesenen HJ-Führern». Diese leisteten ihren Wehrdienst in der Waffen-SS ab, erhielten zwei Jahre Fachausbildung in der HJ und in der Sicherheitspolizei, dienten einige Jahre der HJ-Überwachung und sollten danach in die Sicherheitspolizei oder in den SD übernommen werden. Zwar hieß es: «Niemals darf der Überwachungsdienst den Charakter einer üblen, das Vertrauen in der Gemeinschaft zerstörenden Schnüffelei annehmen.» Aber wie das verhindert werden sollte, blieb offen.

Die neue Laufbahn der «Überwachungssachbearbeiter der HJ» kam über Anfänge nicht hinaus. Gedacht war sie als eine Art politischer Jugendpolizei, zugleich Nachwuchskader für die Sicherheitsorgane der SS. Solche Absichten machen bestürzend deutlich, wohin sich die HJ entwickelt hätte, wäre die Diktatur nicht im Frühjahr 1945 zusammengebrochen.

Die Überwachungsdienststellen hatten über die HJ-Rechtsreferenten in den Gebietsstäben auch Verbindung zur Justiz und zur Parteigerichtsbarkeit. Die Maßnahmen aller mit Rechtsfragen beschäftigten Jugendfunktionäre stützten sich auf Gesetze und Verordnungen, die verhindern sollten, daß sich die Jugend der staatlichen Kontrolle entzog. Ob sich ein Junge dem dienstlichen Anspruch durch Flucht ins Private versagte, ob er als Krimineller aus der Gruppe ausschied oder sich aus politischer und weltanschaulicher Überzeugung zum Widerstand bekannte: In jedem Falle verstieß er gegen das amtlich genormte Verhalten der Jugend, stand er also in strafbarer Opposition.

Bei Kriegsbeginn hatte Göring gefordert: «In diesem Kriege soll es in Deutschland keine verwahrloste Jugend geben, sondern eine begeisterte, hoffnungsfreudige, siegeszuversichtliche Jugend. Diese Jugend sollt ihr sein!» Dennoch: Wenn die Jugend die feste Hand väterlicher Erziehung jahrelang entbehrt, der Schulunterricht nur unzulänglich gegeben werden kann, im Polizeidienst und in den sozialpflegerischen Berufen nur Hilfskräfte arbeiten und die Gesellschaft ganz allgemein im Kriege die sittlichen Maßstäbe und Rechtsnormen menschlichen Zusammenlebens gewaltsam verändert – dann muß die Jugend schlechter werden. Schon im Ersten Weltkrieg erreichte die Jugendkriminalität ihren Höhepunkt im letzten Kriegsjahr:

Jahr	Verurteilte	davon Jugendliche (14–18 Jahre)
1913	555 527	54 155
1918	341 526	99 498
1919	348 247	64 619

In den Krisenjahren der Weimarer Republik stieg die Kriminalität allgemein an, auch die der Jugend. Tatsächlich gelang es, sie 1933 stark herabzudrücken, doch die Vergleichszahlen aus dem letzten Jahr vor dem Zweiten Weltkriege zeigen wieder, daß auch bei straffer, ja totaler Organisation der Jugend die Kriminalität nicht auszurotten ist.
Allerdings muß man berücksichtigen, daß statistische Angaben nicht absolut genommen werden dürfen. Da der NS-Staat schärfer überwachte, konnte die Zahl der Verurteilungen ansteigen, obwohl die Kriminalität allgemein zurückging. Zum Vergleich also die Zahlen aus den beiden bösesten Krisenjahren der Republik, das Jahr 1933 mit Hitlers Machtübernahme und das Jahr 1939, in dessen letztem Drittel der Krieg begann:

Jahr	Verurteilte	davon Jugendliche
1923	823 902	86 040
1930	595 651	26 409
1933	491 142	15 559
1939	297 353	77 444

Die meisten Disziplinarmaßnahmen des HJ-Überwachungsdienstes im Kriege stützten sich auf die «Polizeiverordnung zum Schutze der Jugend vom 9. März 1940». Jugendliche unter 18 Jahren hatten Straßen und Plätze bei Dunkelheit zu verlassen. Es war ihnen verboten, sich nach 21 Uhr in Lokalen, Kinos und Kabaretts aufzuhalten. Wer noch nicht 16 Jahre alt war, durfte keinen Alkohol trinken und öffentlich nicht rauchen.
Um Verstöße gegen diese Verordnung wirksamer bestrafen zu können,

führte man am 17. September 1940 den «Jugenddienstarrest» ein. Er konnte verhängt werden als Wochenendarrest von Sonnabendmittag bis Sonntagabend, als Wiederholung des Wochenendarrests bis zu drei Wochenenden hintereinander und als zusammenhängender Arrest von drei bis acht Tagen.

Der Jugenddienstarrest war als kriegsbedingte Maßnahme gedacht, um kurz, schnell, hart und doch nicht nachtragend zu strafen, da Arrest nicht als Vorstrafe galt und im allgemeinen weder im Beruf noch in der Schule nachteilig vermerkt wurde.

Bereits im ersten Vierteljahr 1941 sprachen die Richter in 52% aller Verfahren, die gegen Jugendliche liefen, nur Jugendarreststrafen aus. Der Arrest sollte nur die Besserungswürdigen strafen. Er war beschränkt auf männliche Jugendliche unter vierzehn und war eine «innerdienstliche Maßnahme der HJ», obwohl die Polizei die Strafe vollstreckte. Die Bestraften mußten den Arrest bei Wasser und Brot absitzen, ursprünglich in Uniform, später ausdrücklich in Zivilkleidung ohne Abzeichen der HJ.

Allgemein standen der HJ folgende Strafmittel zur Verfügung: Verwarnung, Verweis, Beförderungssperre, Aberkennung der Dienststellung, Herabsetzung des Dienstranges; Aberkennung der Fähigkeit, Jugendführer zu sein; Jugenddienstarrest, Ausscheiden aus der HJ, Ausschluß aus der HJ. Schwere Verfehlungen im Privatleben, im Beruf und in der Schule konnten auch Disziplinarverfahren in der HJ nach sich ziehen. Ein HJ-Bericht aus dem Jahre 1942 stellte zusammen, welche Verstöße im allgemeinen mit Jugendarrest bestraft wurden: Bis 65% Eigentumsvergehen, bis 10% Sittlichkeitsdelikte und bis 18% Berufsschulversäumnisse.

Von allen HJ-Gebieten hatte im ersten Halbjahr 1940 das Gebiet Ostland mit 107 Delikten auf 100000 Jugendliche die wenigsten Vergehen zu melden. Die Jugendlichen dieses Gebietes lebten in der Mehrzahl auf dem Lande, in kleinen und mittleren Städten, und der Krieg in Polen hatte die militärische und polizeiliche Überwachung der Randgebiete verschärft.

Im gleichen Zeitraum gab es in Hamburg, der großen Hafen- und Industriestadt, die vom ersten Tage an der Fliegergefahr wegen völlig verdunkelt sein mußte, mit 977 Verurteilten auf 100000 Jugendliche die meisten Straffälligen.

Großstädtische Jugend aber ist nicht nur mehr gefährdet, sie ist allgemein oppositioneller eingestellt, skeptischer und kritischer als die Jugend auf dem Lande. In der Großstadt konnten auch Jugendliche leichter untertauchen, die ganz ohne verbrecherische oder politisch-oppositionelle Neigungen zunächst nichts anderes wollten als ihre Ruhe und Eigenart.

Als es den Freunden endlich gelang, Wolfgang Borchert aus dem Elend der Hunger- und Trümmerstadt Hamburg herauszuholen, kam alle Hilfe zu spät. Borchert, Jahrgang 1921, starb am 20. November 1947 in einer Baseler Klinik an einem Leberleiden, das sich im Kriege hoffnungslos verschlimmert hatte. Einen Abend nach seinem Tode öffnete sich in den Hamburger Kammerspielen der Vorhang zur Uraufführung seines Spiels «Draußen vor der Tür». Die Geschichte vom Unteroffizier Beckmann, der nach Hause wollte, um die Last der Verantwortung zurückzugeben, wurde zum Gleichnis einer Generation, der HJ-Generation, zu der Wolfgang Borchert gehört hatte. Er war ihr Sprecher geworden. Kurz vor seinem Tode hatte er noch ein Manifest geschrieben, das mit den Worten schließt: «Wir wollen in dieser wahnwitzigen Welt noch wieder, immer wieder lieben!»
Peter Rühmkorf, der Borcherts Lebensgeschichte aufschrieb, berichtet: «Immer war er ein Außenseiter, keineswegs kontaktarm, aber mit einem sonderbaren Mißbehagen an geforderter oder geförderter Gemeinschaft. Für eine Weile war er Mitglied der ‹bündischen Jugend› und durchaus anfällig für eine gewisse Art von Lagerfeuerromantik. Als er im Jahre 1933 in die HJ übernommen wurde, glaubte er zuerst, daß er sich als Querpfeifer in einem Musikzug dem allgemeinen ‹Dienst› entziehen könne. Später drückte er sich vor den Verpflichtungen unter allerlei Vorwänden, nahm nur noch selten an Veranstaltungen teil und tauchte schließlich ganz unter.»
Die Verwirrung der Reifezeit warf den sehr unausgeglichenen Jungen hin und her. Er wollte unbedingte Freiheit, und vor allem wollte er überall auffallen: Lange Mähne, greller Schlips, phantastischer Hut und großkarierter Mantel sollten provozieren. Jugendliche putzen sich gern so auf; aber damals war es gefährlich: «Wer aus der Reihe tanzte, mußte gewärtig sein, daß er notiert und vorgemerkt wurde; wer sich notiert wußte, war seiner weiteren Freiheit nie mehr ganz sicher.»
Borchert versagte in der Schule und ging ab, um Buchhändler zu werden. Er las verbotene Bücher, träumte von der ruhmvollen Laufbahn eines großen Schauspielers und war voller Lebenslust und Übermut. Sein Wesen, nicht seine politische Haltung, machte ihn verdächtig. 1940 blieb er zum ersten Male eine Nacht in einer Polizeiwache eingesperrt; er wurde von der Gestapo verhört und wieder laufengelassen. Ende des Jahres bestand er die Schauspielerprüfung. Es folgten noch drei glückliche Monate beim Lüneburger Theater: «Die schönste Zeit meines Lebens.»

Im Juni 1941 war er Rekrut. Im Winter lag er bereits vor Moskau. Er war allein auf einem Postengang, als ein Schuß seine Hand verwundete. Ein Feldwebel zeigte ihn als «Selbstverstümmler» an. Vor dem Kriegsgericht beantragte der Ankläger die Todesstrafe, doch man sprach ihn frei. Aber sie hatten inzwischen Briefe bei ihm gefunden: «Ich empfinde die Kasernen als Zwingburgen des Dritten Reiches. Ich empfinde mich selbst als wesenlosen Kuli der braunen Soldateska.» Das Urteil: Vier Monate Gefängnis mit Frontbewährung. Und immer wieder warf ihn schon die furchtbare Krankheit nieder, an der er so früh sterben mußte.
Deshalb wollte man ihn zu einem Fronttheater entlassen. Aber ehe es dazu kam, ließ er sich hinreißen, auf einer Soldatenbude den Reichspropagandaminister Goebbels zu parodieren. Ein Grenadier zeigte ihn an. Borchert erhielt neun Monate Gefängnis wegen «Zersetzung der Wehrkraft», wieder mit Frontbewährung, und das war für den Schwerkranken so gut wie ein neues Todesurteil. Aber er überlebte, entkam der Gefangenschaft und schleppte sich nach Hause, nach Hamburg: «Hamburg! Das ist mehr als ein Haufen Steine. Das ist unser Wille zu sein.»
Krank war er, sehr krank; aber nun wollte er leben. Er gründete ein Theater, war Regieassistent und schrieb. Er schrieb im Rausch von acht Tagen sein «Draußen vor der Tür». Im Winter 1945 mußte er sich schon einmal hinlegen, und zwei Jahre später starb er, doch bis zuletzt hatte er geschrieben. Sein Werk, spürbar belastet mit den Mängeln jugendlicher und ungestümer Produktion, blieb dennoch die gültige Stimme seiner Generation am Ende des Zweiten Weltkrieges.
War Borchert ein jugendlicher Widerstandskämpfer? Zunächst nicht. Der Junge war exzentrisch, launenhaft, nervös, kein einfacher und sympathischer Junge im krisenreichen Reifealter. Jugendliche dieser Art ecken immer an, auch heute. Sie wollen anecken. Eine offene Gesellschaft läßt ihren extremen Wünschen mehr Spielraum. Die Diktatur aber hatte eine feste Vorstellung vom deutschen Jungen als «Kerl», und wer diesem genormten Typ nicht entsprach, sich nicht einmal darum bemühte, ihm zu gleichen, der geriet mit einer einseitig politisch gelenkten Gesellschaft in Konflikt und stand unvermittelt in politischer Opposition, auch wenn er sich bisher auf keine politische Auseinandersetzung eingelassen hatte.
Arno Klönne, der Hitlerjugend und Jugendopposition im Dritten Reich in zwei grundlegenden Studien untersuchte, berichtet von einem anderen Jugendschicksal, das dem Wolfgang Borcherts auffallend gleicht: Wolf Berthold war ein empfindsamer, impulsiver Junge, der früh Gedichte schrieb und ein Dichter werden wollte wie seine Vorbilder Hölderlin und George. Als der Gestellungsbefehl kam, wollte er fernbleiben. Eltern

und Freunde rieten ihm zu, und er ging zur Musterung. Ein Offizier begrüßte ihn ironisch, und Wolf antwortete gereizt zurück. Der Offizier blickte scharf auf, sah Wolfs lange Haartracht und sagte: «Wissen Sie, wie Sie aussehen? Wie ein Louis!» Das Schimpfwort aus dem Jargon der Zuhälter traf den Jungen wie ein Schlag. In blinder Empörung warf er ein Tintenfaß nach dem Offizier. Berthold stürzte aus dem Raum; unten auf dem Kasernenhof zerriß er seinen Wehrpaß in Stücke.
Es gelang, ihn zu retten. Aber im Sommer 1936, in der Nacht vor seiner Einberufung, floh er in die Schweiz. Sein bester Freund, der in Heidelberg studierte, wurde verhaftet, aber wieder entlassen. Noch einmal trafen sich die Freunde in Holland; dann irrte Wolf jahrelang durch Europa. In Jugoslawien griffen ihn Polizisten auf, schlugen ihn zusammen und übergaben ihn, blutend und in Handschellen, an der österreichischen Grenze deutschen Beamten. Man verurteilte ihn zu fünf Jahren Zuchthaus wegen Wehrdienstentziehung. Vom Konzentrationslager Papenburg schoben sie ihn 1943 zu einer Strafkompanie an die Ostfront ab. Dort verlor sich seine Spur für immer.
Der egozentrische Individualismus dieser beiden jungen Männer wäre zu keiner Zeit «normal» gewesen. Aber wer damals dem Marschierertypus der Staatsjugend nicht entsprach, geriet in den Widerstand und bezahlte mit dem Leben, weil er nicht jung war, wie er nach dem Kommando des Staates jung sein sollte.

Clubs, Cliquen und Banden

Im Winter 1939/40 lernten sich einige Hamburger Jungen und Mädchen auf der Eisbahn kennen. Sie trafen sich öfter und tanzten verbotenen «Swing» nach englischen Schallplatten. Im Kriege war das Tanzen ohnehin verboten. Der Tanz nach «dekadenter» englischer Musik aber war Verrat an deutscher Art. Schon waren im Hotel Kaiserhof zwei Tanzabende polizeilich aufgelöst worden. An einem Abend stellte die Polizei 408 Teilnehmer fest: Nur zwei waren über einundzwanzig Jahre alt, 205 noch unter achtzehn und dreiundzwanzig Mädchen gar unter sechzehn. Die Polizei verhaftete 63 Jugendliche. 18 waren vorzeitig aus der HJ ausgeschieden, 27 nie organisiert. Die meisten stammten aus Familien des «wohlhabenden Mittelstandes»: 16 waren kaufmännische Lehrlinge, acht Oberschüler und sechs Handelsschüler; nur einer war Arbeiter und ein anderer Handwerker. Auf die Frage, wie sie zur HJ ständen, antworteten die meisten: «Wer in die Hitlerjugend will, soll gehen! Die Nichtinteressierten soll man in Ruhe lassen!» Der streng vertrauliche Bericht

des Hamburger Überwachungsdienstes kennzeichnete das Treiben der Angeklagten: Sie wollten sich in vornehmen Kreisen bewegen. Sie wollten englisch-lässig und lotterhaft leben. Dem sei die typische Hamburger Neigung, «englischen Sitten und Gebräuchen» zu huldigen, entgegengekommen. Aus Shagpfeifen und langen Zigarettenspitzen rauchten die Jungen, hockten beim Cocktail an der Bar, trugen geschlitzte Jacketts mit Schottenmuster, Regenschirme und als Kennzeichen einen farbigen Frackhemdknopf im Rockaufschlag. Alle Disziplin sei ihnen ein Greuel gewesen, und deshalb hätten sie HJ, Arbeitsdienst und Wehrmacht abgelehnt.
Von Widerstandskampf kann bei diesen Jugendlichen keine Rede sein. Diese Jungen und Mädchen wollten in Ruhe gelassen werden, sie wollten leben, wie es ihnen paßte und entwickelten dabei einen provokativen und keineswegs erfreulichen Gegenstil zur HJ. Ihr Treiben war albern, oberflächlich und im Kriege zudem taktlos. Aber es wird verständlich als Protest gegen den totalitären und einseitigen Erziehungsanspruch des Staates.
Dem Zwang der Massenorganisation suchten sich also nicht nur die Einzelgänger und Individualisten zu entziehen. Bei dem natürlichen Hang der Jugend zu geselligen Gruppen bildeten sich bald «Clubs» und «Bünde», die als verboten und verschwörerisch galten und schon deshalb die jugendliche Phantasie aufreizten. Auch in der HJ selbst traten «Cliquen» auf, vielfach als Reste der bündischen Jugend diffamiert, obwohl sie mit dieser kaum noch etwas zu tun hatten. So hoben in Neiße Polizisten den Schülerclub «Goldene Sieben» aus, und im gleichen Sommer 1940 holten HJ-Streifendienst und Kriminalbeamte sechzehn Jugendliche «in Kluft» aus den Zelten der Wuppertaler Kirmes. «Bezeichnend war, daß die Schausteller sowie eine Anzahl Soldaten für diese Partei ergriffen», bemerkte der HJ-Bericht entrüstet. Ein «Harlem-Club» in Hamburg hatte seinen Namen von einer beliebten Tanzplatte übernommen, wie überhaupt die «schräge» Musik damals wie heute dem steifen Ernst totalitärer Pädagogik ein beispielloses Ärgernis war. Im Ernteeinsatz Hamburger Mädchen war im Herbst 1939 eine «O. K. Gang» entstanden. Diesen Herbsteinsatz überwachte nicht der BDM, sondern er fand im zivilen Rahmen der Schulklassen statt. 88 Mädchen und 72 Jungen gehörten zu «O. K. Gang» und «Harlem-Club». Beide Cliquen hatten geheime Treffs in Bars, Cafés, Eisdielen und Kinos, veranstalteten Bälle und trafen sich zu «sexuellen Ausschweifungen».
Cliquen und Banden illegaler Art traten mit Schwerpunkt in Großstädten auf; das sächsische und das westdeutsche Industriegebiet galten als besonders «verseucht». Die Banden gaben sich abenteuerliche Namen: Leipzi-

ger Meuten, Hundestart, Lilienstraße, Rotes-X, G-Bund, Essener Stenze, Navajos und immer wieder: Edelweißclub, Edelweiß. Die in vielen Schnulzen der Heimatschriftsteller umschwärmte Alpenblume, stolzes Truppenzeichen der Gebirgsjäger, spielte zum Ende des Krieges hin eine geheimnisvolle Rolle und wurde zum Sammelbegriff für HJ-feindliche Banden. Von harmlosen Tanzzirkeln, die sich trotz der tristen Kriegszeit amüsieren wollten, bis hin zu Schläger- und Räuberbanden, die Verdunklung, schlechte Polizeikontrollen und materielle Entbehrungen für ihre handfesten Aktionen nutzten, waren diese Gruppen bunt und willkürlich gemischt.

Der Propagandasprecher des deutschen Nachrichtendienstes von BBC London hielt diese Jungen für Widerstandskämpfer und feierte sie im Januar 1945 in einem idealistischen Kommentar: «Das verbreitetste Zeichen ist das Edelweiß unterm Rockaufschlag. Diese Alpenblume, die hoch in den Bergen blüht, wo keine andere mehr gedeiht, ist von den jungen Deutschen als Symbol des Wiedererblühens der Freiheit in einem Lande angenommen worden, wo die Freiheit von Staats wegen tot ist...»

Aus den Polizeiberichten geht freilich hervor, daß es sich keineswegs um edle Räuber aus Freiheitsdrang im Sinne von Schillers Karl Moor handelte. Günter Grass, 1927 in Danzig geboren und als eigenwilliger Erzähler ebenfalls Augenzeuge der HJ-Generation, beschreibt sehr viel realistischer die Bande der Danziger Stäuber in seinem Roman «Die Blechtrommel»:

«Das also waren die berüchtigten Stäuber, von denen seit einigen Wochen die ganze Stadt sprach; eine Jugendbande, der die Kriminalpolizei und mehrere Züge des HJ-Streifendienstes auf der Spur waren. Wie sich später herausstellen sollte: Gymnasiasten des Conradinums, der Petri-Oberschule und der Horst-Wessel-Oberschule. Auch gab es eine zweite Gruppe der Stäuberbande in Neufahrwasser, die zwar von Gymnasiasten geführt wurde, aber zu gut zwei Dritteln Lehrlinge der Schichauwerft und der Waggonfabrik zu Mitgliedern hatte. Die beiden Gruppen arbeiteten nur selten, eigentlich nur dann zusammen, wenn sie von der Schichaugasse aus den Steffenspark und die nächtliche Hindenburgallee nach BDM-Führerinnen abkämmten, die nach Schulungsabenden von der Jugendherberge auf dem Bischofsweg heimkehrten... Die Stäuberbande kämpfte gegen alles. Sie räumten die Dienststellen der Hitlerjugend aus, hatten es auf die Orden und Rangabzeichen von Fronturlaubern abgesehen, die mit ihren Mädchen in den Parkanlagen Liebe machten, stahlen Waffen, Munition und Benzin mit Hilfe ihrer Luftwaffenhelfer aus den Flakbatterien und planten von Anfang an einen großen Angriff auf das Wirtschaftsamt.»

Grass charakterisiert die Stäuber selbst als Halbwüchsige, «die man heute kurz und bündig Halbstarke nennen würde.» Die Banden waren ein Zeichen wachsender Demoralisierung der Jugend, deren zunehmende Verwahrlosung sich mit erschreckenden Folgen über den Zusammenbruch des Dritten Reiches hinaus fortsetzte. Zum Kampf gegen die Jugendkriminalität ließ Himmler das Konzentrationslager Neuwied nur für jugendliche Häftlinge einrichten. Denn mit Recht betont Laqueur in seiner Geschichte der deutschen Jugendbewegung, im totalitären Staat färbe sich auch das Problem der Halbstarken politisch, wie überhaupt der Kriminelle nicht nur als Verbrecher juristisch und moralisch zu verurteilen war, sondern der asoziale Einzelgänger als Täter gegen die «gesunde Volksgemeinschaft» auch zum politischen Gegner wurde.

Diese Identität des kriminellen Gegners mit dem politischen Feind macht eine Stellungnahme des mehrfach erwähnten Geheimberichts zur Frage der Homosexuellen deutlich: «Der Homosexuelle neigt wie jeder Asoziale zur Cliquenbildung, die immer auch zur politischen Opposition führt. Oder es gelingt ihm, in Führerstellungen einzudringen. In diesem Falle sammelt er die Unterführer als Gleichgesinnte um sich. Bei der oft hohen Intelligenz liegt, wie die Erfahrung lehrt, das Anstreben politischer Sonderziele, gestützt auf den Unterführerklüngel, nicht mehr fern, abgesehen von den verheerenden Folgen sittlicher und politischer Natur, die von einem derartigen Gefahrenherd durch die Ausbreitung der Homosexualität in einer großen Bewegung entstehen müssen.»

Die Gleichsetzung des politischen Gegners mit dem Verbrecher führte im Strafvollzug dazu, daß die SS-Lagerkommandanten im KZ beide Häftlingsgruppen mischten und mit Hilfe der Kriminellen die politischen Gefangenen erniedrigten und terrorisierten.

Eine «Dienstvorschrift für den HJ-Streifendienst» gab den Streifenführern Anweisungen, die sich auf «Cliquen» bezogen. Als Merkmale galten:

1. Häufige, regelmäßige Treffs zu bestimmten Zeiten und Orten (Parks, Straßenecken, Lokale).
2. Betontes Gefühl der Zusammengehörigkeit (Abzeichen, Kleidung, Gruß), wenn auch getarnt.
3. Ablehnung, oft schärfste Bekämpfung der HJ (Überfälle!).
4. Organisationsformen z. T. nach Vorbild verbotener Gruppen und Bünde, deren Schriften und Liedgut (Günther-Wolff-Verlag) verwendet werden.
5. Viele Cliquen sind zugleich auch kriminell. Mädchen sind als «Lockvögel» dabei.

Siebentausend ehemalige Wandervögel gaben im Ersten Weltkrieg ihr Leben für Deutschland. Wegen der damals bewiesenen vaterländischen Gesinnung ließ Baldur von Schirach zunächst diese älteste Jugendbewegung noch gelten. Aber zäh und listig mußten die einstigen Wandervögel gegen die HJ um ihre Jugendburg Ludwigstein ringen. Dorthin war schon Karl Fischer mit seinen Steglitzer «Bachanten» gewandert. Am Weihnachtsabend 1914 hatte Enno Narten sechs Freunden vom Feldwandervogel in St. Quentin verkündet: Wir wollen, wenn der Krieg aus ist, unseren Ludwigstein zur Gedenkstätte für die Gefallenen ausbauen. 1920 gründete er eine Vereinigung, um die Burg zu erhalten. Burg Ludwigstein nahm das Archiv der Jugendbewegung auf, sie wurde Jugendherberge, Tagungsstätte und Ehrenmal der gefallenen Wandervögel.
Als am 18. November 1933 der Gedenkraum auf der Burg eingeweiht werden sollte, erschien auch Narten. Aber ein Gendarm und zwei SA-Männer verhafteten ihn und sperrten ihn im Amtsgerichtsgefängnis von Witzenhausen ein. Dem Gründer der Vereinigung wurde der Zutritt zur Burg verboten, weil er Sozialdemokrat war. Jahrelang zog sich der Kampf zwischen der HJ und den alten Wandervögeln hin. Die Burg verwahrloste als Jugendherberge und Führerschule. 1941 verschleppte die RJF das Archiv nach Berlin, wo es im Kriege verlorenging. 1945 fielen Plünderer in die Burg ein. Zum Spaß erprobten amerikanische Soldaten ihre Pistolen an der Gedenktafel. Wieder dauerte es Jahre, bis die Burg Ludwigstein an der Werra, nun eine Grenzburg im geteilten Deutschland, erneut zum Mittelpunkt alter und neuer Bünde werden konnte. Heute birgt das Archiv wieder kostbares Material zur Geschichte der Jugendbewegung, auch zur Geschichte ihrer Passion unter Hitler.
Viele und gegensätzliche Ströme – geistig, sozial und politisch – waren in der deutschen Jugendbewegung zusammengeflossen, und viele, oft widersprüchliche Kräfte hatten in ihr gewirkt. Der Vorwurf, Wegbereiter des Nationalsozialismus geworden zu sein, trifft die Jugendbewegung hart; denn tatsächlich war die politische Haltung vieler Bünde bedenklich gewesen. Aber aus dieser deutschen Jugendbewegung kamen auch Männer und Frauen, die sich der Diktatur tapfer widersetzten und den alten Jugendschwur vom Hohen Meißner bis zum Opfer des eigenen Lebens hielten, in Freiheit und in eigener Verantwortung.
Auf Anzeige der HJ verhaftete die Polizei Robert Oelbermann, der mit seinem Zwillingsbruder Karl den unbezähmbar fahrtenfrohen «Nerother Wandervogel» gegründet hatte. Robert hatte dem Bund auf Burg Wal-

deck beim letzten Treffen die Abschiedsrede gehalten. Er starb nach fünfjähriger Haft am 29. März 1941 im Lager Dachau. Helmuth Hirsch, Führer in der von «tusk» begründeten «d.j.1.11.» wurde hingerichtet; «tusk» selbst (Eberhard Köbel) brach sich auf der Flucht ins Ausland beide Füße. Der Pädagoge Professor Adolf Reichwein und sein Freund, der sozialistische Jugendführer Hermann Maaß, verurteilt im Prozeß gegen den «Kreisauer Kreis», wurden im Zuchthaus Plötzensee gehängt.
Der Verleger und Schriftsteller Walter Hammer, durch seine Zeitschrift «Junge Menschen» und die Schriften seines Fackelreiter-Verlages geistiger Führer der Jugendbewegung, war im Gegensatz zur unentschlossenen oder gar feindlichen Haltung vieler bündischer Führer immer für die Demokratie eingetreten. Er mußte nach Dänemark fliehen, setzte aber seinen Kampf gegen die Diktatur von Kopenhagen aus fort. Beim Einmarsch deutscher Truppen in Dänemark fiel auch er der Gestapo in die Hände und wurde fünf Jahre lang im Zuchthaus geschunden. Körperlich schwer leidend, aber geistig ungebrochen, begann er nach seiner Befreiung die deutsche Widerstandsbewegung zu erforschen.
Daß Bünde überall in Deutschland fortlebten, konnte Arno Klönne an zahlreichen Beispielen nachweisen. So hatten etwa zwanzig Jungen aus einer Berufsschulklasse des graphischen Gewerbes in Frankfurt eine geheime «Deutsche Jungenschaft» gegründet. Sie gingen auf Fahrt, trafen sich bei Heimabenden, wo sie die alten Lieder sangen, aus alten bündischen Zeitschriften vorlasen und selbst eine Zeitschrift «Der Fahrtenbummler» herstellten. Die Frankfurter hatten Verbindung zu Gruppen in Aschersleben, Halle, Freiburg, Nürnberg, Berlin, Bremen, Mönchen-Gladbach und Langen in Hessen. Sie kamen in einem Landheim im Taunus heimlich zusammen. Als einige verhaftet und verhört wurden, führten sie auf der Hütte im Taunus Scheinverhöre durch, die sich bald bewährten: 1938 wurden sie entdeckt, die Polizei beschlagnahmte die Hütte. Bei Kriegsausbruch wurde das Verfahren gegen die meisten niedergeschlagen, und sie tauchten in der Wehrmacht unter. Aber die jungen Männer hielten Verbindung, und wer überlebte, traf sich mit den Gefährten im Mai 1945 am lange vorher ausgemachten Platz im Taunus.
In diesem Bericht ist immer wieder auf das Fortleben bündischer Überlieferungen in der HJ, besonders stark im Deutschen Jungvolk und seiner Führerschaft, hingewiesen worden. Ein Jurist aus Bremen, Jahrgang 1919, berichtete, er sei unter HJ-Jungbannführer Gustav Müller ein begeisterter Pimpf geworden. Als Müller degradiert und aus dem Jungvolk ausgeschlossen wurde, blieb ein Kreis um ihn zusammen. Die Jungen gingen auf Fahrt, unternahmen Geländespiele und badeten in eiskalten Flüssen.

Sie schlugen auf verschwiegenen Lagerplätzen die verbotenen Kohten auf und sangen am Feuer die verrufenen Lieder der Bünde. Als sie von einer Zeltfahrt aus der Schweiz heimkehrten, wurden sie erwischt, kamen aber mit einer Verwarnung davon. Sie taten unbefangen und ohne sich als «Widerständler» zu fühlen ihren HJ-Dienst weiter; aber man hielt zugleich zur Clique um Gustav Müller, bis dieser im Kriege fiel.

Wie diesen Bremer Jungen fehlte den meisten Gruppen, die «bündischer Umtriebe» wegen verfolgt wurden, das Bewußtsein politischen Widerstands. Im Grunde stimmten sie dem Staate zu, in dem sie lebten; aber sie wollten nicht nur das genormte Jugendleben der HJ, sondern fühlten sich angezogen vom Sonderdasein verbotener Gruppen mit eigenwilligen Liedern, Zeichen, Grüßen und Bräuchen auf Fahrt und im Lager.

Andere bündische Gruppen aber waren auch aktive politische Gegner der Diktatur. Die unbestimmbare idealistische Sehnsucht nach Freiheit und Menschlichkeit führte diese Jungen zusammen. «Fanal» nannten sie eine illegale Zeitschrift, und darin drückt ein Kampflied aus, was diese Jugend im sechsten Jahr der Diktatur empfand:

Laßt euch nicht irren
seht euch nicht um!
Laßt springen die Klingen und klirren.
Die vielen sind feige, die vielen sind dumm.
Ihr Weg ist gewunden, ihr Rückgrat ist krumm.
Laßt ihr Geschrei euch nicht irren!
Laßt euch nicht irren,
wie's heult und wie's droht.
Voran nun und schweigt vom Paktieren.
Und besser ein aufrechter Mannestod,
als Leben auf allen vieren.

Auf Grund der «Verordnung des Reichspräsidenten zum Schutze von Volk und Staat» (1933) verurteilte ein Gericht im Frühjahr 1939 einen Jungen wegen Zugehörigkeit zur bündischen Jugend zu sechs Monaten Gefängnis; die Urteilsbegründung ist aufschlußreich: «Es kommt die Gefährlichkeit der bündischen Jugend an sich hinzu. Durch den Zusammenschluß Gleichgesinnter in Geheimorganisationen besteht die große Gefahr, daß diese zum Sammelbecken staatsfeindlicher Elemente werden, die sich dadurch nach außen tarnen wollen. Darüber hinaus ist die Einstellung der gesamten bündischen Jugend grundsätzlich gegen jede staatliche Ordnung gerichtet, kann also geradezu als anarchistisch angesehen werden...»

Die Sozialistische Arbeiterjugend (SAJ), die Roten Falken, die Bewegung der Naturfreunde und die Kinderfreunde-Bewegung wurden 1933 verboten. Aber viele Mitglieder hielten privat weiter zusammen und gingen auf Fahrt. Die illegale SPD-Führung hatte beschlossen, die SAJ nicht fortzuführen, doch beteiligten sich junge Sozialisten im Untergrund an der aktiven Parteiarbeit. Der gemeinsame Gegner brachte junge Sozialdemokraten und Kommunisten mit kirchlicher Jugend zusammen, die sich zum Beispiel im Rhein-Ruhr-Gebiet unter dem bündischen Namen der «Nerother» verbanden. Hier lagen auch die Anfänge einer antifaschistischen «Freien deutschen Jugend», mit der die Staatsjugend der DDR nur den Namen gemeinsam hat.
Gerichtsurteile zeigen, wie die illegalen sozialistischen Gruppen arbeiteten. Sie hielten Verbindung zu emigrierten Sozialdemokraten im Ausland (Prag, Kopenhagen, Paris), führten illegale Schriften ein und verbreiteten sie oder stellten unter größten Mühen selbst solche Schriften her, die unter Tarnnamen erschienen, etwa «Die Kunst des Selbstrasierens» oder «Elektrowärme». Die in Berlin herausgebrachte Zeitschrift «Roter Stoßtrupp» erreichte zeitweilig eine Wochenauflage von 20000 Exemplaren. Die illegalen Gruppen sammelten Geld für geflohene Genossen oder für die in Not geratenen Familien politischer Häftlinge. Die Jungen bemalten Häuser und Straßen mit Parolen gegen die Diktatur.
Auch die Flugblätter mußten getarnt werden. Unter Schlagzeilen wie «Persil bleibt Persil» oder «Lest den Völkischen Beobachter» erschienen im Kleindruck politische Nachrichten und Kommentare. Ironische Zwischentexte waren in Schallplatten mit Auszügen aus Hitler-Reden eingeschnitten. Man ließ Münzen mit gegnerischen Zeichen und Inschriften fallen, wobei es darauf ankam, sich einprägsamer Symbole, die leicht nachgemacht werden konnten, zu bedienen, zum Beispiel ein Hakenkreuz am Galgen. Jungen bastelten einen Koffer mit einem Säurestempel, der eine Parole gegen die NSDAP abdruckte, sobald man den Koffer aufsetzte. Die illegalen Schriften wurden in Betrieben, in Arbeiterwohnvierteln, in öffentlichen Anlagen und Gebäuden verteilt.
Die evangelischen Jugendverbände bestanden seit dem Eingliederungsvertrag nicht mehr, sie waren im Dezember 1933 in der HJ aufgegangen. In einer Dienstanweisung des Geheimen Staatspolizeiamts in Berlin aber wurde am 1. November 1935 behauptet, die evangelischen Bünde setzten sich noch «ununterbrochen über die Bestimmungen des erwähnten Abkommens hinweg» und ihre Mitglieder hielten «zu einem konfessionellen

Sonderdasein» zusammen. Es gab noch ein «Jugendwerk der Deutschen Evangelischen Kirche», aber diesem Jugendwerk war verboten, Uniformen und Uniformteile, Abzeichen, Fahnen und Wimpel zu zeigen, öffentlich zu marschieren, auf Fahrt und ins Lager zu gehen, Sport und Geländesport zu treiben. Obwohl die Mitglieder des Jugendwerks «nur lose und gemeindeweise» zusammengefaßt waren, wurden sie streng überwacht.

In einer «Geheimen Reichssache des Staatssicherheitsdienstes des RFSS» vom 15. Februar 1938 standen «Arbeitsanweisungen», um beschleunigt zur «Zerschlagung der konfessionellen Organisationen» beizutragen. Sicherheitsdienst und HJ-Gebietsführung sollten eng zusammenwirken. Sie sollten feststellen, ob sich die Treffen des Jugendwerks auf «rein religiöse Übungen» beschränkten. «Auf evtl. sittliche Verfehlungen in den evangelischen Jugendverbänden ist schärfstens Obacht zu geben. Weiterhin ist über alle anderen evangelischen konfessionellen Verbände alles belastende Material zu sammeln, um hier eine systematische Aufrollung vorzubereiten... Das Ziel im Kampf gegen die evangelischen Vereine ist deren allmähliche Vernichtung durch Einschränkung und örtliche Verbote.»

Wohlgemerkt, hier ging es nicht um die ohnehin verbotenen Bünde der evangelischen Jugendbewegung, sondern um ein vertraglich auch vom Reichsjugendführer geduldetes Jugendwerk, also die rein religiöse Jugendarbeit der evangelischen Gemeinden. Immer wieder erschienen Beamte des SD bei kirchlichen Veranstaltungen, um zu kontrollieren, zu notieren und zu verbieten.

Von dem Terror gegen die katholischen Jugendverbände bei Beginn der Diktatur handelte das zweite Kapitel. Das Reichskonkordat hatte der katholischen Jugend mehr Spielraum gelassen, doch die dadurch mögliche Aktivität der Verbände erhöhte auch das Risiko ihrer Arbeit. Von den täglichen Kontrollschikanen bis zum brutalen Mord an Jugendführern standen den Sicherheitsbehörden der Diktatur alle Mittel heimlichen und offenen Terrors zur Verfügung.

Monsignore Wolker, der Generalpräses der «Deutschen Jugendkraft» in Düsseldorf, machte am 11. Juli 1934 seinen Mitarbeitern in Diözösen und Kreisen folgende Mitteilung:

«Wir haben die traurige Pflicht, Ihnen die Nachricht zu übermitteln: Herr Adalbert Probst, der Reichsführer der DJK ist tot. – Probst wurde am 1. Juli, abends 8 Uhr, in Braunlage, wo er sich bei einem Besuch bei Generalpräses Wolker auf telefonischen Anruf bereit gehalten hatte, verhaftet und in einem Auto weggebracht. – Nach mehrtägigen Ermittlungen, die zugleich im Auftrag der kirchlichen Behörde geführt wurden, erhielt der Generalpräses gestern von dem Leiter der Auskunftsstelle der Geheimen Staatspolizei in Berlin die amtliche Mitteilung: ‹Herr Probst ist auf der Flucht erschossen worden.›

Zugleich erhielt der Generalpräses den Auftrag, die Angehörigen zu benachrichtigen. Nähere Mitteilungen waren noch nicht zu erlangen.

Wir alle wissen um die treudeutsche und treukatholische Gesinnung des Verstorbenen, wie über seine hingebende Arbeit für Kirche und Vaterland. Wir stehen in stummer Trauer und beten für ihn. Wir bitten alle unsere priesterlichen Mitarbeiter, für den Verstorbenen eine heilige Seelenmesse zu lesen. Wir bitten alle Mitglieder, im Gebet seiner eingedenk zu sein. Um die Familie des Verstorbenen, der Frau und Kinder hinterläßt, werden wir besorgt sein.

Diese Nachricht möge in der gleichen Kürze und ohne jeden Zusatz an die Abteilungen der DJK und die Dienststellen der Stammverbände weitergegeben werden, um wilde und unsinnige Gerüchtebildung zu verhindern. In die Presse darf nichts gegeben werden, bevor nicht weitere Nachricht durch uns erfolgt.

Alles für Deutschland! Deutschland für Christus! In Trauer und Treue!

Monsignore Wolker, Graf Neipperg»

Banner und Abzeichen offen zeigend, traten Ostern 1935 katholische Jugendliche vor Pius XI., und der Papst begrüßte die deutschen Jungen in Rom: «Seid also willkommen und ganz besonders willkommen, geliebte Söhne! Sturmschar, Katholischer Jungmännerverband und Neudeutschland, Sankt-Georgs-Pfadfinder!» Der Papst begrüßte diese Jungen als Vertreter der ganzen katholischen Jugend in Deutschland: «Diese Jugend, die die beste Reserve für den Widerstand und für den Bestand des christ-katholischen Lebens in Deutschland ist. Denn, geliebte Söhne, schwere Stunden kommen und können so schwer sein, wie sie jetzt sind.» Zöllner und Polizisten hielten die sechzig Autobusse mit 1700 Romfahrern bei der Rückkehr an den Grenzstationen fest. Die Polizeiverhöre dauerten stundenlang bis in die Nacht hinein. Wäsche, Uniformstücke, Fahrtenausrüstung, Musikinstrumente, darunter wertvolle Geigen und viele Klampfen, Bilder, Pilgerausweise, Photoapparate, Ferngläser, Koffer und Aktentaschen wurden beschlagnahmt.

Wie sich in katholischen Jugendgruppen verbotenes bündisches Leben erhielt, beweist ein Prozeßprotokoll: «... ein nach dem eigentlichen Heimabend noch zurückgebliebener Kreis von Jungen sang Lieder aus der ‹Eisbrechermannschaft›, dem Liederbuch der ‹Südlegion›, und anderen vom bündischen Verlag Günther Wolff herausgebrachten Liederbüchern... Pfingsten machten die Angeklagten eine Fahrt und übernachteten dabei in einer Kohte, in der auch Feuer angezündet wurde...» Die Jungen gingen später noch einmal heimlich auf Fahrt: «Kohte, Feuer und Teetrinken gehörten dazu.» Sie wurden verurteilt wegen verbotener «Tätigkeit im Sinne der artfremden autonomen Jungenschaft». Der Polizei genügte es, daß diese Jungen anders zelteten und anders Tee tranken, als die HJ befahl.

Widerstand des Geistes

Als die Kriegsfreiwilligen nach dem Sieg über Napoleon 1815 an die Universitäten zurückkehrten und unter der schwarzrotgoldenen Fahne der Burschenschaften auch den Kampf für die innere Freiheit und Einheit Deutschlands aufnahmen, waren sie sich der Aufgabe bewußt, daß akademische Jugend allen voran einzutreten habe für die vom Geist bestimmte Würde des Menschen.

Der Medizinstudent Hans Scholl schrieb am 22. August 1942 in einem Brief aus Rußland: «Der Mensch ist zum Denken geboren, sagt Pascal. Zum Denken, mein verehrter Akademiker, dieses Wort mache ich dir zum Vorwurf. Du wunderst dich: aber ein Ungeist ist es, dem du dienst in dieser verzweifelten Stunde. Du siehst die Verzweiflung nicht. Du bist reich, aber du siehst die Armut nicht. Deine Seele verdorrt, weil du ihren Ruf nicht hören wolltest. Du denkst nach über die letzte Verfeinerung eines Maschinengewehrs, aber die primitivste Frage hast du schon in deiner Jugend unterdrückt. Die Frage: warum? und wohin?»

Hans Scholl, 1918 in Ulm geboren, studierte im Wintersemester 1942/43 an der Medizinischen Fakultät in München, nachdem er in Rußland den für künftige Ärzte vorgeschriebenen Fronteinsatz hinter sich gebracht hatte. Auch seine Schwester Sophie Scholl, Jahrgang 1921, studierte dort Biologie und Philosophie; sie hatte vorher ihrer Arbeitsdienstpflicht genügt. Noch als Schülerin hatte Sophie einmal in einem Brief geschrieben: «Ich finde, daß immer Gerechtigkeit höher steht als jede andere, oft sentimentale Anhänglichkeit. Und es wäre doch schöner, die Menschen könnten sich bei einem Kampf auf die Seite stellen, die sie für die gerechtfertigte halten.»

Vater Scholl mußte 1942 für vier Monate ins Gefängnis, weil er Hitler eine Gottesgeißel genannt hatte. Aber obwohl auch er die Kinder vor dem «Rattenfänger» gewarnt hatte, konnte er anfangs nicht verhindern, daß sie begeistert den Fahnen der Hitlerjugend folgten. Hans war Fähnleinführer geworden und wollte im romantischen Überschwang seine

Jungen zu einer «verschworenen Gemeinschaft» erziehen. Zum ersten Male war er stutzig geworden, als man ihm verbot, alte Lieder, die er aus der bündischen Zeit kannte, mit seinen Pimpfen zu singen. Dann kam jener Fähnleinappell, bei dem der Stammführer die Fahne des Fähnleins einziehen ließ, die Fahne, die Hans selbst entworfen und um die er seine Jungen geschart hatte. Sie wurde ihm genommen, weil sie den Vorschriften der HJ nicht entsprach. Nun brachen alle Zweifel offen durch. Gleichgesinnte Studienfreunde fanden sich zu Sophie und Hans. Inge Scholl, die Schwester, die aufzeichnete, wie ihre Geschwister lebten und starben, berichtet von ihnen: «Einer fiel ihm (Hans) unter allen besonders auf durch seine hochgewachsene Gestalt und sein völlig unmilitärisches, elegantes und unbekümmertes Benehmen. Es war Alexander Schmorell, der Sohn eines angesehenen Arztes in München... Er sah die Welt mit Augen, so voll von Phantasie, als sähe er sie täglich neu. Schön fand er sie, originell und voller Witz und Kuriosität... Aber zuweilen schimmerte durch diese Heiterkeit, durch seine freie, ungebundene Lebensart noch etwas anderes, ein Fragen und Suchen, ja ein uralter, tiefer Ernst.»

Alexander Schmorell, geboren 1917, war mit seinen Eltern in den Armen einer Kinderfrau der russischen Revolution noch eben entkommen. Christoph Probst, Jahrgang 1919, war schon verheiratet und hatte zwei Söhne. «Hans hatte bald erkannt, daß zwischen ihm und Christoph eine tiefe innere Verwandtschaft bestand. Die gleiche Liebe zur Schöpfung, dieselben Bücher und Philosophen waren es, die beide bewegten. Christl kannte die Sterne und wußte viel von den Steinen und Pflanzen der oberbayerischen Berge, in denen er zu Hause war.»

«Später gesellte sich noch ein vierter hinzu: Willi Graf, ein blonder großer Saarländer. Ein ziemlich schweigsamer Kerl war er, bedächtig und in sich gekehrt.» Auch Graf, Jahrgang 1918, war Medizinstudent, doch mit den Freunden allgemein philosophisch und theologisch interessiert. Er kam wie die Geschwister Scholl aus der katholischen Jugendbewegung. Diese jungen Studenten taten sich in München zur Widerstandszelle der «Weißen Rose» zusammen und schürten die zusehends kritische Haltung der akademischen Jugend, die kurz vorher in München durch hohe Parteifunktionäre beschimpft worden war.

Als Bürger der bayerischen Hauptstadt am Morgen des 16. Februar 1943 die Ludwigstraße entlanggingen, sahen sie Feuerwehrleute, die von öffentlichen Gebäuden etwa fünfzig Inschriften zu entfernen suchten. «Nieder mit Hitler!» stand dort in roter Farbe, und «Freiheit» genau über dem Portal der Universität. Zwei russische Frauen, aus ihrer Heimat zur Zwangsarbeit verschleppt, versuchten dort das Wort wegzuschrubben. –

Man warnte Hans Scholl: Die Gestapo ist dir auf der Spur! Aber da ging die Schlacht um Stalingrad verloren, und nun wollte er nicht aufhören. Es war ein Donnerstag, ein sonniger Wintertag, als Hans und Sophie einen ganzen Koffer mit Flugblättern zusammenpackten, um sie in den Hörsälen der Universität zu verteilen, ehe morgens die Vorlesungen begannen. Während die Geschwister bei ihrer lebensgefährlichen Arbeit waren, wartete ein Freund vergeblich an ihrer Wohnungstür, um sie noch einmal dringlich zu warnen. Aber alles ging gut. Die beiden hatten die Flugblätter verteilt und einen Rest übrigbehalten. Den schütteten sie aus dem Koffer vom obersten Stockwerk in die Eingangshalle aus. Das hatte der Hausmeister gesehen. Er alarmierte die Polizei; alle Ausgänge der Universität wurden abgesperrt.
Hans und Sophie Scholl konnten nicht mehr entfliehen. Verhaftung, Verhöre, Durchsuchung der Wohnung. So kam man den Freunden auf die Spur.
Das war am 18. Februar 1943 geschehen. Roland Freisler, der berüchtigte Präsident des Volksgerichtshofes, kam eigens aus Berlin angereist und verurteilte die Studenten der «Weißen Rose» zum Tode. Am gleichen Nachmittag des 22. Februar durften die Eltern noch einmal mit ihren Kindern sprechen, ohne zu wissen, wie rasch das Urteil vollstreckt werden sollte. «Ich habe keinen Haß, ich habe alles, alles unter mir», sagte Hans Scholl und umarmte Vater und Mutter. Sophie, jung und schön und wunderbar gefaßt, war fest vom Sinn ihres Opfers überzeugt: «Wir haben alles, alles auf uns genommen. – Das wird Wellen schlagen.»
Ehe Hans den schmalen, klugen Kopf auf den Richtblock legte, rief er, daß es durch das große Gefängnis hallte: «Es lebe die Freiheit!» Sophie war ihm in den Tod vorangegangen: «Frei, furchtlos, gelassen. Mit einem unaufhörlichen Lächeln im Gesicht.» – Der Scharfrichter sagte, so habe er noch nie jemand sterben sehen.
Christoph Probst, den die Geschwister hatten vergeblich entlasten wollen, starb mit ihnen. Er hatte Mutter und Schwester noch Abschiedsbriefe geschrieben. Unter Aufsicht eines Gestapobeamten durften sie die Briefe lesen, aber nicht behalten. Einige Sätze blieben in ihrer Erinnerung, so ein Wort an die Schwester, das zum Leitwort dieses jungen Lebens geworden war: «Vergiß nie, daß das Leben nichts ist als ein Wachsen in der Liebe und ein Vorbereiten auf die Ewigkeit.»
Alexander Schmorell und Willi Graf wurden einige Wochen später mit Professor Huber hingerichtet. Als Alexander wußte, daß sie sein Gnadengesuch abgelehnt hatten, schrieb der immer fröhliche Junge den Eltern zum Abschied: «Für Euch ist dieser Schlag leider schwerer als für mich,

denn ich gehe hinüber in dem Bewußtsein, meiner tiefen Überzeugung und der Wahrheit gedient zu haben. Dies alles läßt mich mit ruhigem Gewissen der nahen Todesstunde entgegensehen.» Er starb am 13. August in München-Stadelheim.
«Wenn diese Verbrecher siegen, mag ich nicht mehr leben!» hatte der Theologiestudent Michael Kitzelmann, ein Bauernsohn aus dem Allgäu, erklärt. Er wurde wegen «Zersetzung der Wehrkraft» von einem Kriegsgericht zum Tode verurteilt und im Juni 1942 bei Orel hinter der Ostfront erschossen. Letzter Satz in seinem Tagebuch: «Gott hat mir das große Glück einer gnadenvollen Todesstunde bereitet.»
Walter Hammer hat ermittelt, daß 1940 bis 1945 im Zuchthaus Brandenburg aus politischen Gründen 1807 Häftlinge hingerichtet wurden. 22 waren Schüler und Studenten. 75 Opfer waren noch nicht 20 Jahre alt. Auch ein Sechzehnjähriger mußte sterben. Sechsmal wurden Vater und Sohn gleichzeitig hingerichtet. Von allen Deutschen, die in Hamburg aus politischen Gründen verurteilt wurden, waren elf Prozent Jugendliche unter 21 Jahren. Heute wissen wir, daß die deutsche Jugend, gemessen an der Kraft der Verführung und an der Stärke des Terrors, dem sie ausgesetzt war, erheblichen Widerstand geleistet hatte.
Im letzten Flugblatt der Geschwister Scholl heißt es: «Der Tag der Abrechnung ist gekommen, der Abrechnung der deutschen Jugend mit der verabscheuungswürdigsten Tyrannis, die unser Volk je erduldet hat. Im Namen der deutschen Jugend fordern wir vom Staat Adolf Hitlers die persönliche Freiheit, das kostbarste Gut des Deutschen, zurück, um das er uns in der erbärmlichsten Weise betrogen.»
«Wilde Gesellen, vom Sturmwind durchweht», so beginnt ein altes Lied, das in den Bünden und noch im Jungvolk viel gesungen wurde. Ein unbekannter Junge schrieb den Text um und verbreitete ihn in einer Flugschrift:

Wir sind Verbrecher in eurem Staat
Und sind stolz auf unser Verbrechen.
Wir sind die Jugend des Hochverrats,
An uns wird die Knechtschaft zerbrechen.

Jugend im totalen Krieg

«Stellt über alles euer Volk!»

Sie waren vorbereitet, seit sechs Jahren: Schweigemärsche, vorbei an schwelenden Opferschalen, dumpfer Wirbel auf Landsknechtstrommeln, Fackelschein am Ehrenmal, Feuersprüche und Fahnenlieder, Freilichtspiele von deutscher Passion im Riesenrund der Thingstätten, Heldenlied der Frontsoldaten in Gedicht und Erzählung und immer wieder Geschichte als Schicksalsmacht – Gotenuntergang am Vesuv, Sturm der Kriegsfreiwilligen vor Langemarck, gefallen mit dem Deutschlandlied auf den Lippen. Wer auf die preußische Fahne schwört, hat nichts mehr, was ihm selber gehört! Du bist nichts, dein Volk ist alles! Die Fahne ist mehr als der Tod!
Genug der Sprüche, genug der langen Abende, da Vater vom Kriege erzählte! Die Jungen von 1939 hatten nun ihren eigenen Krieg, sie hatten Schwertworte, Verpflichtungsschwüre und Fahneneide einzulösen. Sie trugen des «Führers» Namen, und der «Führer» rief sein Volk ans Gewehr:

Siehst du im Osten das Morgenrot?
Ein Zeichen zur Freiheit, zur Sonne.
Wir halten zusammen, ob Leben ob Tod:
Mag kommen, was immer da wolle!

Aber zunächst fing es an wie eine der vielen «Sonderaktionen», die alle Hitlerjungen und BDM-Mädel kannten. Daß Schulen geräumt wurden und Unterricht ausfiel, hob ihre Stimmung ohnehin. Stäbe und Nachschubtruppen zogen dort ein. Überall im Hinterland entstanden Versorgungslager. Die Bauern mußten die Grenzdörfer verlassen. Schon in den letzten Augusttagen gaben die Bannführer Befehl, Melderstaffeln aus älteren und zuverlässigen Unterführern einzurichten, die bei Behörden Kurierdienste leisteten.

Die Jungen trugen zunächst Tausende von Einberufungsbefehlen aus. Auch viele ihrer Väter, die so gern vom Krieg erzählt hatten, wurden Soldaten; aber jetzt nahmen sie tiefernst und ohne Begeisterung Abschied. Überhaupt lief alles enttäuschend nüchtern ab: Ohne Sturmglocken, Blumen an Gewehren, lustigen Kreideversen auf den Eisenbahnwagen.
Lebensmittelkarten wurden eingeführt, und die Mädchen halfen beim Verteilen. Altmaterial hatte die HJ auf Befehl Görings schon oft für den «Vierjahresplan» gesammelt; aber nun ging es um kriegswichtige Rohstoffe, die dringend gebraucht wurden. Auch Verdunklungsübungen und Probealarme des Luftschutzes hatte es gegeben; die Volksgasmasken sahen recht unheimlich aus. Am 18. September 1939 befahl der Reichsjugendführer, Pimpfe und Jungmädel hätten bei Einbruch der Dunkelheit den Dienst zu beenden und nach Hause zu gehen; die älteren Jugendlichen aus HJ und BDM sollten sich abends nach Dienstschluß ohne Umwege in ihre Wohnung begeben.
Das waren zwar strenge Befehle; aber im Westen blieb alles ruhig, und der Feldzug in Polen gelang als beispielloser Siegeszug der Wehrmacht in achtzehn Tagen. Alle atmeten auf: Es wird schon, es muß gut gehen! Man hörte da und dort von Verwundeten und Gefallenen, doch diese ersten Verluste trafen nur einzelne. Die älteren Jungen gingen immer lustloser zur Schule: Auch dieser Krieg würde wieder zu Ende gehen ohne sie, und wieder würden andere von Taten und Abenteuern erzählen. Viele hatten sich für alle Fälle kriegsfreiwillig gemeldet; aber da ging es um ärgerliche Laufereien zum Wehrbezirkskommando, um Fragebogen und Untersuchungen. 1914 mußte es mit den Freiwilligen ganz anders gewesen sein. Daß alle Primaner im Herbst 1939 die Schulklassen verlassen durften und in die Dörfer zum Ernteeinsatz zogen, war nur ein schwacher Trost: Helden im Kuhstall! Diese Jungen kehrten nie wieder in ihre Klassen zurück. Die Millionenheere brauchten Zehntausende von jungen Offizieren, und so holte man die Jungen aus den Dörfern gleich in die Kasernen.
Die «Jugenddienstverordnung» vom März 1939 bot die gesetzliche Handhabe, die Jugenddienstpflicht durchzuführen. Die Reichsjugendführung in Berlin stellte die mächtige Organisation der Staatsjugend in den Dienst des Krieges. 8870000 Jungen und Mädchen im HJ-Alter (von zehn bis achtzehn Jahren) gab es 1939 in Deutschland, und mehr als 8,1 Millionen waren in der HJ erfaßt. Nun sollte sich keiner mehr entziehen dürfen: Am 20. April 1940, dem Geburtstag des «Führers», wurde der Jahrgang 1923 als erster zur Jugenddienstpflicht eingezogen. Angehörige

dieses Jahrgangs, die noch nicht zur «Stamm-HJ» gehörten, hatten in die Scharen und Kameradschaften der «Allgemeinen HJ» einzutreten.

Die Staatsjugend unterstand 1939 dem Befehl von 765000 Führern; 8017 dienten hauptamtlich, waren also Berufsjugendführer. Von diesen waren schon am 1. Januar 1940 mehr als 2500 zur Wehrmacht einberufen worden, und gleichzeitig hatten mehrere zehntausend ältere ehrenamtliche Führer ihre Stämme und Gefolgschaften verlassen, um Soldaten zu werden.

Wieder einmal, wenn auch aus anderen Gründen als 1933, kam es zur schweren Führungskrise in der HJ. Das Propagandaschlagwort «Jugend muß von Jugend geführt werden» ergab sich nun aus dem Zwang des Krieges. Die Sechzehn- bis Siebzehnjährigen mußten aufrücken und oft mehrere hundert Jungen verantwortlich führen. Die Banne und Jungbanne richteten eigene Kadereinheiten ein, die den Führernachwuchs im Sonderdienst schulten.

Die «Kriegsdienstvorschrift der HJ» organisierte am 20. September 1939 auch die Führungsspitze neu. Um die bürokratische Apparatur in Berlin zu straffen, schuf man zunächst sechs Hauptämter, die später noch einmal in drei Befehlsstellen zusammengefaßt wurden: Einsatz, Ausbildung, Politische Ausrichtung. Das war notwendig, da bei Kriegsausbruch von 424 in der RJF tätigen Führern 273 zur Wehrmacht gingen. Von 1100 Bann- und Jungbannführern waren 467 Soldaten. An ihre Stelle traten sogenannte «K-Führer», deren Arbeit als Kriegsdienst gewertet wurde. Studenten, Lehrer und bewährte ältere Parteigenossen aus anderen Gliederungen konnten K-Führer werden, doch mußten alle früher in der HJ gewesen sein. Sofern hauptamtliche HJ-Führer noch nicht Soldat waren, mußten sie oft zwei Banne gleichzeitig führen oder andere Sonderaufgaben übernehmen.

Am 7. August 1940 löste Obergebietsführer Arthur Axmann den bisherigen Reichsjugendführer Baldur von Schirach ab. Schirach ging als Gauleiter nach Wien und blieb «Reichsleiter für Jugenderziehung der NSDAP». Stabsführer Hartmann Lauterbacher, Schirachs Stellvertreter, übernahm den Gau Südhannover-Braunschweig der NSDAP. Die Partei zog also ältere Jugendführer in ihre Funktionärshierarchie nach.

Axmann war bis 1940 Chef des Sozialen Amtes der RJF gewesen. Er schuf den «Reichsberufswettkampf der deutschen Jugend» und war zuständig für Fragen des Jugendrechts, der Berufsschulung, der Kinderlandverschickung und des Landdienstes.

Im Gegensatz zum «Dichter» Schirach war Axmann nüchterner Praktiker und fleißiger, zuverlässiger Organisator. Geistig hatte er nur die

üblichen Phrasen nachzureden. Bei einer Sonnenwendfeier der Ersatzbrigade «Großdeutschland» sagte er am 21. Juni 1943 in Kottbus: «Wir wollen dem Gesetz des Kampfes gehorchen. In der Welt der Pflanzen und der Kreatur gibt es kein Leben ohne Kampf. Was schwach ist, das fällt, und was stark ist, das bleibt. Lebenskraft ist die Moral in der Natur.»
Führende Männer der NSDAP ermahnten die deutsche Jugend zu neuen und ernsten Pflichten. «Stellt über alles euer Volk! Gott hat es geschaffen. Er wird es erhalten, solange wir tapfer sind», hatte Rudolf Heß gefordert, als Stellvertreter des Führers der zweite Mann der Partei, der wenige Monate später unter geheimnisvollen Umständen nach England flog, um dort zu «verhandeln». Hermann Göring sprach auch zur Jugend: «Jeder möge sich so aufführen, daß er jederzeit vor den Führer treten kann und sich vor unserem Führer nicht zu schämen braucht.» Der joviale, prahlerische Reichsmarschall hat sich am Kriege schamlos bereichert, als Offizier völlig versagt und wurde zuletzt von Hitler als Verräter degradiert und zum Tode verurteilt.
Aber davon ahnten auch die Erwachsenen jetzt noch nichts, und die deutsche Jugend war ganz und gar arglos. Ihr Reichsjugendführer erklärte das Jahr 1940 zum «Jahr der Bewährung», und die Jugend war bereit, mehr als ihre Pflicht zu tun.

Einsatz, Einsatz!

«Allgemein steht der kriegsmäßige Einsatzdienst dem regulären HJ-Dienst voran», befahl die RJF. Der Führungsapparat der Massenorganisation lief auf Hochtouren und hetzte acht Millionen Jungen und Mädchen von einer Aktion in die andere.
Wenn der Reichsbefehl den Fähnleinführer in irgendeiner kleinen Stadt erreichte, rief er seine Unterführer zur Dienststelle, um die Aktion vorzubereiten. Waren Alteisen, Altpapier, Kupfer, Blech, Stanniol, Tuben oder Rasierklingen zu sammeln, teilte er die Jungzüge und Jungenschaften nach Straßenzügen und Häuserblocks ein. Die Jungenschaftsführer hatten sich Handkarren besorgt und an Sammelstellen postiert. Boten hatten alle Haushalte und Betriebe rechtzeitig durch Handzettel benachrichtigt. Auch die Zeitungen machten auf die Aktion aufmerksam.
Jungen und Mädchen waren munter und fröhlich dabei. Sie feierten mit Lust und Schwung Knochen und Jutesäcke in Sprechchören, sie verschwendeten Lieder und Spiele an Alteisen und Maikäfer und putzten sich und die Karren bunt heraus. Das gesammelte Material fuhren Pimpfe oder Jungmädel zu den Händlern ab, die ihnen dafür zwar nicht viel be-

zahlten, doch kam im Laufe des Jahres immerhin einiges zusammen. Der Fähnleinführer lieferte die Summe bei der NS-Volkswohlfahrt ab, oder er organisierte mit dem Geld die nächste Aktion. Die Jungen besorgten sich Holz, Stoffreste, Farben und Kleister, richteten im Heim eine Bastelstube ein und fertigten Spielsachen, die zum Weihnachtsmarkt verkauft oder versteigert wurden. Denn es gab kein Spielzeug mehr, und die Jungen wollten den Kindern der Soldaten, vor allem von gefallenen Vätern, eine Freude machen. Die Jungmädel erwarben von den Sammelgeldern Geschenke für die Verwundeten, die sie in den Lazaretten besuchten. Diese Besuche waren mit Gesang, Scharade und Pantomime schon wieder eine «Aktion», die lange vorbereitet werden mußte. Gewiß, es wurde von oben gesteuert, wurde «gemacht», doch die Kinder empfanden nicht den Krampf und die Heuchelei. Sie waren in der Mehrzahl froh, daß sie ernst genommen wurden und auch etwas leisten durften in einem Kriege, den sie selbstverständlich für gerecht und notwendig hielten.

Textilien gab es nur auf die wenigen Punkte der Reichskleiderkarte, die bald den Lebensmittelkarten folgte. Uniformstücke aber kosteten nur die halbe Punktzahl, und es wurde der Jugend erlaubt, auch außerhalb des Dienstes Uniform zu tragen. Ab 1940 zog die HJ keine Beitragsgelder mehr ein. Dafür sollten sich die Pimpfe und Jungmädel Sparbücher einrichten und viel sparen; es gab ja ohnehin immer weniger zu kaufen.

In einem HJ-Bericht von 1943 ist eine Fülle von «Kriegseinsätzen» aufgeführt:

1. Die Jungen halfen den Parteidienststellen als Kuriere und Wächter. Sie verteilten Propagandamaterial und arbeiteten in den Büros mit.
2. Für Staat und Gemeinden waren Jungen und Mädchen im Meldedienst des Luftschutzes tätig. Die Jungen dienten der Feuerwehr, der Technischen Nothilfe und waren bei der Post als Boten und Briefträger unterwegs. Sie unterstützten die Polizei, verteilten Lebensmittelkarten, waren Lotsen durch die verdunkelten Großstädte und halfen auf Bahnhöfen.
3. Die Wehrmacht setzte Jungen im Boten- und Kurierdienst, bei Transporten als Verladehelfer und im Telefondienst ein.
4. Jungen und Mädchen halfen in Geschäften und Betrieben bei der Verteilung und dem Transport von Waren, im Verkauf, aber auch bei öffentlichen Arbeiten, wenn Schnee geräumt oder wenn bei Glatteis die Straßen gestreut werden mußten.
5. Gesammelt wurde pausenlos und beinahe alles: Altmetall, Knochen, Fallobst, Laub, Heilpflanzen, Teekräuter, Wollsachen, Wildfrüchte, Sportgeräte und Bücher.

6. Obwohl die HJ den Landdienst erheblich verstärkte und mehrere Millionen ausländischer Arbeiter in Deutschland zwangsverpflichtet wurden, fehlten Arbeitskräfte auf den Bauernhöfen. Alljährlich sprang die Jugend zur Erntehilfe ein. Zahlreiche Jugendführer dienten in den Lagern der «Kinderlandverschickung».
7. Der hauswirtschaftliche und soziale Hilfsdienst war eine Aufgabe der Mädchen. Sie halfen Müttern mit Kindern, betreuten Kindergärten, Altersheime.
8. Der Gesundheitsdienst stellte den Feldscheren und Gesundheitsmädeln zahlreiche Hilfsaufgaben in Lagern, Lazaretten, Krankenhäusern und Sanitätsstellen. Jungen und Mädchen setzten im Feuersturm der Luftangriffe ihr Leben ein.
9. «Kriegsehrendienst» nannten sie es, wenn sie Kriegerwitwen, Flüchtlingen und Obdachlosen behilflich waren bei den kleinen, oft so schwierigen und lästigen Alltagsarbeiten: Sie holten Brennstoff heran, brachten den Garten in Ordnung, reparierten Fenster und Dächer oder erledigten die umständlichen Wege zu den vielen Behörden, die Bezugscheine und Lebensmittelkarten ausgaben.
10. Im «Kultureinsatz» hatten sich Jungen und Mädchen besonders viel vorgenommen: Die Zeit war schwer genug, und es sollte deshalb nicht völlig trübsinnig bleiben daheim. Spielscharen zogen mit Musik, Lied und Spiel auf die Dörfer und als «Kulturträger» in die neuen Ostgebiete des Reiches. Werkgruppen bastelten und stellten aus, Mädchen sangen in den Lazaretten und brachten den Verwundeten Selbstgebackenes mit. Auch die Elternabende gehörten zum Kultureinsatz. Hauptmann Günter K., damals Unterbannführer, berichtet, wie er als Achtzehnjähriger noch 1943 einen solchen Abend organisierte. Die Pimpfe hatten sich selber ein Spiel geschrieben, das im Zuge einer Rahmenhandlung den Gästen eine «Reise durch Deutschland» bot und dabei mit Liedern, Gedichten, Erzählungen und kleinen Stegreifszenen durch alle deutschen Gaue führte. Auf diesem Wege kamen die spielenden Pimpfe auch in das neueroberte «Wartheland» im ehemaligen Polen, und sie wußten, daß es dort viele Juden gab. Feixend spielten also die Jungen eine vom Publikum mit dem größten Beifall belohnte «Judenschule». Niemand von diesen Jungen wußte, daß seit 1939 Sonderkommandos tätig waren, daß seit 1942 die amtlich beschlossene «Endlösung der Judenfrage» zu millionenfachen Morden in den Vernichtungslagern führte. Sie ahnten nichts, sie wußten nichts, und doch konnte aus dem Ungeist solcher «Kulturarbeit» anderswo das Entsetzliche geschehen.
Bei allen diesen «Einsätzen» übernahmen die Mädchen noch besondere

Aufgaben, die ihnen durch Jungmädelbund und BDM gestellt waren: 1940 hatten 318782 im Haushalt mitgeholfen, 64106 dem Roten Kreuz gedient, 60263 in Lazaretten und 107185 im Bahnhofsdienst gearbeitet. Was im ersten Kriegsjahr noch als frisch-fröhliche Sonderaktion begann, wurde im totalen Krieg zum Dauerzustand.

«Junges Europa» unter dem Hakenkreuz

Hitlers zwielichtige Außenpolitik hatte bis 1938 nicht nur das deutsche Volk, sondern auch viele seiner Nachbarvölker täuschen können. Während er hektisch aufrüsten und zu militärischen Demonstrationen antreten ließ, während seine Reden den Haß predigten und das «Volk in Waffen» alarmierten, gab er sich gleichzeitig als Vorkämpfer des Friedens. Indem er das Reich zur Großmacht erhob und doch bis zum Münchener Abkommen im September 1938 den Frieden bewahrte, sicherte er sich die dankbare Bewunderung des deutschen Volkes und entmachtete die Kräfte des Widerstandes.
Baldur von Schirach hatte das später so krisenreiche Jahr 1938 zum «Jahr der Verständigung» proklamiert. Er verkündete in seiner Neujahrsbotschaft: «Die Jugend der Völker soll sich untereinander kennenlernen, nicht um die fremde Art nachzuahmen, sondern um zu einem gerechten gegenseitigen Verständnis des fremden Volkstums zu gelangen. Dieses gegenseitige Verständnis allein kann die Grundlage für eine Zusammenarbeit der großen Jugendorganisationen der Gegenwart bilden.»
Um diese Verständigung bemühte sich das «Auslandsamt» der RJF. Es organisierte den Austausch von Fahrten, Lagern und Delegationen, eine in totalitären Staaten aus Überwachungsgründen bevorzugte Form von Jugendbesuchen im Ausland. Wenn Schirach von Kameradschaft der Jugend in aller Welt sprach, dachte er freilich an Jugend im Sinne der HJ: «Die Jugend ist der beste Botschafter der Welt, sie ist unbefangen, freimütig und ohne den ewigen Argwohn, von dem die Diplomaten oft nicht zu heilen sind, weil er gleichsam ihre Berufskrankheit ist.» Das klang treuherzig, jungenhaft, und tatsächlich kamen viele Jugendliche aus dem Ausland, um Deutschland nicht nur amtlich zu besuchen.
Die reichsdeutsche Jugend im Ausland, also Jugend, die im Ausland lebte, aber die deutsche Staatsangehörigkeit besaß, war organisiert im Gebiet «Ausland» der HJ. Die Uniformfarben an Schulterklappen (HJ) und Armscheiben (DJ) richteten sich nach Erdteilen: Rot für Europa, Gelb für Amerika, Grün für Asien, Blau für Afrika und Weiß für Australien. In jedem Staat unterstand die HJ einem «Landesjugendführer», der «Stand-

ortführer» einsetzte, wenn es reichsdeutsche Kolonien an mehreren Orten gab. Diese Hitlerjungen arbeiteten eng mit der «Auslandsorganisation» der NSDAP zusammen. Vom Taktgefühl des deutschen Botschafters und der durch ihn beeinflußten Eltern hing es sehr ab, ob die HJ aufdringlich auftrat oder sich zurückhielt.

Ganz andere Schwierigkeiten brachten dagegen die nach HJ-Vorbild organisierten auslandsdeutschen Jugendorganisationen. In diesen fand sich die nationale Jugend deutscher Familien mit fremder Staatsangehörigkeit zusammen. Da diese Organisationen häufig gegen das Gastland opponierten und für die «Heim-ins-Reich»-Parolen anfällig waren, erregte ihre Verbindung zur HJ berechtigtes Mißtrauen, und mit Hitlers Expansionspolitik häuften sich die Schwierigkeiten. Als ab 1938 und dann im Kriege deutsche Truppen in diese Nachbarstaaten einrückten, wurde die volksdeutsche Jugend der HJ angeglichen oder eingegliedert, sofern die betreffenden Volksgruppen nun wie in der Tschechoslowakei oder in Polen zum Reich gezählt wurden.

Die österreichische HJ hatte schon vor dem «Anschluß» 38000 illegale Mitglieder. Von 1933 bis 1938 sollen 1500 Schüler wegen ihrer HJ-Tätigkeit von Schulen verwiesen worden sein. Die Anfänge der österreichischen HJ reichten bis in die Jahre 1923/24 zurück, und Stabsführer Hartmann Lauterbacher hatte zu ihren Gründern gehört.

Der «Nationalsozialistische deutsche Jugendverband» hatte in der Tschechoslowakei 1931 bereits 10000 Mitglieder. Landesführer Peter Donnhäuser soll im April 1933 im Karlsbader Polizeigefängnis von Tschechen ermordet worden sein. Seit 1934 war die deutsche Jugend in der Tschechoslowakei zur «Sudetendeutschen Jugendgemeinschaft» vereint, die im Mai 1938 über 200000 Mitglieder hatte. Sie alle kamen durch die gewaltsame Umwandlung des tschechischen Staates in ein «Reichsprotektorat» zur HJ. Die Slowakei, die als Satellitenstaat eine gewisse Autonomie behielt, erlaubte der deutschen Volksgruppe eine «Deutsche Jugend», zu deren Einheiten sich im April 1940 etwa 17400 Mitglieder bekannten.

Zur HJ in Danzig, das zunächst ein Freistaat unter Völkerbundsaufsicht war, gehörten 1933 rund 12000 Mitglieder. 1939 waren es etwa 43400, da Danzig bereits nationalsozialistisch regiert wurde, als es wieder an das Reich zurückfiel. Zentren deutscher Jugendarbeit in Polen waren Bromberg, Lodz und Kattowitz. In Bromberg war es bei Kriegsausbruch zu blutigen Zusammenstößen zwischen Deutschen und Polen gekommen. Das Grenzgebiet an der Memel, 1919 von Litauen gewaltsam besetzt und 1939 ebenfalls unter Druck dem Deutschen Reich wieder angegliedert, hatte eine illegale HJ aufgebaut. Ihr Führer Erich Lapins war in Kowno zu einer langjährigen Zuchthausstrafe verurteilt worden. Von 1939 an gehörten die drei neuen memelländischen Banne zum Gebiet Ostland. Im dänischen Nordschleswig hatte sich eine Deutsche Jungenschaft, beziehungsweise eine Deutsche Mädchenschaft gebildet.

Auch im Elsaß hatte es deutsche Jugendgruppen gegeben: Bund Erwin von Steinbach, Elsässische Jungmannschaft. Schon am 5. Juli 1940 folgten dem Einmarsch deutscher Truppen zwei badische HJ-Führer und begannen in Straßburg mit dem Aufbau der HJ. Am 25. Juli verkündete Obergebietsführer Kemper in Kehl: «Das Volk vom Oberrhein ist nun eine unzertrennbare Einheit und wird es bleiben.» Am 8. September erhielt die elsässische HJ im Straßburger Sängersaal ihre ersten Fahnen. Ein Jahr später waren bereits 820 Führer und 750 Führerinnen durch Eilkurse in drei Führerschulen gelaufen. Es hieß amtlich, die elsässische Jugend sei total erfaßt. -- Die deutschbewußten Luxemburger hatte Studienrat Dr. Kratzenberg organisiert. 17000 junge «Lützelburger», wie man sie ab 1940 germanisiert nannte, marschierten hinter den neuen HJ-Fahnen.

Wir verdanken Heinz Kurberg einen ausführlichen und fundierten Bericht über die baltendeutsche Jugend in Estland. Das Beispiel ist aufschlußreich, denn es zeigt, wie sich die Phasen der deutschen Jugendbewegung zwischen 1900 und 1940 auf auslandsdeutsche Jugend auswirkten. Die 20000 Deutschen in Estland gehörten nahezu vollständig zum städtischen Bürgertum. Obwohl sie kaum ein Prozent der Gesamtbevölkerung ausmachten, behielten sie auch nach der Entstehung Estlands ihre gesellschaftliche Führung in den kaufmännischen und akademischen Berufen. Die estnische Jugend wuchs erst allmählich nach, da die Esten bisher überwiegend Bauern und Handwerker gewesen waren. 1925 gewährte die Regierung Estlands der deutschen Volksgruppe Kulturautonomie. Sie wurde damals in einer Epoche erbitterter nationaler Auseinandersetzungen als fortschrittliches und tolerantes Vertragswerk gerühmt. Das Abkommen gestand den Deutschen eigene Schulen und Organisationen, also auch Jugendverbände zu. Von 1877 bis in die dreißiger Jahre war der «Christliche Verein Junger Männer» (CVJM) einzige deutsche Jugendorganisation in Estland gewesen.

Der CVJM war unpolitisch und deutsch in einem selbstverständlichen, aber nie nationalistischen Sinne.

Um 1933 schlossen sich Schüler zu einer neuen Jugendorganisation zusammen, die sie «Wolf», dann «Pfadfinder» nannten. Sie traten soldatisch mit Uniformen und zahlreichen Abzeichen auf. Bald nannten sie sich

«Deutschbaltisches Pfadfinderkorps». Ihr Abzeichen war die germanische Kampfrune, und sie traten in einer Uniform an, die fast der des Jungvolks in der HJ entsprach, doch waren die Hemden nicht braun, sondern grün. Als eine estnische Staatsjugend entstand, lebten CVJM und Pfadfinder nur noch in «Schülerbünden» weiter. Sie gingen mit der baltendeutschen Umsiedlung 1940 in der HJ auf.

Die Eroberung zahlreicher europäischer Staaten gab in den Jahren 1939 bis 1942 auch der HJ-«Auslandsarbeit» neue Aufgaben. Da aus Österreich die deutsche «Ostmark», aus der Tschechoslowakei ein Gau Sudetenland und das «Reichsprotektorat Böhmen und Mähren», aus Polen das «Generalgouvernement» geworden war, dessen westliche Gebiete (Westpreußen, Posen, Ostoberschlesien) schon 1939 dem Deutschen Reich angegliedert wurden, sollte die HJ im eroberten Osten das «deutsche Volkstum befestigen» und neue HJ-Gebiete aufbauen. Arthur Axmann gab für 1942 die Jahresparole «Osteinsatz und Landdienst» aus.

Auch für die in Polen gewonnenen Ostgebiete galt das HJ-Gesetz mit seinen Durchführungsverordnungen. Deutsche Staatsangehörige konnten auf Antrag ihre Kinder vom HJ-Dienst befreien lassen, wenn beide Eltern einer fremden Volksgruppe angehörten. Wenn der Vater deutscher Abstammung war, mußten seine Kinder in die HJ. Welche außerordentlichen, schwierigen Aufgaben der Osteinsatz jungen und jüngsten HJ-Führern stellte, berichtete die ehemalige BDM-Führerin Melita Maschmann sehr anschaulich.

Sie kam als BDM-Pressereferentin nach Posen, um mitzuhelfen beim Aufbau des HJ-Gebietes «Wartheland». Sie hatte Berichte über diese Tätigkeit zu schreiben und überall mit anzupacken, wo sie gebraucht wurde. So fuhr sie auch zu kleinsten Gruppen über Land und traf in entlegenen Dörfern volksdeutsche HJ-Einheiten, deren Angehörige kaum deutsch sprechen konnten. Auch waren die sozialen und hygienischen Verhältnisse überall denkbar schlecht, und die ohnehin kaum lösbaren Aufgaben stürzten die jungen Führer und Führerinnen in schwere Konflikte, wenn Erfolge der «Volkstumsarbeit» auf Kosten der polnischen Bevölkerung durchgesetzt werden mußten.

Axmann meldete 1942, 18000 Führer aus dem Reich seien im «Osteinsatz» tätig, und man habe dort zehn Führerschulen und 300 Lager oder Wohnheime einrichten können.

Dem Landdienst gab neben dem üblichen «Blut-und-Boden»-Kult nun die «germanische Landnahme im Osten» neuen Auftrieb. Schon am 1. Februar 1940 war in der RJF eine «Siedlernachwuchsstelle Ost» entstanden. Sie war zuständig für alle «landwirtschaftlichen Siedlungsfragen der HJ, die zusammen mit dem Reichsführer SS als Reichskommissar für die Festigung des deutschen Volkstums» arbeitete. Auch hier verstärkten sich die Querverbindungen zwischen HJ und SS, wie überhaupt die Macht der schwarzen Elite unaufhaltsam wuchs – mit ihr die Schrecken des Untergangs.

Im Dezember 1940 vereinbarten RJF und Reichsnährstand, die Bauernorganisation der NSDAP, den «Einsatz der Jugend bei Neubildung ostdeutschen Bauerntums». 1942 standen im östlichen Landdienst der HJ 30000 Jungen und Mädchen, die von 1253 eigens für den Osten ausgebildeten Landdienstlagerführern beaufsichtigt wurden. 18 Lehrhöfe hatte man dafür neu eingerichtet. Auch das von den Schulbehörden kontrollierte «Landjahr» verlegte zahlreiche Lager in die neuen Ostgebiete. Im Landdienst der HJ dienten auch «Ostfreiwillige der germanischen Jugend», also Niederländer, Norweger, Dänen und Flamen.

Ebenso dringend wie schwierig war der Aufbau eines deutschen Schulwesens in den eroberten Ostgebieten. Da es schon im Reich viel zuwenig Lehrer gab, setzte man BDM-Schulhelferinnen ein. Nach einem amtlichen Bericht waren allein 170 junge Mädchen in Danzig-Westpreußen in diesem neuen Kriegseinsatzberuf tätig. 1944 arbeiteten in den Reichsgauen Wartheland und Danzig-Westpreußen bereits 700 BDM-Schulhelferinnen.

«Allen gemeinsam war eine langjährige Führungsarbeit im BDM», doch sonst waren sie willkürlich gemischt: 72 Prozent hatten Volksschulbildung, teilweise mit dem Abschluß in Aufbauklassen, 26 Prozent kamen aus Mittelschulen, und 2 Prozent hatten die Reifeprüfung der höheren Schule bestanden. Die meisten Mädchen (58 Prozent) waren vorher in kaufmännischen Berufen tätig gewesen, kamen also aus dem Bürodienst in die Schule.

Bewerberinnen nahmen an achttägigen Ausleselehrgängen teil und wurden bei Eignung den Lehrerinnenbildungsanstalten in Posen oder Elbing überwiesen. Dort dauerte ein Kursus drei Monate, und dann hatten sich die Mädchen drei Wochen im Landschulpraktikum zu bewähren. Sie wurden zur Lehrerin und gleichzeitig auch zur BDM-Führerin ausgebildet. Die Mädchen sollten vormittags die kleineren Kinder unterrichten, nachmittags die Berufsschüler. Sie sollten Deutschkurse für Erwachsene geben, politische Schulungsarbeit leisten, Dorfabende mit Lied, Musik und Spiel gestalten, die Bäuerinnen im Haushalt und bei der Kindererziehung beraten, ihnen geschmacksbildend im «Kampf gegen den Kitsch» zur Seite stehen bei der Verschönerung von Haus, Garten und Dorf, in der Kleidung und Wohnungseinrichtung. Das alles sollten Mädchen leisten, die man über Volksschule und kaufmännische Lehre in Schnellkursen zu deutschen Kulturträgerinnen gedrillt hatte!

Es lag nicht an den armen Mädchen, wenn sie dieser Aufgabe nicht gewachsen waren. Die meisten arbeiteten aufopfernd bis zum Einsatz des eigenen Lebens in entlegenen, am Ende des Krieges durch den Widerstand der unterdrückten Bevölkerung gefährdeten Dörfern, und vielen wurde bei Zusammenbruch der Ostfront ein entsetzliches Schicksal zuteil.

Allen schlug die Stunde der Rache. Schmerzlich erinnert sich die Abiturientin Ilse M., die im Schönhengstgau, einer deutschen Sprachinsel in Böhmen, zu Hause war: «Aber da waren Kinder wie wir, und wenn wir miteinander spielten, waren wir weder Deutsche noch Tschechen, wir waren Kinder.» Als am 5. Mai sowjetische Truppen in die deutschen Siedlungen eindrangen, erhoben sich die Tschechen zur Abrechnung. Ilse M. meinte, sie könnte nicht mehr weiterleben, als sie zum erstenmal als «deutsches Schwein» beschimpft wurde. Die Verbrechen an Kindern fielen wieder auf Kinder zurück.

Es gehört zu den Bosheiten der Geschichte, daß sich der fanatische Nationalist Goebbels am 25. November 1936 zum ersten Male mit dem Ruf «Europa erwache!» zum deutschen Europa-Politiker aufwarf.

Was die Nationalsozialisten darunter verstanden, bewiesen Gauleiter von Schirach und Reichsjugendführer Axmann, als unter ihrem Patronat am 14. September 1942 in Wien der «Europäische Jugendverband» gegründet wurde. Anwesend waren Jugendführer aller europäischen Nationen aus dem Machtbereich des siegreichen Deutschen Reiches, zugelassen allerdings nur die Jugendbewegungen, die mit den Nationalsozialisten kollaborierten. Als Gäste waren auch japanische Jugendführer anwesend. «An vielen Uniformen wiesen Kriegsauszeichnungen darauf hin, daß diese Jugend durch den größten Kampf der Geschichte zueinandergefunden hat», ließ sich das «Hamburger Fremdenblatt» aus Wien berichten. Den «Großen Führerrat des Europäischen Jugendverbandes» bildeten die Führer der faschistischen G.I.L. aus Italien, die spanische Falange-Jugend, die flämische Nationalsozialistische Jugend, die wallonische Rex-Jugend, die bulgarische Brannik-Jugend, die dänische und niederländische Nationalsozialistische Jugend, die Dachorganisation der finnischen Jugendverbände, die kroatische Ustascha-Jugend, die norwegische Nasjonal-Samling-Jugend, die rumänische Staatsjugend, die slowakische Hlinka-Jugend und die ungarische Levante-Jugend.

Die Frage: «Warum?»

1934 Jahr der Schulung
1935 Jahr der Ertüchtigung
1936 Jahr des Deutschen Jungvolks
1937 Jahr der Heimbeschaffung
1938 Jahr der Verständigung
1939 Jahr der Gesundheit
1940 Jahr der Bewährung
1941 Unser Leben ein Weg zum Führer
1942 Osteinsatz und Landdienst
1943 Kriegseinsatz der deutschen Jugend
1944 Jahr der Kriegsfreiwilligen

Die in den Neujahrsbotschaften des Reichsjugendführers verkündeten Einsatzparolen markieren den Weg der deutschen Jugend bis zum blutigen Opfergang in die Greuel des totalen Krieges. Die Diktatur erzwang in ihrer Furcht vor der unaufhaltsamen Niederlage das Aufgebot von Kindern und Jugendlichen im Kampf mit der Waffe.

Seit Jahren schon standen die fahrten- und sangesfrohen Pimpfe von 1933, 1934 und 1935 an der Front. Viele zehntausend waren gefallen, verwundet, verschollen. Im Grauen winterlicher Kesselschlachten an der Ostfront fielen von diesen jungen Männern alle Phrasen der Schulungshefte ab, viele stellten sich die Frage, die sich der Medizinstudent Hans Scholl gestellt hatte, bevor er sich zum offenen Widerstand entschloß: «Warum? Und wohin?» Wer sollte ihnen antworten?

Mit der letzten Maschine, die aus dem Kessel von Stalingrad ausgeflogen wurde, gelangten Soldatenbriefe nicht nach Hause, sondern in die Hände der Zensurbehörde, die das Material auswertete. Ein junger Offizier zog in seinem Brief erbittert Bilanz: «Meine Batterie hat noch sechsundzwanzig Schuß. Das ist alles, und es kommt auch nichts mehr dazu. – Da ist man noch ziemlich beieinander, hat noch einigermaßen normalen Puls, ein Dutzend Zigaretten, vorgestern eine Suppe bekommen, heute einen Rollschinken aus einer Verpflegungsbombe erobert (es klappt nichts mehr, wir sind Selbstversorger geworden), hockt in einem Keller und verfeuert Wohnungseinrichtungen, ist 26 Jahre alt und auch sonst nicht auf den Kopf gefallen, hat sich mächtig auf die Schulterstücke gefreut und damals mit euch ‹Heil Hitler› gebrüllt und muß nun verrecken oder nach Sibirien. Das wäre ja nicht das Schlimmste; aber daß man weiß, daß alles für eine völlig sinnlose Sache vor sich geht, treibt das Blut in den Kopf...»

«In Stalingrad die Frage nach Gott stellen heißt sie verneinen», schrieb ein anderer seinem Vater, der Pastor war. «Ich fürchte, nie mehr ruhig schlafen zu können, sollte ich heimkommen zu Euch, Ihr Lieben. Mein Leben ist ein entsetzlicher Widerspruch», schloß ein dritter Unbekannter seinen letzten Brief.

Jürgen Mogk, Student aus Göttingen, 1922 geboren, 1944 in Rußland gefallen, fragte sich im Juni 1943 in Minsk: «Welch ein Grauen schafft dieser Krieg! Da ist die deutsche Jugend, lebensfroh, erfüllt von Glauben und Hoffen – und dann kommt der Krieg und treibt sie aus der Sonne ihres Lebenshimmels in den Glutkessel der Hölle, den sie kaum begreifen kann in ihrer Lebendigkeit im Denken und Wissen. Und dann stürmen die jungen Männer vor über das Trichterfeld, und dann zwischen die Kugeln, kaum daß sie deren Ton kennen und fürchten, und dann liegen sie plötzlich auf dem Angesicht ohne Laut, als wenn es nie anders gewesen wäre! O Herrgott! – ist das Deine Liebe?»

Mancher suchte verzweifelt von den anerzogenen Idealen zu retten, was noch zu retten war. In seinem Tagebuch – wie die anderen Texte hier bezeugt in den «Kriegsbriefen gefallener Studenten» – notierte Klaus-Degenhardt Schmidt, Abiturient aus Hamburg, geboren 1918 und gefallen 1944: «Die Volkwerdung, der Schlußstrich unter die bisherige Geschichte, ist mir Ziel dieses Kampfes. Nur unter diesen Voraussetzungen kann jedes Opfer gefordert werden... Mir ist mein Volk mein irdisches Gesetz, für das ich nach des Allmächtigen Weisung anzutreten habe.»

Klaus Löscher, stud. phil. aus Frankfurt, geboren 1921 und 1944 gefallen, fragte in Bitterkeit nach einem tieferen Sinn: «Hat es jemals eine junge Generation gegeben mit einer solchen ungewissen und schwarzen, mit einer so trostlosen Zukunft wie uns?! Dennoch gilt es immer wieder, den Schauder des natürlichen Menschen zu überwinden und den anderen in uns zu Worte kommen zu lassen, der die ewigen Gesetze kennt. Er wird uns nicht trösten mit den Eintagsparolen der Politiker, die mit ihrem Atem die Welt verpesten und den Menschen zum Narren und unter das Vieh erniedrigen möchten. Für diese Scheinwelt lohnt es sich nicht zu kämpfen und zu sterben! Für Deutschland? Selbstverständlich – für das verborgene ewige Deutschland!»

Leutnant Klaus Löscher, der diese Zeilen in sein Tagebuch eingetragen hatte, fiel am 11. April 1944 im Handgranatenkampf mit einem russischen Stoßtrupp. In der Brieftasche des toten Offiziers lag ein Gedicht von Manfred Hausmann; die Schlußverse hatte der junge Leutnant mit dem Fingernagel am Rande angezeichnet:

Wer des Lichts begehrt, muß ins Dunkel gehn;
was das Grauen mehrt, läßt das Heil entstehn.
Wo kein Sinn mehr mißt, waltet erst der Sinn;
wo kein Weg mehr ist, ist des Wegs Beginn.

Diese jungen Soldaten hatten wenig Zeit und Kraft, nachzudenken über ihr Schicksal. Sie kämpften, immer Wild und Jäger oder Opfer und Täter zugleich, und die meisten kämpften nur noch, weil sie kämpfen mußten, wenn sie überleben wollten. Sie waren Techniker der Vernichtung geworden – «zäh wie Leder, hart wie Kruppstahl» –, sie waren gehetzt von tausend Toden, die meisten schon mehrfach verwundet, behängt mit Orden, über die sie lachten, und angeekelt von den Phrasen der Propaganda. Sie starben nicht, weil ihnen die Fahne mehr als der Tod war, sondern sie starben, weil auch der Tod eine Möglichkeit der vielen «Einsätze» war, zu denen man sie unaufhörlich gerufen hatte.

Aber wenn auch die Älteren, die um 1920 Geborenen, schon skeptisch, ernüchtert und verzweifelt geworden waren: Aus den Wehrertüchtigungslagern wuchsen immer neue Jahrgänge nach, und die Wehrmachtspsychologen bestätigten unverändert, daß die guten HJ-Führer auch die besten Offiziere hergaben. So traf der Militärarzt und Dichter Gottfried Benn, bei aller Zuspitzung des Ausdrucks, doch den Kern der Lage, als er 1944 feststellte, die Armee werde nur noch von zwei Dienstgraden getragen, den morbiden und Hitler hörigen Feldmarschällen und den ganz jungen Leutnants: «Die Leutnants, hervorgegangen aus der HJ, also mit einer Erziehung hinter sich, deren Wesen systematische Ausmerzung von gedanklichem und moralischem Lebensinhalt aus Buch und Handlung war und deren Ersatz durch Gotenfürsten, Stechdolche – und für die Marschübungen Heuschober zum Übernachten. Ferngehalten von noch gebildeten, im alten Sinne geschulten Eltern, Erziehern, Geistlichen, humanistischen Kreisen, kurz Bildungsträgern irgendwelcher Art, und zwar dies schon im Frieden: Bewußt, zielgerecht und gut durchdacht, übernahmen sie so wohl ausgerüstet die Erdteilzerstörung als arischen Auftrag.»

Nach immer kürzerer Ausbildung warf man sie an die Front: Jahrgang 1925, 1926 und 1927. Viele waren schon als Schüler Soldaten gewesen. Vor dem Klassenzimmer in der Baracke standen die Geschütze feuerbereit, und bei Fliegeralarm schickten diese Jungen ihren alten Lateinlehrer nachsichtig lächelnd in den Bunker, während sie die Helme aufstülpten und die Batterie besetzten.

Im Kriegsjahrbuch der HJ 1944 erzählte ein Luftwaffenhelfer: «Die Batterie schießt, was aus den Rohren herausgeht. Da – brennend trudelt ein Bomber in die Tiefe. Das Herz könnte einem im Leibe hüpfen, wenn man so einen sichtbaren Erfolg vor Augen hat. – Ruhig und gelassen arbeiten die Luftwaffenhelfer, als ob sie schon alte Flakartilleristen wären... Noch hat der Bomberverband B. nicht erreicht. Da dreht er plötzlich nach rechts ab und versucht der Flak zu entrinnen, die ihm die Hölle heiß macht. Hurra! Sie lassen von B. ab; das Ziel ist erreicht, der Angriff abgeschlagen.»

So leicht also war der Luftkrieg im HJ-Jahrbuch, wenn nur frische Hitlerjungen schossen! Und die Wirklichkeit? In einem Lebenslauf aus dem Jahre 1946 berichtete ein Primaner, wie er als Sechzehnjähriger 1943 zur Flak eingezogen wurde: «Da wir innerhalb von einem Jahr vierzehnmal den Standort wechselten, fiel für uns seit Sommer 1943 jeglicher Unterricht aus. Im Sommer 1944 bekamen wir automatisch die Versetzung in die 7. Klasse und im Oktober 1944, als ich zur Wehrmacht eingezogen wurde, die Vorsemesterbescheinigung.» Der Junge war auf Heimaturlaub in Ostdeutschland, als die Rote Armee durchbrach. Er floh mit der Mutter, erlitt Erfrierungen, kam erneut zum Kampfeinsatz, wurde verwundet, von Amerikanern gefangen, einem Eifelbauern als Knecht zugewiesen und im April 1946 entlassen. Im Herbst saß er mitten in der Vorarbeit zur Reifeprüfung.

Andere lebten zunächst beschaulicher, doch die zermürbende Anspannung von Schule und Militärdrill in früher Jugend blieb. Der Jugendleiter und Grafiker Reinhard K. gehörte einer ostdeutschen Batterie an, die aus Mittelschülern bestand. Sein täglicher Dienstplan von 7 Uhr bis 18 Uhr: Wecken und Frühstück, Schulunterricht, Mittagessen, Infanteriedienst, Geschützausbildung, Waffenreinigen, Abendbrot. Da die Jungen morgens zur Schule mußten, wachten nachts ältere und kriegsuntaugliche «Wehrmänner» in der Batterie, doch bei Fliegeralarm sprangen die Jungen jederzeit an die Geschütze. Dafür hatten sie am nächsten Morgen später Schule, oder der Unterricht fiel ganz aus. Batteriechef, Hauptwachtmeister, Zugführer, Funktionsunteroffiziere und Ausbilder waren Flaksoldaten. Die Schüler stellten für jedes Geschütz den Geschützführer mit acht bis zehn Jungen als Bedienungsmannschaft.

Studienrat R., damals noch Abiturient und junger Oberleutnant, befehligte eine Batterie in der Marineflakabteilung 251. Ihm unterstand die Stellung «Ottendorf», Schutzobjekt Levensauer Hochbrücke bei Kiel. In seiner Batterie dienten zwanzig bis dreißig Jungen der Kieler Graf-Spee-Schule und zwanzig Pommernjungen vom Gymnasium Arnswalde. Zum Unterricht am Vormittag kamen Kieler Studienräte zu Fuß oder mit dem Fahrrad in die Stellung.

Aber der Normaldienst blieb bald Ausnahme. Kiel erlebte im Kriege, von Überfällen einzelner Maschinen und kleiner Verbände abgesehen, achtzehn Großangriffe, bei denen 58,1 Prozent aller Wohnungen zerstört wurden. Die Jungen standen aber nicht nur bei direkten Angriffen an den Kanonen, sondern stürzten alarmiert in die Stellung, wenn nur ein Anflug in Richtung ihres Überwachungsgebietes gemeldet wurde.

Im Gegensatz zu den alten Soldaten der Batterie, die längst resigniert hatten, kämpften die Jungen bis zuletzt tapfer mit. Oberleutnant R., bei Kriegsausbruch selbst noch Jungvolkführer, bemühte sich auch in der Freizeit um die Jungen. Er las, spielte und musizierte mit ihnen und führte sie nach Kiel ins Theater; sogar eine heimliche Tanzstunde gab es mit Luftwaffenhelferinnen. Aber die Batterie barg manchmal auch gefährlichere Geheimnisse: Im Sommer 1944 bat die Mutter eines Flakhelfers den Batteriechef um Hilfe, weil sie sich nach dem Attentat vom 20. Juli verfolgt fühlte. Sie hatte Verbindung zu Offizieren des Widerstandes und war aus Pommern geflohen. Vier Wochen lang versteckte man sie in einem entlegenen Geschützbunker.

Bei Großangriffen auf die Heimatstadt starrten die Kieler Jungen entsetzt in den Feuersturm. Vater in der Werft, Mutter und die kleinen Geschwister zu Hause – lebten sie noch? Mancher wollte hinunterlaufen, um zu helfen, um nur irgend etwas zu tun. Als noch im März 1945 die Sechzehnjährigen zur Wehrmacht einberufen und an die Front geworfen werden sollten, verzögerten die Offiziere die Durchführung des sinnlosen und unmenschlichen Befehls. Dennoch warf der Zusammenbruch die Jungen ganz durcheinander, denn die Pommern waren heimatlos geworden.

Diese Luftwaffenhelfer gab es seit dem 26. Januar 1943. Es waren Schüler der 6. und 7. Klassen aus Ober- und Mittelschulen. Da sie wegen des Unterrichts auch klassenweise zusammenblieben, bildeten sie im HJ-Dienst, der aber im Alltag sehr zurücktrat, eine eigene Schar unter dem ranghöchsten HJ-Führer. Die Jungen trugen Luftwaffenuniform mit HJ-Armbinde; sie erfüllten hier ihre «Jugenddienstpflicht», zählten zum «Wehrmachtsgefolge», waren also nicht Soldaten. Ihre Disziplinarordnung war der in der HJ üblichen angeglichen. Sie erhielten einen Tagessold von 50 Pfennig. Wer nach dem 16. Geburtstag ausschied, bekam eine Abfindung von 16 RM für jeden nach dem 16. Geburtstag begonnenen Monat der Dienstleistung. Ein Abiturient aus dem Jahre 1948 kennzeichnete die

Lage dieser Jungen am eigenen Beispiel sehr treffend: «Gefallen hatte ich diesem Leben als Soldat und Schuljunge nicht abgewinnen können. Weder konnte man seiner Soldatenpflicht ganz nachkommen, noch trug der Schulunterricht Frucht.»

Um die Rekrutenausbildung abzukürzen, dienten alljährlich Zehntausende von Jungen in «Wehrertüchtigungslagern». Inspekteur der Lager war Oberbannführer Gerhard Hein, als Offizier schwer verwundet und ausgezeichnet mit dem Eichenlaub zum Ritterkreuz des Eisernen Kreuzes. Auch die Lagerleiter waren HJ-Führer, die sich als Offiziere bewährt hatten und im Augenblick, meistens wegen schwerer Verwundungen, nicht fronttauglich waren. Ebenso bewährte Unterführer bildeten die Jungen aus. Die Wehrmacht übernahm Organisation und Versorgung der Lager. Sie wurden an Orten eingerichtet, die Gelegenheit zum Geländedienst, zum Schießen, Sport und Schwimmen gaben. Die übliche «weltanschauliche Schulung» war eingeplant, und die Jungen sollten im Lager das HJ-Leistungsabzeichen, den Kriegsausbildungsschein und die Führer den Kriegsübungsleiterschein erwerben.

Obwohl der Krieg schon lange die Romantik des freien Jungenlagers zerstört hatte, pries die Reichsjugendführung in einem Bildband die «Erweiterte Kinderlandverschickung» (KLV) als «größte soziale Aktion des Krieges». Die Bilder gaben die Illusion sorglosen Jungenlebens auf Fahrt, bei Sport, Spiel und leichter Arbeit. Der Bericht verschweigt, daß man diese Kinder oft viele hundert Kilometer von ihren Eltern fortgeschafft hatte, um sie dem Luftkrieg zu entziehen.

Zwar rühmte der Reichsjugendführer im März 1941 vor Journalisten, daß die Kinder 20 Prozent besser als zu Hause verpflegt würden und in besten Kurhotels und Pensionen untergebracht wären, doch beklagte er zugleich die Unvernunft vieler Eltern, zumal die Trennung von der Familie ohnehin das schwerste psychologische Hindernis darstelle. Ungeschickte Briefe verängstigten die Kinder, wohlhabende Mütter reisten den Kindern in die Kurorte nach und störten dort die Lagergemeinschaft. Es habe Eltern gegeben, die ihre Kinder absichtlich dürftig versorgten, um sie auf Kosten des Staates neu ausstatten zu lassen. Der Schulunterricht sei in den Lagern zwar auf dreieinhalb Stunden täglich verkürzt, doch erwarte die Reichsjugendführung noch bessere Schulleistungen, da die Kinder mit ihren Lehrern nun den ganzen Tag zusammen lebten.

Zu einem KLV-Lager gehörten 30 bis 50 Jugendliche. Der Lehrer und Lagerleiter unterrichtete im Rahmen des Lagerdienstplans. Oft kamen die Kinder eines Lagers aus grundverschiedenen Schulen und Stadtteilen. Den Lehrer unterstützte ein «Mannschaftsführer» der HJ, der auf einer «Reichsführerschule KLV» ausgebildet worden war. Die Lager unterstanden nicht den örtlichen Schulräten, sondern eigenen Inspekteuren des NS-Lehrerbundes; wieder ein typisches Beispiel rivalisierender Amtskompetenzen. Die «Inspekteure» ernannten zusätzliche «Hauptlagerleiter» an Orten mit mehreren KLV-Lagern. Amtliche Berichte lobten die vorbildliche Zusammenarbeit zwischen Lehrern und HJ-Führern im Sinne nationalsozialistischer Pädagogik, die sich in der Gemeinschaftserziehung ideal verwirklichen lasse. So konnten die Funktionäre aus jeder Not eine ideologische Tugend machen, und der frisch-fröhliche Film «Hände hoch!» verklärte gar das KLV-Lager zum Inbegriff aller Jungenträume.

Dieser Film war in einem Lager in der Slowakei gedreht worden. Denn man hatte die Kinder aus mittel- und norddeutschen Großstädten und aus den Industrierevieren an Rhein und Ruhr zunächst in die deutschen Ostprovinzen, später auch in die besetzten Gebiete in Osteuropa gebracht. Als im Frühjahr 1945 die Rote Armee ganz Osteuropa zurückeroberte und über die Reichsgrenzen durchbrach, erhoben sich gleichzeitig die Partisanen, und es kam zum blutigen, rachsüchtigen Aufstand der jahrelang unterdrückten slawischen Völker. Die unglücklichen Lagerkinder gerieten in das Chaos der einstürzenden Ostfront, mitten in einem ungewöhnlich harten Winter. Im Lager überrascht und verschleppt, unterwegs auf der Flucht gejagt und geschunden, von ihren Betreuern manchmal feige verlassen, von ihren Eltern noch lange nach dem Kriege getrennt, weil die Verkehrsmittel zerstört und das Reich in Besatzungszonen unter Militärregierungen zerstückelt war, wurden diese Kinder die unschuldigen Opfer des Krieges, den jener Mann entfesselt hatte, dessen Namen sie bis zuletzt tragen mußten. Viele Kinder starben, oder ihre Spur verlief sich irgendwo in östlichen Lagern. Selten erfuhren die Eltern, was aus ihren Kindern geworden war. Andere kamen heim, älter als Jugendliche sonst sind. Sie fanden die Wohnung zerstört, und fremde Leute erzählten ihnen vom Tode der Eltern. Da suchten sie sich wieder irgendwo ein Lager, und «Gemeinschaftserziehung» blieb ihr Schicksal.

Die Kriegsfreiwilligen

Die höchsten HJ-Führer leisteten ihren repräsentativen, von der Parteipresse rühmend kommentierten Wehrdienst in Eliteverbänden ab, etwa im Regiment «Großdeutschland», das später zur Division erweitert wurde. Sich freiwillig zu melden, Auszeichnungen zu erwerben, Offizier zu werden, galt als Ehrenpflicht. Schwer versehrte und in Ehren frontuntaugliche HJ-Führer waren für Führungsaufgaben der Kriegs-HJ besonders geeignet.

Im Laufe des Krieges beanspruchte die Waffen-SS als betont nationalsozialistische Truppe mit Nachdruck die Freiwilligen aus der HJ für sich. Als nach der Niederlage von Stalingrad und den furchtbaren Abwehrschlachten an der Ostfront, verbunden mit der Gefahr der alliierten Invasion im Westen, die Sturmzeichen des «totalen Krieges» das deutsche Volk alarmierten, entstand die «SS-Panzerdivision Hitlerjugend». Generalleutnant Kurt Meyer, ihr letzter Kommandeur, begründete diese Aufstellung: «Sie sollte Sinnbild der Opferbereitschaft der deutschen Jugend und Ausdruck ihres Willens zum Durchhalten sein.» Goebbels, dem Propagandafachmann, mißfiel der Name «Hitlerjugend». Der Feind, so meinte er, könnte denken, man sei schon auf die Schuljungen als letztes Aufgebot angewiesen. Da diese Tatsache ohnehin nicht abgeleugnet werden konnte, hieß die Truppe beim Gegner prompt «Babydivision». Man schlug ihr die Milchflasche als bestes taktisches Zeichen vor.
Nach einer Besprechung mit Axmann befahl Hitler im Juni 1943, die Division aufzustellen. Den Stamm an Offizieren und älteren Unteroffizieren stellte die «SS-Leibstandarte Adolf Hitler». Abgesehen von diesem Kader, bestand die Division durchweg aus siebzehn bis achtzehn Jahre alten Hitlerjungen. Ihr Kommandeur, der erst 34 Jahre alte Generalmajor Franz Witt, hatte schon 1933 zur damals nur 120 Mann starken Leibwache Hitlers gehört.
Witt sammelte die ersten 10000 Jungen im Juli und August 1943 im Lager Beverloo in Belgien. Die Jungen waren in der HJ geworben und in Wehrertüchtigungslagern vorgeschult worden. Wer sich dabei besonders ausgezeichnet hatte, kam aus dem HJ-Lager direkt zur SS-Unterführerschule Lauenburg und von dort schon als Unteroffizier zur Division. Die unerfahrenen Jungen wurden also von Unterführern ins Gefecht geführt, die ebenfalls nur Hitlerjungen gewesen waren. Andere Unterführer bildete man in drei Monaten bei der Division selber aus. Nur Offiziere und als Zugführer eingesetzte ältere Unteroffiziere waren erfahrene Soldaten.
General Meyer – «Panzermeyer» nannten ihn die Jungen – schrieb ein Buch über den Kampf der Division. Er berichtet, daß die Truppe im Oktober 1943 zur Panzerdivision umgegliedert wurde. Zunächst hatte das Panzerregiment nur vier Panzer IV und vier Panzer vom neuen Typ «Panther» zur Ausbildung. Das Artillerieregiment mußte sich anfangs mit einigen leichten Feldhaubitzen begnügen, und es gab fast keine Kraftfahrzeuge!
Auch die Jungen waren nicht uneingeschränkt freiwillig gekommen. Einige hatten sich anderswohin gemeldet und wurden für die SS «ver-

einnahmt», und manche waren «überredet» worden, wie sich Panzermeyer taktvoll ausdrückt.
Die meisten aber hielt der General, und das darf man ihm bei der zu dieser Mentalität erzogenen Jugend glauben, für begeistert und einsatzfreudig. Die SS-Offiziere bemühten sich um eine Ausbildung im HJ-Stil, also ohne rüde Schleiferei und mit Schwerpunkt auf Sport und Gefechtsdienst; das Scharfschießen wurde sofort draußen ins Gelände verlegt, um keine Zeit zu verlieren. Die Jungen erhielten Zusatzverpflegung, da sich die meisten noch im Wachstum befanden und sehr viele in der Heimat schlecht ernährt worden waren, eine Folge des langen Krieges und seiner Mangelerscheinungen. Wer noch nicht achtzehn war, bekam zur Verpflegung keine Rauchwaren, sondern Süßigkeiten.
Den Jungen schlug die Stunde am Morgen des 6. Juni 1944 um 7 Uhr. Panzermeyer behauptet, sie seien für damalige Verhältnisse sehr gut ausgebildet ins Gefecht gezogen. Zweifellos war die Division das Ergebnis wendiger und höchst unkonventioneller militärischer Improvisation – aber erprobt an Schuljungen! Sie rückten in die Bereitstellung bei Caen, um die gelandeten britischen, kanadischen und amerikanischen Invasionstruppen «ins Meer zu werfen». Schon auf dem Hundertkilometermarsch zum Einsatz erlitt die Division schwerste Verluste durch Jagdbomber, die die Kolonnen im Tiefflug angriffen. Der Raum bei Caen, wo sich die Jungen zum Angriff sammeln sollten, lag schon unter dem Beschuß der Schiffsartillerie. Als kanadische Panzer unerwartet vorstießen, fuhren die Jungen ihren ersten und rasch erfolgreichen Angriff. Sie schossen achtundzwanzig kanadische Kampfwagen ab, sechs eigene gingen verloren. Beide Seiten erlitten schwere Verluste. Während die alten Soldaten der Division bedrückt die volle Schwere der Materialschlacht und die hoffnungslose Unterlegenheit der eigenen Truppe empfanden, blieben die Jungen noch nach ihrer blutigen «Feuertaufe» guten Mutes.
Am 16. Juni fiel Generalmajor Witt, und Kurt Meyer, der bisher ein Panzerregiment geführt hatte, übernahm die Division, mit dreiunddreißig Jahren jüngster Divisionskommandeur der Wehrmacht, «sternäugig, jugendlich und fanatisch», wie ihn Gerald Reitlinger charakterisierte. Meyer, Sohn eines Arbeiters, war Bergmann, Polizist und dann SS-Führer gewesen. Dieser Typ junger, hochdekorierter und schnell beförderter SS-Offiziere verband das unbekümmerte und rücksichtslose Draufgängertum des Landsknechts mit dem ideologischen Fanatismus des «politischen Soldaten». Obwohl Meyer immer seine Unschuld beteuerte, war es doch kennzeichnend für seine Haltung, daß er später in einen Kriegsverbrecherprozeß geriet. Man machte ihn verantwortlich für die Ermor-

dung gefangener Fallschirmjäger in seinem Befehlsbereich. Der zweimal zum Tode verurteilte SS-General wurde am 7. September 1954 aus der Haftanstalt in Werl entlassen.
Unter Meyers Führung gerieten die Jungen in schwerste Abwehrkämpfe an der Invasionsfront. Die meisten Offiziere und Unteroffiziere waren gefallen. Selbst der Gegner rühmte die «Babydivision», und ein kanadischer Offizier erklärte: «Die 12. SS-Panzerdivision, die diesen Abschnitt verteidigte, kämpfte mit einer Zähigkeit und einem Ingrimm, wie sie während des ganzen Feldzuges nicht wieder angetroffen wurden.» Generalfeldmarschall von Rundstedt als deutscher Befehlshaber urteilte: «Es ist ein Jammer, daß diese gläubige Jugend in aussichtsloser Lage geopfert wird.»
Während die Division im Kessel von Falaise vernichtet wurde, brach Meyer mit einer Handvoll Versprengter noch einmal aus. Die letzten 600 Grenadiere raffte er zusammen und ging erneut ohne einen Panzer mit einer Flakbatterie ins Gefecht. Dabei geriet er selber in Gefangenschaft. Die SS-Panzerdivision «Hitlerjugend» gab es nicht mehr.
1944 hatte der Kriegseinsatz vom normalen HJ-Dienst nur Reste übriggelassen. Ab 1941 war der Reichsberufswettkampf entfallen. Sportfeste und größere Wettkämpfe gab es nicht mehr. Die Fahrten wurden beschränkt und hörten ganz auf. Zahlreiche Fachschulen schlossen, in den Jugendherbergen wurden Lager der Wehrertüchtigung und Kinderlandverschickung eingerichtet oder Flüchtlinge und Obdachlose aus zerbombten Städten untergebracht. Man vereinfachte die Verwaltung und holte die Führer weg von den Schreibtischen zum Einsatz. Die «Kulturarbeit» kam zum Erliegen. Presse und Propaganda drosselten ihre Druckerzeugnisse erheblich und stellten die meisten Zeitungen, Zeitschriften und Schulungshefte ein. Auch das Spielzeugbasteln hatte aufgehört.
Arthur Axmann hatte das Jahr 1944 zum «Jahr der Kriegsfreiwilligen» ausgerufen. Besonders geschulte Redner warben bei feierlichen Kundgebungen für den freiwilligen Eintritt in die Wehrmacht. Die HJ-Dienststellen reichten die Meldescheine gebündelt zu den Wehrersatzämtern weiter. Die Freiwilligen sollten «besonders herausgestellt werden» durch «Kriegsfreiwilligenurkunden» und durch eine besondere Kordel auf den Schulterklappen der HJ-Uniform. «Sie stehen bei Appellen im ersten Glied, marschieren als erste Einheit und werden bei kulturellen Veranstaltungen besonders berücksichtigt.»

Durch heroische Mätzchen trieb man ehrgeizige, arglose Jungen vorzeitig in die Kasernen, wo ihnen niemand den naiven Idealismus lohnte. Viele bezahlten mit einem sinnlosen Tode am Ende eines von Anfang

an verbrecherischen Krieges. Die kriegsmüden alten Soldaten verhöhnten die Freiwilligen als «Kriegsverlängerer» und «Selbstmordkandidaten». Sie nahmen die «Kinder» nicht ernst. Als sich vom Jahrgang 1928 noch 1944 viele Hitlerjungen freiwillig meldeten, befahl der «Chef des NS-Führungsstabes», die Jungen seien schon bei der Musterung ehrenvoll als «Kriegsfreiwillige» anzureden.
Zuletzt waren viele Freiwillige sehr unfreiwillig gekommen. Klönne zitiert einen Erlebnisbericht vom März 1945: Ein Bannführer ließ die Jungen des Volkssturms antreten, um ihnen einen geheimen Führerbefehl bekanntzugeben. Der Führer habe nämlich befohlen, daß alle Freiwilligenmeldungen zum Heer ungültig seien, die Jungen dürften sich nur noch zur Waffen-SS melden und zu den Kleinkampfwaffen der Kriegsmarine, zum Beispiel den Einmann-Torpedos. Es sei Ehrensache, geschlossen zur SS zu gehen. Als sich Jungen weigerten, wurden sie bis in die Nacht hinein unter Druck gesetzt. Wer sich nach Stunden immer noch nicht meldete, verschwand zuletzt als «Feigling» in einem Wehrersatzlager. Einen Monat später war dann der ganze Spuk vorüber, und der fanatische Bannführer hatte sich rechtzeitig «abgesetzt».

Mädel am Geschütz

Aber die Jungen der Division «Hitlerjugend» waren erst das vorletzte Aufgebot. Das letzte rief Hitler durch Befehl am 18. Oktober 1944 zu den Waffen: «Es ist in den Gauen des Großdeutschen Reiches aus allen waffenfähigen Männern im Alter von 16 bis 60 Jahren der deutsche Volkssturm zu bilden. Er wird den Heimatboden mit allen Waffen und Mitteln verteidigen...»
Das Reich war Kriegsschauplatz, und die deutsche Jugend stand nur noch im Einsatz. Noch immer befehligte im zerbombten Berlin die Reichsjugendführung. Dorthin war die BDM-Führerin Melita Maschmann vom Osteinsatz in Polen zurückgeholt worden. Sie berichtet: «Unsere Dienststelle glich einem Termitenbau, in dem die Ahnung des nahen Untergangs alle beschlich, ohne daß es nur einer wagte, eine Silbe darüber zu verlieren... Unsere Gehirne produzierten Pläne und abermals Pläne, um ja nicht einem Augenblick der Besinnung Raum zu geben und dann erkennen zu müssen, daß all dieser Eifer schon begann, den Zukkungen eines Totentanzes zu gleichen...»
Aber als sei nichts geschehen, rangen die Chefs der Ämter unverändert wie im Frieden um ihre Kompetenzen und um die Gunst des Reichsjugendführers. Arthur Axmann, der Arbeiterjunge aus Westfalen, den

die Partei gern als «Renommier-Proletarier» vorzeigte, mochte ahnen, daß alles verloren war. Die Reichsjugendführung besaß aus besseren Tagen ein Gästehaus in Gatow, wo Axmann gesellige Abende arrangierte, bevor des Reiches Herrlichkeit erlosch. Auch Melita Maschmann war eingeladen. Sie erzählt:

«Das Gästehaus lag in einem Garten am See und war mit hervorragendem Geschmack gebaut und eingerichtet. Alles dort atmete einen Frieden und bewies einen Überfluß, der in schreiendem Widerspruch zu unserem Kriegsalltag stand. Für unsere gewohnten Verhältnisse wurde geradezu schlemmerhaft gegessen und getrunken. Der Ober bewegte sich wie in einem Luxushotel, und als es sich herumflüsterte, daß Bomberverbände Berlin anflogen, ließ kein Mensch sich erkennbar in seinem Genuß stören. – Die versammelten HJ-Führer und BDM-Führerinnen waren nach meinem Geschmack eine geradezu klassische Gegenauslese. Axmann schien sich in seinem Privatleben vorzugsweise mit denjenigen seiner Kameraden und Kameradinnen zu umgeben, die ich für Blender und geltungsbedürftige Egoisten hielt.» Da sich die Herren mit den BDM-Führerinnen allein wohl langweilten, waren auch Mädchen vom Filmnachwuchs zur «Unterhaltung» geladen. «Axmann hatte die politische Karriere, der er geistig ohnehin nicht gewachsen war, auch menschlich nicht bewältigt.»

Inzwischen hatte der Totentanz überall im ehemals großdeutschen und nun so kleinen und engen Reich begonnen. Wer von diesen Wochen berichtet, erinnert sich eilender, namenloser Hitlerjungen und BDM-Mädchen, noch immer rastlos tätig, noch immer einsatzbereit, noch immer mit Hingabe dienend bis zum Opfer des eigenen Lebens, das sie in die mörderische Sinnlosigkeit der Endkämpfe hineinwerfen mußten. Die Mädchen halfen in Lazaretten und Notlagern. Sie geleiteten Obdachlose aus den brennenden Städten. Sie verpflegten Mütter und Kinder auf überfüllten Bahnhöfen. Helfend und tröstend liefen sie mit in den Flüchtlingszügen und waren letzte, doch selbst so gebrechliche Stützen der Ordnung und Geborgenheit in den Massenlagern. BDM-Führerinnen stemmten sich in verzweifeltem Trotz im Kampf um Berlin als «Bahnhofskommandanten» gegen das Verkehrs-Chaos, und andere spielten und sangen noch immer mit ihren Jungmädeln im Dienst der «Truppenbetreuung» und um die Flüchtlingsfrauen und ihre verängstigten Kinder aufzuheitern.

Die Jungen standen nachts an den Flakgeschützen und durften nicht an Eltern und Geschwister in der brennenden Stadt denken. Sie waren Kuriere und Ordner der Polizei in den verdunkelten Trümmerwüsten.

Als man die Männer unterwegs fortgeholt und irgendwohin in «Alarmeinheiten» gesteckt hatte, führten sie selbständig die Trecks verzweifelter Frauen und Kinder über Hunderte von Kilometern aus den östlichen Frontgebieten nach Westen, wo ihr Zug im grauen Einerlei überfüllter Lager endete. Diese Jungen standen in HJ-Feuerwehrscharen im Kampf gegen tödliche Phosphorglut, und sie folgten noch immer den Aufrufen, sich freiwillig zu melden zum Volkssturm, zur Waffen-SS, zu Panzervernichtungstrupps. Aber ganz zuletzt kämpften nicht nur die Jungen mit.
«Wir bekommen Mädel!» hieß es im Januar 1945 in der 6. Batterie der Flakersatzabteilung 61 in Wien-Kagran, wo die 8,8 cm-Geschütze ortsfest auf Betonsockel montiert waren. Und dann kamen siebzehn bis zwanzig Jahre alte Rheinländerinnen, rekrutiert wie Soldaten mit Wehrpaß und Soldbuch. Sie trugen Schnürstiefel, Überfallhosen, taillenlange, einreihige Feldblusen, graublaue Fliegerhemden und Feldmützen nach Skimützenart. Die Mädchen hatten eine eigene Organisation mit Dienstgraden vom Gefreiten bis zum Obersten. Sie unterstanden der Militärstrafgesetzgebung und waren als «Kombattanten» berechtigt, Waffen zu tragen und mitzukämpfen. Hauptmann Wegener, der damals als neunzehnjähriger Leutnant diese Batterie führte, berichtet, die Mädchen hätten zunächst ganz wie männliche Rekruten mit der Grundausbildung begonnen. Noch im Frühjahr 1945 exerzierten sie also kasernenmäßig. Danach ging es an die Waffen. Doch waren die meisten Mädchen körperlich nicht in der Lage, den Kniegelenkverschluß der alten Pistole 08 oder den Spannhebel des Maschinengewehrs 42 zurückzuziehen. Sie ertrugen aber die unvermeidlichen Fingerquetschungen mit demselben Gleichmut, den sie bald an den Geschützen zeigten, wo sie mit HJ-Luftwaffenhelfern gemeinsam ausgebildet wurden.
Aber die Dienstvorschriften hatten auch an die Moral der Mädchen gedacht. Soldaten der Batterie war es verboten, mit ihren Kameradinnen auszugehen. Als bald darauf die Flüchtlingsströme aus dem östlichen Österreich alle Kasernenblocks überfluteten, mußten die Mädchen schließlich zwischen Hitlerjungen und Landsern in drangvoll engen Barackenlagern hausen.
Die alten Soldaten der Batterie dachten voller Unruhe an den ersten Kampfeinsatz mit diesem mehr als gemischten Haufen. Hauptmann Wegener erzählt: «Diese Feuerprobe kam glücklicherweise nicht in der Nacht, sondern am hellichten Tage. Wieder einmal war ein Anflug von englisch-amerikanischen Großverbänden viermotoriger Bomber aus Italien auf Wien gemeldet worden. Bei strahlendem Sonnenschein und guter

Sicht faßten wir die Ziele gut auf und schossen, was die Rohre hergaben. Plötzlich rummste es in unserer Stellung und einige Bomben krepierten, ohne größeren Schaden anzurichten, zwischen den einzelnen Geschützen, die durch ihre Erdwälle gedeckt waren. Aber ein Kanonenrohr war zur Seite gekippt, und ich lief sofort hin, um zu sehen, was los war. Ein Treffer war genau in eine Geschützstellung gefallen, und von der Bedienung waren drei Mädel tot und gräßlich verstümmelt und zwei schwer verwundet.» Obwohl es später noch einmal Tote und Verwundete gab, ertrugen die Mädchen ihr Schicksal nach außen hin gefaßt. In einer abgeschossenen Maschine fanden sie zu ihrer Überraschung ebenfalls weibliche Besatzungsmitglieder. So wurden auf beiden Seiten junge Mädchen gezwungen, bewaffnet mitzukämpfen und einander zu töten.

Die Allerletzten

Lief die Propagandamaschine auch längst im Leerlauf, sie lief doch bis zuletzt. Am 4. März 1945 schrieb Goebbels in der Wochenzeitung DAS REICH: «Darum lautet die Parole für uns: Ohren steifhalten, fest auf den Beinen stehen bleiben, bei auch noch so hohem Seegang nicht über Bord springen, da das den sicheren Tod bedeuten würde, unentwegt auf den Steuermann schauen und mit vereinter Kraft dem Ziel entgegen!» Auch das «Feierjahr» der HJ hielt an den gewohnten Riten fest. Zur Verpflichtung der Jugend sprach Arthur Axmann, zitiert im «Völkischen Beobachter» vom 28. März 1945:

«Aus der Hitlerjugend ist die Bewegung der jungen Panzerbrecher entstanden... Es gibt nur Sieg oder Untergang. Seid grenzenlos in der Liebe zu eurem Volk und ebenso grenzenlos im Haß gegen den Feind. Eure Pflicht ist es, zu wachen, wenn andere müde werden; zu stehen, wenn andere weichen. Eure größte Ehre sei aber eure unerschütterliche Treue zu Adolf Hitler!»

Dieser traute sich aus seinem Berliner Bunker unter der Reichskanzlei kaum noch heraus und grübelte düster einem passenden Abgang aus der Weltgeschichte nach. Am 20. März 1945 meldete ihm Axmann, zwanzig Hitlerjungen, die sich im Kampf bewährt hatten, seien angetreten. Noch einmal stieg der Diktator nach oben, um die Jungen zu begrüßen. Die Bilder von diesem Empfang sind die letzten, die es von Hitler gibt. «Garanten der Zukunft» überschrieb die parteiamtliche «Schleswig-Holsteinische Tageszeitung» den Bericht über Hitlers letzten Auftritt. Der Bericht ist typisch für den Durchhaltestil der NS-Presse in den letzten Wochen des Krieges:

«Der Jüngste der angetretenen Gefolgschaft war der zwölfjährige, mit dem Eisernen Kreuz II. Klasse ausgezeichnete Hitlerjunge Alfred Czech, der im Raum Oppeln im feindlichen Artillerie- und MG-Feuer zwölf verwundete Soldaten geborgen und einen sowjetischen Spion gestellt hatte. Manche der fünfzehn-, sechzehn- und siebzehnjährigen Jungen waren tagelang eingeschlossen. Sie alle halfen der Truppe und dem Volkssturm, wo immer sie konnten, vernichteten Barackenlager mit der Panzerfaust, übermittelten wichtige Meldungen von der Truppe zu vorübergehend abgeschnittenen Einheiten, brachten Beute und Gefangene ein und trugen verwundete deutsche Soldaten aus der Kampfzone. Zwei von ihnen trugen das EK I, alle übrigen das EK II, einige das Infanteriesturmabzeichen und die meisten schon das Verwundetenabzeichen.
Der Führer begrüßte jeden einzelnen der Hitlerjungen mit Handschlag und ließ sich von ihnen ihre Erlebnisse schildern. ‹Ihr kennt den Kampf jetzt schon aus eigener Erfahrung›, so rief der Führer am Schluß den angetretenen Jungen zu, ‹und wißt, daß wir in einem Ringen um Sein oder Nichtsein des deutschen Volkes stehen. Ich bin trotz aller Schwere der Zeit fest davon überzeugt, daß wir in diesem Kampf den Sieg erringen werden, vor allem auch im Hinblick auf die deutsche Jugend und besonders auf euch, meine Jungen.›»
Die Jungen der SS-Division «Hitlerjugend» hatten noch vor ihrem ersten und letzten Einsatz kurzfristig ausgebildet und gut bewaffnet werden können. Die Hitlerjungen, die nun kämpften, warf man unmittelbar ins Gefecht mit Waffen, die irgendwo zufällig aufgetrieben wurden. Die Zeitungen bringen nun typische Meldungen: «Zur Abwehr eines feindlichen Angriffs im Osten war neben einem Zug des Volkssturms auch ein Zug eingesetzt, der sich aus Jungen eines Wehrertüchtigungslagers, einer nationalpolitischen Erziehungsanstalt und einer Führerschule mit Wehrertüchtigungsausbildung zusammensetzte. Die Jungen haben sich dabei hervorragend gehalten und im Sturm eine Ortschaft genommen. Für ihr tapferes Verhalten wurden neun Jungen von dem Kommandierenden General mit dem EK II ausgezeichnet.»
Ein anderer Bericht vom 13. März 1945 stellt zunächst dar, daß sich in der oberschlesischen Stadt Hindenburg sechzig Rotarmisten in der Kolonialschule eingenistet haben. Hitlerjungen beschlossen, an ihnen hart zu vergelten, was die Feinde der Stadt angetan hatten: «Sie bildeten eine Kampfgruppe, rüsteten sich mit Gewehren und Sprengladungen aus und rückten gegen das Schulgebäude vor, in dem die Sowjets lagen. Die Schule war durch Panzer und Posten gesichert. Zwei Hitlerjungen gingen als Spähtrupp voraus, die übrigen folgten dicht aufgeschlossen. Es gelang,

die Posten abzuschießen, die fertiggemachten Sprengladungen durch Fenster und Türen in die Schule zu werfen. Im Bersten der Detonation stürzte das Gebäude zusammen und begrub unter sich die verhaßten Feinde.»

Solche Meldungen sollten die Jungen überall in Deutschland zum Widerstand aufputschen. Der Wahnsinn hatte bis zuletzt Methode: Die Tageszeitungen forderten die Dienstpflichtigen des Jahrgangs 1929 auf, sich zur Erfassung für Arbeitsdienst und Wehrdienst persönlich zu melden. Zu diesem Zeitpunkt war Breslau schon seit sechs Wochen von sowjetischen Truppen eingeschlossen. Man hatte die schlesische Hauptstadt zur Festung erklärt. Ihre Truppen kämpften, verstärkt durch den Volkssturm der Einwohnerschaft, bis zum 9. Mai 1945. In der schlesischen Hauptstadt waren 50000 Soldaten und 80000 Zivilisten unter dem Befehl des Generals Niehoff zurückgeblieben. Sie hatten 29000 Tote und Verwundete zu beklagen, unter ihnen viele Mädchen und Jungen.

Gebietsführer Herbert Hirsch hatte aus Breslauer Hitlerjungen eine Regimentsgruppe aufgestellt, die aus zwei Bataillonen bestand und schon Ende Januar gut ausgerüstet und bewaffnet unter dem Kommando erfahrener Unteroffiziere eingesetzt wurde. Die Jungen eroberten in tapferen Sturmangriffen die Rüttgers-Werke und den Bahnhof Pöpelwitz zurück, bewährten sich aber auch im schweren Abwehrkampf als Verteidiger. Die Breslauer nannten bald die Ecke Kaiser-Wilhelm-Straße/Augustastraße das «Hitlerjugendeck», wo die Jungen Handgranatenkatapulte gebaut hatten, um hinter die Deckungen des Gegners zu reichen. Hitler war lange tot, als diese Jungen immer noch für ihre Vaterstadt, deren Schicksal doch längst beschlossen war, kämpften. Wer von ihnen die mörderischen Nahkämpfe in den Ruinen der Stadt überlebte, ging für Jahre in Gefangenschaft. Die Heimkehr ohne Heimat war nur wenigen vergönnt.

In diesem Endkampf um meine schlesische Heimat führte ich eine aus kriegsverletzten Soldaten, jungen Rekruten, Polizisten und älteren Volkssturmmännern hastig zusammengeraffte Kampfgruppe, eine «Alarmeinheit». Dieser verlorene Haufe hielt noch zwei Wochen die Oderfront gegen schwere sowjetische Angriffe. Als ich in eisiger Winternacht wie üblich die lang ausgezogene dünne Postenkette abging, erschreckte mich ein Geräusch. Ein Verwundeter? Vorsichtig erreichte ich das Postenloch, aus dem die Laute kamen. Darin hockte, in sich zusammengesunken, ein siebzehnjähriger Junge. Furchtbar schrak er zusammen, als ich ihn anrief. Sobald er mich erkannt hatte, suchte er sich zu beruhigen. Schluchzend meldete er, sein Kamerad, ein Schuljunge wie er selber, sei ins Dorf zurückgegangen, um für das kalte Schützenloch ein wenig Stroh zu besor-

gen. Nun saß er allein in dem Loch, keine zweihundert Schritte vor der russischen Stellung, in der starren Januarkälte und weinte.
Melita Maschmann berichtet von den letzten Kampftagen um Berlin: «In einem Vorort von Berlin sah ich eine Reihe toter Flakhelfer nebeneinanderliegen. Die Flakstellung, in der diese Schuljungen Dienst taten, hatte mehrere Volltreffer bekommen. Ich kam in einen Barackenraum, in dem die Überlebenden sich gesammelt hatten. An den Wänden entlang saßen sie auf dem Fußboden und wandten mir ihre weißen, vom Grauen verzerrten Gesichter zu. Viele weinten. – In dem anderen Raum lagen Verwundete. Einer von ihnen, ein Junge mit einem runden, weichen Kindergesicht, straffte sich, als der Offizier, in dessen Begleitung ich mich befand, fragte, ob er Schmerzen habe. ‹Ja, aber das ist nicht wichtig, Deutschland muß siegen!›» Verzweiflung und anerzogene heldische Pose rangen in diesem unglücklichen Jungen miteinander.
Sechshundert von ihnen hatte Axmann in Berlin noch zu einer Kampfgruppe aufgestellt, die in verlustreichen Kämpfen die Pichelsdorfer Brücken verteidigte. Auf Befehl Hitlers, erklärte Axmann später, als man ihn für diese Opfer zur Verantwortung zog. In einer Nacht im April verließ der junge Generalstabsoffizier Gerhard Boldt den Führerbunker unter der Reichskanzlei und schlug sich mit Kameraden auf verschlungenen Wegen aus der Stadt heraus. Als er zu diesen Brücken kam, lagen dort Hitlerjungen zu zweien oder allein mit Panzerfäusten dem Feind gegenüber: «Die Morgendämmerung war bereits so weit fortgeschritten, daß sich die dunklen Umrisse schwerer russischer Panzer in der Nähe des Bahnhofs Heerstraße deutlich vom dunkleren Hintergrund abhoben. Sie standen mit Schußrichtung auf die Brücken.» Boldt traf noch den Führer dieser Jungen und erfuhr von schwersten Verlusten.
Axmann, der letzte Reichsjugendführer, der sie dorthin geschickt hatte, blieb noch im Führerbunker und bezeugte später vor dem Gerichtshof in Nürnberg den Tod Hitlers. Goebbels habe ihn in der Nacht zum 1. Mai an der Hand genommen und gesagt: «Hitler ist tot.» Hitler habe aufrecht und mit blutenden Schläfen auf dem Diwan gesessen, an die Leiche Eva Brauns gelehnt, die keine Verletzungen aufwies. Der Chauffeur Hitlers habe beide Leichen mit vierhundert Liter Benzin verbrannt.
Aber man fand keine Asche, keine Überreste, obwohl man sie hätte finden müssen. SS-Leute scharrten sie in einen Bombentrichter, sagen die einen. Andere meinen, die Sowjets hätten nicht gründlich und vorsichtig genug nachgesehen und deshalb nichts mehr gefunden. Sogar Historiker übernahmen gelegentlich eine dritte Version: Man habe die Asche aufgelesen, in eine Schachtel gefüllt und sie als heilige Reliquie Arthur

Axmann, dem Führer der nachfolgenden Generation, übergeben. Das dürfte eine Legende sein; aber sie paßt durchaus hinein in das makabre Klima dieser kleinbürgerlichen Götterdämmerung.
Der Abiturient Walter Wenzel, geboren 1926, hatte zu den Jungen gehört, die 1936 im «Jahr des Deutschen Jungvolks» dem Führer Adolf Hitler erstmals als ganzer Jahrgang zum Geburtstag geschenkt wurden. Er fiel noch am 2. April 1945. Wenige Tage vor seinem Tode hatte er geschrieben: «Wir dürfen nie vergessen, daß das, was über uns hereingebrochen ist und noch hereinbrechen wird, im ganzen verdient ist. Und erst, wenn wir unsere Schuld abgebüßt haben und wenn Friede für uns wieder mehr ist als Ruhe und Faulheit, dann wird dieser Opfergang sein Ende nehmen.»
Am 1. März 1945 fiel in St. Pölten der Theologiestudent Reinhard Pagenkopf, geboren 1921 in Greifswald. In einem Feldpostbrief aus Rußland stellt er die Frage nach der Zukunft, die Schicksalsfrage seiner erst verführten und dann verratenen Generation:
«Vielleicht kehren wir eines Tages, wunderbar bewahrt, älter und reifer geworden in unsere irdische Heimat zurück. Wir werden keine Siege feiern und nicht auf Lorbeeren ausruhen, sondern um Klarheit ringen und uns ein Arbeitsfeld erobern, wo es unserem freien Herzen gefällt. Das Leben wird schwer zu meistern sein. Denn wir suchen nicht äußere Ehre und gesicherte Grundlagen, nicht Reichtum und materielle Dinge, nicht das Leben um des Lebens willen, sondern Freiheit des Gewissens und bleibende Frucht.
Wir sind voller Verachtung und ernüchtert durch erschreckend viel Hohles, Morsches und Leeres. Dürftige Hüllen fielen, feste Gemäuer stürzten ein, gewaltige Pläne scheiterten.
In dieser harten Wirklichkeit bewährt sich nur unser Glaube, er nimmt allen Dingen den äußeren Schein, zeigt ihren eigentlichen Wert und läßt sie in einem neuen Licht aufleuchten.
Wenn wir fallen, soll keiner trauern, sondern soll Gottes reiche Gnade in unserm armen Leben rühmen...»

Die Amnestierten

Die US-Militärbehörde in Schwaz in Tirol erhielt im Juni 1945 einen Brief. Darin hieß es: «Aus eigenem Entschluß begebe ich mich in amerikanische Gefangenschaft, um damit die Möglichkeit zu haben, mich vor einem Internationalen Gerichtshof zu verantworten.»
Der Absender, der bisher unter falschem Namen für die Amerikaner als Dolmetscher gearbeitet hatte, hieß Baldur von Schirach. Er war einmal

Jugendführer des Deutschen Reiches, danach Gauleiter und Reichsstatthalter von Wien und Ehrenbürger seiner Heimatstadt Weimar gewesen. Man brachte Schirach in das Lager Rum bei Innsbruck. Dort sagte er zu seiner Frau: «Durch mich hat die Jugend an Hitler geglaubt, ich habe sie im Glauben an ihn erzogen, nun muß ich sie davon frei machen.»
Der Dichter des HJ-Fahnenliedes unterwarf sich dieser neuen Aufgabe mit Ernst und Eifer. Er, der so viele Führerschulen gegründet und besichtigt hatte, schlug nun vor, alle deutschen HJ-Führer im Lager Buchenwald umzuschulen. Den Nürnberger Richtern erklärte er in seiner Verteidigungsrede: «Nach dem Führerprinzip trug ich einst den Befehl und die Verantwortung für diese Jugend. Ich trage also auch allein die Schuld. Die Jugend ist schuldlos.»
Er mußte mit der Todesstrafe rechnen und war bereit. Man verurteilte ihn 1946 zu zwanzig Jahren Haft, weil er als Gauleiter von Wien für die Verschleppung der österreichischen Juden in die Vernichtungslager mitverantwortlich war.
Henriette von Schirach schrieb ein Buch über ihr Leben mit ihm. Sie nannte es «Der Traum der Herrlichkeit». Es war ein kurzer, aber ein furchtbarer Traum, weil er nicht Traum blieb, sondern weil die Welt nach diesen Hirngespinsten verändert werden sollte. Hunderttausende von jungen Menschen – und nicht nur in Deutschland – starben für diesen Wahn.
Viele tausend starben als Kinder: Sie erfroren und ertranken auf der Flucht, sie verbrannten und erstickten in den zerbombten Städten und verhungerten im Elend der Massenlager. Unübersehbar viele starben als blutjunge Soldaten einen jähen und sinnlosen Tod, bevor noch das reife, bewußte Leben begann. Wer aber überlebte, der war betrogen um seine Jugend. Die gefeierten «Garanten der Zukunft» blieben ohne Trost und Hoffnung zurück.
Die Sozialbehörde des Landkreises Harburg sammelte in einem verödeten Arbeitsdienstlager heimatlose Jugendliche, die sich herumtrieben und von Gelegenheitsgaunereien vegetierten: von Schwarzhandel, Betrug, Grenzgängerei, Diebstahl, Einbruch und Überfall. Alle Jungen waren Soldaten, Arbeitsdienstmänner oder Luftwaffenhelfer gewesen. Als 1946 der Journalist Josef Müller-Marein dieses Lager besuchte, sagte ihm ein langer Blonder: «An uns jungen Leuten ist all die Zeit verflucht reichlich herumerzogen worden. Mag sein, daß wir ein bißchen blöd geblieben sind bei alledem, aber wir wußten wenigstens, wo wir hingehörten. Jetzt aber sollen sie uns gefälligst in Ruhe lassen. Keine Sorge, wir kommen schon durch! Wir sind ans Freie gewöhnt und keine Stubenhocker. Wir verstehen uns

darauf zu hungern, daß die Rippen krachen. Mag sein, daß es gefährlich ist. Wer fällt, der fällt. Hier redet ein Nazi, denken Sie? Ein Werwolf? Nee, ich bin weder das eine noch das andere. Ich bin nichts.»
«Du bist nichts, dein Volk ist alles!» hatten sie einmal gelernt. Zäh, hart, flink hatten sie sein sollen, das brutale Raubtier, das sich die Welt unterwirft. Nun hausten sie tatsächlich wie Tiere, angeschossen und bösartig, in verfallenden Baracken, Bunkern und Ruinenkellern.
Sie waren den Erwachsenen unheimlich. Der britische Feldmarschall Montgomery erklärte 1946, die Umerziehung derer, die 1933 zwischen fünf und zwölf Jahre alt gewesen seien, werde am schwierigsten sein. Aber die Militärbehörden, die anfangs mit Tausenden von fanatischen Werwölfen gerechnet hatten, erkannten bald, daß ihnen die deutsche Jugend ganz andere Sorgen machte: Hunger, Krankheit, Verwahrlosung, Kriminalität, Mangel an Bildung und Ausbildung, Arbeitslosigkeit.
Experten meinten lange, diese Generation sei menschlicher Gesittung für immer verloren. Sie schlossen ehemalige HJ-Führer, BDM-Führerinnen und Offiziere von Schulbesuch und Studium aus und sperrten Tausende in Lager ein. Die Zehnjährigen von 1933 füllten seitenlange Fragebogen aus, um sich vor den Spruchkammern wegen ihrer politischen Vergangenheit zu rechtfertigen.
Erst 1947 war man sich einig, wer überhaupt geprüft werden sollte. Die Zonen-Exekutivanweisung Nr. 54 der britischen Militärregierung ordnete an, «Personen beiderlei Geschlechts, die am oder nach dem 1. Januar 1919 geboren sind», seien als «Unbelastete» einzustufen, falls sie keine Kriegsverbrechen begangen hatten. Sie waren die «Amnestierten», und unter diesem Namen taten sich Kieler Studenten zu einem mutigen literarischen Kabarett zusammen, das auch die Sieger und ihre Militärbehörden nicht schonte.
Endlich erkannte man, daß dieser Jugend der Weg zur geistig-seelischen Selbsterziehung nicht gesperrt werden durfte. «Es überrascht uns die Wahrnehmung, daß die Gewalten, denen diese Jungen und Mädchen gerade in ihren offensten Entwicklungsjahren ausgesetzt waren, doch nicht eigentlich die innersten Geflechte anzugreifen vermochten», schrieb der Dichter und Geistliche Albrecht Goes im Vorwort zu einer Sammlung von Lebensberichten deutscher Abiturienten aus den Jahren 1945–1949. «Jugend unterm Schicksal» nannte Kurt Haß diese Zeugnisse. Was aber hat diese Jugend aus ihrem Schicksal gemacht?
Wesentliche Untersuchungen in der zeitgeschichtlichen Forschung über die Grundfragen totalitärer und demokratischer Staaten wurden geschrieben von einer jüngeren Historikergeneration. Im gleichen Alter stehen zahl-

reiche bedeutende Autoren, die als Schriftsteller und Journalisten wesentlichen Anteil daran haben, daß es heute eine hellhörige öffentliche Meinung gibt, die nicht bereit ist, sich kommandieren zu lassen, sondern den Artikel 1 des Grundgesetzes ganz ernst nimmt: «Die Würde des Menschen ist unantastbar.»

Dort und in allen Berufen, wo die Generation der Vierzigjährigen, die HJ-Generation, heute immer stärker an Einfluß gewinnt, dürfen wir hoffen, daß die «Amnestierten» sich nie amnestieren lassen von ihren Erfahrungen, von ihrer Verantwortung.

Druckfehlerberichtigung

S. 16, Z. 27: Nationaltheaters
S. 23, Z. 10: lockten
S. 72, Z. 9: Altersstufen
S. 107, Z. 1: zusammengelebt
S. 124, Z. 7: «Oberbachant»
S. 126, Z. 22: 9. April 1934
S. 154, Z. 27: Werner Altendorf
S. 178, Z. 37: «Du und Dein Volk»
S. 230, Z. 34: Diözesen
S. 245, Z. 19: Horst Kurberg

Nachwort zur Neuausgabe 1982

Man hat immer wieder nach diesem 1964 erstmals erschienenen Buch gefragt. Autor und Verlag meinen, daß die Neuausgabe heute neue Leser finden wird.

Denn nach 1945 dauerte es ein Jahrzehnt, bis grundlegende Bücher zur Diktatur Hitlers erscheinen konnten. Dabei konzentrierten sich die Forscher auf die Frage nach den Ursachen des Nationalsozialismus, auf die Lebensgeschichte Hitlers, auf sein Machtsystem und seine Außenpolitik, die zum Weltkrieg 1939–1945 führte.

Die Frage nach den inneren Folgen des Systems für die einzelnen Deutschen blieb weitgehend ausgespart. Obwohl die Jugendorganisationen der NS-Diktatur 1939 fast 9 Millionen Kinder, Jugendliche und junge Erwachsene marschieren ließen, obwohl in den Jahren davor und danach weitere Millionen damals junger Deutscher durch dieses Erziehungssystem geprägt wurden, gab es Anfang der sechziger Jahre nur einzelne wichtige Arbeiten – zuerst von Arno Klönne –, die sich mit der Jugenderziehung der Diktatur beschäftigten.

Als Geschichtslehrer ist es meine tägliche Aufgabe, wissenschaftliche Probleme schon Kindern und Jugendlichen oder auch erwachsenen Laien verständlich darzustellen. Da ich 1933, zehnjährig, in das Deutsche Jungvolk eintrat, dort Jugendführer war und den Krieg als Schwerverwundeter überlebte, hatte ich mich von der Kindheit bis ins frühe Mannesalter in diesem Erziehungssystem bewegt. Nach 1945 lernte ich, daß ich als Kind ein Opfer, als junger Soldat ein Mittäter Hitlers gewesen war. Ich war sowohl unschuldig als auch mitschuldig. Zwar war ich Augenzeuge gewesen, aber erst nachträglich suchte ich mir und anderen zu erklären, was geschehen war. So ist das Buch 1964 entstanden für Leser, die wie ich verstehen wollten, was man in ihrer Jugend mit ihnen gemacht hatte.

Wenn das Buch 1982 neu erscheint, ergänzt durch Hinweise auf aktuelle Informationen, denke ich auch an neue Leser. Denn die Generation der vor und nach 1933 politisch mündigen Deutschen, die uns als Kinder diesem Erziehungssystem, kaum gewarnt, überließ, lebt 1982 nicht mehr oder befindet sich im Greisenalter, und man kann die Frage nach der persönlichen Schuldverstrickung nicht mehr stellen.

Auch die «Hitlerjugend-Generation», die «Kriegsgeneration» ist alt geworden. Jene im Gleichschritt erzogene Jugend der NS-Diktatur, mit Schwerpunkt bei den Jahrgängen 1920 bis 1930, die auch die höchsten Kriegsverluste hatten, steht vor Abschluß ihres aktiven Berufslebens. Die Kinder von «Hitlers Kindern» sind erwachsen, die Enkel wachsen wieder mit anderen Fragen heran. Deshalb wendet sich mein Bericht noch einmal an alle, die damals Kinder waren und bisher nicht unbefangen über ihre eigene Kindheit und Jugend sprechen konnten. Er wendet sich dann an die vielen jungen Leser, die hier erfahren, wie Eltern und Großeltern jung sein mußten, wie viele sogar begeistert so jung sein wollten, während andere dieses Jugendleben unter den Fahnen eines Tyrannen früh durchschaut, gehaßt und bekämpft hatten.

Ich wählte dafür die Form des erzählenden Berichts, der sich an Tatsachen hält, aber in anschaulicher und einfacher Sprache von den Lesern leicht verstanden werden kann.

Der Bericht stellt jedoch eine sehr ernste Frage, auf die auch ich keine Antwort fand. Doch ich möchte diese Frage stellen, damit wir alle gemeinsam darüber nachdenken können.

Nach 1933 hat es die Hitlerjugend verstanden, Zehntausenden von Mädchen und Jungen als Jugendführern in Staat und Gesellschaft neue Aufgaben zu stellen, die unter großen Opfern und mit innerer Zustimmung gelöst wurden. Der Staat Hitlers hat es auch verstanden, anknüpfend an den Lebensstil der nach 1933 verbotenen Jugendbewegung, die Jugend von Nikotin, Alkohol, Drogen, Konsumgier und einer verwilderten Sexualität fernzuhalten. Dabei ist gerade das Verhältnis zwischen Mädchen und Jungen damals oft von Ängsten, Verdrängungen, Heuchelei und Prüderie beherrscht gewesen. Auch wissen wir, warum jene Jugend gesund und bescheiden leben, sportlich sich kräftigen und in der Natur sich tummeln sollte.

Dennoch muß gefragt werden dürfen: Warum gelingt es demokratischen Staaten im Gegensatz zum Fanatismus der Jugend in Diktaturen so schwer, der Jugend in Freiheit und Freude die Lust an Mitbestimmung und Mitarbeit zu geben?

Darüber müßte nachgedacht werden, wenn man vergleicht, wie damals Jugend mißbraucht und wie sie heute sich selbst überlassen bleibt. Der Verzicht auf Erziehung wäre der falsche Gegensatz zum Erziehungsdrill unter Hitler.

Werner Klose

Anhang

Regionale Gliederung der HJ

Die NSDAP hatte das Deutsche Reich in Gaue aufgeteilt. Der Gauleiter war oberster «Hoheitsträger» seines Amtsbezirks. Dem Gau entsprach ein Gebiet der HJ. Obergebiete waren nur führungstechnische Zusammenfassungen. Österreich, die sudetendeutschen Randgebiete und die bereits amtlich dem Reich zugeschlagenen westpolnischen Landesteile waren in die Reichsorganisation der HJ einbezogen. Gebiete, deren künftiges Schicksal noch unentschieden war, obwohl die Wehrmacht sie besetzt hielt, verwaltete die HJ über «Befehlsstellen». 1942 unterstanden der Reichsjugendführung 6 Obergebiete, 42 Gebiete und 4 Befehlsstellen in folgender Gliederung (in Klammern die Nummer des Gebietes):

REICHSJUGENDFÜHRUNG

Obergebiet Ost	Obergebiet West	Obergebiet Nord
Ostpreußen (1)	Westfalen-Nord (9)	Berlin (3)
Mark Brandenburg (2)	Ruhr-Niederrhein (10)	Pommern (5)
Niederschlesien (4)	Köln-Aachen (11)	Nordmark (6)
Sudetenland (35)	Moselland (12)	Nordsee (7)
Danzig-Westpreußen (37)	Hessen-Nassau (13)	Niedersachsen (8)
Wartheland (38)	Westmark (25)	Mecklenburg (24)
Oberschlesien (40)	Düsseldorf (34)	Hamburg (26)
	Westfalen-Süd (42)	Osthannover (41)

Obergebiet Mitte	Obergebiet Süd	Obergebiet Südost
Kurhessen (14)	Franken (18)	Wien (27)
Mittelland (15)	Hochland (19)	Niederdonau (28)
Sachsen (16)	Württemberg (20)	Oberdonau (29)
Thüringen (17)	Baden (21)	Steiermark (30)
Mittelelbe (23)	Schwaben (36)	Kärnten (31)
Mainfranken (39)	Bayreuth (22)	Salzburg (32)
	Tirol-Vorarlberg (33)	

BEFEHLSSTELLEN

Böhmen und Mähren (Tschechoslowakei)
Generalgouvernement (Polen)
Osten (Baltikum, Rußland, Ukraine, Balkan)
Niederlande

Der Aufbau der HJ nach Jahrgängen

(Stand von 1942)

Deutsches Jungvolk (DJ)
(4 Jahrgänge im Fähnlein)
Jungzug 4 = 10 Jahre
Jungzug 3 = 11 Jahre
Jungzug 2 = 12 Jahre
Jungzug 1 = 13 Jahre

Hitlerjugend (HJ)
(4 Jahrgänge in der Gefolgschaft)
Schar 4 = 14 Jahre
Schar 3 = 15 Jahre
Schar 2 = 16 Jahre
Schar 1 = 17 Jahre

Mit 18 Überweisung in die NSDAP oder ihre Gliederungen, bzw. Ableistung der Dienstpflicht in Arbeitsdienst und Wehrmacht.

Jungmädelbund (JM)
(4 Jahrgänge in der JM-Gruppe)
Jungmädelschar 4 = 10 Jahre
Jungmädelschar 3 = 11 Jahre
Jungmädelschar 2 = 12 Jahre
Jungmädelschar 1 = 13 Jahre

Mädelbund (MB)
(4 Jahrgänge in der Mädelgruppe)
Mädelschar 4 = 14 Jahre
Mädelschar 3 = 15 Jahre
Mädelschar 2 = 16 Jahre
Mädelschar 1 = 17 Jahre

BDM-Werk
«Glaube und Schönheit»
Arbeitsgemeinschaften der 17 bis 21 Jahre alten Mädchen.

Alljährlich im April: Musterung und Einberufung der Zehnjährigen für DJ und JM, Überweisung der Vierzehnjährigen aus DJ und JM in HJ und MB, dort erneute Verpflichtung. Überweisung der Achtzehnjährigen in die NSDAP und ihre Gliederungen mit Vereidigung auf den «Führer».

Mitgliederbewegung

Jahr	Gesamtzahl der 10–18 jährigen	Davon Mitglieder in HJ und BDM
1933	7 529 000	2 300 000
1934	7 682 000	3 500 000
1935	8 172 000	3 900 000
1936	8 656 000	5 400 000
1937	9 060 000	5 800 000
1938	9 109 000	7 000 000
1939	8 870 000	8 100 000
		(1939 bei Jahresbeginn)

Das Erziehungssystem

Partei	Alter	Schule
Übergang vom BDM-Werk zur NS-Frauenschaft	21	
	20	Arbeitsdienst- und Wehrpflicht (19–21)
BDM-Werk «Glaube und Schönheit» (17–21)	19	
Übergang zur NSDAP oder ihren Gliederungen	18	Abgang aus der Oberschule (Reifeprüfung)
	17	
	16	Abgang aus den Aufbauklassen der Hauptschule
	15	
Übergang zur Hitlerjugend oder zum Bund Deutscher Mädel	14	Abgang aus der Volksschule oder Hauptschule
	13	
	12	
	11	
Aufnahme in Deutsches Jungvolk oder Jungmädelbund	10	Übergang zur Hauptschule (4 oder 6 Jahre), zur Oberschule (8 Jahre)
	9	
	8	
	7	
	6	Aufnahme in die Volksschule (8 Jahre Schulpflicht)

Erfassung der Mädchen im NS-Staat

Eintritt am 20. April

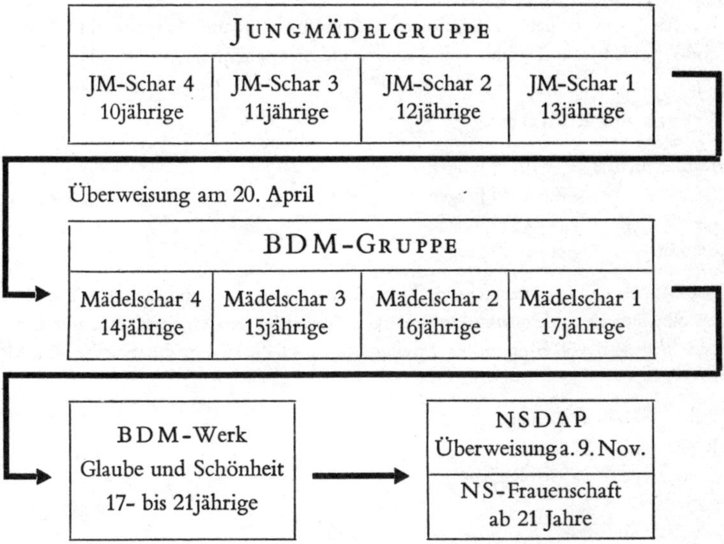

Gliederung nach Einheiten bis 1939

Reichsjugendführung
(Obergebiet)

Gebiet		Obergau	
HJ	DJ	MB	JM
Bann	Jungbann	Untergau	Jungmädel-Untergau
Stamm	Jungstamm	Mädelring	Jungmädelring
Gefolgschaft	Fähnlein	Mädelgruppe	Jungmädelgruppe
Schar	Jungzug	Mädelschar	Jungmädelschar
Kameradschaft	Jungenschaft	Mädelschaft	Jungmädelschaft

Es gehörten etwa 20 Banne zu einem Gebiet, etwa 4–6 Stämme zu einem Bann, 4 Gefolgschaften zu einem Stamm, 4 Scharen zu einer Gefolgschaft, 4 Kameradschaften zu einer Schar.
(Bei DJ, MB und JM entsprechend.)
Im Kriege gab es eigene Untergliederungen nur bis zu Stamm, Jungstamm, Mädelring und Jungmädelring. Darüber war der Bann die nächste zentrale Befehlsstelle.

Stärke der Einheiten

Kameradschaft	= 10–15 Jungen
Schar	= etwa 40 Jungen
Gefolgschaft	= etwa 150 Jungen
Stamm	= etwa 600 Jungen

Bei DJ, MB und JM entsprechend, doch waren die Jungvolk- und Jungmädeleinheiten im allgemeinen zahlenmäßig etwas stärker. Abweichungen ergab es auch durch die verschiedene Bevölkerungsdichte. Im allgemeinen war die HJ-Organisation der NSDAP angepaßt:

Gau	= Gebiet
Kreis	= Bann
Ortsgruppe	= Gefolgschaft

Sozialgliederung der HJ-Führerschicht

Im Gegensatz zum hauptamtlichen Führerkorps war die ehrenamtliche Führerschaft (etwa bis zur Führung von Stamm, Jungstamm, Mädelring und Jungmädelring) berufstätig oder in der Berufs- und Schulausbildung.
Die Vergleichszahlen nach G. Kaufmann, allerdings aus zwei verschiedenen Jahren und wie alle HJ-Statistiken heute nicht mehr nachprüfbar:

HJ-Mitglieder (1939)

- 21% Schüler
- 5% kaufmännische Berufe
- 3% technische Berufe
- 23% land- und forstwirtschaftliche Berufe
- 42% Jungarbeiter
- 6% sonstige Berufe

HJ-Führerschaft (1937)

- 16,4% Schüler
- 25,5% kaufmännische Berufe
- 8,7% technische Berufe
- 3,5% land- und forstwirtschaftliche Berufe
- 5,9% Studenten
- 5,4% Lehrer
- 11,3% Sonstige
- 2,5% ohne Beruf

Die Ämter der Reichsjugendführung bis 1939

L = Amt für Leibesübungen (Grundschule, Leistungssport, Ausbildung, Wettkampfstab)
KE = Amt für körperliche Ertüchtigung (Wehrsportliche Grundausbildung, Schießausbildung, Flieger-HJ, Marine-HJ, Motor-HJ)
HBA = Arbeitsausschuß für HJ-Heimbeschaffung (Parteieigene Bauten, HJ-Heimbauten)
O = Organisationsamt (Organisation, Bekleidung und Ausrüstung, HJ-Aufmarschstab)
S = Soziales Amt (Jugendrecht, Kommunalarbeit und Jugendpflege, Landjugend, Jugendberufsarbeit)
G = Amt für Gesundheitsführung (Gesundheitsführung, Gesundheitssicherung)
Pr = Presse- und Propaganda-Amt (Inlandspresse, Auslandspresse, aktive Propaganda)
WS = Amt für weltanschauliche Schulung (Einheitenschulung, Führerschulung)
K = Kulturamt (Darstellende Kunst, Musik, Bildende Kunst, Schrifttum, Rundfunk, Kultureller Einsatz)
A = Auslandsamt (Auslandsverbindungen, reichsdeutsche Jugend im Ausland)
GV = Grenz- und Volkspolitisches Amt (Deutschtumsarbeit, Volkstumsarbeit, Grenzlandarbeit)
JHF = Amt für Jugendherbergswesen und Fahrten (Finanzen, Bau und Betrieb, Fahrten)
V = Verwaltungsamt
P = Personalamt

Entsprechend den Ämtern der Reichsjugendführung waren Gebiete und Banne gegliedert, doch hatten die Sachressorts andere Namen:
Einem «Amt» der RJF entsprach eine «Abteilung» im Gebiet und eine «Stelle» im Bann. Es kontrollierte also der Amts-Chef für Leibesübungen die Abteilungsleiter der Gebiete, denen wieder die Stellenleiter der Banne dafür verantwortlich waren, daß die «Sportwarte» und Einheitsführer richtigen Sportdienst durchführten.
Die Uniform des hauptamtlichen Führerkorps:
Braune Schirmmütze mit schwarzem Mützenband und HJ-Raute, Braunhemd, schwarzer Binder, brauner Rock, HJ-Abzeichen, schwarzes Koppel mit schwarzem Schulterriemen, Führerdolch, schwarze Stiefelhose, schwarze Schaftstiefel. Bannführer: aluminiumfarbenes Eichenblatt auf schwarzer Schulterklappe und ebensolche Bestickung an Rock und Mütze. Sie war bei den Amts-Chefs der RJF und bei Gebietsführern goldfarben. Uniform der höheren BDM-Führerinnen: dunkelblauer Hut, weiße Bluse, dunkelblaues Kostüm (Jacke, Rock), Rangabzeichen als Stickerei an der Jacke.

Organisationsplan der Reichsjugendführung im Krieg

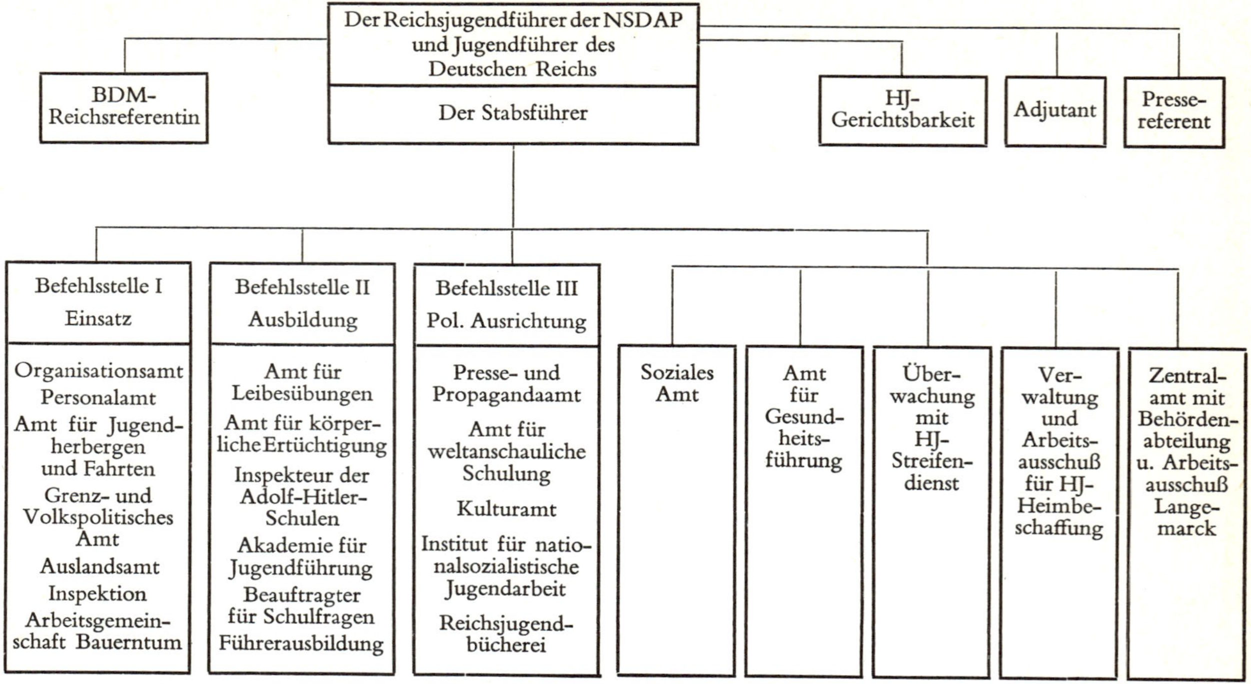

Die Rangstufen

Die HJ unterschied zwischen Dienststellung und Dienstrang. «Bannführer» war eine Dienststellung, wenn der Führer eines Bannes gemeint war. Dieser Führer eines Bannes konnte auch den Rang eines Bannführers haben, war aber vielfach erst Stammführer oder Hauptgefolgschaftsführer.
Das Rangstufensystem orientierte sich an dem der Wehrmacht und der Parteigliederungen (SA, SS usw.). Das komplizierte System änderte sich mehrfach, hier der Stand von 1942:

HJ	BDM
Reichsjugendführer	–
Stabsführer	BDM-Reichsreferentin
Obergebietsführer	–
Gebietsführer	Gebietsmädelführerin
Hauptbannführer	–
Oberbannführer	Hauptmädelführerin
Bannführer	–
Stammführer	Mädelringführerin
Hauptgefolgschaftsführer	–
Obergefolgschaftsführer	–
Gefolgschaftsführer	Mädelgruppenführerin
Oberscharführer	–
Scharführer	Mädelscharführerin
Oberkameradschaftsführer	–
Kameradschaftsführer	Mädelschaftsführerin
Rottenführer	–
Hitlerjunge	Mädel

Die unteren Rangstufen für Jungvolk und Jungmädel bei vereinfachter Kriegsorganisation:

Deutsches Jungvolk	Jungmädel
Fähnleinführer	Jungmädelgruppenführerin
Oberjungzugführer	–
Jungzugführer	Jungmädelscharführerin
Oberjungenschaftsführer	–
Jungenschaftsführer	Jungmädelschaftsführerin
Hordenführer	–
Pimpf	Jungmädel

Es gab Abzeichen für Dienststellung und Dienstrang. Die Stellung erkannte man an Schnüren, den Rang an Sternen und Litzen auf den Schulterklappen. Die Mädelführerinnen trugen Schnüre, die höheren Führerinnen Stickereien.

Zeitübersicht

Daten zur allgemeinen Geschichte der deutschen Jugendbewegung vergleiche man bei Werner Kindt (Herausgeber): «Grundschriften der deutschen Jugendbewegung», Düsseldorf-Köln 1963, Seite 583ff.

1920 *8. August: Gründung der NSDAP in München.*

1922 *8. März:* In München erscheint im «Völkischen Beobachter» ein Aufruf zur Gründung eines Jugendbundes der NSDAP.

1923 Anfänge einer «Nationalsozialistischen Arbeiterjugend» in Wien.
8./9. November: Mißlungener «Putsch» Hitlers in München; Verbot der NSDAP.

1924 *Januar:* Der 14jährige Gymnasiast Hartmann Lauterbacher gründet die erste nationalsozialistische Jugendgruppe in den österreichischen Alpenländern am Gymnasium Kufstein (Tirol).

1925 In der sächsischen Industriestadt Plauen im Vogtland gründet der Jurastudent Kurt Gruber eine «Groß-Deutsche Jugendbewegung», die Kernorganisation der späteren HJ. Eine ähnliche Gründung in Franken durch Rudolf Gugel.

1926 *26. Januar:* Wilhelm Tempel gründet den «Nationalsozialistischen Deutschen Studentenbund» (NSDStB).
2. Mai: Dr. Hans Severus Ziegler, stellvertretender Gauleiter von Thüringen, gebraucht erstmals den Namen «Hitlerjugend» bei einer Kundgebung in Gera.
4. Juli: Parteiamtliches Gründungsdatum der HJ beim 2. Reichsparteitag der nach Hitlers Entlassung aus der Festung Landsberg am 27. Februar 1925 neugegründeten NSDAP. Den Namen «Hitler-Jugend» (ältere amtliche Schreibweise) gab der fränkische Gauleiter Julius Streicher. Kurt Gruber wird erster «Reichsführer» der HJ, die Reichsleitung bleibt in Plauen. Erste Zeitung: «Hitler-Jugend» (1926/27).

1928 *20. Juli:* Der 21jährige Literaturstudent Baldur von Schirach wird als neuer Reichsführer des NSDStB in die Reichsleitung der NSDAP in München berufen.
Erstes selbständiges Reichstreffen der HJ unter Gruber.
Erste «Schwesternschaften der HJ», aus denen später die Mädchenorganisationen BDM und JM entstehen.

1929 *4. August:* Gruber führt 2000 Hitlerjungen beim 4. Reichsparteitag in Nürnberg an Hitler vorbei. Weihe von «HJ-Gaufeldzeichen» (Hammer und Schwert auf rotem Grund). Marsch der Berliner HJ nach Nürnberg.
Gründung des NS-Lehrerbundes (NSLB) durch den Volksschullehrer Hans Schemm in Bayern.

1930 *1. April:* Erstes HJ-Verbot an Schulen und Berufsschulen der Provinz Hannover durch Oberpräsident Noske (SPD); Einzelverbote auch in Bayern und Hessen.

Anfang Juli: «Bund deutscher Mädel in der Hitler-Jugend» (BDM) gegründet.
18. August: Entstehung des «Deutschen Jungvolks» mit eigener Uniform (schwarzes Käppi, Braunhemd, schwarze Hose, schwarzes Dreiecktuch, Ärmelscheibe mit Siegrune als Kampfabzeichen).
14. September: Überraschender Wahlerfolg der NSDAP, die im Reichstag von 12 auf 107 Mandate wächst.

1931 *27. März:* Das «Deutsche Jungvolk» (DJ) wird der HJ als Unterorganisation eingegliedert; in ihm erhalten sich bis 1935/36 starke Elemente der «Bündischen Jugend», vereinzelt bis in den Krieg hinein.
Die ersten Jungmädelgruppen (JM) des BDM entstehen (10 bis 14 Jahre alte Mädchen).
27. April: Die Reichsleitung der HJ wird von Plauen nach München verlegt.
30. Oktober: Baldur von Schirach wird Reichsjugendführer der NSDAP, noch immer beim Stab des Obersten SA-Führers. Ihm unterstehen HJ, NSS und NSDStB.

1932 *24. Januar:* Ermordung des Berliner Hitlerjungen Herbert Norkus, später erhoben zum legendären «Blutzeugen» in der «Ewigen Gefolgschaft».
13. April bis 17. Juni: Verbot von SA, SS und HJ, die aber illegal weiterarbeiten.
13. Mai: Schirach nach Grubers Ausscheiden und von Rentelns Rücktritt auch «Reichsführer» der HJ.
31. Juli: Der 25jährige Schirach wird jüngster Reichstagsabgeordneter. Etwa 35000 HJ-Mitglieder.
September: Gründung von NS-Jugendbetriebszellen in Berlin durch Axmann und Otto; 1933 in die HJ übernommen.
1./2. Oktober: «Reichsjugendtag der NSDAP» in Potsdam; Aufmarsch von 110000 Jugendlichen; Kundgebung mit Hitler und Schirach.

1933 *30. Januar: Hitler wird Reichskanzler. HJ eine Million Mitglieder.*
28. Februar: «Verordnung des Reichspräsidenten zum Schutze von Volk und Staat»; sie diente als juristische Handhabe gegen kirchliche, politische und bündische Jugendopposition.
5. April: Obergebietsführer Nabersberg besetzt die Berliner Geschäftsstelle des «Reichsausschusses der deutschen Jugendverbände» gegen den Protest des Geschäftsführers Hermann Maaß (SPD) (1944 hingerichtet).
8. April: Zusammenschluß der Deutschen Freischar, der Freischar junger Nation, der Geusen und weiterer Bünde zum «Großdeutschen Bund» unter Admiral a. D. von Trotha, um sich gegen die HJ zu behaupten.
10. April: Übernahme des «Reichsverbandes der deutschen Jugendherbergen» (gegründet 2. November 1919 auf Burg Altena) durch die HJ.
Übergabe der Jugendburg Ludwigstein an die HJ als «Ehrenmal der gefallenen Wandervögel».
17. Juni: Schirach, seit 2. Juni Reichsleiter der NSDAP, wird «Jugendführer des Deutschen Reiches»; HJ eigene Gliederung der Partei außerhalb der SA.
8. Juli: Auflösung des «Reichsausschusses der deutschen Jugendverbände».
20. Juli: Das Reichskonkordat zwischen der deutschen Reichsregierung und dem Vatikan sichert der katholischen Kirche eingeschränkte Jugendarbeit zu.

29. Juli: Die RJF verbietet die gleichzeitige Mitgliedschaft in HJ und kirchlichen Jugendorganisationen.
2. September: Appell von 60000 Hitlerjungen beim Reichsparteitag in Nürnberg vor Hitler.
19. Dezember: Vertrag zwischen RJF und Reichsbischof Müller erzwingt Eingliederung der evangelischen Jugendverbände in die HJ.

1934 «Jahr der Schulung»*)

4. März: Eingliederung der evangelischen Jugend in die HJ.
29. März: «Gesetz über das Landjahr», ein Ehrendienst für ausgesuchte Volksschüler nach Abschluß der Schulzeit in Landjahrlagern unter Aufsicht der Schulbehörde.
April: Örtliche Verbote katholischer Jugendverbände trotz des Reichskonkordats.
1. Mai: Einführung des «Reichsberufswettkampfs". Studienrat Bernhard Rust aus Hannover wird Reichsminister für Wissenschaft, Erziehung und Volksbildung.
1. Juni: Stiftung der HJ- und BDM-Leistungsabzeichen (DJ-Leistungsabzeichen am 3. Oktober 1935).
1. Juli: Adalbert Probst, Reichsführer der katholischen «Deutschen Jugendkraft», durch Gestapo verhaftet und «auf der Flucht erschossen».
21. Juli: Einführung des «Streifendienstes» für Polizeiaufgaben innerhalb der HJ und Abwehr oppositioneller Jugend.
30. Juli: Der Sonnabend jeder Woche als «Staatsjugendtag» dem HJ-Dienst vorbehalten.
18. August: Stiftung des «Goldenen Ehrenzeichens der HJ», vorbehalten «alten Kämpfern», die vor dem 2. Oktober 1932 schon Mitglied waren.
August: Zum ersten Male «Stunde der jungen Nation», ein an jedem Mittwoch über alle Sender gebrachter Heimabend der HJ.
7. Oktober: «Bund der Artamanen» in die HJ eingegliedert und Kern für den «Landdienst» der HJ, der mit 500 Jungen in 45 Gruppen beginnt.
9. November: Erste Überweisung achtzehnjähriger Hitlerjungen und BDM-Mädchen aus der HJ in die Partei in München durch Hitlers Stellvertreter Heß.
30. November: Eingliederung der Turn- und Sportjugend in die HJ, die damit auf 6 Millionen Mitglieder anwächst.

1935 «Jahr der Ertüchtigung»

Januar: Rückkehr des Saargebietes ins Reich.
16. März: Wiedereinführung der allgemeinen Wehrpflicht.
April: Erste geschlossene Überweisung der 14jährigen aus DJ und JM zur HJ und zum BDM.
16. April: Rede des Schriftstellers Ernst Wiechert vor Studenten in München gegen «Gladiatorenruhm» und «Boxerethos» in der Jugenderziehung.
Ostern: Romfahrt von 1800 Jungen und Jungmännern katholischer Jugendverbände; Empfang beim Papst.

---

*) Die Jahresparolen 1934 bis 1944 gab der Reichsjugendführer alljährlich in seinem Neujahrsappell an die Hitlerjugend bekannt.

Juli: Die Geheime Staatspolizei (Gestapo) richtet eigene Abteilung zur Überwachung ehemals bündischer Führer und Persönlichkeiten ein.
6. Juli: Die RJF verbietet HJ-Mitgliedern den Beitritt zu studentischen Korporationen.
10. Juli: Erlaß über jüdische Jugendherbergen und Tätigkeit jüdischer Jugendverbände unter Polizeikontrolle.
22. Juli: Reichserziehungsminister verbietet Klassenwimpel und Schulfahnen.
20. *August:* Hirtenbrief der deutschen Bischöfe: «Stehe fest im Glauben, katholische Jugend...»

1936 «Jahr des Deutschen Jungvolks»

24. Januar: Grundsteinlegung der «Reichsakademie für Jugendführung» in Braunschweig (Eröffnet 5. August 1939).
11. März: Schulen dürfen HJ-Flagge hissen, wenn 90% der Schüler HJ-Mitglieder geworden sind.
19. April: Nach der propagandistisch größten «Erfassungsaktion» wird der Jahrgang 1926 «gemustert» und zu über 90% am Vorabend von Hitlers Geburtstag ins Jungvolk, bzw. in den Jungmädelbund aufgenommen.
20. April: Massenvereidigung von 190000 Führern und Führerinnen der HJ und des BDM. – Neugliederung der HJ nach Jahrgängen und Wohnbezirken.
11. September: BDM-Reichstreffen in Bamberg.
12. September: Jugendkundgebung beim Reichsparteitag; erstmals «Adolf-Hitler-Marsch der deutschen Jugend» als Sternmarsch nach Nürnberg.
20.–27. September: Reichsführerinnenlager des BDM in der Reichsakademie auf dem Reichssportfeld in Berlin mit mehr als 500 Mädeluntergauführerinnen.
1. Dezember: «Gesetz über die Hitler-Jugend» macht HJ zur Staatsjugendorganisation. Erhöhung der RJF zur «Obersten Reichsbehörde», Hitler direkt unterstellt und nun unabhängig von den Ministerien des Innern und für Wissenschaft, Erziehung und Volksbildung.
4. Dezember: Der schulfreie Staatsjugendtag endgültig aufgegeben.

1937 «Jahr der Heimbeschaffung»

15. Januar: Hitler verfügt den Bau von «Adolf-Hitler-Schulen» als «Vorschulen für die nationalsozialistischen Ordensburgen».
14. März: Päpstliche Enzyklika «Mit brennender Sorge» gegen den Glaubensterror in Deutschland. – Danach verstärkte Unterdrückung der katholischen Jugendarbeit.
2. Oktober: Grundsteinlegung für die neue Reichsführerschule in Potsdam.
24. November: Trude Mohr-Bürkner wird von Dr. Jutta Rüdiger als neuer Reichsreferentin des BDM abgelöst.

1938 «Jahr der Verständigung»

19. Januar: Gründung des «BDM-Werks Glaube und Schönheit» für die 17–21 Jahre alten Mädchen.
29. Januar: Erlaß des Reichserziehungsministers über «Erziehung und Unterricht in der Höheren Schule».

23. Februar: Ausbildungsordnung für das hauptberufliche «Führerkorps» der HJ.
13. März: Anschluß Österreichs an Deutschland; Eingliederung der bisher illegalen österreichischen HJ; Auflösung des österreichischen Wandervogels.
6. Mai: Stiftung des «Führersportabzeichens».
8.–18. Juni: Reichskulturlager der HJ, verbunden mit den «Weimar Festspielen» in Weimar.
29. September: Konferenz in München, die zum Anschluß der sudetendeutschen Gebiete an Deutschland führt.
7. Oktober: Abkommen zwischen RJF und Reichsführer-SS über den «HJ-Streifendienst» als Sonderformation für den SS- und Polizeinachwuchs.
15. November: In Eger feierliche Übernahme der «Sudetendeutschen Volksjugend» in die HJ.

1939 «Jahr der Gesundheitspflicht»

14. Januar: Vereinbarung zwischen RJF und Reichsführer-SS über den «Landdienst der HJ»
30. Januar: Reichsgesetz zur Förderung der HJ-Heimbeschaffung.
15. März: Einmarsch deutscher Truppen in Böhmen und Mähren; Entstehung des «Reichsprotektorats» und der Slowakei als deutschem «Schutzstaat» nach Auflösung der Tschechoslowakei.
25. März: «Jugenddienstverordnung»; 1. und 2. Durchführungsverordnung zum «Gesetz über die Hitler-Jugend» vom 1. Dezember 1936 zur Einführung der «Jugenddienstpflicht».
1. Mai: «Gesundheitsdienstordnung» zur Musterung der Dienstpflichtigen und zum Gesundheitsdienst der HJ. Vier Millionen Teilnehmer beim Reichsberufswettkampf.
1. September: Beginn des Zweiten Weltkriegs mit dem deutschen Angriff auf Polen.

1940 «Jahr der Bewährung»

9. März: «Polizeiverordnung zum Schutz der Jugend» als Maßnahme gegen Jugendverwahrlosung im Kriege. – Verschärfte «Dienststrafordnung der HJ» (4. 10.)
11. März: Einberufung des Jahrgangs 1923 zur Jugenddienstpflicht.
20. April: Erfassung des Jahrgangs 1929/30 zur Jugenddienstpflicht.
10. Mai: Beginn der deutschen Offensive in Westeuropa.
8. August: Baldur von Schirach wird Reichsstatthalter und Gauleiter von Wien, bleibt «Reichsleiter für Jugenderziehung der NSDAP». Neuer Reichsjugendführer Arthur Axmann.
1. September: «Freiheitsmarsch» der HJ im «Warthegau» mit Schlußappell und Fahnenweihe in Kutno (Polen).
12. September: In Straßburg Überführung der «Deutschen Volksjugend Elsaß» in die HJ.

1941 «Unser Leben ein Weg zum Führer»

1. Juni: Die «Luxemburgische Volksjugend» wird der HJ eingegliedert.
22. Juni: Beginn des deutschen Angriffs auf die Sowjetunion und neuer Vernichtungsaktionen gegen die osteuropäischen Juden.

27. Oktober: Im Erlaß über «Auslese und Einberufung für die Lehrerbildungsanstalten» vereinbaren RJF und Reichsministerium für Erziehung, Wissenschaft und Volksbildung eine neue Volksschullehrerausbildung.

1942 «Osteinsatz und Landdienst»

20. Januar: Wannsee-Besprechung in Berlin zur «Endlösung der Judenfrage», der Vernichtung aller Juden im Machtbereich Hitlers.
7. Juni: Verordnung über die HJ im «Generalgouvernement» (dem von Deutschland besetzten Polen). HJ-Dienstpflicht für die «volksdeutsche Jugend», wenn der Vater deutscher Abstammung ist.
14. September: Schirach und Axmann gründen in Wien den «Europäischen Jugendverband». Im «Großen Führerrat» sitzen die Vertreter aller profaschistischen Jugendorganisationen im Machtbereich der Diktatoren.

1943 «Kriegseinsatz der deutschen Jugend»

26. Januar: Einberufung von Schülern als HJ-Luftwaffenhelfer zur Heimatluftverteidigung (Heimat-Flak).
2. Februar: Die letzten deutschen Soldaten im Kessel von Stalingrad stellen den Kampf ein.
22. Februar: Die Geschwister Hans und Sophie Scholl und Christoph Probst, Münchener Studenten der Widerstandsgruppe «Die weiße Rose», werden im Zuchthaus Stadelheim hingerichtet.
Juni: Aufstellung der (12.) SS-Panzerdivision «Hitlerjugend» aus 17- bis 18jährigen HJ-Freiwilligen im Lager Beverloo in Belgien.
25. Juli: Sturz der faschistischen Diktatur Mussolinis in Italien, der «Duce» gründet die «Republik von Salo».
13. August: Hinrichtung von Professor Dr. Kurt Huber und der Studenten Alexander Schmorell und Willi Graf als Mittäter der «Weißen Rose».
2. Dezember: Verordnung über die verstärkte Heranziehung der deutschen Jugend zur Erfüllung von Kriegsaufgaben.

1944 «Jahr der Kriegsfreiwilligen»

6. Juni: Invasion alliierter Truppen an der Küste der Normandie. Einsatz der SS-Panzerdivision «Hitlerjugend»; ihre Vernichtung in den Kämpfen bei Caen.
20. Juli: Mißglücktes Attentat des Obersten Graf Stauffenberg auf Hitler.
18. Oktober: Auf Befehl Hitlers sollen alle waffenfähigen deutschen Männer im Alter von 16 bis 60 Jahren im «Volkssturm» zur Landesverteidigung eingesetzt werden.
Zwangseinberufung von 17 bis 21 Jahre alten Mädchen zum Wehrdienst; Einsatz von Mädchen in den letzten Kriegsmonaten, z. B. bei der Flak.
20. Oktober: Der aus der Jugendbewegung hervorgegangene Pädagoge Professor Dr. Adolf Reichwein und sein Freund, der sozialistische Jugendführer Hermann Maaß, werden im Zuchthaus Plötzensee hingerichtet wegen ihrer Verbindung zum «Kreisauer Kreis».

1945 *Januar:* Aufstellung und bald darauf Kampfeinsatz einer Regimentsgruppe aus Hitlerjungen in der «Festung Breslau».

20. März: Noch einmal wird die deutsche Jugend zum sinnlosen Widerstand aufgeputscht durch heroische Berichte und die Verleihung von Orden. So empfängt Hitler zwanzig Jungen, die sich an der Front ausgezeichnet haben.

April: Der Jahrgang 1929 wird zum Wehrdienst aufgerufen; der Jahrgang 1935 auf Hitler verpflichtet in den noch nicht von alliierten Truppen besetzten Gauen.

30. April: Selbstmord Hitlers im Bunker der Reichskanzlei, u. a. auch von Axmann bezeugt, dem die Flucht aus der zerstörten Hauptstadt gelingt.

9. Mai: Bedingungslose Kapitulation der deutschen Wehrmacht an allen Fronten.

1946 *30. September:* Baldur von Schirach durch den Nürnberger Gerichtshof zu zwanzig Jahren Gefängnis verurteilt, weil er sich als Gauleiter von Wien an den Judendeportationen beteiligte und sich damit der «Verbrechen gegen die Menschlichkeit» schuldig machte.

1947 *Februar:* Zonen-Exekutivanweisung Nr. 54 der britischen Militärregierung zur «Entnazifizierung». Danach gelten als «Jugendliche» alle nach dem 1. Januar 1919 geborenen Deutschen. Sie sind von den Entnazifizierungsbehörden als «Unbelastete» (Kategorie V) einzustufen. Sie gelten als «Amnestierte», falls sie nicht an Verbrechen teilgenommen haben. Ähnliche Maßnahmen auch in den beiden anderen Westzonen.

Informationen zu Einzelkapiteln (vgl. Literaturverzeichnis)

Von Plauen nach Potsdam: HJ in der «Kampfzeit»: Die Frühgeschichte der HJ in der Weimarer Republik erforschte Hans-Christian Brandenburg.

Das Ende der freien Bünde: Beste Materialien heute im Archiv der deutschen Jugendbewegung, Burg Ludwigstein b. Witzenhausen a. d. Werra.

Christliche Jugend gleichgeschaltet: Bester Überblick zur Lage der evangelischen Jugend 1933–1945 bei Heinrich Riedel.

Führerkorps und Führerschaft: Zur Akademie der Jugendführung umfassend Jürgen Schultz.

Die nationalsozialistische Schule: Zu den Eliteschulen vgl. Horst Ueberhorst und Harald Scholtz. Dokumente zur NS-Schule bei Hans-Jochen Gamm, zu den Lehrplänen und Schulbüchern vgl. Kurt-Ingo Flessau.

Jugend im Widerstand: Unterrichtsvorschläge und Materialien durch Bundeszentrale für politische Bildung (Der NS als didaktisches Problem). – Arno Klönne: Zur «bündischen Opposition» im Dritten Reich. In: Jahrbuch des Archivs der deutschen Jugendbewegung 12/1980. Burg Ludwigstein.

Jugend im totalen Krieg: Dr.-Ing. Joachim Sierck berichtet, daß Luftwaffenhelfer 1943/44 zu Reichsausbildungslagern für Hochfrequenztechnik einberufen wurden. – Als Soldat fiel von den durch die HJ-Erziehung mitgeprägten Jahrgängen jeder vierte junge Mann. Jahrgang 1921–1925: 770000 Gefallene, 1926–1930: 82000 Gefallene. Schwer feststellbar die Kriegsverluste der Mädchen und Frauen, vor allem durch Bombenangriffe und bei der Vertreibung aus den Ostgebieten.

Literaturverzeichnis und Medienmaterial

Das Verzeichnis nennt in Auswahl die zum Thema wichtigsten Arbeiten, sofern sie für die Erstausgabe 1964 ausgewertet wurden. Von 1965 bis 1981 wurden Werke nachgetragen, die dem Leser der Neuausgabe helfen, den Diskussionsstand der Forschung mitzuverfolgen. Die erzählenden Bücher, vielfach Jugendbücher, sollen ebenso wie die Hinweise auf Medien (Film, Tonträger) den jungen Lesern und ihren Lehrern Anregungen für eigene Weiterarbeit und für Unterrichtsvorhaben geben.

I. Literatur nach 1945: Jugendbewegung, Nationalsozialismus, Hitlerjugend

Boldt, Gerhard: Die letzten Tage der Reichskanzlei. Rowohlt-Tb.: Reinbek 1964

Bracher, Karl Dietrich: Die Auflösung der Weimarer Republik. Villingen 1960[3]

Bullock, Alan: Hitler. Eine Studie über Tyrannei. Düsseldorf 1959

Brandenburg, Hans-Christian: Die Geschichte der HJ. Köln 1968

Bundeszentrale für Politische Bildung (Hrsg.): Der Nationalsozialismus als didaktisches Problem. Schriftenreihe Nr. 156. Bonn 1980

Dollinger, Hans / Jacobsen, Hans-Adolf: Der Zweite Weltkrieg in Bildern und Dokumenten. Bd. I–III. München 1962

Deuerlein, Ernst (Hrsg.): Der Aufstieg der NSDAP in Augenzeugenberichten. München 1974

Domarus, Max (Hrsg.): Hitler – Reden und Proklamationen. Wiesbaden 1973

Fest, Joachim C.: Das Gesicht des Dritten Reiches / Profile einer totalitären Herrschaft (u. a. auch Reichsjugendführer Baldur v. Schirach). München 1963

Fest, Joachim C.: Hitler. Eine Biographie. Frankfurt – Berlin – Wien 1973

Fest, Joachim C. / Herrendoerfer, Christian: Hitler – ein Karriere. Bildband zum Dokumentarfilm. Frankfurt – Berlin – Wien 1977

Flessau, Kurt-Ingo (Hrsg.): Schule der Diktatur. Lehrpläne und Schulbücher des Nationalsozialismus. Frankfurt 1979

Flitner, Andreas (Hrsg.): Deutsches Geistesleben und Nationalsozialismus. Tübingen 1965

Focke, Harald / Reimer, Uwe (Hrsg.): Alltag unterm Hakenkreuz. Reinbek 1979

Gamm, Hans-Jochen: Der braune Kult. Das Dritte Reich und seine Ersatzreligion. Hamburg 1962

Gamm, Hans-Jochen (Hrsg.): Führung und Verführung. Pädagogik des Nationalsozialismus. München 1964

Gilbert, Gustave M.: Nürnberger Tagebuch. Frankfurt 1962

Gollwitzer, Helmut / Kuhn, Käthe / Schneider, Reinhold: Du hast mich heimgesucht bei Nacht. Abschiedsbriefe und Aufzeichnungen des Widerstandes 1943–1945. München 1954

Greiffenhagen, Martin u. a.: Totalitarismus. Zur Problematik eines politischen Begriffs. München 1972

Gruchmann, Lothar: Der Zweite Weltkrieg. München 1967
Grunberger, Richard: Das zwölfjährige Reich. Der deutsche Alltag unter Hitler. Wien – München – Zürich 1972
Haffner, Sebastian: Anmerkungen zu Hitler. München 1978
Haß, Kurt (Hrsg.): Jugend unterm Schicksal. Lebensberichte junger Deutscher. Hamburg 1950
Henderson, James L.: Adolf Reichwein. Stuttgart 1958
Hofer, Walter (Hrsg.): Der Nationalsozialismus. Dokumente 1933–1945. Frankfurt 1957
Kindt, Werner (Hrsg.): Grundschriften der deutschen Jugendbewegung. Düsseldorf – Köln 1963
Kindt, Werner (Hrsg.): Die Wandervogelzeit. Dokumentation der Jugendbewegung. Düsseldorf – Köln 1968
Kindt, Werner (Hrsg.): Die deutsche Jugendbewegung 1920 bis 1933. Die bündische Zeit. Dokumentation der Jugendbewegung. Düsseldorf – Köln 1974
Klönne, Arno: Hitlerjugend. Die Jugend und ihre Organisation im Dritten Reich. Hannover – Frankfurt 1956
Klönne, Arno: Gegen den Strom. Ein Bericht über die Jugendopposition im Dritten Reich. Hannover – Frankfurt 1959
Klönne, Arno: Jugendbewegung und Faschismus. In: Jahrbuch des Archivs der deutschen Jugendbewegung. Redaktion: Winfried Mogge / Karl Vogt. Burg Ludwigstein/Witzenhausen Bd. 12/1980 (Beiträge zum Thema Jugendbewegung – Faschismus)
Klönne, Arno (Hrsg.): Jugendkriminalität und Jugendopposition im NS-Staat. Münster 1981
Klose, Werner: Hitler und sein Staat. Jugendsachbuch. Tübingen 1970[5]
Klose, Werner (Hrsg.): Sprache der Aggression: Hitlerjugend. Sprachhorizonte Nr. 22. Dortmund – Hannover 1974
Koch, Hannsjoachim W.: Geschichte der Hitlerjugend. Percha 1973
Kuby, Erich: Das Ende des Schreckens. Dokumente des Untergangs Januar bis Mai 1945. München 1961
Kühnl, Reinhard: Der deutsche Faschismus in Quellen und Dokumenten. Köln 1979
Laqueur, Walter Z.: Die deutsche Jugendbewegung. Köln 1962
Lersner, Frh. Dieter von: Die evangelischen Jugendverbände Württembergs und die Hitlerjugend 1933/34. Göttingen 1958
Letzte Briefe aus Stalingrad. Gütersloh 1954
Mann, Golo: Deutsche Geschichte 1919–1945. Fischer-Tb. Frankfurt 1961
Muchow, Hans Heinrich: Jugend und Zeitgeist. Hamburg 1962
Nolte, Ernst: Die faschistischen Bewegungen. München 1966
Paetel, Karl O.: Jugend in der Entscheidung 1913 – 1933 – 1945. Bad Godesberg 1963
Petry, Christian: Studenten aufs Schafott. Die Weiße Rose und ihr Scheitern. München 1968

Priepke, Manfred: Die evangelische Jugend im Dritten Reich 1933–1936. Hannover – Frankfurt 1960
Raabe, Felix: Die Bündische Jugend. Ein Beitrag zur Geschichte der Weimarer Republik. Stuttgart 1961
Roth, Heinrich: Katholische Jugend in der NS-Zeit unter besonderer Berücksichtigung des katholischen Jungmännerverbandes. Düsseldorf 1959
Rothfels, Hans: Die deutsche Opposition gegen Hitler. Frankfurt 1958
Riedel, Heinrich: Kampf um die Jugend. Evangelische Jugendarbeit 1933–1945. München 1976
Schelsky, Helmut: Die skeptische Generation. Düsseldorf – Köln 1958
Schirach, Baldur von: Ich glaubte an Hitler. Hamburg 1967
Scholl, Inge: Die Weiße Rose. Frankfurt 1953
Scholtz, Harald: Nationalsozialistische Ausleseschulen. Göttingen 1973
Schultz, Jürgen: Die Akademie für Jugendführung der Hitlerjugend in Braunschweig. Braunschweig 1978
Seidelmann, Karl: Bund und Gruppe als Lebensformen deutscher Jugend. München 1955
Ueberhorst, Horst: Elite für die Diktatur. Die Nationalpolitischen Erziehungsanstalten. Düsseldorf 1969
Vielhaber, Klaus (Hrsg.): Gewalt und Gewissen. Willi Graf und die «Weiße Rose». Freiburg 1963
Weisenborn, Günther: Der lautlose Aufstand. Hamburg 1962
Ziemer, Gerhard / Wolf, Hans: Wandervogel und Freideutsche Jugend. Bad Godesberg 1961

II. Nationalsozialistische Quellen bis 1945

Adolf-Hitler-Marsch der deutschen Jugend. Hrsg. RJF. München 1939
Axmann, Arthur (Hrsg.): Hitler-Jugend 1933–1943. Sonderdruck: Das junge Deutschland 1/2 – 1943
Axmann, Arthur: Der Reichsberufswettkampf. Berlin 1938
Benze, Rudolf: Erziehung im Großdeutschen Reich. Eine Überschau über ihre Ziele, Wege und Einrichtungen. Frankfurt/M. 1943[3]
Berger, G.: Verwaltungs- und Dienstvorschriften für die NSDAP/HJ. Bd. I–II. Berlin 1935
Brockmeier, Wolfram: Du Deutschland wirst bleiben. Berlin 1943
Bürkner, Trude: Der Bund Deutscher Mädel in der Hitler-Jugend. Berlin 1937
Cerff, Karl (Hrsg.): Das Zeltlager der jungen Kunst Heidelberg 1936. Berlin o. J.
Coler, Luise u. a. (Hrsg.): Frau und Mutter. Düsseldorf 1942
Dargel, Margarete (Hrsg.): Mädel im Kampf. Berlin 1938
Die Hitler-Jugend – Bund deutscher Arbeiterjugend. In: K. O. Paetel (Hrsg.): Handbuch der deutschen Jugendbewegung. Flarchheim 1930

Die Jugend des Führers Adolf Hitler. Bildbuch über die Großdeutsche Jugend. Leipzig 1942
Die Organisation der Hitler-Jugend. Amtliche Gliederungsübersicht der Reichsjugendführung der NSDAP. Dortmund 1937
Dietze, Hans-Helmut: Die Rechtsgestalt der Hitler-Jugend. Eine verfassungsrechtliche Studie. Berlin 1939
Der Dienst in der Allgemeinen Hitler-Jugend. Pflichtjahrgang 1923. Berlin 1941
Dörner, Claus (Hrsg.): Freude, Zucht, Glaube. Handbuch für die kulturelle Arbeit im Lager. Potsdam 1943
Du und Dein Volk. Zur Schulentlassung hrsg. vom Hauptamt für Erzieher (NSLB). München o. J.
Erziehung und Unterricht in der Höheren Schule. Amtliche Ausgabe. Berlin 1938
Hempel, Georg: Die Kieler Hitler-Jugend. Chronik, Geschichten und Aufsätze ihrer Kampfzeit. Kiel 1938
Hitler, Adolf: Mein Kampf. München 1942
HJ im Dienst. Ausbildungsvorschrift für die Ertüchtigung der deutschen Jugend. Berlin 1940
Jacoby, Kurt (Hrsg.): Das Dritte Reich im Aufbau. Leipzig 1938
Jungen im Einsatz: Kriegsjahrbuch der HJ. München 1944
Jungen im Gesundheitsdienst. Hrsg. RJF. München – Berlin 1941
Kaufmann, Günter: Das kommende Deutschland. Die Erziehung der Jugend im Reich Adolf Hitlers. Berlin 1943[3]
Klemer, Gerhard: Jugendstrafrecht und Hitler-Jugend. Berlin 1941[2]
Knopp, W.: Das Überwachungswesen der Hitler-Jugend. Bekämpfung der Jugendgefährdung und Jugendkriminalität. In: Das junge Deutschland 1944, Heft A 5–6, S. 97 ff. Berlin
Krieck, Ernst: Nationalsozialistische Erziehung. Osterwieck 1933
Kriminalität und Gefährdung der Jugend. Lagebericht bis zum Stande vom 1. Januar 1941. Hrsg. RJF. Berlin 1941 (Neuausgabe s. u. I./Klönne)
Littmann, Arnold: Herbert Norkus und die Hitlerjungen vom Beuselkietz. Berlin 1934
Mädel im Dienst. Hrsg. RJF. Potsdam 1940
Marine-HJ im Dienst. Hrsg. RJF. Berlin o. J.
Müller, Albert: Sozialpolitische Erziehung. Berlin 1943
Munske, Hilde (Hrsg.): Das bunte Jungmädelbuch. Berlin 1940
Pimpf im Dienst. Ein Handbuch für das Deutsche Jungvolk in der HJ. Hrsg. RJF. Potsdam 1934, 1938
Schirach, Baldur von: Die Hitlerjugend. Idee und Gestalt. Berlin 1934
Schirach, Baldur von: Revolution der Erziehung. Reden aus den Jahren des Aufbaus. München 1939
Schnabel, Raimund: Das Führerschulungswerk der HJ. Berlin 1938
Stellrecht, Helmut: Neue Erziehung. Berlin 1944[5]
Tetzlaff, Walter: Das Disziplinarrecht der Hitler-Jugend. Berlin 1944
Usadel, Georg: Zucht und Ordnung. Hamburg 1934

Utermann, Wilhelm (Hrsg.): Jungen – eure Welt. Das Jahrbuch der Hitler-Jugend. München 1941, 1943
Vesper, Will (Hrsg.): Deutsche Jugend. Berlin 1934
Volz, Hans: Daten der Geschichte der NSDAP. Berlin – Leipzig 1943[11]

Zeitschriften der HJ und ihrer Untergliederungen
Amtliches Nachrichtenblatt des Jugendführers des Deutschen Reiches
Das deutsche Mädel
Das junge Deutschland. Amtliches Organ der RJF
Der Pimpf
Die Hitler-Jugend
Die Jungenschaft
Die Jungmädelschaft
Die Mädelschaft
Führerblätter der HJ; Führerdienst der HJ; Führerinnendienst der HJ
Mädel voran
Reichsjugendpressedienst
Verordnungsblatt des Reichsjugendführers
Wille und Macht

III. Erlebnisberichte, erzählende Literatur nach 1945

Aichinger, Ilse: Die größere Hoffnung. Frankfurt 1974
Borkowski, Dieter: Wer weiß, ob wir uns wiedersehen. Erinnerungen an eine Berliner Jugend. Frankfurt 1980
Bruckner, Winfried: Die toten Engel. Ravensburg 1978
Burger, Horst: Warum warst du in der Hitlerjugend? Reinbek 1978
Gehrts, Barbara: Nie wieder ein Wort davon. dtv junior 1978
Granzow, Klaus: Tagebuch eines Hitlerjungen 1943–1945. Bremen 1965
Grass, Günther: Die Blechtrommel. Frankfurt 1962
Grün, Max von der: Wie war das eigentlich? Darmstadt 1981
Gregor, Manfred: Die Brücke. München 1979
Maschmann, Melita: Fazit. Mein Weg in der Hitler-Jugend. München 1979
Richter, Hans Peter: Damals war es Friedrich. München 1978
Schirach, Henriette von: Der Preis der Herrlichkeit. Wiesbaden 1956

Medienmaterial für Unterricht, Jugendgruppenarbeit
Biege, Hans-Peter / Cramer, Horst / Klose, Werner: Jugend unter Hitler. Begleitbuch zur Spielfilmserie des Südwestfunks. München 1982

Filme
Ursachen des Nationalsozialismus. Teil II: Die Propaganda (u. a. Jugendkundgebung Reichsparteitag).

Hitler spricht. Ausschnitte aus 6 Hitler-Reden. FT 2093 Wer nicht für uns ist, ist gegen uns (Spielfilm mit Dokumentarmaterial: Ein fanatischer Jungvolkführer verrät den Vater an die Gestapo.) FT 766

Die Brücke. (Spielfilm über den Opfertod von Schülern kurz vor Kriegsende.) FT 1632, Romantext dazu s. u. III./Gregor.

Deutschland nach der Kapitulation 1945. FT 1632

(Alle obigen Filme über Landesbildstellen)

Unsere Jungen. (Ein im Begleitheft von H. Scholtz sehr informativ kommentierter Originalfilm über die NS-Eliteschulen der Nationalpolitischen Erziehungsanstalten NPEA.) – Institut für den wissenschaftlichen Film an der Universität Göttingen. – Lehrerbildung!

Schallplatten, Tonbandkassetten

TB 164 Hitler und die Jugend (Reden von Hitler und Heß)

TB 132 Der Junge mit dem gelben Stern. (Hörfolge: Freundschaft zwischen einem Hitlerjungen und einem Jungen jüdischer Abstammung.)

(Tonbänder: FWU Grünwald und über Landesbildstellen)

Horst Siebecke (Bearbeitung, Kommentar): Hitlerjugend. Eine Dokumentation über Jugenderziehung im Dritten Reich. Ariola-Athema 70060 Kw.

Das Dritte Reich in Dokumenten. Drei LP im Christophorus-Verlag, Freiburg.

Widerstand im Dritten Reich. LP im Christhophorus-Verlag, Freiburg.

Register

Autorennamen zum Beleg von Zitaten erscheinen nur im Literaturverzeichnis.

Adolf-Hitler-Marsch 128 ff.
Adolf-Hitler-Schule 206 f.
Aktionsstil 84, 115, 240 ff.
Altendorf, Werner 65 f., 154
Arbeiterjugend 69
Artamanen 68, 102 f.
Aufnahmeverfahren 71
Auslandsamt 243
Auslandsfahrt 133 f.
Auslandsorganisation 243 ff.
Axmann, Arthur 8 f., 10, 20, 44, 65 f., 101 f., 103, 239 f., 259 f., 262 f., 265 f.

Baltendeutsche Jugend 245 f.
Banden 223 ff.
Baumann, Hans 163
BDM 17, 176, 181, 184 ff., 243
BDM-Schulhelferin 243
Behrens-Totenohl, Josefa 154
Benn, Gottfried 251
Berlin 7 ff., 17, 44, 160, 166, 262 f., 265 f.
Bertram, Kardinal 55
Berufsförderung 102
Bildungsideal 195 ff.
Blum, Günther 66
Borchert, Wolfgang 220 f.
Boxen 113, 210
Braunschweig 68, 80 f.
Bremen 174, 227 f.
Breslau 63 f., 85 ff., 139, 264
Breuer, Hans 159, 171, 173 f.
Brockmeier, Wolfram 166 ff.
Bromberg 244
Bündische Jugend 14, 24, 36 f., 39, 62 f., 133, 226 ff.
Bürkner, Trude 181
Buske, Ernst 32

Caen 257
Cerff, Karl 154 ff.
Cliquen 222 ff., 227 ff.

Danzig 244
Decker, Will 154
Deutsche Kinderschar 91
Deutsches Jungvolk 17, 37, 63 f., 69 ff., 85 ff., 92, 137, 139 ff.
Deutschunterricht 208 f.

Ehe 177 ff.
Elternbeirat 198
Elsaß 245
Erdkundeunterricht 209
Erziehungsideal 107 f., 122, 195 ff.
Estland 245 f.
Europäischer Jugendverband 248

Feldafing 207
Feuerwehrscharen 217
Flex, Walter 39
Film 151 f., 157 f.
Finanzverwaltung 73 f.
Fischer, Karl 124, 173
Flieger-HJ 95 f.
Frauenideal 176 ff., 180
Freisler, Roland 234
Führerauslese 67 f.
Führerkorps 79 ff.
Führerkult 77 f., 147 ff.
Führermangel 61 ff.
Führerprinzip 77
Führerschaft 82, 85 ff.

Gehse, Helene 27 f.
Geländesport 118
Gera 12
Gerhardt, Werner 10
Geschichtsunterricht 145 f., 209
Gesundheitsdienst 109 f.
Glatz 139 ff.
Goebbels, Josef 155, 256, 262, 265
Göring, Hermann 240
Graf, Willi 233 f.
Graz 160
Großdeutscher Bund 35 ff.
Gruber, Kurt 11 ff., 15 f.

Hadamovsky, Eugen 154
Hamburg 126 ff., 155, 219 f.
Hammer, Walter 227, 235

Hauptschule 198
Hausmann, Manfred 250 f.
Heidelberg 171, 154 f.
Heimabend 147 ff.
Heißmeyer, August 195, 204
Hempel, Georg 18
Heß, Rudolf 240
Hein, Gerhard 254
Hindenburg, Paul von 22, 35, 37, 45
Hindenburg O/S 265
Hirsch, Helmuth 227
Hirsch, Herbert 264
Hitler, Adolf 16, 45, 77 f., 147 ff., 177 f., 184 f., 262, 265 f.
Homosexualität 225
Höß, Rudolf 68, 102, 166
Huber, Kurt 234

Jahn, Erich 65
Jena 173
Jugendbetriebszellen 28
Jugendherbergen 34 f., 258
Jugendstrafen 218 f.
Jugendverbände, evangelische 48 ff., 229 f.
Jugendverbände, katholische 55 ff., 230 ff.
Jungenschaften 39 f.
Jungmädel 63, 180 ff.

Kiel 18 ff., 23 ff., 33, 99, 189 ff., 252 f.
Kinderlandverschickung 254 f.
Kindermann, Heinz 154
Kitzelmann, Michael 235
Köbel, Eberhard (vgl. «tusk») 40, 125, 227
Kohlmeyer, Wilhelm 127 f.
KPD 33
Kriegsdienstvorschrift 239
Kriegseinsatz 188, 237 ff.
Kriegsfreiwillige 255 ff.
Krutschinna, Horst 66

Landdienst 68, 102 ff., 246 f.
Landeck 157
Landjahr 104 f.
Lauterbacher, Hartmann 11, 44, 65, 83, 239
Lehrer 77, 79, 104, 189, 191, 200 ff.
Lehrerbildungsanstalt 197, 202 f.
Lehrerbund (NSLB) 201
Leistungsabzeichen 93, 114 f., 119 f., 147, 182 ff.
Lied 159, 161 ff.
Loose, Alfred 66
Löscher, Klaus 250
Lübeck 69, 115
Ludwigstein (Jugendburg) 43, 226
Luftwaffenhelfer 252 ff., 261 f.
Luxemburg 245

Maaß, Hermann 27 f., 227
Marienburg 71
Marine-HJ 98 ff.
Maschmann, Melita 90, 185 ff., 246, 259 f., 265
Mathematik-Unterricht 210
Memel 244 f.
Meyer, Kurt (Panzermeyer) 256
Mittelschule 198
Mogk, Jürgen 250
Mondt, Gerd 8 f.
Motor-HJ 97 f.
Müller («Reichsbischof») 51 ff.
München 11, 176, 232 ff.
Munsterlager 36
Musik 158

Nabersberg, Karl 23, 44, 65
Nachrichten-HJ 98
Narten, Enno 226
Nationalpolitische Erziehungsanstalt 197, 203 ff.
Neuwied 225
Niemöller, Martin 53
Nordschleswig 245
Norkus, Herbert 7 ff., 168
NS-Schülerbund 15, 20
NSD-Studentenbund 15
Nürnberg 91, 116 ff., 166 ff.

Oberschule 199
Oelbermann, Karl u. Robert 133, 226 f.
Ollenhauer, Erich 27
Ordensburg 206 f.
Osteinsatz 246 ff.

Pagenkopf, Reinhard 266
Passau 99

Petter, Kurt 206
Pfadfinder 119
Pimpfenprobe 87, 93
Pius XI. 231
Potsdam 22 ff., 68, 187
Presse 151 ff., 187
Prieros (Mark) 99
Probst, Adalbert 56, 230 f.
Probst, Christoph 233 f.

Recklinghausen 59, 215
Rechtsgrundlagen 72 ff.
Reichsausschuß der deutschen Jugendverbände 27 ff.
Reichsberufswettkampf 100 ff., 258
Reichsjugendführung 73, 83 ff., 239, 259 f.
Reichsjugendtag 22 ff.
Reichskonkordat 49
Reichwein, Adolf 31, 227
Reiter-HJ 98
Religionsunterricht 208
Renteln, Adrian von 15
Riegger-Leder, Hede 171 ff.
Rundfunk 152 f., 157
Rust, Bernhard 109 f., 194

Sachsen 11 ff.
Scharnhorst-Bund 34
Schemm, Hans 169, 201
Schenzinger, Alois 158
Schießausbildung 120 f.
Schirach, Baldur von 11, 15 f., 44, 64 f., 66, 78, 153, 266 f.
Schlageter, Albert-Leo 11, 165 f.
Schleswig 211
Schmeling, Max 114
Schmidt, Klaus-Degenhardt 250
Schmorell, Alexander 233 f.
Scholl, Geschwister 42, 232 ff., 249
Schubert, Werner 36
Schulsport 111 f., 210
Schulung 143 ff.
Slowakei 244, 255
Smith, Udo 53
Sozialgliederung 17, 81
Sozialistische Arbeiterjugend 33, 229
Sozialrevolutionäre Haltung 13, 20
Spielscharen 161
Sport 88, 107 ff., 111 f., 182 f., 210
Sportvereine 69, 111 f.
SS-Panzerdivision Hitlerjugend 250, 256 ff.
Staatsjugend 28, 33
Stalingrad 234, 249
Streifendienst 215 ff.
Straßburg 245
Stuhm 205
Sudetendeutsche Jugend 244

Theater 155 f., 166
Trotha, von, Vizeadmiral a. D. 35 f., 99 f.
Tübingen 51
«tusk» (Köbel, Eberhard) 40, 125, 227

Ulm 50
Usadel, Georg 66 f.

Vogt, Ludwig 27, 35, 73
Volksschule 198
Volkssturm 259

Wandervogel 24, 39, 43, 123 f., 137, 159, 226 f.
Wandervogel (Mädchen) 171 ff.
Warendorf 135
Wehrertüchtigung 95, 119, 254
Weidenmann, Alfred 158
Weimar 11 f., 155 f., 160
«Weiße Rose» 232 ff.
Wenzel, Walter 266
Werbemethoden 43, 45 ff., 58 f., 69 f.
Wien 11, 135 f., 248, 261 f.
Witt, Franz 256
Wolker, Generalpräses 56, 230 f.
Württemberg 49 ff.
Wurm, Landesbischof 53

Verzeichnis der Abkürzungen

AHS	= Adolf-Hitler-Schule
BDM (BdM)	= Bund Deutscher Mädel
BDM-W	= BDM-Werk «Glaube und Schönheit»
DAF	= Deutsche Arbeitsfront
DJ	= Deutsches Jungvolk
Gestapo	= Geheime Staatspolizei
HJ	= Hitlerjugend (ältere Schreibweise: Hitler-Jugend)
Jg.	= Junggenosse; Anrede des einfachen Hitlerjungen
JM	= Jungmädelbund
LBA	= Lehrerbildungsanstalt
KLV	= Kinderlandverschickung
MB	= Mädelbund (14–18jährige BDM-Mädchen)
MHJ	= Marine-HJ
NPEA	= Nationalpolitische Erziehungsanstalt (auch «Napola»)
NSDAP	= Nationalsozialistische Deutsche Arbeiterpartei
NSDStB	= Nationalsozialistischer Studentenbund
NSFK	= NS-Fliegerkorps
NSKK	= NS-Kraftfahrerkorps
NSLB	= NS-Lehrerbund
NSRL	= NS-Reichsbund für Leibesübungen
NSS	= NS-Schülerbund (nur vor 1933)
NSV	= NS-Volkswohlfahrt
Pg.	= Parteigenosse
RFSS	= Reichsführer-SS
RJF	= Reichsjugendführung
SA	= Sturm-Abteilung
SAJ	= Sozialistische Arbeiterjugend
SD	= Sicherheitsdienst
SS	= Schutzstaffel
WHW	= Winterhilfswerk